일본형 사법과
법조의 정착

일본형 사법과 법조의 정착

| 장진호 지음

머리말

한국의 사법제도와 법조 운용은 여전히 일본형이라고 말할 수 있다. 그 일본형이란 주요 법제들이 일제 강점기에 일본법의 의용 형태로 시행되고 해방 후에도 일정 기간 그대로 사용되다가 현재도 법제상으로 자취를 남긴다는 그런 정도의 문제가 아니다. 법전의 일본식 한역어들이 그 기원조차도 모르면서 의용을 통해 그대로 사용되어 생경하므로 순화되어야 한다고 비판하는 정도로 끝날 일만도 아니다.

일본이 메이지시대 이후 대륙법 계수로 형성한 경력법관 체제와 그에 기반한 관료적 사법제도 운용이 거의 그대로 해방 이후에도 한국에 잔존한다. 강점기의 문관시험은 물론이고 해방 후의 고등고시니 사법시험이니 모두 관료사법의 자취다. 사법관 선발이 주된 목적이고 변호사연수가 더부살이하는 듯한 사법연수 체제도 마찬가지였다. 최고재판소 사무총국 같은 대법원 법원행정처의 모습도 닮았다. 검찰의 기소편의주의나 정밀사법적 특성도 그렇다.

과제와 해결방식도 마찬가지다. 사법관료제의 궁극적 해결책을 법조일원제로 보는 시각도 닮아 있다. 당사자주의를 선언하면서도 여전히 조서재판이 중심이고 구두변론주의는 거의 말뿐인 모습 등 일일이 거론하기 힘들 정도로 판박이다. 심지어 오늘날의 법학전문대학원이나 국민참여재판 같은 획기적 개혁까지도 일본의 앞선 논의를 답습하면서 제도 시행만 앞서거니 뒤서거니 하는 수준이다.

제도에서 과제까지 확인되는 닮은꼴은 한국의 사법제도가 일본에 의해 근대화되었기 때문이다. 미국에 의한 개국 이래 체결한 열강과의 통상조약의 치외법권조항 등 불평등을 자각한 일본이 서두른 근대적 사법제도와 법제화 작업은 불과 10-20년 뒤에 이웃 조선에 주객이 바뀐 형태로 되풀이된다. 일본이 서구로부터 계수하고 과도기적 경험을 거친 그 사법제도와 법제는 한국에 운용상의 편의 정도만 고려한 변형을 거쳐 이식되었다.

그런 사법제도와 운용은 조선 말기부터 뿌리 내려 제도에 대한 상당한 기대와 호응 속에 정착된다. 곳곳의 재판소에 의한 사법적 해결방식이 일상에 자리 잡는다. 일제강점기 이전 일이었다. 그리고 강점기에는 사법의 관료화나 법제적 의용이 강화된다. 그런데 해방 이후에도 제도적인 모습이나 법적 의용은 거의 변화가 없다. 그러자 사법제도와 법전에 여전히 생경한 일본식 용어가 난무하다면서 용어의 순화 같은 것들이 제안된다.

그러나 그런 정도로 해결될 문제가 아니다. 해방 이후의 사법제도와 법조 운용도 여전히 닮은꼴이기 때문이다. 일본에서 패전 후 사법은 점령군의 영향으로 영미법적인 사법이 지배하는 것처럼 보였다. 사법시험과 사법연수소 체제를 통한 법조삼자의 통일적 선발과 양성교육을 통해 출범에서의 법조일원제도 보이는 듯했다. 재판절차는 당사자주의와 탄핵주의적 입장에서 이루어지는 듯 보였다. 그러나 결국 달라지지 않았다.

　그래서 전후의 일본에서도 전전의 대륙법적인 경력법관 체제와 그에 기반한 관료적 사법은 유지된다. 사법연수소에서도 사법관과 변호사의 이원적인 구분을 전제로 한 법조 시스템만 만들어낸다. 당사자주의를 말하면서도 서면심리와 조서재판은 여전히 핵심적이다. 법제는 미국과 같은 것이 되었다고 볼 수 있지만 운용상의 차이가 존재한다. 그런데 이런 점들조차도 한국은 닮아 있다.

　해방 후에도 일본의 제도와 실무 그리고 개혁 논의의 흐름을 따라가야 했기 때문이다. 한국의 사법제도 개혁 시도도 적지 않았지만 논의를 뒷받침할 공론장이 없거나 논의 근거가 부족하면 일본을 돌아봐야 했기 때문이다. 긍정적으로 말하면 벤치마킹이고 참고겠지만, 한국 사법 스스로는 남은 숙제가 식민지적 잔재 청산이라고 말하는 것을 보면 참고할 이유도 없다. 버려야 할 대상을 참고할 필요는 없기 때문이다.

　일본의 개혁 논의는 참고하되 강점기의 잔재 청산 문제는 별개라는 논리는 과제의 방치에 대한 책임전가적인 핑계로밖에는 들리지 않는다. 그렇다면 한국의 과제는 일본사법 계수의 귀결로 보는 것이 현실적이다. 그래서 계수된 일본형 사법과 법조를 객관적으로 바라보고 한국의 과거와 현재를 그와 대비해 보는 일이 필요할 것이다. 그래야 현실을 바탕으로 식민지적 사법의 잔재 청산으로도 나아갈 수 있을 것이다. 이 글이 그 작업에 조금이라도 보탬이 되었으면 하는 바람이다.

2022. 7. 9.
초여름 의림대로 사무실에서

목 차

제1장

서

전근대 일본의 사법은 중국식 율령제를 기반으로 하거나 무가적인 제도나 관습에 따라 운용되거나 일정한 법제화를 통한 행정기관에 의한 관리형의 사법체계로서 상당히 독자적인 모습도 보여준다. 그런데 이런 사법적 전통은 메이지유신 이후의 근대 사법에 계승되지 않는다. 유신 전후의 개국에 대한 대응과 국내적 중앙집권화의 요구가 국내외적인 정치적 과제에 부합하는 수단으로서 서구형 사법을 요구한 결과 의도적으로 사법제도의 서구화와 재판절차의 근대화라는 개혁을 이루기 때문이다.

제도적으로는 혼란과 시행착오도 보여주지만 결과적으로 서구형 근대사법이 정착해 간다. 따라서 일본의 근대사법이 걸어온 길은 한마디로 서구 계수다. 그런데 그 사법제도는 불과 10여 년 뒤에는 한국에 제도적으로 이식된다. 일본은 조선 말기의 사법제도 형성을 주관하고 또한 재판감독 등을 통해 사실상 사법을 지배한다. 그리고 일본인 법조인에 의한 사법체제의 운용까지를 포함해서 이미 근대 사법제도의 모습은 일제강점기 이전인 통감부 시기까지에 거의 틀이 형성되었다고 해도 과언이 아니다.

일본이 서구화라면 한국은 일본화된다. 일본을 배운 법조 인력에 의한 근대적인 계수라고 불릴만한 자발적인 도입까지 포함해서 이미 일제강점기 이전에 일본형 근대사법의 토대가 구축된다. 식민지 이전에 이미 사법제도화의 상당 부분이 진행된 것에 비교하면, 일제강점기에는 사법기관이 총독부의 관료기구화되는 제도적 변형이나 총독의 제령에 의한 일본 법제의 전면적 의용이라는 형식적 정비 등이 부가된 외에는 큰 틀에서의 변화도 적다. 그렇게 보면 식민지 상황이 한국의 사법을 일본화시켰다기보다는 그 이전에 이미 일본화의 틀이 마련된 것이다.

그와 같은 사법제도와 법제는 오늘날까지도 기본적 틀에서는 큰 변화가 없을 정도로 여전히 자취를 남긴다. 그렇다면 오늘날 사법이 안고 있는 과제의 원인을 식민지의 탓으로만 돌리는 것은 부당하다. 식민지 이전에 형성된 것이기도 하고 식민지 상황이 큰 변화의 전기가 되거나 틀을 제공한 것도 아니거니와 해방 이후에도 크게 달라지지 않았기 때문이다. 일본형 사법제도가 식민지 상황과는 간접적 영향밖에는 없고 식민지를 벗어나도 달라진 건 없다면, 오늘의 과제를 식민지의 잔재로만 치부해서는 안 된다.

특히 해방 후의 모습은 식민지 잔재 청산과는 거리가 있다. 한국은 일본의 제도와 실무 그리고 개혁 논의의 흐름을 따라가야 했다. 한국이 개혁을 시도할 때 그 논의를 뒷받침할 공론장이 없거나 논의 근거가 부족하면 일본을 돌아봐야 했다는 것이다. 그 점에서 한국의 현상은 일본 사법의 계수의 연장선상에서 보는 것이 현실적이다. 그것은 뿌리 깊은 계수의 진행형이라고 보아야 한다. 그 점에서 한국 사법의 과제도 식민지의 잔재가 아니라 일본형의 한계가 잔존하는 결과라고 보아야만 한다.

돌이켜 보건대 일본 사법이 한국에 미친 영향은 크다. 재판소, 법원, 법관, 판사, 검사 등 대부분의 명칭은 일본이 근대화 과정에서 만든 기구 명칭이거나 서구 용어에 대한 번역어의 의미도 없지 않지만, 동시에 그 한자어들은 실은 상당히 일본적 전통과 유래를 지닌 것이다.[1] 그들 법률용어의 대부분은 일본이 번역한 한자식 조어이지만 그런 한자어를 번역어로 쓰기 위해 일본의 전통적인 직제를 차용하기도 했다. 번역어면서 차용어였고 일본적인 용어다. 중국이나 한국에도 전근대의 관직명 등으로 그들 중 일부가 존재했더라도 그러한 용어는 일본 사법이 건네준 것이다.

무엇보다 사법 시스템 자체가 그렇다. 한국의 법률 제1호가 일본이 만들어 준 재판소구성법인 점에서 보듯 '일본형'의 불편한 진실은 사법 영역에서 가장 심하다. 법조인 양성을 판사나 검사 중심으로 하여 결과적으로 사법관료적 시스템이 오랫동안 유지된 것도 일본의 영향이다. 일본은 자국의 현실을 고려하면서 프랑스나 독일 등 서구의 법원조직 법제를 수입했다. 이는 판사나 검사의 양성을 주된 목표로 하는 사법연수원 시스템 등으로 나타난다. 그것은 일본이 받아들인 프랑스식 사법관 양성모델이다.[2] 그 재판관과 검찰관으로

---

[1] '재판裁判(宰判)'은 죠슈번長州藩에서 향촌 지배를 위한 행정구역의 한 단위로서 바쿠후의 지방관인 다이칸代官이 관할하는 지역을 지칭하는 것이었는데 메이지유신 무렵인 1868년 초부터 과도기의 지방행정관청의 기관명으로 사용되다가 메이지 초기인 1871년 무렵부터 사법司法 기능의 재판소라는 의미로 쓰여지기 시작한다. '법관法官'은 사법성 소속의 법학교육기관인 명법료明法寮의 직제 명칭이었다. '판사判事'는 전근대에는 행정관까지 지칭하던 관직명으로서 이어져 왔고, 사법적인 의미로 보더라도 에토 신페이江藤新平가 근대적인 사법제도를 도입하기 이전에도 사법기관인 형부성 등에서 존재하던 사법적 관직이었다(田中 彰, 『明治維新』, 120.; 山口亮介, 「明治初期における「司法」の形成に関する一考察」, 92.; 신우철, "근대 사법제도 성립사 비교연구: 일본에 있어서 '법원조직' 법제의 초기 형성", 15.).

[2] 신우철, "근대 사법제도 성립사 비교연구: 일본에 있어서 '법원조직' 법제의 초기 형성", 14-15.; 프랑스에서는 법관과 검사는 같은 사법관이라는 직역으로 이해되어, 변호사와는 다르게 양성되기 때문이다(前田智彦, 「裁判官の判断過程の相互作用論的分析」, 357, 脚注30.).

대변되는 재조의 관료적 사법 시스템이 한국에 들어와 잔존하는 것이다.

사법제도라는 형식의 측면은 물론이고 법조의 자격과 양성이라는 사법제도 운용의 내용적 측면도 도입된다. 국가주도적 사법연수를 통해 법조일원적 출발을 보이는 듯한 외형만 지니고 실질은 관료적 사법의 영역에 변호사의 양성이 그저 더부살이하는 것 같던 사법연수원 시절의 상황도 닮아 있다. 현재의 법과대학원도 마찬가지다. 한국에서 일본형 고시가 유지되다가 로스쿨을 도입한 것 자체가 미국이라기보다는 일본을 벤치마킹한 것이다. 일본의 논의과정과 예정된 출범을 보면서 제도적 위험성에 대한 담보물을 발견한 것이다. 그렇지 않고는 변변한 논의조차 없다가 그렇게 갑자기 일본의 출범 직후에 로스쿨을 도입할 이유를 찾아보기 어렵기 때문이다.

일본이 전전의 배심제를 거치고 전후의 논의를 거치며 출범 예정이던 재판원 재판제도는 한국이 비슷한 시기에 마치 모방 사실을 감추려는 듯 먼저 출발시킨 국민참여재판과 크게 다르지 않고, 일본이 전후에 검찰의 기소편의주의 등에 대한 통제장치로 기소배심제 등 여러 제도를 고려하다가 제도화하고 이후 기소의결로까지 나아간 검찰심사회 제도는 한국에서 상황적 판단에 따라 급조된 검찰시민위원회와 유사하다. 제도 이념은 없고 비판 여론에 대한 입막음용 급조물에 일본의 제도를 참조한 것이다.

외형의 유사성만이 아니라 국가주도적 사법의 폐해를 시정하는 목표에서도 그렇다. 실은 가장 크게 한국의 사법이 일본을 닮은 부분은 사법의 과제다. 거의 한국이 일본과 과제를 공유하는 듯 보일 정도다. 일본에서도 관료적 사법 시스템의 개혁이 사법의 핵심과제다. 시민의 재판 참여나 재판관의 독립성의 실질화라는 차원인데, 그 궁극적이고 이상적인 방향은 '법조일원제法曹一元制'다. 그래서 법조일원을 위한 공급원 확보로서의 변호사 수의 증가 문제 및 그와 결부된 법조 양성 문제가 과제로 지적된다.

사법의 제도적 개혁이 사법자율적 결정이나 관행으로 정착되지 않고 정치적 정책결정에 의해 주로 주어지는 폐해도 유사하다. 일본에서 1990년대 이후의 사법제도 개혁 논의가 정계나 재계에 의한 주도로 비춰지고 그런 상황에서 사법제도 개혁이 정치문제화한다고 비춰짐으로써 법조삼자에 의한 주도권이 정치 속에서 굴절했다. 마찬가지로 한국의 사법개혁도 비사법적인 정치적 정책 결정의 영역과 직결되어 왔다. 정치의 결정이 사법 향방을 결정해 온 것이다. 그 점에서 일본과 한국의 사법제도 개혁을 둘러싼 환경의 유사성도 읽혀진다.

그런 양국의 사법과 법조의 유사성을 보면 일본에 의한 계수의 측면을 생각하게 된다. 사법의 기반을 이룬 계수가 한국 사법과 법조의 탄생과 운행을 결정지은 요소라면, 그래서 한국의 사법과 법조에서 상당히 결정적인 형태가 서구를 받아들인 일본의 모습이기도 하고 동시에 그러한 일본형의 사법과 법조를 받아들인 것이 한국에서 오늘날의 문제로 남아 있다면, 한국형 사법의 개혁과제의 근본에 접근하기 위해 일본형을 보는 것은 중요한 과제가 될 것이기 때문이다.

일본형이라고 말하는 이유가 있다. 하나는 일본으로서는 그것이 서구의 사법과 법조 시스템을 계수한 자국의 특유한 사정과 스스로의 손을 거친 변형을 거쳤다는 의미의 일본형이고, 다른 하나는 한국의 입장에서는 그것이 한국의 사법과 법조 시스템에도 계수되고 이식되면서 영향을 미쳐 한국적인 형태의 근원을 일본의 시스템에서 적접적 혹은 간접적으로 찾아볼 수 있다는 의미에서의 일본형이다. 즉 일본적인 정체성과 한국의 일본으로부터의 영향을 모두 담고자 하는 표현이다.

따라서 일본형 사법과 법조를 말할 때 주의해야 할 점이 몇 가지가 있다. 우선 한국의 체계가 일본이 받아들인 서구를 다시 수입한 것이더라도 그것을 근대적 보편성이라고만 보아서는 안 된다. 일본의 독자적 변형도 있기 때문이다. 일본형은 근대 서구적 보편성과 일본적 특수성을 모두 지닌다. 보편성은 근대 서구에서 출발하여 이어져 온 근대 세계에 공유되는 성격이고, 특수성은 일본의 전통 여부를 불문하고 가미한 고유한 요소들이다. 서구적 법제화와 재판시스템을 받아들인 일본이 제도적 이념적으로 한국에 영향을 준 전파성의 측면은 보편성과 특수성을 모두 담고 있는 것이다.

두 번째 일본으로부터의 영향을 식민지의 탓으로 돌리는 주장은 이제 재고되어야 한다. 그들은 근대화의 필요성에 대한 국민적 공감도 없었고 위로부터의 정책적인 지도도 없었던 과거의 한국이 마침 서구화를 서두른 일본의 제국주의적 행동의 대상이 된 것이 해방 후의 사법적 체계의 연속성에 따른 오늘날의 사법적 과제의 근원이라는 식으로 말한다. 일본에게도 근대 사법은 서구화지만 한국에는 일본화인데 마침 그 과정에 식민지 상황이 있었다. 식민지였기에 사법에서도 제도적 산출은 물론이고 이념조차도 차용될 수밖에 없다. 따라서 식민지 조선에 일본에 의해 사법체계가 구축된 것은 당연하다는 식이다.

그러나 이런 주장은 편면적이다. 해방 후에도 일본형이 체계적으로 잔존한다면 그것은 일본에서의 사법 근대화의 선구성과 당대 일본의 필요 혹은 일부이더라도 한국의 필요에 부합하는 계수繼受의 문제로 보아야 하기 때문이다. 한국에는 일본의 사법제도가 이전된 것은 물론이고 기존 법질서와 법문화에 동화된 것이다. 그것이 한국의 의지도 아니고 필요했던 것이 아니더라도 그저 소극적으로 일본이 만든 체계를 그대로 혹은 변형하여 수용한 것이더라도 계수다. 물론 그대로 추종하겠다는 의사였더라도 계수다. 게다가 일본의 의도와 실행에 의해 그렇게 된 경우에도 역시 계수가 아닌 것은 아니다.

어떤 의도나 경위이든 일본의 사법제도를 넘겨받은 것이기 때문이다. 다만 주로 일본의 의도와 실행에 따른 경우는 거의 이식移植에 가까울 것이다. 여하튼 그렇게 우리는 일본이 서구로부터 계수한 사법이나 법조의 체계를 우리가 식민지 및 그 이전의 조선 말기와 대한제국 시기를 통해 계수했다. 그리고 법제의 면에서는 식민지 시기를 비롯해 해방 이후에까지 의용依用했다. 그 법제는 물론 사법제도의 운용을 담은 내용을 포함하기에 그 의용은 마찬가지로 사법적 계수의 한 부분적 방식임은 물론이다.

일본형을 말하는 세 번째 이유는 한국의 의식의 문제를 지적하기 위함이다. 사법제도의 계수나 해방 후 오랜 기간 동안 법제의 의용을 식민 지배 탓으로만 돌리는 태도는 본질을 드러내 문제화하지 않는 것을 넘어 실은 이를 극복하려는 의지가 없음을 드러내는 것일 수 있다. 오늘날까지도 계수의 관점에서 과제를 바라보는 문제 제기는 적고 공론화에 이르지도 못하면서 여전히 외면과 무시에 만족한다. 이는 일본에 대한 관계에서 남아 있는 강박적 대응 즉 적대적이거나 무시하거나 혹은 외면하는 일반적 반응의 한 형태인데, 알고 보면 극복의 의지가 없는 자기 기만일 뿐이다.

사법에서도 무시와 외면의 형태를 띠기에 여전히 식민지적 잔재가 청산되지 못한다. 무시와 외면만으로는 어떤 잔재가 남은 것인지조차도 확인할 수 없다. 따라서 극복의 문제로 나아갈 수 없다. 만약 일본의 사법과 법조에 대한 이해가 이제까지처럼 외면과 무시로만 남는다면 결국 식민지적 잔재 청산 문제를 다루지 않겠다는 것이나 다름없다. 그저 일본과의 유사성을 말하다가 그것이 식민지적 영향에 불과하다고 말하는 것은 마치 자포자기적 태도에 가까운 것이다.

이제 위와 같은 문제의식에서 일본의 사법제도와 법조가 지닌 이념적 역사적 측면을 포함한 일본형 사법과 법조 그리고 그것이 한국에 영향을 주었다는 의미에서의 일본형을 보고자 한다. 그 정체성의 확인은 그것이 한국에서 어떤 잔재로 남아 한국 사법과 법조의 과제가 될 정도로 지속적인 영향력을 발휘하고 있는지를 판단하는 전제 사실이 될 것이다. 즉 한국이 일본으로부터 받아들인 것에 대해 일본형으로 인한 문제점에 관한 의식을 가지기 위한 극복의 첫 단추를 만들기 위한 확인 작업이다.

그런 확인은 한국의 사법이나 법조의 계수에 관한 해석의 전제가 된다. 혹자는 일본이 받아들인 것을 한국이 일본을 통해 계수한 것이라고 말하는데 그것은 마치 한국이 영미나 대륙의 방식을 수용하는 루트로 일본을 그저 이용한 것일 뿐이라는 사고에 이른다면 일종의 왜곡이 될 수 있다. 일본형에는 일본이 가공한 특수성도 포함될 수 있기 때문이다. 따라서 일본형의 계수라는 것이 해석에 의해 확인된다면 만연히 영미식 혹은 대륙식으로 치부하는 입장이 왜곡된 것임이 확인될 것이다.

사실 왜곡에서 벗어나려면 한국의 사법과 그 법조는 일본으로부터의 직접적인 수입을 통해 형성된 것이고, 비록 그것이 일본이 서구의 것을 수입한 것으로부터의 재수입이더라도 한국 입장에서는 일본으로부터의 수입이 핵심적이고 주요한 사실이었음은 인정되어야 한다. 즉 일본으로부터의 수입이 서구의 것을 수입하기 위한 루트로 단지 이용된 것이 아니라 일본으로부터의 수입 자체가 당시의 목적이었고 그 결과로서 판명되는 결과적인 서구의 유형이었다는 해명은 이차적인 문제로만 보아야 한다.

　그래서 일본형의 사법과 법조를 그 자체로 볼 필요가 있다. 오늘날 한국의 사법과 법조의 역사, 현실 그리고 과제까지도 일본형이라면 숙제 해결을 위해서도 일본의 사법과 법조를 읽어야 한다. 그렇지 않고 한국의 사법 시스템이 영미법계 혹은 대륙법계를 계수한 것이라고 말하는 것은 시스템의 외형 자체에 대한 평가적인 설명 혹은 서구와의 오늘날의 현상적인 유사성에 대한 표현으로서의 의미 외에는 없을 것이다. 그 과정의 역사적 이념적 성격의 확인이 없다면 계수가 의미하는 진실에서 멀어지고 현실에도 부합하지 않는 논리만 만들 것이다.

　물론 계수를 중심으로 보는 데는 반론도 있을 것이다. 일본의 구한말의 영향이나 식민 통치가 본질적으로 자신들의 이익을 위한 것이고 그 동기도 부도덕한 것이기 때문이다. 그것은 부인될 수 없다. 그렇더라도 그런 논리가 이어지면 사실 관계에 대한 판단이 왜곡될 수 있기에 그런 반론은 일단 유보해야 한다. 그렇지 않으면 식민통치자가 피식민국가에 초래한 영향들을 간과하게 되고, 이는 결국 피식민국가가 스스로의 모습을 제대로 이해하지 못하는 결과를 만들 위험이 크기 때문이다.3) 확인하고자 하는 것은 사법에서의 민족적 자존감이 아니라 사실의 역사와 그 배경 이념이다.

더욱이 법제도 등이 타국의 영향을 받는 것은 보편적인 현상이기에 이를 민족적 혹은 국가적 감정 차원의 문제로만 볼 일도 아니다. 대상이 일본이더라도 그런 보편성이 부정될 수는 없다. 일본을 포함해 각국의 법체계는 기본적으로는 유럽대륙법 및 보통법 등 구미의 법제도가 식민지화한 것이거나 혹은 자주적으로 그런 법을 계수함에 의해 구미 이외의 지역에 이식된 것이다.4) 즉 그 두 가지가 거의 전부일 정도로 외국으로부터의 영향은 보편적이다. 그렇기에 일본을 대할 때도 그런 인식이 부정되어서는 안 될 것이다.

이런 인식 하에서 일본을 살피고자 한다. 우선 전근대의 재판제도 그리고 이후 근대적 사법제도가 출현하게 된 대내외적 계기 및 과도기를 거쳐 통일적인 법제화를 이루면서 과정의 혼란을 극복하고 재판절차의 근대화를 이루는 도정을 본다. 또한 일본의 근대사법이 한국 사법에 미친 영향을 살피는데 법원이라는 명칭이 지닌 함의를 추적하면서 근대적 계수의 과정과 함께 식민지사법의 토대가 어떻게 구축되었는지 그리고 일제강점기의 사법 현실은 어떠했는지를 보고, 그러한 식민지 잔재가 오늘날까지 온존하는 상황도 돌아본다.

일본에서의 사법이 형성해 낸 법조의 자격과 양성에 관련해서는 전근대와 근대를 이념적으로 잇는 명법료의 역할과 동시대적으로 등장한 근대적인 법학교와 전후의 사법연수소라는 국가주도적 연수기관의 성립 그리고 현재의 법과대학원의 출범 과정을 순차적으로

---

3) 王泰升, "臺灣法의 近代性과 日本 植民統治", 5-6.
4) 加藤雅信, 「日本人の法意識」, 190.

본다. 이에 관련해 법조 진입의 관문으로서의 문관시험 등 자격시험의 변천과 현재의 사법시험의 형성과정도 살핀다. 그리고 한국에서 일본형의 고시가 어떻게 형성되고 유지되었는지도 비교해 본다.

일본의 사법개혁과 성과에서는 국가주도적 사법이 형성된 과정과 그 연장선상에서 국가권력에 대한 특별 취급으로서 행정재판이 형성되고 개혁되는 도정을 우선 본다. 그렇듯 궁극적으로는 사법이 정치와의 긴장 관계에서 정치로부터 독립하면서 관료적인 모습으로 귀결되는 부정적인 현상과 그로 인해 사법과 법조의 개혁론이 등장하고 결국 일정한 개혁의 성과를 이루지만 아직도 많은 과제를 안고 있음을 전체적으로 인과적인 흐름으로써 조망한다.

재조 법조로서의 재판관은 그 기원과 법관의 독립, 재판관의 임용과 이념적 통제, 민주적 정당성, 정치적 중립의 문제를 살펴보고 현실의 직업적 측면도 관찰한다. 재조의 검찰은 그 제도적 기원과 전전 예심제도 하의 수사권 및 기소편의주의를 통해 정착하는 모습과 그에 대한 통제장치 그리고 전후에도 대륙법적 기능이 실질적으로 검찰사법을 지배하는 모습을 확인한다. 또한 조직으로서의 검찰과 수사 기능과 관련한 공판전담론의 문제를 보면서 정밀사법론을 살핀다.

재야 법조로서의 변호사에 관해서는 변호사제도의 전근대적인 기능적 기원인 대언인을 보고 근대적인 변호사와 대비한다. 또한 변호사 증원 문제 등을 통해 변호사의 직업적 현상에 접근하고 변호사단체로서의 일본변호사연합회의 역할에도 주목한다. 사법과 법조의 과제와 관련해서는 법조일원제라는 난제에 얽힌 캐리어 시스템이나 관료적 이념에 의한 장애 및 그 개선 방향을 본다. 재판 지연, 원죄 및 인질사법, 사형집행의 문제도 살핀다. 난해한 법률용어의 문제와 관련해서는 직수입한 한국의 무감각도 확인한다. 말미에서는 일본형 법문화도 진단한다.

제2장

일본사법의 근대화

1. 고대와 중세의 재판

사법司法은 국가 법체계 하에서 발생한 법적 분쟁에 관해 독립적 기관이 무엇이 법인지를 판단하여 선언하는 국법질서 유지 기능이다. 쟁송에 관하여 법을 적용해 재정裁定하는 국가작용이다.1) 핵심은 '재판'이다. 그래서 '사법이라는 말은 본래의 의미에서 재판이라는 말과 같다.'2) 재판시스템으로서의 사법은 근대국가에서는 분쟁 처리와 개인의 자유와 권리 보호를 역할로 하는 입헌주의적인 권력의 한 축으로서 제도적이고 목적적인 역할 및 그에 부합하는 제도적 형식이 된다.

사법의 존재 방식은 유형적으로 '영미법계'나 '대륙법계'로 구분되기도 하고, '배심제'나 '참심제' 혹은 그 병용시스템 같은 다양한 재판제도로 구분된다. 또한 국민 일인당 법조 인구 즉 변호사의 수를 중심으로 '큰 사법' 혹은 '작은 사법'이라는 식으로 사법의 이용이나 사법에 호소하는 정도 즉 법적 해결에 더 호소하는 경향의 여

---

1) 清宮四郎, 『憲法Ⅰ』, 330.

2) 美濃部達吉, 『憲法講話』, 386.

부에 따라 분류될 수도 있다. 그 경우 일본은 흔히 대륙법계로 간주되고, 국가관료제로 인해 사법의 역할이 커지는 것이 저지되는 사법 실태를 감안해 '2할 사법'이라고 자조적自嘲的으로 표현될 정도로 작은 사법에 속한다고 평가된다.3)

그러한 일본 사법은 제도적 근대화의 계기나 계수의 실질을 고려하면 근대 서구의 체계를 받아들이고 발전시킨 것이다. 그런데 일본의 사법은 전근대에도 있었다. 그것은 행정과 결합된 것이지만 내용적으로 사법제도와 기능이었다. 따라서 사법의 근대화가 전통과의 단절인지 혹은 일정한 계승이나 반영인지는 분명하지 않다. 그래서 일단 전근대 일본의 사법을 확인할 필요가 있다. 다만 전근대는 서구적 개념인 근대 이후의 권력분립적 사법의 관점에서 조명하기는 곤란하므로 재판제도의 실질로서 보아야 할 것이다.

일본의 전근대 사법도 전근대 세계에 보편적이듯 행정과의 분화가 어렵다. 따라서 제도적 사법체계라기보다는 재판 작용의 모습으로 주로 확인된다. 오늘날 재판이란 다툼에 대해 사실인정을 한 뒤 예정된 규준인 법에 따라 사실에 대한 법적 가치판단을 하는 것이다. 그것이 전근대 재판 작용의 존재 여부 판단에도 일응의 기준이 될 것이다. 다만 어떤 사회나 국가의 재판은 그곳에 지배적인 사고방식을 기준으로 가치 판단하게 됨은 받아들여야 하므로 그 판단에서 일본의 역사적 특수성은 고려되어야 한다.

이를테면 영국에서 '보통법common law'이 재판 기준이 된 사실은 영국 사회에서 지배적인 사고방식으로 재판해야만 한다는 것이 공적으로 인정되었다는 의미다. 마찬가지로 일본의 경우 어떤 재판

---

3) 富崎 隆, 「政治・行政・司法システムの比較枠組み」, 77-82.

관이 서양적인 재판이념에 따르지 않고 고유의 전통적인 사고방식에 따라 재판하더라도 이는 이상한 일이 아니다.4) 그렇기에 전근대의 재판 작용의 존재에 관해 판단할 때 일본이라는 국가나 사회에 깊은 뿌리를 지닌 전통적 사고방식의 기준도 감안해야 한다는 것이다.

전근대 법제사에서는 공법과 사법의 구분이 어렵다는 점도 받아들여야 한다.5) 중국 그리고 중국식 「율령律令제도」를 도입한 동아시아권 국가에 속한 일본도 고대 이래 재판절차에서 민사와 형사가 거의 분화되지 못한다. 고대 재판은 주로 형사재판이기에 민사 관점에서 보기 어렵다. 설사 민사재판적 요소를 지니더라도 '죄'라는 관념과 분리되기 어려웠다. 율령제의 「공식령公式令」 등에 있던 '소송訴訟'이라는 말은 재산이나 신분에 관한 다툼이지만 그것만으로 민사로 보기는 어렵다. 전근대와 근세에 통용되던 중국적인 '청송聽訟'과 '단옥斷獄'이 각각 민사와 형사로 명확히 구분될 수 없는 것과 같은 이유에서다.6)

그런 점을 감안하면서 전근대 재판을 보면 시대적 특징 하에서 법제사적으로 크게 몇 단계로 구분된다. 학자마다 차이가 있겠지만 대체로 고대 일본의 「고유법固有法 시대」 그리고 <다이카 개신大化改新>을 분기점으로 그 이래부터 중국법을 계수하기 시작하는 나라奈良시대나 헤이안平安시대와 같은 「율령시대」 그리고 중세의 가마쿠라鎌倉와 무로마치室町의 바쿠후幕府와 같이 「격식格式」에 의해 지배된 「무가武家정치 시대」 그리고 전국시대 각 다이묘大名가 만든 「분국법分国法의 지배 시대」 그리고 이른바 도쿠가와德川 바쿠후의 근세

---

4) 川島武宜, 『日本人の法意識』, 125, 149.
5) 金澤理康, 「法制史」, 243.
6) 奧村郁三, 「唐代裁判手続法」, 41-47.

「에도江戶시대」로 대별될 수 있다.7)

가장 이른 시기로는 고대의 고유한 재판이 있다. 그것은 중국식 국법체계를 세운 고대 율령시대 이전에 존재한 형태지만 그 실체는 제대로 확인되기 어렵다. 실체가 제대로 파악되는 것은 나라 시대로부터 10세기에 걸쳐 본격적으로 대륙에서 도입되고 운용된 율령의 시대 이후부터다. 그 시기부터 여러 특징에 의해 한반도를 비롯한 중화문화권에 보편적인 '사死·류流·도徒·장杖·태笞'의 5형이 규정된 율령에 의한 재판제도가 확인된다. 이는 지극히 중국적인 형벌체계로 수隋와 당唐 등을 거치며 정비되어 동아시아에 계수된 것이다.

고대 율령법의 「공식령公式令」에 의하면 지역별로 관사官司가 재판을 관할하는데, 주로 형사소송을 의미하는 소제기는 지방에서는 「군사郡司」에게 가거나 일정한 죄 이상이면 「국사国司」에게 혹은 그 이상이면 「태정관太政官」에게 보내고, 경京에서는 「경직京職」에게 가되 일정한 죄 이상이면 「형부성刑部省」에게 혹은 그 이상이면 태정관의 순서를 거치도록 했다. 이는 죄의 경중에 따른 재판관할의 구분이지 판단을 상위로 이어가는 단계나 절차는 아니므로 심급제도는 아니다. 관사가 불법적으로 재판을 하지 않거나 상소를 방해하는 경우에는 월소越訴도 인정된 점으로 보더라도 심급은 아니다.

그 재판관할의 의미는 지방의 전통적 수령으로서 현지 관리에 해당하는 군사는 태笞만 판결하고 집행할 수 있을 뿐, 장杖 이상은 중앙에서 각 지방에 파견한 관리인 국사에게 보내 국사가 도徒와 장을 판결하고 집행하고, 수도인 경京에는 경직이 태·장에 해당하는 죄

---

7) 金澤理康, 「法制史」, 242-256.

를 넘어 도 이상이 되면 형부성에 보내 거기서 재판한다는 것이다. 그리고 국사든 형부성이든 류流 이상은 태정관에 올려야 했다. 태정관은 복심覆審으로 형부성에 심의시킨 뒤에 그 결과를 천황에게 올려 재가를 거쳐 사형이나 류형이 확정되어 집행되었다.[8]

고대 말기에서 중세 시작점까지인 8세기 후반에서 12세기에 이르는 헤이안平安시대를 중심으로 보면, 형부성 대신에 양형量刑 기능을 담당한 「명법박사明法博士」가 태정관의 재판을 움직인다. 그 중 특히 9-12세기를 지칭하는 이른바 셋칸·인세이攝關院政기를 보면 태정관에서의 사형에 관하여는 천황이 최후에 양형을 한 급 줄여 멀리 유배 보내는 게 관례가 되어 사형은 오랫동안 집행되지 않는다. 그래서 전근대에 흔한 잔혹 형벌제도와는 달리 의외로 헤이안시대에는 사형제도가 없었다. 다만 헤이안의 실형이 류가 상한인 것은 생명존중이라기보다는 중국에서 류나 도는 치욕이지만 사형은 명예였는데 그런 제도 이념을 계승했기 때문이다.[9]

무가武家 사회인 중세에도 일정한 재판절차와 체계는 존재했다. 그러나 고대 율령에 비하면 망라적 법전의 편찬이라든가 체계적 법조제도 면에서는 느슨했다. 형식적 정합성이나 절차적 엄밀성에 집착하지도 않았다. 법제도의 이런 미완성적 측면의 배경에는 무가 사회의 소송행위나 재판에 대한 혐오가 있다. 가마쿠라시대로부터 근세에 이르기까지 치안과 재판기능을 수행한 「사타닌沙汰人」의 역할은 화해를 기본으로 하고, 화해를 이루지 못해 판결까지 가는 것은 능력 없는 재판관이라 취급당했다. 재판 없는 분쟁 해결을 이상적이

8) 荻生徂徠, 『政談』, 314.; 大津 透, 『道長と宮廷社会』, 220-221.; 網野善彦, 『日本社会の歴史(上)』, 128-129.

9) 大津 透, 『道長と宮廷社会』, 221-225.

라 본 것이다.[10]

12세기 말에서 14세기에 이르는 가마쿠라시대 초기에 바쿠후 차원의 재판을 보면 쇼군將軍의 재단 권한이 강한 적도 있고, 13인의 합의제로 재단하던 시기도 있다. 1232년에는 무가 사회의 관습과 도덕을 기초로 제정된 오늘날의 법전인 식목式目에 해당하는『고세바이시키모쿠御成敗式目』에 바쿠후의 재판기준이 명시된다. 이로써 쇼군 개인의 재량 판단을 넘는 법에 근거한 재정裁定이 자리 잡는다. 이후에는 오늘날의 범인 수사와 체포 그리고 조사와 형사재판 그리고 형 집행까지의 일련의 과정에 관한 권한, 직무인「검단檢断」은 고세바이시키모쿠를 근거로 이루어진다.[11]

가마쿠라시대에도 정연한 기구와 절차체계에 의해 구성된 법체계에 따라 판결된다. 다만 판결은 양 당사자의 대립적 주장을 반영한 실질 심리는 아니고 제소자의 요구에만 기초해 내려진다. 게다가 판결은 일반적으로 확정력을 가지지 않아 판결에 불복하면 반복해서 상급소송기관에 '월소越訴'를 제기할 수도 있었다. 재심과 같은 성격인 월소는 원판결의 존재를 전제로 처리되기에 문전박대될 수도 있지만 제도적으로는 가능했다.[12] 그 점에서는 소송 낭비도 읽혀진다.

중세에는 최고 권력자에게 직접 호소하는 '직소直訴'도 보장된다. 전국戰国시대나 에도시대까지 이어진 직소는 직접 호소할 수 있도록 성문 등에 설치한 '메야스바코目安箱'에 소장인 '메야스'를 넣고 피고에게 송부되고 상대방이 답변을 내면 최고 합의제 정무 기관인「효조슈評定衆」가 양자를 출석시킨 뒤 판결문인 재허장裁許状의 양식으로

---

10) 山本幸司,『頼朝の天下草創』, 241-251.

11) 五味文彦 編,『日本の中世』, 60-61.; 西田友広,「鎌倉幕府検断体制の構造と展開」, 7-13.

12) 新田一郎,「日本中世法制史研究の動向から」, 182, 194-198.

판결했다. 지역의 영주인 「다이묘大名」도 마찬가지였다. 자력구제를 억제하고 분쟁을 공정하게 처리하고, 패소자를 설득하는 효과를 만들어 불만을 갖지 않도록 만들어 통치 질서를 유지하기 위해 다이묘에 대한 직접소송권도 보장한 것이다.[13]

중세 재판은 소송뿐만 아니라 넓게는 자력구제나 심지어 집단적 호소 운동으로서의 「잇키一揆」의 요소도 포함된다. 물리적인 실력이 국가에 의해 독점되지 않고 실력행사 수단이 광범한 주체에 분유되었기 때문이다. 게다가 중세법은 효력이 개별적이라서 일반적인 규칙의 성격과는 거리가 있었다. 따라서 여러 종류의 규칙이 교차하기도 했다. 그렇듯 근대법과 같은 일반성을 가지지는 않았지만 그렇다고 중세사회가 무질서한 상태만은 아니었다. 이는 무가정권의 재판 규범인 『고세바이시키모쿠』가 가마쿠라 바쿠후 이후에도 법령으로 유효하게 존속한 점에서도 알 수 있다.

14-16세기 중세 무로마치 바쿠후의 소송제도는 정치 상황에 연동한 시기적 변화가 현저해 통일적인 모습을 말하기는 어렵다. 다만 기본적으로는 가마쿠라의 그것과 마찬가지였다.[14] 무로마치시대에도 고세바이시키모쿠는 내용이 추가되기는 하지만 여전히 존속한다. 가마쿠라의 소송제도를 수계하면서 무가武家・공가公家뿐만 아니라 도시 상인商人・직인職人의 소송까지 넓게 받아들인다.[15] 고세바이시키모쿠는 이후 전국시대에 다이묘가 제정한 분국법分国法 하에서는 물론이고 근세 에도시대에 만들어진 무가의 여러 법도 하에서도 비록 무가 기본법의 위치는 내주지만 유효성은 유지된다.

---

13) 黒田基樹, 『百姓から見た戦国大名』, 180-190.

14) 新田一郎, 「日本中世法制史研究の動向から」, 183, 186-201.

15) 久留島典子, 『一揆と戦国大名』, 211.

고대나 중세에는 재판이라면 거의 형사재판으로 이해되는데, 가마쿠라와 무로마치 바쿠후 시대인 중세에는 형사재판이 중국적 사법체계에 기반한 「단옥斷獄」이라고 불리워진다. 단옥은 조선의 법제에서도 형사재판에 해당한다. 이러한 단옥과 전근대에 민사재판을 의미한 「청송聽訟」이 전근대에는 각각 형사와 민사로 대비될 수 있지만, 주로 형사재판 위주였기 때문에 그런 분류는 정확한 것이라고 하기는 어렵다.

2. 근세의 재판제도

가. 행정관청의 겸무

15-16세기의 전국시대를 지나 근세에 오다 노부나가織田信長를 거친 도요토미 히데요시豊臣秀吉가 천하를 통일해 중앙정권을 장악한 것이 16세기 후반에서 17세기 초까지의 아즈치모모야마安土桃山 시대다. 그와 달리 도쿠가와 이에야스德川家康 후손들인 쇼군将軍의 치세인 근세 에도江戶시대는 정치적 안정기다. 이 시기의 재판제도는 상당히 합리적인 형태가 된다. 바쿠후幕府와 번藩은 독자적 사법기관을 조직해 영지에서 각각 속지적 재판권을 행사한다. 바후쿠는 자신의 직할령의 재판권을 가지고 직할령과 다른 다이묘의 영지 간 혹은 영지 상호 간 섭외 분쟁에 대해서도 사법권을 행사하지만 그것이 위계적인 통일적 사법체계의 의미는 아니었다.16)

에도 바쿠후의 법은 기본적으로는 행정, 통치 조직과 작용을 담은

---

16) 菊山正明, 『明治国家の形成と司法制度』, 42-46.

지배와 질서를 위한 법이다. 재판은 통치의 일환이었기에 순수한 사법기관은 존재하지 않았다. 따라서 법이 권리의 체계가 아니었기에 사법의 영역을 행정에서 제도적으로 분리해 내는 것은 어렵다. 즉 이 시기의 재판도 이전과 마찬가지로 여전히 관리적 성격이었다. 군주나 관료가 그들의 가치 기준에 따라 자유롭게 백성을 관리하듯 재판관이 재판에 있어 객관적 준칙이나 증거에 구속되지 않고 재능이나 감각에 의해 자유롭게 사건에 대처하는 형태였다.[17]

근세의 재판 담당 기관으로는 크게는 「효죠쇼評定所」와 「부교쇼奉行所」를 들 수 있다. 초기 도쿠가와 바쿠후의 3대 쇼군 이에미츠家光 무렵까지는 재판을 쇼군이 직접 하기도 하지만, 이후에는 바쿠후의 상설 최고직인 「로쥬老中」가 쇼군의 이름으로 재판한다. 중기 이후에는 로쥬도 그 역할을 「효죠쇼評定所」에 위임해 효죠쇼가 재판기관이 된다. 1635년의 법령으로 성립한 효죠쇼는 중요 재판을 담당했다. 효죠쇼에서의 재판은 세 종류의 「부교奉行」가 효죠쇼의 재판에 구성원이 되어 담당하는 식이 된다.[18]

재판기능 면에서 부교쇼와 효죠쇼는 각 영역으로 구분되면서도 인적 구성은 중첩된다. 부교가 중첩된 역할에 모두 참여하는 것이다. 부교는 세 종류가 있는데, 우선 바쿠후와 각 번에서 절寺과 신사社의 영지·건물·승려·신관 관련 문제 그리고 에도 주변인 간토関東 8주 외의 영지 소송을 담당하던 「지샤부교寺社奉行」가 있다. 세 부교 중 지위가 가장 높은 지샤부교에는 다이묘 중에서 4명이 임명된다. 그리고 재정이나 바쿠후 직할령의 감독이나 연공年貢 징수 등 재정

---

17) 大平祐一, 「近世の訴訟、裁判制度について」, 166-169.

18) 中村英郎, 「近代的司法制度の成立と外国法の影響」, 263-264.

및 간토 8주 소송 등을 관장하는 「간죠부교勘定奉行」는 로쥬의 지배 하에 있는 곳으로 하타모토旗本 중에서 4명이 임명된다.

백성이 직접 접하는 경우가 많은 「마치부교町奉行」는 시민에 해당 하는 쵸닌町人에 관한 행정, 경찰, 소방 그리고 소송을 담당한다. 마 치부교는 조선의 지방 수령처럼 영내의 행정·사법·경찰을 담당하 기에, 바쿠후뿐만 아니라 각 번藩도 여러 지역에 마치부교 직을 설치 해 재판을 담당케 한다. 에도에는 남북에 2개의 마치부교가 있었다. 교토, 오사카, 나라 등 지방에도 마치부교가 재판기관의 역할을 했 다. 효죠쇼 역시 그들 부교가 재판하는 소송 담당 기관이자 장소이 기에 세 부교는 각각의 고유한 직무가 있고, 또한 효죠쇼에서의 재 판도 겸무한 것이다.

즉 효죠쇼는 로쥬와 지샤부교, 간죠부교, 마치부교로 조직된 바쿠 후의 최고 재정裁定 기관이다. 효죠쇼는 다이묘나 하타모토로부터의 소송, 복수의 부교쇼에 관할이 걸친 소송을 맡는다. 무사와 서민처 럼 다른 신분 간의 재판, 서민과 종교인 사이의 재판, 바쿠후령의 영 민領民과 번의 영민 간 재판 등을 관할한다. 부교쇼에서 로쥬에게 자 문을 구하는 사항, 부교가 선고할 수 있는 한계를 넘은 사건도 맡는 다. 부교는 권한 범위를 넘는 사형 해당 등 사건이 있으면 상급 기관 인 로쥬에게 올려 하명을 기다려 로쥬가 효죠쇼에 자문을 구해 그 평의에 따라 형을 선고한다. 효죠쇼는 형사선례집도 편찬했다.[19]

부교가 겸무한다는 것에서 알 수 있듯이 엄밀한 의미에서 효죠쇼 는 부교가 중요한 재판이나 평의를 행하기 위한 장소로서의 건물이 다. 효죠쇼에서 부교들이 회합해 다른 영지의 지배범위에 관련된 재

---

19) 谷 正之, 「弁護士の誕生とその背景(1)」, 118-120, 142.

판 등을 담당하여 평의를 통해 합의 재판하는 것이다. 다만 실제로 재판을 위한 조사를 하고 판결문을 작성하는 것은 부교 자신은 아니다. 효죠쇼나 간죠부교의 경우에는 '도메야쿠留役'가, 지샤부교에서는 '긴미스지모노시라헤야쿠吟味物調役'가 그 실무를 한다.[20] 효죠쇼 체제는 바쿠후나 번藩이 마찬가지여서 번 관할의 무사를 재판하는 조직도 역시 효죠쇼評定所라고 불렸다.

효죠쇼나 부교쇼에 대한 제소 형식은 오늘날과 유사하다. 「소송인訴訟人」이라고 불리던 원고原告 측이 낸 소장을 지샤부교에서는 「소장訴状」, 마치부교 등에서는 「메야스目安」라 불렸다. 이는 상대편이 낸 진상陳状에 관한 서면인 「반답서返答書」와 구별되었다. 한편으로 그런 형식을 지키지 않는 경우도 있었다. 즉 투서에 의한 직소는 에도시대에도 있었다. 직소는 활성화된 것은 아닌데, 실은 전근대 중국이나 조선에도 있었다. 직소는 소송에서도 해결되지 않을 경우에 허용되는데 재판제도가 정비되면서는 사라진다.[21]

뜻을 같이하는 공동체적 행동 혹은 그들의 무력적 운동으로서의 「잇키一揆」도 사법적 호소로서 넓은 의미의 소송 절차였다. 잇키는 집단적인 행동의 성격으로 인해 두려움의 대상이었기에 개인적인 소송과는 달리 전근대 사회에서 일반적으로는 허용되지 않았다. 에도시대 이전의 잇키는 폭력적인 항의의 성격이 강했기에 지배층에서도 두려워했던 것으로 제도적으로 허용될 성질이 아니었다. 다만 잇키가 에도시대에는 폭력적 항의의 성격이 완화되어 소송의 성격도 보여주었다.[22]

---

20) 菊山正明, 「明治初年の司法改革」, 173.

21) 배항섭, "백성이 호소하고 국왕이 들어주다: '근세' 동아시아의 정치문화와 직소", 미야지마 히로시 외 편, 『19세기 동아시아를 읽는 눈』, 너머북스, 2017, 58-68.

나. 절차적 독자성

일본의 사법제도는 근세 에도시대에 들어 중화권의 틀에서 벗어난 독자성을 보이기 시작한다. 동시대의 조선은 14세기 말부터 19세기 초반까지 '대명률大明律'을 기본법제로 채택해 근 500년 동안 중국법을 학습하고 법 실무에 직접 응용해 왔다. 그와 달리 일본은 근세에는 중국법의 영향을 거의 받지 않은 상태에서 독자적인 법제와 그에 따른 사법을 발전시킨다.[23] 근세에 들어와서도 민사 혹은 형사 구분은 여전히 어렵기는 하지만, 형사재판은 특히 소송절차나 법제가 잘 정비되었고 민사재판도 독자적인 형태를 보이기 시작한다.

에도시대의 형사재판은 흔히 「긴미吟味」라고 불리워졌다. 피의자에 대한 사실관계 조사 즉 죄인인지 아닌지에 대한 조사는 특히 '전의詮議'라고도 했다. 형사절차로서의 「긴미스지吟味筋」는 소송인이나 상대방의 말이 진실인지 여부 즉 죄상에 관해 조사한다. 긴미스지는 소송절차와 법제 면에서 상당한 수준으로 정비되어 있었다. 즉 긴미스지는 형사재판 절차에 따라 진행되면서 법 적용에서도 일정한 수준에 달할 정도로 안정된 면모를 보여 민사재판이라 할 수 있는 데 이리스지出入筋와 함께 바쿠후나 각 번의 재판의 기본을 이룬다.

8대 쇼군 도쿠가와 요시무네德川吉宗는 효죠쇼評定所의 협력을 얻어 1742년에 에도 바쿠후의 기본 법전인 『구지카타오사다메가키公事方御定書』를 제정한다. 그것이 형사재판인 긴미스지의 기준이 된다. 상

---

22) '잇키一揆'는 월소와 같은 형태가 되기도 했다. 조세와 부역의 의무가 무거워진 마을에서 백성의 대표들을 앞세워 에도에 소재한 번주의 거처에 가서 소장을 내서 호소하기도 하고, 그것이 여의치 못하면 에도성에 등성하는 로쥬老中의 가마를 기다렸다가 바쿠후에 내는 소장을 내서 월소를 하기도 했다. 그러다가 백성의 대표들이 참수형에 처해지기도 하지만, 계속 반복해서 결국 바쿠후를 움직여 백성들의 뜻이 수용되기도 했다. 그러한 월소는 잇키와 사실상 같은 모습이자 같은 의미인 것이다(市井三郎・布川淸司, 『伝統的革新思想論』, 72-77.).

23) 심희기, "근세조선의 민사재판의 실태와 성격", 89.

권은 경찰이나 행형에 관한 바쿠후의 중요 법령을 등재한 법령집이다. 특히 『오사다메가키햣카죠御定書百箇条』라고 불리는 하권이 재판 기준으로서 의미 있다. 하권은 주로 예부터 전해 오던 판례를 추상화하거나 조문화하여 형사법령 등을 수록한 것으로서 형법과 형사소송법에 관한 규정을 담았기 때문이다.[24]

하권은 통일법적인 성격까지 보여준다. 그렇기에 구지카타오사다메가키는 법전이자 동시에 일종의 법원法源의 기능도 했다. 근세의 바쿠후에서 재판을 담당한 각종 공적 기관은 구지카타오사다메가키를 중심으로 한 성문법전이나 행정적인 명령 그리고 선례들을 재판의 준거로서 사용한다. 재판기관으로서의 효죠쇼나 부교쇼 등에서 재판의 심리를 할 때 실무적으로 이용된 것은 물론이고, 각 번의 부교쇼 등 재판담당 기관의 경우에도 마찬가지로 이를 참조하였다.[25]

민사소송 절차인 「데이리스지出入筋」도 긴미스지와 함께 역시 재판의 기본을 이룬다. 민사소송물인 데이리모노出入物와 형사소송물인 긴미모노吟味物는 재판이나 소송의 의미로서 「구지公事」라고 불린다. 데이리스지의 소송인이 메야스라는 소장으로 제소하면 재판 관청이 소장 뒤에 이서해서 상대방을 소환하도록 하고 답변서를 제출시켜 심리를 진행한다. 이는 긴미스지가 제소 유무에 상관없이 재판 관청의 직권으로 피의자를 소환해 심리하고 판결하는 제도인 것과 구분된다. 다만 데이리스지에 가벼운 처벌을 부과하는 경우도 있어 형사재판의 실질도 없지 않았다.[26]

데이리스지의 심리가 진행되면서 화해나 조정과 유사한 「내제内済」

---

24) 谷 正之, 「弁護士の誕生とその背景(1)」, 131.
25) 大平祐一, 「近世の訴訟、裁判制度について」, 188, 198.
26) 菊山正明, 「明治初年の司法改革」, 170.

나 판결인 「재허裁許」로 간다. 다만 많은 경우에 내제로 해결되곤 했다. 판결까지 가는 경우인 재허에서도 당해 분쟁을 둘러싼 여러 문제에 공권적 재정과 처분을 내려 필요하다고 판단되면 관계자에게 가벼운 형벌조차도 부과했던 점에서 행정처분 같았다.[27] 법령이나 판례에 기초해 사안을 논리적, 획일적으로 재단하기보다는 개별적, 구체적으로 타당하다고 생각되는 결론을 냈다. 당사자 간 권리관계를 명백히 하기보다는 분쟁상태의 해소가 재판의 주된 목적이었기 때문이다. 따라서 긴미스지에 비해 정치한 판례법의 발달은 보이지 않는다.[28]

그렇더라도 이전 시대에 비하면 근대사법에 가까운 성격을 보여준다. 오늘날의 민사재판과 같은 구속력이나 확정력 같은 판결의 효력도 나타난다. 실제로 중국이나 조선에 비해 일본 근세의 재판은 당사자에 대해 분명한 구속력이나 확정력을 지닌다. 물론 내제로 종결되지 않고 판단을 거쳐 재허의 단계를 거친 재판의 경우에 그렇다. 판결인지 조정인지 성격이 잘 구분되지 않는 대륙과 비교해 본다면 일본의 재허는 판결에 보다 가까운 성격이다.[29]

데이리스지의 재판은 사안의 성격에 따른 경중을 중심으로 「혼쿠지本公事」와 「가네쿠지金公事」로 구분된다. 근세법에서는 실체법과 소송법이 불가분의 일체였기에 그 구분은 소송법상 및 실체법상의 구분을 겸한 것이다. 따라서 양자는 소송절차의 종류이면서 각 절차에 의해 재판되는 소송사건이고 각 소송의 청구내용이기도 하

---

27) 神保文夫,「江戸幕府出入筋の裁判における本公事・金公事の分化について」, 36.; 平松義郎,「近世法」, 52.; 大平祐一,「近世の訴訟, 裁判制度について」, 165-166.

28) 神保文夫,「江戸幕府出入筋の裁判における本公事・金公事の分化について」, 36.

29) 심희기, "근세조선의 민사재판의 실태와 성격", 92-99.

다.30) 가네쿠지는 간단한 소송으로, 부교쇼 등에서 재허라고 불리는 판결문서가 작성되는 경우가 드문 에도시대였기에 재허에 이르는 경우가 거의 없었던 반면 일반적인 수준의 분쟁인 혼쿠지에는 재허도 있었다.31)

양자는 소송절차부터 다르다. 금전대차 등 주로 이자부나 무담보 금전채권에 관한 급부소송인 가네쿠지는 가벼운 사건이라 이해되어 굳이 소송의 힘을 빌릴 필요가 없다는 판단 아래 출소할 수 있는 최저액의 제한을 두었다. 또 가네쿠지 소장 안쪽에는 내제內濟 권고문이 이서되어 있었다. 가볍게 취급된 것이다. 반면 질지質地나 급여 등 금전대차 외의 금전채권, 토지 경계, 물의 이용, 혼인 등 토지 혹은 신분 등에 관한 소송 등으로써 광범위한 일반적인 소송사건을 의미하는 혼쿠지는 재허로 이어지기도 했다. 그래서 개정일도 가네쿠지 사건과 서로 달랐다.32) 이처럼 에도시대 재판은 민사와 형사도 비교적 구분되고 소송물의 경중에 따른 절차적 구별까지 확인된다.

다. 행정적 관리주의

오늘날의 관점으로 본다면 근세 형사재판에 해당하는 긴미스지는 직권주의적인 규문糾問 절차라고 볼 수 있다. 국가주도의 형벌권 실현을 목적으로 하는 재판 절차인 것이다. 따라서 근세 형사소송은 직권주의적인 경향이 강하다. 이는 중세에서 확인되는 당사자주의적 태도와 대비되는 것이다. 중세에는 '감옥 앞에서 사람이 죽어도 소

---

30) 神保文夫, 「江戸幕府出入筋の裁判における本公事・金公事の分化について」, 1.; 小早川欣吾, 『(増補)近世民事訴訟制度の研究』, 530.

31) 林真貴子, "近代法시스템 繼受期 日本의 裁判所에서의 紛爭解決實踐", 85.

32) 神保文夫, 「江戸幕府出入筋の裁判における本公事・金公事の分化について」, 3-4, 23-24, 37.

송하지 않으면 수사하지 않는다獄前の死人 訴え無くば 檢斷無し'는 유명한 법언이 있을 정도로 당사자주의적이었기 때문이다.33)

즉 중세에는 형사사건에서조차 사인인 피해자의 소추가 없으면 재판이 열리지도 않고 일단 피해자의 소추로 재판이 시작되더라도 당사자 간 화해가 되면 재판은 거기서 끝난다. 결국 형사재판의 구조가 피해자와 가해자가 싸우는 것이고 국가는 제3자로서 재판한다는 입장이었다. 따라서 국가의 태도는 당사자주의적이고 소극적이었다. 형사재판도 소로 구하지 않는 것에 대해서는 재판하지 않는다는 오늘날의 민사소송법의 처분권주의處分権主義 같았다.

그러나 형사에서도 피해자가 소추하지 않은 사항에 대해서는 판단할 수 없다는 입장은 근세 이후 점차 후퇴한다. 중세 후반인 무로마치室町시대에 들어서면서부터 이미 직권주의적 형사절차도 등장하기 시작하고, 전국시대가 되면서는 피해자에게 소추를 의무 지우는 형태로 국가는 적극적 입장이 되어 간다. 근세에 더욱 직권주의적인 입장이 되면서 심지어 피해자 이외의 자들에게도 범죄 고발을 의무 지우는 방향이 된다.34)

근세에는 민사절차에서도 직권주의적인 모습을 보여준다. 민사절차는 근세 이후에야 분명히 드러나는데, 국가는 제소된 민사소송을 정책적으로 통제하여 재판에 이를 것인지 결정하는 권한을 강하게 쥐게 된다. 따라서 소송의 개시, 심판범위의 특정, 종결에 관하여 당사자에게 주도권을 인정하고 당사자의 처분에 맡기는 오늘날의 민사소송과는 다른 모습이 된다. 즉 근세의 민사재판은 형식적 절차만

---

33) 中田 薰, 『法制史論集 <第3巻 下> 債権法及雑著』, 1090.
34) 水林 彪, 「近世的秩序と規範意識」, 114-116.

개괄하면 오늘날과 유사한 듯 보이지만 제소 이후 직권주의적 통제가 소송의 향방을 좌우하는 것이다.

먼저 재판기능을 담당하는 관할 부교쇼에 소장을 제출해야 한다. 소를 제기하면 「메야스타다시目安糺」라는 소장심사가 기다린다. 여기서부터 제소에 대한 엄격한 정책적 통제가 작용한다. 오늘날에는 소장심사에서 걸러지는 제소는 적은 편이지만 근세에는 소송 내용이나 성격, 증거 유무, 절차의 적정 여부, 관할 유무, 소송의 내용과 배치되는 관련 법령의 존재 여부 등에 의해 소송이 불수리되는 경우도 적지 않다. 부모 혹은 주인을 상대로 제기하는 소송 등 국가의 정책적 판단으로 수리되지 않는 유형도 있다.[35]

소장심사에서는 주소, 이름은 물론이고 특히 관할에 대해 엄격한 심사를 한다. 전근대의 판결은 지배자가 피지배자에 대해 내리는 공권적 해결의 성격이기 때문이다. 따라서 제소가 적법한 재판관청에 제기되는지가 중요하다. 적법한 관청이 소송당사자에 대해 해결을 제시할 수 있는 지배자이기 때문이다. 이는 형식적으로만 보면 오늘날 피고의 재판적裁判籍이다. 오늘날 민사소송에서 피고는 재판적에 의해 지정되어야 한다. 그렇지 않으면 관할위반이 될 수 있다. 피고가 임의로 응소하고 관할 문제를 다투지 않아 응소관할이 생기기 전에는 그렇다.

에도시대에 다이묘大名의 영지도 그렇게 관할이 된다. 영지가 다르거나 자신의 지배에 속하지 않는 사건에 대해서는 해당 다이묘의 재판기관이 재판권을 가지지 못한다. 그런 경우 형사사건이면 바쿠

---

35) 小早川欣吾, 『近世民事訴訟制度の研究』, 618.; 大平祐一, 「近世の訴訟、裁判制度について」, 210-211.

후에 해당 부교쇼가 다루도록 신청한다든가 민사인 경우에는 바쿠후의 효죠쇼에 소장인 메야스目安를 통해 제소하게 하는 등의 방법을 취해야만 했다.36) 이는 재판이 지배자에 의한 통치로서의 행정적인 관리의 일환이라는 이념으로부터 나타난 결과였다.

지배 관념에 근거한 피고의 재판적은 고대로부터 유래된 것이다. 고대에도 재판은 피고의 소재지 즉 피고가 공무원이면 소속 관청 혹은 공무원이 아니면 호적戶籍이 편성된 지역인 본관本貫인 군郡에서 시작해야 했다. 이는 중국과는 다른 모습이다. 동시대 당唐에서는 원고가 제소하려는 관청 혹은 사건이 발각된 장소를 관할하는 관청에서 시작되면 족했다. 어떤 관청에서 내려지는 판결이라도 총체적인 국가기구에 의한 판결이라 보기에 정당성 면에서 마찬가지라고 보았기 때문이다. 반면 일본에서는 피고가 일상적으로 종속된 관청의 공직자만이 피고에 대해 판결을 낼 수 있다는 관념이 지배했다. 지배와 종속의 관계가 판결의 설득력의 근거라고 본 것이다.37)

소장 심사에서는 소장 내용도 중시된다. 내용이 분명하지 않을 때는 확실히 알 수 있도록 다시 기재하게 했다. 다만 단순한 금전대차 같은 가네쿠지 사건의 경우이고 상대방도 채무를 승인하는 것 같은 경우에는 '메야스타다시'는 굳이 필요가 없어 생략되기도 했다.38) 소장이 수리되면 피고에 대한 소환 절차를 밟는다. 이는 원고가 해야만 하는 일이었다. 형식은 에도시대 초기부터 원고가 제출한 소장인 메야스 안쪽에 부교소가 이서裏書하여 이를 피고에 대한 소환장으로 하는 절차를 취했다.39)

---

36) 大平祐一, 「近世の訴訟、裁判制度について」, 179.
37) 坂上康俊, 「古代の法と慣習」, 203-204.
38) 大平祐一, 「近世の訴訟、裁判制度について」, 210.

    따라서 소환 절차의 시작인 소장 송달은 상당히 당사자주의적 방식이었다. 이는 동시대 한국에서도 확인되는 모습이다. 소장이 원고에 의해 관청에 수리되면 피고에게 오늘날 답변서의 제출을 명하는 관청 발행의 명령서면도 관청이 아니라 원고가 피고에게 교부해야만 했다. 그러다 보니 소장이나 절차 명령서면의 교부 자체가 지닌 위하력도 적지 않았다. 따라서 교부 과정에서 원고의 실력행사가 있는 경우도 적지 않았다.[40]

    그런 모습은 오래 잔존한다. 심지어 일본이 자국인「법무보좌관」들을 한국의 재판소에 보내 재판을 지도 감독하게 함으로써 전근대적인 재판에서 탈피시키려 한 시기인 1907년 내지 1908년 사이에도 보인다. 즉 근대적 재판이 정립되던 시기에도 피고를 법정에 출두시키는 것을 원고에게 맡기는 것이라든가 증인에 대한 송달이나 법정으로의 소환 등을 소송당사자인 원고나 피고 등 신청인에게 맡긴 것이다.[41]

    전근대적 민사소송의 모습은 근대 초기까지도 명칭 등에서 적지 않게 남아 있다. 국가가 정책적으로 제소된 소를 통제하여 재판에 이를 것인지를 결정하는 권한을 강하게 쥐는 것도 마찬가지로 근대 초기까지 이어진다. 이는 소송 수수료 면에서도 읽혀진다. 일반적으로 에도시대 민사재판은 무료였다. 다이묘가 지배하는 번들 중에는 수수료인 구지센公事錢을 내게 하는 번도 약간 있었다지만 바쿠후에서는 기본적으로 민사재판이 무료였다. 그렇게 무료로 행한 것은 민사재판이 지배자가 피지배자에게 베푸는 시혜적인 행위였기 때문이

---

39) 神保文夫,「江戸幕府出入筋の裁判における本公事・金公事の分化について」, 24.

40) 笠松宏至,「中世の法意識」, 84-86.

41) 문준영, "한말 법무보좌관 제도하의 재판사무의 변화", 453.

다. 국가권력이 객관적 준칙이나 증거에 구애되지 않고 가부장적 입장에서 분쟁을 해결하면서 질서를 유지하는 관리적인 재판이었기 때문이다.[42]

그런 관점이기에 에도시대의 데이리스지이든 긴미스지이든 상소제도는 보이지 않는다.[43] 한 번 내려진 판결에 대해 바꿀 것을 요구하는 공식적인 경로는 없다. 통치의 일환으로서 지배자의 행정 관리적인 재판이기에 상소는 이해될 수 있는 모습이 아니다. 따라서 심급제도의 존재는 전근대와 근대의 사법제도를 구분하는 중요한 요소가 된다. 전근대의 재판 관념 중 오늘날과 근본적으로 다른 요소 중 하나가 한 심급의 재판이 곧 종심이라는 원리다.[44]

3. 근대적 사법의 도입

가. 국내외적 필요

전근대 재판제도는 근대적 사법제도로 이어지는 직접적인 원형이 되지는 못한다. 근대적 사법은 <바쿠후 말기幕末>와 <메이지유신明治維新> 시대의 요청과 필요에 따라 서구 제도를 의도적으로 도입한 것이기 때문이다. 사법제도의 서구화는 필연적으로 전통과의 일정한 단절을 가져왔다. 그 도입은 바쿠후 말기부터 제안된다. 유신의 움직임이 표면화되기 직전인 1867년 11월에 마지막 쇼군将軍 도쿠가와 요시노부徳川慶喜를 지키기 위해 니시 아마네西周가 올린 「의제초안議題

---

42) 大平祐一, "토쿠가와(德川) 일본의 민사재판", 66, 76-77.

43) 菊山正明, 「明治初年の司法改革」, 170.

44) 小早川欣吾, 『近世民事訴訟制度の研究』, 67-72.; 辻村亮彦, 「「敬慎願」とは何か」, 81.

草案」 등도 그런 예다. 의제초안에는 입법권 및 행정권과 구별되는 근대적 사법권이 그려진다.

다만 의제초안의 사법은 변혁 속에서 살아남으려는 쇼군 위주의 제도개혁 설계로서 근대화의 후광을 만들기 위한 서구적 장치의 한 부분으로 조명된 것에 불과하고 구상이 현실화되지도 못한다. 유신 세력에 의한 1868년 윤4월의 <정체서政体書>도 극단적인 서구 모방으로 미국헌법에 담긴 입법과 행정과 사법의 삼권분립을 말한다. 그러나 정체서의 사법도 서구문물의 소개 자체나 정치적 의도에 따른 형식적 구색 맞추기 차원이었다. 따라서 실현 가능한 제도화의 구상이라 보기 어려웠다.

그런데 재판소 기구 정비 등 근대적 사법제도 도입은 열강의 강압이 촉발시키는 대외적 계기를 통해 서둘러진다. 적극적인 도입 의지라기보다는 국제적 요인이 도입을 강요하는 상황이 된다. 1854년의 「미일화친조약日米和親条約」을 비롯하여 1855년부터 1860년까지의 안세이安政 연간에 서구열강과의 사이에서 이루어진 <안세이조약> 이후에 일본은 그 조약들이 극히 불평등함을 자각하게 된다. 그런 인식에 따른 개정 교섭이 근대적 법 제정의 필요성을 촉발시킨 것이다.

1858년 영국과의 조약은 일본에 머무는 영국인 간 소송은 영국영사가 담당하고, 일본인 또는 다른 외국인에게 위해를 가한 영국인은 영국영사가 영국법으로 재판하고, 일본인을 상대로 소송하는 영국인은 영국영사관에 제소하고, 일본인이 영국인을 상대로 하는 소송도 영국영사관에 제기해야 했다. 일본과 조약을 맺은 15개국 대부분이 조약에 그런 영사재판권 조항을 담았다. 외국인으로부터 폭행당하거나 상거래에서 부당한 일을 당해 제소해도 개항지의 판사에 의한 재판이 되다 보니 원한을 풀기는커녕 오히려 더 쌓이게 되었다.

1877년에 아편을 수입하려다 적발된 영국인에 대해 영사재판은 무죄를 선고하고, 1879년 콜레라가 유행하던 해에 요코하마에 입항하는 외국 선박이 검역명령을 무시해 국민의 분노를 사도 무죄나 경미한 죄로 석방된다. 국내 행정규칙이나 무역규제나 지방행정이나 경찰행정이 정비되어도 그 틀 밖에 있는 외국인의 행동을 막을 수는 없었다. 그래서 영사재판권 등을 철폐할 조약개정 교섭을 주요한 정치적 일정으로 1882년 이후 외교 교섭에 들어간다. 그런데 조약개정은 근대적 입법을 완성할 때까지로 미뤄진다.45)

즉 <조약개정 교섭>에서 서구열강은 조약개정의 반대급부로 추가적 개항과 근대적 법제 및 사법제도를 요구한다. 법권을 회복하려면 즉시 서구의 「형법」, 「민법」, 「상법」, 「치죄법」, 「소송법」 등을 제정하고 사법조직도 정비하고 내외국인의 교섭과 관련된 재판을 다루기 위한 외국 국적의 판사, 검사를 임용하라고 요구한다. 법제정 이행 여부를 확인하기 위한 외국에의 통지도 요구한다. 반발 속에 외무대신 이노우에 가오루井上馨와 오쿠마 시게노부大隈重信가 교섭에 임해 1889년에 법전 제정은 열국에 통지하는 정도로 그치고 영사재판은 수년 뒤 폐지하기로 합의한다.46)

조약개정 교섭이 1870년대에 근대적 법제와 사법제도를 도입하도록 만든 주요한 계기가 된 것이다. 개정 교섭을 위해 국내법의 근대적 정비가 필요하기에 법제 정비가 우선 서둘러진다. 일본의 관습조

45) 福島小夜子, 「領事裁判と明治初年の日本」, 101, 113.
46) 永井秀夫, 『自由民権』, 299-307.

사, 여러 외국 법률 특히 주로 프랑스 그리고 독일의 법을 번역을 통해 참조하여 이를 모범으로 각 법률안을 만든다.47) 그리고 에토 신페이江藤新平가 1871년에 「사법성司法省」을 만들고 1872년 4월 사법경司法卿에 취임해서 구미 선진제국의 사법제도를 모범으로 하는 사법제도 개혁에 본격적으로 나선다.

사법성은 불평등조약을 개정하기 위한 방법론으로서 서구법을 모델로 한 사법제도의 정비를 서둘러 시행하겠다는 방침을 세운다. 만국과 대치하면서 국가적 독립을 도모하기 위해서는 통치기구를 구미 선진제국과 같은 형태로 제도화해야 하고 사법제도도 서구를 모델로 개혁한다는 것이다. 그런 목표는 사법성 외의 다른 정부 기관도 공유하는 것이지만 사법성이야말로 특히 그 작업과 직접 관련된 기관이라고 본다.48)

근대적 사법제도 특히 재판소 기구의 정비에는 대내적 계기도 있다. 유신의 일환으로 봉건적 질서를 근대적인 중앙집권적 통치체제로 전환시킨 <폐번치현廃藩置県> 이후 사회변혁에 수반된 분쟁을 가능한 한 사법과정 안에서 해소시키려 한 것이다. 사법은 그것들이 폭력적 투쟁으로 진전되지 않도록 하는 불가결한 장치로서 고려된다. 1870년대 후반부터 <지조地租개정>에 반대하는 집단적 항의행동인 잇키一揆, <사족士族 반란>, <자유민권自由民権운동>이 이어진다. 위기 돌파를 위해 1875년 <입헌정체수립立憲政体樹立 조칙詔勅>을 발하고, 「원로원元老院」과 함께 사법기구인 「대심원大審院」도 설치된다. 중앙집권적 체제 구축에 부응한 사법기구 창설이 서둘러진 것이다.

---

47) 福島小夜子, 「領事裁判と明治初年の日本」, 104.

48) 利谷信義, 「近代法体系の成立」, 98.; 菊山正明, 「江藤新平の司法改革」, 93-94.

본격적 지조개정 사업이나 <식산흥업殖産興業 정책>의 수행에 동
반되어 발생하는 분쟁이 소송 과정에서 원활하게 처리된다면 재판
소기구는 신정부의 통치 안정에 기여하는 것이 된다. 동시에 여러
정책 수행에 정당성을 부여할 수 있는 장치가 된다. 지방에서의 재
판소기구의 정비 즉 지방재판소의 설치도 그런 요청에 부응한다. 대
내적 필요가 재판소기구를 행정 각 기관으로부터 기구적으로 분리
해 내는 계기가 되는 것이다. 다만 그것은 행정기관에 의한 여러 정
책 수행의 독점구조를 손상시킬 가능성도 드러낸다. 그래서 사법경
에 의한 재판감독권의 형태로 재판소 통제도 가해진다.49)

나. 과도기의 공존체제

일본에서 「재판소裁判所」라는 명칭이 사용된 것은 메이지유신 초
기다. 1868년 5월 에도성이 개성되고 바쿠후의 권력은 유신세력에
게 이양된다. 그를 전후해 이미 권력적 중심이 된 유신세력이 새로
운 직제를 만들어 내는 단계에서 신정부는 종래의 지방행정관청인
부교쇼 대신에 '재판소'라는 이름을 붙이기 시작한다.50) 이미 1868
년 1월에 신정부는 바쿠후의 직할령 중 주요 지역인 오사카를 시작
으로 12개소에 재판소를 설치한다. 재판소라는 명칭은 죠슈長州 번
의 행정구역인 '재판裁判(宰判)'에서 유래했다. 즉 한 지방의 직할 지
방행정관청의 명칭이었다.

재판은 본래 죠슈에서 다이칸代官의 관할구역으로서 거의 군郡 같
은 개념이었다.51) 그런데 유신으로 에도시대의 행정기관이자 사법

---

49) 三阪佳弘, 「明治九・一〇年の裁判所機構改革」, 61, 76.
50) 尾佐竹猛, 『明治警察裁判史』, 92.

기관인 지샤寺社・간죠勘定・마치町의 각 부교奉行를 폐지하고 그 성격을 근대화시킨 과도기적인 관청에 재판소라는 명칭을 사용한 것이다. 따라서 재판이라는 말의 본래적 용례에서 보듯 재판소는 사법과는 거리가 있는 것이었다. 재판이 지방행정관청의 의미였듯 재판소도 사법사무만을 취급하는 관청과는 달랐다. 재판소는 직할지 행정관청으로서 이후 나타나는 부・현의 전신 같은 것이었다.[52]

재판소는 순수한 사법기관이 아니고 바쿠후 시기의 마치부교 등과 유사한 민정 담당 행정관청이었다. 다만 재판소에 사법기관의 의미가 전혀 없지는 않았다. 신정부가 접수한 구 바쿠후 직할지인 주요 지방에 재판소를 설치하면서 그 총독에게 행정권을 맡기는 것이 주된 목적이지만 사법권도 인정하기는 했기 때문이다.[53] 그렇더라도 재판소의 사법적 기능이란 중앙에서 통일적인 사법제도를 만들면서 부여된 차원이 아니라 단지 사법적 판단을 지방에 파견한 총독에게 맡긴다는 의미였을 뿐이다.

게다가 사법 전담 기관의 기능도 아니다. 그렇기에 사법사무만을 취급하는 관청으로서의 오늘날 재판소의 의미는 아니었다. 재판소라는 기관이 그 명칭과 기능에서 오늘날의 의미와 같은 제도로 출현한 것은 1871년 12월 사법성 안에 설치된「도쿄재판소東京裁判所」부터였다.[54] 그렇듯 재판소라는 명칭과 재판기능이 결합된 것 자체도 이후의 일이다. 다만 연원을 통해 확인되듯이 '재판소'라는 명칭 자체는

---

51) 田中 彰,『明治維新』, 120.; 菊山正明,「明治初年の司法改革」, 181.

52) 尾佐竹猛,『明治警察裁判史』, 91.

53) 菊山正明,「明治初年の司法改革」, 181, 212.

54) 尾佐竹猛,『明治警察裁判史』, 105.; 菊山正明,『明治国家の形成と司法制度』, 54, 61-63, 137.; 石井良助 編,『明治文化史 2(法制)』, 210-214.

일본의 전통적인 지방행정기관에서 유래된 것은 분명하다.

행정청으로서의 기능을 중심으로 출발한 '재판소'가 사법의 전유적 기능으로 변모해 가는 것은 혹은 달리 표현하면 사법기관의 명칭이 재판소로 되는 것은 서구 사법제도를 모범으로 재판시스템을 근대화하는 작업 속에서 이루어진다. 그렇게 근대적 재판소 제도를 구축해 가는 과정은 정치적인 일정 속에서 만들어진다. 그 정치적 일정은 일단 근대적 사법권을 세우기 위해 전근대적인 사법권의 담당기관을 변경하거나 통폐합하는 작업을 의미한다.

유신정부는 신체제를 정비하고자 1867년 12월 <왕정복고 대호령大号令>을 발하는데 그 중 사법과 관련해서는 「형법사무괘刑法事務掛」및 「형법사무국刑法事務局」을 두어 재판사무를 포함한 형사에 관한 폭넓은 사무를 취급하게 한다. 1868년 윤4월의 <정체서政体書>는 사법에 관해서는 「형법관刑法官」이 담당하게 한다. 형법관은 형법사무괘나 형법사무국과 마찬가지로 각종 형사 관련 사무를 담당한다. 1869년의 중앙관제 개정에 따라 태정관, 신기관神祇官과 더불어 민부民部, 오쿠라大蔵, 병부, 외무, 궁내와 함께 6성의 하나가 된 형부성刑部省도 실질상 형법관과 마찬가지 사무를 처리한다.[55]

형부성은 고대 율령제 하에서부터 메이지시대까지 존속한 성청省庁의 하나로 사법 전반의 업무를 담당하며 중대사건 재판, 형집행 등을 맡는다. 역시 율령제 하에서부터 메이지 초기까지 감찰·경찰기구로 유지되던 「단죠다이弾正台」도 있었다. 그 형부성과 단죠다이가 폐지되고 1871년 7월 「사법성」이 설치된다. 에토는 근대적 삼권의 틀을 받아들이면서 삼권의 하나인 사법의 권능을 담당할 기관으로

---

55) 新井 勉·蕪山 嚴·小柳春一郎, 『近代日本司法制度史』, 16-20.

사법성을 둔 것이다. 사법성은 형무소 관리나 사법행정 등을 담당하면서 민사·형사 재판권을 장악한다. 사법성의 기능 안에서 등급적인 재판소가 설치된다.56) 그것은 중앙정부가 지방의 재판권을 전면 접수한다는 것을 의미했다.

사법성 설치는 폐번치현에 동반해 1871년 7월 29일 태정관 제도가 개정될 무렵에 이루어진다. 제도 개혁으로 태정관은 정원正院, 좌원左院, 우원右院의 3원으로 구성된다. 우원은 각 성省의 장관 및 차관으로 구성되는데, 각 성은 외무, 오쿠라, 공부, 병부, 사법, 민부, 신기, 궁내의 8성이다. 8성의 하나인 사법성은 태정관제가 정비되기에 앞서 같은 달 9일에 설치된다. 사법성은 종래에 형부성 및 오쿠라성大蔵省이 취급하던 형사와 민사 재판 사무를 인계받는다. 민사재판 업무도 담당하게 된 것이다.

유신의 길목에서 이루어진 쇼군의 위임대권 반납인 <대정봉환大政奉還> 후에도 지방의 재판은 부·번·현府藩県이 하고 있었는데, 정부는 우선 여러 부·현의 소송사건 중 취급이 어려운 사건 처리를 정체서로 설치한 「회계관会計官」에 맡기다가 1869년에는 신설된 「민부관民部官」에 소관을 이전했다. 1871년 7월에는 민부성이 폐지되어 민부성의 사무가 「오쿠라성」에 인계될 때 재판사무도 이전된 것이다. 그러다가 같은 해 7월에 에토에 의해 설치된 「사법성」이 9월 오쿠라성에서 재판사무를 이관받는 것이다.57)

에토는 사법경 취임 전부터 사법개혁을 주도하면서 전국적 사법권을 확립하고자 했다. 그러나 상황은 만만치 않았다. 우선 제도적

---

56) 山口亮介, 「明治初期における「司法」の形成に関する一考察」, 98.

57) 新井 勉·蕪山 嚴·小柳春一郎, 『近代日本司法制度史』, 24-25, 34.

으로 대상이 분명히 파악되기 어려웠다. 비교적 메이지 초기의 변화된 모습을 반영한 현에서조차도 민사재판에 해당하는 「청송聽訟」과 형사재판에 해당하는 「단옥斷獄」은 명칭으로는 구분되지만 내용적으로는 명확히 구분된다고 보기 어려웠다. 재판기능은 수사기능과 혼재되기도 했다. 그래서 이 시기에 재판과 수사가 분리되어 유죄 여부의 판단 기능은 재판에서 보유하기 시작한다.58)

사법성이 전국의 사법권을 관장함으로써 전근대적인 지방관 재판에서 벗어나 각 재판소를 통괄해 간다. 그런 사법의 근대화는 「사법성직제」를 만들어 내고 사법전담 기관으로서의 재판소를 설치하고 재판사무에 관해서는 사법행정과 재판권을 분리하고, 서구 제도를 모범으로 「판사判事」 그리고 「검사檢事」 같은 제도를 신설해 내고, 또한 「증서인証書人」・「대서인代書人」・「대언인代言人」 직제도 만들고, 심급審級제도를 채용하는 형태가 된다.

그러나 서구적 사법제도를 도입하고 재판시스템을 근대화하기 위해 단기간에 과거 제도를 신제도로써 대체하는 것은 기술적으로도 곤란했다. 사법성이 전국적으로 지방관의 재판권을 흡수하지만 지방관의 저항도 있었다. 그러한 경우에 정치의 최우선적인 배려가 사법의 근대적 제도화에 특별히 주어지지도 않았다. 그래서 일단 사법의 제도적 근대화가 추진되던 초기 현실에서의 재판은 부・현府県에서의 지방관이 담당하는 재판과 근대적 재판시스템이 공존하는 과도기 체제를 경유할 수밖에 없었다.

사법권의 국가적 통합을 위해 과도기를 둔다는 것이다. 이는 각 부・번・현의 사법권을 사법성이 점차적으로 접수하여 장악해 간다

---

58) 山田 勉, 「明治初期直轄県刑政の展開」, 34-43.

는 의미였다. 일단 그러한 계획에 따른 최초의 작업은 부현재판소를
만드는 것이었다. 물론 사법성이 그 작업을 주도한다. 1871년 7월
14일에 폐번치현이 되어 번藩이 폐지되고 부·현府県이 설치된 이후
에 상당 지역에 「부현재판소府県裁判所」가 설치되어 재판을 담당하게
된다.

그 이전에는 대다수 현에 재판소도 없고 사법관도 없었다. 그러다
가 1871년 11월 「현치조례県治条例」에 기초해 각 현청 내에 재판사
무를 담당하는 부서인 「청송과聴訟課」를 두고는, 행정관인 현장관県長
官이 재판장 역할을 맡고 청송과 직원들이 민사·형사재판의 실무담
당자로서 절차를 담당한다. 아직도 민사와 형사는 제대로 구분되지
않았고, 1870년 12월에 「신율강령新律綱領」에 의해 형법이 통일되기
전까지의 시기에 각 부·현의 형사재판은 전근대적인 부교 재판의
모습도 남아 있을 정도였다.

전국에 「부현재판소」를 개설하고 점차 「지방재판소」의 형식으로
신설함으로서 사법권을 통일시키고자 했다. 사실 부현의 청사와 인력
을 이용하는 부현재판소는 지방재판소의 의미와 잘 구분되지 않았다.
그러나 에토가 취임하기 전인 1871년 12월에 근대적인 선구적 재판
기관으로 부·현이 아닌 사법성에 의해 지방 재판사무가 접수된 사
법성 산하의 지방재판소로서 「도쿄재판소東京裁判所」가 신설된 것을
보면 도쿄재판소는 부현재판소와는 다른 의미임을 알 수 있다.

즉 사법성은 도쿄재판소로서 도쿄부府의 재판사무를 접수한 것이
다. 그러나 도쿄재판소 같은 지방재판소의 의미를 가진 재판소가 아
직 설치되지 않은 지역이 여전히 대부분이기에 1871년부터 1877년
무렵 이전까지도 도쿄재판소 같은 재판소가 없는 현에서는 여전히

현청 재판이 이루어진다.59) 그런 의미에서 부현재판소와 도쿄재판소 같은 새로운 의미의 부현재판소가 공존한 것이라고 볼 수도 있다.

사법성은 1872년 3월에는 「각구各區재판소장정章程」을 규정해 도쿄부府 아래의 6대 구에 3곳의 구재판소를 두어 경미한 형사사건 및 일정한 민사사건을 담당하게 한다. 도쿄부의 재판사무가 사법성에 접수되어도 다른 부·번·현에서는 여전히 재판사무를 취급하고 그런 취급은 부·현 제도 하에서 조례상의 근거까지 있었다.60) 1872년 8월 「가나가와神奈川재판소」 설치를 시작으로 전국에 지방재판소를 설립하지만 다른 부·현에서는 여전히 지방관 재판이 이루어지고, 사법성의 재판권은 미치지 못한다. 부의 지사知事나 현령県令들은 재판권을 놓고 싶지 않아 설치된 재판소의 폐지를 요구하기도 했다.

다. 재판시스템의 통괄

1872년 4월 사법경이 된 에토는 사법제도 개혁을 본격화한다. 목표는 전국적 사법권을 확립하기 위한 재판기구 정비, 재판시스템의 근대화 그리고 법전기초권과 법률심사권을 사법성 권한으로 하는 것이다. 에토 취임 3개월 후인 8월에 사법제도에 관한 최초의 통일 법전인 『사법직무정제司法職務定制』가 태정관에 의해 공포된다. 사법의 틀을 상세히 규정한 사법직무정제는 제2조에서 '사법성이 전국의 법권法權을 관장하고 각 재판소를 통괄統括한다'고 했다. 그를 위한 전국적인 재판소 정비는 지방관으로부터의 사법권의 접수였다. 또한 이전에 사법권이 형부성과 민부성 및 지방관에게 분유되고 단죠다

---

59) 加藤 高, 「明治初年, 広島県聴訟課の家事裁判」, 110, 115.; 福山道義, 「司法職務定制から大審院設置後までの刑事裁判制度と司法省」, 735.

60) 新井 勉·蕪山 嚴·小柳春一郎, 『近代日本司法制度史』, 35-37.

이가 소추권도 보유했던 제도가 개혁된다는 의미다.61)

모델은 프랑스의 사법제도였다. 프랑스가 모범인 것은 재판관들도 충분히 인식했다.62) 사법제도의 최초 형성기에 프랑스법제는 직역적直譯的으로 계수된다. 사법직무정제도 프랑스의 사법제도를 모델로 제정된 것이다. 프랑스 계수의 이유는 당시로서는 프랑스가 가장 근대적인 법전과 사법제도를 보유한 국가였고, 사법조직이 중앙집권적이고 획일적이며 법원의 종류와 심급이 간소화되어 있고 지역적 배치도 행정구역에 대응하며 사법관료의 양성만을 국가가 떠맡아 일본의 현실에 적합했다고 보았기 때문이다.63)

계수의 핵심은 사법체계와 재판시스템의 근대화였다. 『사법직무정제』가 제1조에서 '사법성은 전국의 재판소를 총괄하고 제반 사무를 관장하되, 다만 재판 사무에 관한 것은 그렇지 않다'고 밝힌 것처럼 우선 재판사무에 있어 사법행정과 재판권의 분리의 원칙이 천명된다. 그리고 심리기관과 소추기관의 분리와 함께 심리기관과 수사기관의 분리를 가져오는 「검사檢事」 제도가 신설된다. 또한 오늘날 변호사의 전신이랄 수 있는 「대언인代言人」 제도도 신설되고 「심급」 제도도 채용된다.64)

재판사무와 사법행정의 분리는 대전환이었다. 에토는 취임 직후인 1872년 5월에 「사법사무司法事務」라는 규칙을 만든다. 사법사무는 국가가 관장하는 재판소를 전국에 만들고, 사법성이 전국 재판소의

---

61) 菊山正明, 「江藤新平の司法改革」, 100.

62) 三ヶ月章, 「司法制度」, 143-144.; 菊山正明, 「江藤新平の司法改革」, 103.

63) 三ヶ月章, 「日本における近代的司法制度の創設と展開」, 63, 72-74.; 신우철, "근대 사법제도 성립사 비교연구: 일본에 있어서 '법원조직' 법제의 초기 형성", 4.

64) 菊山正明, 「江藤新平の司法改革」, 102.

제반 사무를 담당한다는 국가적 재판권 통합 의지를 표명한다. 그럼에도 재판사무에는 관계하지 않는다는 재판 독립도 밝힌다. 다만 재판관에 대한 감독이나 진퇴 결정은 사법성의 재량에 맡긴다. 이로 인해 재판관의 신분보장은 불충분한 것이 된다.

에토는 6월에「사법성 방침」으로 민사소송을 신속하고 형평에 맞게 처리하고 범죄인은 반드시 잡아 적절히 처단하는 게 사법성의 직무이며, 그 직무를 수행하기 위해「재판소」를 두고,「판사判事」로 하여금 민사와 형사의 재판을 담당시키고,「검사」에게 그 재판을 감시하게 하며,「명법료明法寮」를 설치해 기존의 법률 및 새로운 입법의 정당성 여부를 검토하게 한다고 했다. 민사와 형사의 구분, 재판소의 기능, 판사와 검사의 역할 분담 등에서 근대적 체계에 접근한 제도를 추진한다는 것이다.

가장 상위 틀인『사법직무정제』의 핵심은 사법성은 재판을 포함한 사법사무를 전국적으로 통일하여 담당하는 국가기관이고, 재판소, 검사국, 명법료가 그 직무를 분담한다는 것이다. 형식적으로 그 권한을 정하는 일은 태정관 정원正院의 업무다. 거기서 사법성의 조직과 권한, 판사와 검사의 직무와 권한, 사법경찰, 대언인과 대서인의 직무, 각 재판소의 조직과 권한, 명법료의 직무와 권한 등이 정해진다. 재판소로는「사법성임시재판소」,「사법성재판소」,「출장재판소」,「부현재판소」,「각구재판소」를 둔다.

사법성임시재판소는 국가 중대사 사건 및 재판관 범죄의 심리를 위한 임시 재판소이고, 상설 재판소 중의 최상급 재판소는 사법성재판소이다. 사법성재판소는 부현재판소의 재판에 대한 상고上訴와 부현재판소의 어려운 사건을 판단하고, 사법경의 명을 받아 고관이나 화족의 범죄 심문을 맡는다. 출장재판소는 사법성재판소의 출장 재판소이고, 부현재판소는 민사는 제약 없이 담당하고 형사는 류流 이하의 형을 과하고, 각구재판소에서 송치된 안건을 다룬다. 부현재판소는 1872년 중에 도쿄재판소까지 포함해 3부 13현에 설치된다.[65]

그러나 1874년 말까지 증설된 것은 겨우 8개의 현재판소에 불과했다. 그조차도 정치적으로 중요하거나 개항장과 관련된 현들이었다. 그렇게 부현재판소를 통한 재판소기구가 정비되지도 않은 상황에서 1875년에는 「대심원大審院」까지 설치된다. 1875년은 행정권에서 사법권이 분리되고, 법권이 통일되고, 재판권의 전국적 통일과 일원화가 시행되고, 재판소기구도 체계화되기 시작한 분기점이다.[66] 그 상징적 결실이 대심원 설치였다. 그것은 1875년 1월에 <오사카회의会議>에 의해 점차 입헌정체를 세워간다는 <입헌정체 조칙詔勅>이 발해져 기존의 좌·우원을 폐지하면서 「원로원」과 더불어 설치된 것이다.

대심원 신설에 따른 재판소직제 그리고 『사법직무정제』에 대신하는 새로운 재판소구성법제로서 「대심원 및 재판소 직제장정章程」과 「사법성직제」 등 여러 법령에 의해 대심원을 최상급심으로 하는 재판소 조직 및 권한이 규정된다. 검사제도 등도 생겨난다. 재판소는 「대심원」, 「상등上等재판소」, 「부현재판소」 및 「구재판소」로 하고, 사법성에 대신해 대심원이 국가기구상 사법을 관정하는 국가기관이 된다. 「대심원」과 「사법성」은 분리되어 재판 조직과 사법행정 조직이 분리된 것이다. 따라서 사법성의 재판권은 부정된다. 사법성은

---

65) 新井 勉·蕪山 嚴·小柳春一郎, 『近代日本司法制度史』, 39-46.

66) 林真貴子, "近代法시스템 繼受期 日本의 裁判所에서의 紛爭解決實踐", 80.

법률 해석이나 운용에 관한 권한을 보유하고 재판관의 인사권을 지닌다.

종래의 재판소는 사법성의 업무를 분담하는 위치였으나 장정에 의해 대심원 및 각 재판소는 사법성과는 별개의 국가기관이 된다. 그런데 1875년의 대심원 신설 이후 만들어진 「대심원 및 재판소 직제장정」이나 「사법성직제」를 보면 사법성과 대심원의 지위상의 관계는 분명치 않다. 사법성직제는 사법경이 재판에 관여하지 않는다고 하면서 한편으로는 재판관을 감독하고 판사의 임면과 진퇴에는 관여한다는 것이기 때문이다. 그래서 1875년 7월에 사법경 오키 다카토大木喬任는 태정대신太政大臣에게 대심원의 지위에 관해 문의한다.

「정원직제」에 의하면 대심원은 원로원과 같은 지위로 각 성의 상위에 위치하지만 「사법성장정」에 의하면 대심원은 사법부의 여러 부서 중 하나같기에 정원직제에서의 대심원의 위치는 결국 취소된 것으로 보려 했는데, 금번 지방관회의 개회식에서 대심원의 명칭이 원로원의 아래에 있으면서 각 성의 위에 기재되어 혼란스럽다는 것이다. 이는 사법성장정과의 관계에서 맞지 않는 것인 듯해서 대심원의 지위를 확실히 알고 싶다고 했다. 이에 태정관은 대심원은 각 성 다음에 위치하는 것이되, 그렇다고 해서 대심원이 사법 여러 부서의 하나인 것은 아니라고 한다.[67]

대심원과 하급재판소의 관계에 관해서는 「대심원 및 재판소 직제장정」 등에 의해 최상급재판소인 대심원 아래에 하급재판소로서 상등재판소와 부현재판소가 위치 지워지고 상등재판소의 배치 및 관

---

67) 福山道義, 「司法職務定制から大審院設置後までの刑事裁判制度と司法省」, 754.

할구역이 규정된다. 대심원의 심판은 5인 이상의 합의체가 하도록 한다. 부현재판소는 각 부·현에 청사를 두는데 민사사건은 개괄적으로 그리고 형사사건은 징역형 이하의 범죄를 담당하게 된다. 1875년 5월 이후에는 부현재판소에 지청을 둘 수 있게 한다. 그 경우 민사는 소송당사자의 요청이 있으면 「권해勸解」라는 일종의 화해 권유를 거치도록 한다.

1875년의 「재판소구성법제」는 1872년의 사법직무정제 상의 재판소와 달리 사법성에서 기구상 독립한 재판소를 두어 대심원 이하 각 재판소의 조직화를 도모해 심급제도를 정비한다. 심급에 따른 '공소控訴'와 '상고上告' 절차도 규정된다. 부현재판소의 민사재판에 대해 불복하면 상등재판소에 공소할 수 있고, 형사재판은 특정사건 외에는 원칙적으로는 대심원 상고만이 허용된다. 상등재판소의 공소심으로서의 민사재판 대심원 상고는 가능하다. 형사 중 사형 해당 사건의 심판은 상등재판소 권한으로 했다. 그래서 부현재판소, 상등재판소, 대심원의 3심급 하에서 민사는 3심급제, 형사는 2심급제가 된다.

1875년은 재판기준 면에서도 근대적 분기점이 된다. 이전인 메이지 초기의 일반적인 재판은 에도시대의 법이나 판례를 준수해서 이루어졌고, 메이지 정부가 발한 포고布告나 포달布達도 재판 기준이 되었다. 민법전은 당시에는 없었다. 다만 1875년의 태정관 제103호 포고인 「재판사무유의사항裁判事務心得」에 의해 재판기준인 '법원法源'은 제시된다. 제3조에 '민사재판에서 성문 법률이 없으면 관습慣習에 의하고, 관습이 없으면 조리條理를 추고推考하여 재판한다'고 규정하고 있기 때문이다.

이를 보면 메이지 이후에 태정관이나 각 성에서 발한 포고나 포달 등이 성문법에 해당하고, 보충적 법원으로서 관습이 있고, 관습이 명확하지 않으면 조리로서 판단하게 한 것을 알 수 있다.[68] 이는 일본 민법이 의용依用되어 이어져 온 우리 민법 제1조가 법원에 관해 '민사에 관하여 법률에 규정이 없으면 관습법에 의하고 관습법이 없으면 조리에 의한다'고 여전히 규정하고 있는 것만 보더라도 근대 초기 법원 규정으로서는 손색이 없음을 알 수 있다.

그렇듯 1875년 이후는 재판 기준 면에서도 근대적 합리성을 확보해 가는 시기가 된다. 분기점인 1875년을 지나면서 재판기구의 정비도 가속화되어 재판소는 보다 근대적 형식에 가까워진다. 1876년 9월에는 「부현재판소」 대신 「지방재판소」를 둔다. 지방재판소 관내에도 「지청」을 두고 본청 및 지청 관내에 「구재판소」를 두었다. 그 결과 1876년 9월을 기준으로 지방재판소는 23곳에 설치된다.[69]

라. 사법의 기구적 분리

그 시기는 혼돈의 과정이기도 하다. 특히 부현재판소에서 행정관이 판사 업무를 '겸임'해야 하는 과도기적 상황은 지방관들의 반발을 부른다. 지방관들은 애초에는 도쿄재판소 같은 의미의 「지방재판소」 설립 구상 자체도 달가워하지는 않았다. 그러나 과도기적인 「부현재판소」 체제에서 판사 겸임 업무를 하는 것은 더 부담스러워했다. 그래서 1874년 말부터 1876년 중반에 걸쳐 태정관 및 사법성에 재판소 설치와 판사 겸임의 해직을 요구하는 지방관들의 요청이 잦아진다. 우선 재판소를 설치하고, 불가능하다면 지방관에 의한 재판

---

68) 林真貴子, "近代法시스템 繼受期 日本의 裁判所에서의 紛爭解決實踐", 84-87.

69) 新井 勉・蕪山 嚴・小柳春一郞, 『近代日本司法制度史』, 55-62.

관 겸임제도를 없애고 전임 판사를 임명하라는 것이다.

이유로는 민중의 개명 진보와 유신 이래 여러 정책의 전개에 따라 소송사건이 민사와 형사를 불문하고 증가하고 있고, 그럼에도 현의 재정상 그것을 처리하는 청송과의 인원을 늘리는 것이 불가능하고 지조개정 사업을 비롯한 지방행정사무도 증대했음을 든다. 그런 상황에서 판사를 지방관이 겸임하는 제도에 의한 재판사무 처리가 계속되면 충분한 대응을 할 수 없게 되고, 이를 방치하면 재판과 행정의 양면에서의 착오와 소송 지연을 면할 수 없고, 재판에 대한 민중의 요구에 대응할 수 없다는 것이다.

행정과 사법의 기구상 분리도 이유로 든다. 1875년의 <입헌정체 수립 조칙>에서 말하는 입헌정체가 삼권분립과 삼권에 의한 상호견제라고 이해되는 이상 이를 철저히 해야 하고, 그렇다면 대심원 설치의 취지인 재판권의 강화를 철저히 해야 하기에 지방관에 의한 판사 겸임은 그에 맞지 않다는 것이다.[70] 지방관들의 요청은 재정상 이유로 쉽게 받아들여지지 않지만 시간이 감에 따라 재판소는 정비된다. 그래서 1877년 2월에는 「대심원 및 각 재판소 직제장정」 및 공소상고절차가 개정되어 지방관의 판사 겸임 제도가 폐지된다.

겸임제도가 없어짐으로써 지방재판소는 일체의 민사 및 징역형 이하의 형사사건을 심판하는 하급재판소로 자리 잡는다. 1875년 이후 재판소에 의한 판결이 정착되면서 판결에 의한 해결방식도 점차 증가한다. 일단 1875년에서 1877년까지는 오늘날의 화해나 소취하 같은 판결 외적 해결이 주류를 이루었기에 판결로 종국되는 사건은 거의 없었다. 그런데 판결을 중시해 가면서 1882년 이후에는 판결로

---

70) 三阪佳弘, 「明治九・一〇年の裁判所機構改革」, 64.; 菊山正明, 「明治八年の司法改革」, 60-63.

종국되는 사건의 비율이 40%에 근접하고, 1886년 이후에는 50%를 넘어선다.[71] 근대적 사법제도의 설립 취지에 부합하는 모습이 된 것이다.

1880년에 제정되어 1882년 1월에 구 형법과 함께 시행된 「치죄법治罪法」의 규정을 통해 재판소기구가 개혁된다. 치죄법은 통상재판소로 「치안治安재판소」, 「시심始審재판소」, 「공소控訴재판소」, 「대심원」의 네 종류 재판소 및 특정 중죄 사건, 황족 사건, 고위공무원 중죄 사건 등을 심판하는 「중죄重罪재판소」를 설치하고, 특별재판소로 「고등법원高等法院」을 둔다. 기존의 대심원만 그대로 유지되고 상등재판소는 공소재판소로, 부현재판소는 시심재판소로, 구재판소는 치안재판소로 개칭된 것이다. 시심재판소는 경죄사건을, 공소재판소는 시심재판에 대한 공소를, 대심원은 상고와 재심, 재판관할을 정하는 소송, 공안사건 등을 맡았다.[72]

이 사법제도는 1881년에 일본을 방문한 <신사유람단紳士遊覽團>의 일원을 통해 조선에도 소상히 알려진다. 사법경 다나카 후지마로田中不二麿 등을 만나기도 한 엄세영嚴世永이 귀국 후에 시찰한 내용을 정리해 고종에게 올린 『일본사법성시찰기日本司法省視察記』를 통해서였다. 시찰기는 일본의 사법제도 및 관련 법령들을 세밀하게 번역, 소개, 평가함으로써 일본이 계수한 근대의 서구적 사법제도를 알린 것이다.[73] 서구를 모방 혹은 계수한 일본의 법제와 사법제도를 조선에 본격적으로 소개한 거의 최초의 일이다.[74]

---

71) 林眞貴子, "近代法시스템 繼受期 日本의 裁判所에서의 紛爭解決實踐", 85.

72) 新井 勉·蕪山 嚴·小柳春一郎, 『近代日本司法制度史』, 78-80.

73) 엄세영, 이주해 역, 『일본사법성시찰기 3』.; 엄세영, 강혜종 역, 『일본사법성시찰기 1·2』.; 신우철, "근대 사법제도 성립사 비교연구: 우리 '법원조직' 법제의 초기 형성", 85.

1881년 개칭된 공소재판소는 도쿄, 오사카 등의 7곳, 시심재판소는 90곳, 치안재판소는 180곳에 둔다. 1883년 1월에는 77곳이던 시심재판소를 43곳으로 줄이면서 지방재판소의 지청이다가 폐지된 47곳의 지청을 시심재판소에 두게 된다. 지청은 본청과 동일한 권한을 가지고 사건을 처리한다.[75] 1885년 12월 태정관제도가 없어지고 대신 「내각제內閣制」가 탄생하는데, 그에 동반해 사법제도에 관해서도 1886년 5월에 「재판소관제」가 내각 성립에 기초해 규정된다. 재판소관제에 의해 공소재판소가 「공소원控訴院」으로 개칭되고, 종래의 치안·시심·중죄재판소, 대심원 및 고등법원 체제는 유지된다.

　1889년 제정된 메이지헌법에 규정된 재판시스템은 민사, 형사사건을 담당하는 사법재판소와 행정사건을 담당하는 행정재판소로 대별되는 체제가 된다. 사법재판소의 구성은 일본에 체재하던 독일인 고문 루돌프O. Rudorff가 중심이 되어 독일의 재판소구성법을 모범으로 기초한 1890년의 「재판소구성법裁判所構成法」에 의해 규정되고, 행정재판소는 「행정재판법」으로 규정된다. 재판소구성법은 전전은 물론이고 전후에도 1947년에 「재판소구성법」에서 바뀐 「재판소법」이 제정될 때까지 유지될 정도로 장구한 법률이 된다.

　일본의 전전 재판사를 관통하는 재판소구성법의 의미는 크다. 특히 사법대신은 각 재판소에 대하여 사법행정상의 감독권을 가진다는 것이 재판소구성법 제135조에 규정되었기에 사법제도적으로 중요한 법제의 역할을 한다. 그런 근거 규정을 통해 사법대신은 각 재판소의 재판관 및 검사국의 검사 모두에 대해 실질적 인사권을 행사

---

74)　정긍식, "일제의 식민정책과 식민지 조선의 법제", 58.
75)　新井 勉·蕪山 嚴·小柳春一郎, 『近代日本司法制度史』, 77.

할 수 있었다. 그러한 사법대신의 권한에 토대를 둔 전전戰前의 사법
체제의 원형이 1890년의 재판소구성법인 것이다.

마. 재판절차의 근대화

근대적 사법권의 지위도 과도기적 변화를 겪고 재판기관의 모습
도 여러 차례 변경되지만 근대적 재판절차의 제도화 과정도 전통으
로부터의 탈피에 시간을 필요로 한다. 그런 탈피가 완료되기 전까지
는 '단옥斷獄' 같은 전근대적 형사재판절차도 여전히 등장한다. 메이
지 초기의 『사법직무정제』에도 형사재판절차는 전해져 내려온 바와
같이 단옥이라 했다. 단옥은 절차에 따라 부교나 판사가 법을 적용
해 전통적 형벌을 부과하고 죄의 경중에 따라 사법성의 재가를 얻는
등의 방식이었다.76)

민사 및 민사소송법에서도 1868년 이래 프랑스법을 모범으로 한
편찬이 몇 번 시도되지만 모두 실패한다. 그 결과 국가가 정책적으
로 소송을 통제하는 전근대적인 모습이 강하게 나타난다. 메이지 초
기의 「현청縣庁재판」의 시기까지도 그렇다. 당시 민사사건에는 금전
이나 쌀의 대차로 인한 소송이나 토지소유권 분쟁이 많았는데 여기
서는 대체로 해당 지역 유지나 관청 관리 등의 중재로 해결하는 전
통적인 '내제內濟'가 장려된다. 그것은 화해에 방점이 있기보다는 판

---

76) 당시 단옥의 절차를 보건대, 「초석初席」, 「미결중未決中」, 「구서독문口書讀聞」, 「낙착落着」의
4단계로 나뉘어져 있다. 이중 초석은 죄인이 검부檢部에서 접수해 판사에게 이를 보내 판사가
조사 등 심문을 행하는 것이고, 미결중은 죄의 경중을 감안해 감옥 등에 보내 판사가 조사 등
심문을 하는 것이고, 구서독문은 죄인이 죄를 자백하면 그 죄상을 조서인 구서에 기록하여 부
교나 판사 등이 임석하여 이를 읽어 죄인에게 확인시켜 틀림없으며 압날하게 한 것이고, 낙착
은 판사가 구서에 의해 적용법률과 죄명을 정하여 류流 이하의 형은 전결하고, 사死죄는 사법
성에 보내 재가를 얻어 판사가 선고하는 것이다(村上一博, 「府県裁判所草創期の聽訟・斷獄手
続」, 147).

결에 이르지 않도록 강구된 방식의 하나였다. 내제가 아니더라도 판결을 선고하는 '재허裁許' 이외의 방식에 의한 종결이 대다수였다.

재판을 위한 민사나 형사의 절차법도 제대로 정비되지 못한다. 1872년 사법직무정제에 의해 사법성 및 사법성재판소, 부현재판소, 구재판소 등의 각 재판소나 검사국의 구성과 권한 그리고 재판절차 등은 간단하고 일반적으로 규정된다. 막 설치된 부현재판소가 재판을 담당하던 상황에서 단편적인 형태이지만 민사와 형사의 절차법적 규정이 나타나기는 한다. 사법직무정제도 제16장의 「부현재판소 분과分課」에서 부현재판소의 청송聽訟・단옥斷獄・서무庶務・출납出納의 4과에 관해 규정한다.[77] 그런데 사법직무정제가 규정한 소송사무 절차는 각 부현재판소에서 제대로 실효성을 보여주지 못한다.

즉 사법직무정제는 민사소송 절차도 분명히 규정하기는 했다. 소송인이 제출한 소장인 '메야스目安'의 표제, 재판관할, 당사자적격 등을 심사해 소를 수리할지를 결정하는 「메야스타다시目安糺」, 소장에 재판소의 인장을 날인하고 피고를 소환하여 이를 교부하고 기일을 정해 답변서를 내게 하는 「초석初席」, 부교奉行 등이 재판정인 「시라스白洲」에 나와 판결을 선고함으로써 결말을 내는 「낙착落着」 같은 절차였다. 정부는 이를 전국적으로 실시하고자 한다. 그러나 현실에서 그 실효성은 약했던 것이다.

즉 각 부현재판소는 독자적인 민사소송절차 매뉴얼을 만들어 그에 따라 절차를 진행한다. 지방 관행에 따른 일정한 소장 형식, 답변

---

77) 다만 청송을 민사, 단옥을 형사라고 단순히 비교해서 구분하는 데는 무리가 있다. 즉 그것은 민사와 형사로 명확히 구분해서 보기도 어려운 점이 있고 청송과 단옥이 제도적으로 존재한 동양법제에서 특히 중국에서 청송도 단옥도 행정의 일환이었기에 서구적인 사법으로서의 관념되는 것에 반드시 부합하지도 않기 때문이다(山口亮介, 「明治初期における「司法」の形成に関する一考察」, 註14, 104.).

서 작성방식, 증거법칙, 소취하 방법 등의 문례 등이었다. 그렇게 1872년의 사법직무정제와는 별도의 매뉴얼을 부현재판소가 만든 이유는 소송 건수가 적지 않았기 때문이다. 민사에 관해서는 1873년 7월의 태정관포고인「소답문례訴答文例」나 형사에 관해서는 1873년 2월에 사법성이 낸「단옥칙례斷獄則例」도 있었지만 상당히 단편적이었다.78) 그래서 소송에 대응하는 데는 한계가 있었다.

다만「소답문례」는 최초의 민사소송법령 혹은 규칙으로써 획기적이기는 했다.79) 1891년 1월에 구 민사소송법이 시행될 때까지 오랫동안 존속한 소답문례에는 처음으로 정부가 전국적으로 통일시키려고 한 민사재판의 소장이나 답변서의 서식이 보이고 소송절차 규정도 일부 보인다. 매매 위약, 이혼, 파양, 가독家督상속 등 18종류의 소명訴名과 각각의 소장서식도 보인다. 민사상의 청구권을 소송상의 권리라는 형식으로 정형화한 것으로 실체법적 사항도 포함되어 있었다.80)

소답문례는 서면심리 면에서도 의미 있다. 소송행위인 당사자의 변론, 재판소의 증거조사를 서면을 통해 행하는 방식은 오늘날에도 중요한 부분이다. 그 서면중심주의의 오랜 역사에는 근대적인 최초의 민사소송법규라 할 수 있는 소답문례가 있다. 즉 소답문례의 가장 중요한 특징 중의 하나가 소장에 기본이 되는 서증의 전문全文을 옮겨 기재할 것을 요구하는 점이다. '증서가 있으면 그 전문'을 요구

---

78) 村上一博,「府県裁判所草創期の聴訟・断獄手続」, 140-146.; 内閣官報局,『法令全書 明治六年』, 320-353.

79) 소답문례를 기초한 것은 사법성의 권대판사 다마노 세리玉乃世履, 가나가와 재판소장 니시 나리노리西成度 등의 일본인과 사법성에 고용되어 있던 미국인 힐G. W. Hill이라고 한다(福島小夜子,「領事裁判と明治初年の日本」, 105).

80) 内閣官報局,『法令全書 明治六年』, 320頁 以下.; 加藤 高,「明治初年, 広島県聴訟課の家事裁判」, 126.

하는 것이다. 소송은 서면 중심적이 된 것이다.[81]

소답문례에는 상소제도도 등장한다. 제20조에 상소를 의미하는 '공고控告'를 말하고 신청기간은 3개월이라고 한다. 이는 공식적 상소규정으로는 가장 이른 것이다. 1874년의 「민사공소약칙民事控訴略則」이 그때까지 일정하지 않던 상소의 명칭을 '공소控訴'로 통일하고, 1875년 대심원 설치로 「공소상고절차」가 제정되면서 '상고上告'가 규정되는 것보다 앞선 일이다. 다만 소답문례 이외의 민사소송 법제는 제대로 보이지 않는다. 구재판소의 절차를 정한 1873년의 「소송법 가규칙 구재판소」 전83조와 이후 1880년의 원로원에 의한 소송법안 전287조는 작성되지만 실시되지 못한다.[82]

결국 메이지 초기에는 근세의 모습이 병존한다. 그래서 소송에 대한 국가적 통제도 사라지지 않는다. 이는 소장의 적법성을 검토하는 오늘날의 소장심사에 해당하는 '메야스타다시目安糺' 단계에서부터 확인된다. 판사보가 일일이 소장을 점검해서 조금이라도 격식에 어긋나는 것이 있으면 가차 없이 「각하却下」해서 흔히 60-70%는 접수되지도 못하고 각하된다. 각하를 많이 시키는 판사보가 기량이 있다고 평가받았다. 그 밖에도 판결 외적인 해결방식은 적지 않았다. 그런 식의 해결이 판결인 '재허裁許'보다 압도적으로 많았다.[83]

---

81) 内閣官報局, 『法令全書 明治六年』, 320頁 以下.; 加藤 高, 「明治初年, 広島県聴訟課の家事裁判」, 121.

82) 辻村亮彦, 「「敬慎願」とは何か」, 82, 90.

83) 그 외의 판결 외적 해결방식을 보면, 우선 「석전제구席前済口」는 소장의 적법성 여부에 대한 검토를 마치고 소장을 수리한 뒤의 상태의 해결법이다. 아직 판사가 재판을 시작하지 않은 시기에 원고와 피고가 합의에 이르러 화해되었음을 증명하는 문서를 내서 해결되는 것이다. 「석후제구」는 판사가 재판을 시작한 뒤에 그와 같이 해결되는 것이다. 「원하願下」는 원고에 의한 소취하로 종결하는 것이다. 「단옥회부断獄廻シ」는 소송 심리 중에 원고든 피고든 간에 범죄가 되는 것이 판단되면 형사처벌을 위해 단옥과断獄課에서 별도로 죄상을 조사하여 형사사건에 회부시키는 긴미吟味로 이어졌다(加藤 高, 「明治初年, 広島県聴訟課の家事裁判」, 148-149).

실제로 1871-1877년 사이 재판소가 없는 현에서 이루어진 현청재판의 민사재판에서 판결문인「재허장裁許狀」이 작성되는 경우는 극히 일부였다. 몇몇 현의 민사사건 기록인 청송표聽訟表를 확인해 보면 대부분의 사건은 원고와 피고 쌍방을 이해 즉 설득시켜 합의가 되어 '소취하願下げ'하는 형태로 종결된다.[84] 소송 건수는 적지 않았지만 정식 재판절차를 거쳐 판결에까지 이르는 경우는 극히 적고 대부분은 오늘날의 소장각하, 소각하, 소취하, 화해 등과 유사한 방식으로 종결된 것이다.[85]

그 무렵 재심절차도 허용된다. 1875년과 1877년의 사법성 지령은 상대방이 중요한 서류를 은닉하고 있었던 경우에는 '재소再訴'를 하는 것을 허용한다. 이 재소는 프랑스 민사소송법을 참조하여 오늘날의 재심 의미로 인정된 것이다. 그리고 이듬해인 1878년 이후에는 오늘날의 재심 신청에 해당하는 신청을 할 수 있도록 하는 것이 재판 실무에서도 나타난다. 실제로도 그에 따라 이후 각지에서 재심 신청이 일어나게 된다.

전반적으로 1872년의 사법직무정제 이후부터 1891년의 메이지 민사소송법이 시행되기 전까지의 민사소송은 근세의 재판 관행을 아직 벗어나지 못한 소답문례를 기초로 몇 개의 단행법령과 사법성 그리고 재판소 사이의 질의나 상신과 그에 대한 지령 등에 의해 규율된다. 이는 1880년 이전부터 형사소송과 관련된 소송법의 일종으로서의 치죄법이 기초되어 1880년에 포고되어 1882년부터 시행된 형사소송법 영역에 비교해 보면, 민사소송 영역에서는 뚜렷한 입법

---

84) 加藤 高,「明治初年, 広島県聽訟課の家事裁判」, 111.
85) 村上一博,「府県裁判所草創期の聽訟・断獄手続」, 142.

이 없다는 것이 된다.

그렇듯 1880년에 제정된 「치죄법治罪法」은 재판기구 개혁을 담은 것이면서도 형사소송법전으로서 근대적 소송법의 태동을 알린 것이다. 형사소송규칙을 담은 치죄법은 1880년 7월에 공포된 「구 형법刑法」과 함께 1882년 1월부터 시행된다. 치죄법 같은 형사법은 일본에서 서양 근대법에 준거한 법전 편찬의 첫 성과다. 형법 및 치죄법은 1876년경부터 보와소나드G. Boissonade가 그 기초를 개시한 것이다. 그리고 중단되지 않고 계속되어 결실을 본 것이다.86)

형법만으로는 근대적 형사소송을 할 수 없다고 판단해서 같이 만든 게 치죄법이기에 그 제정은 구 형법과 뗄 수 없는 의미다. 치죄법의 성립 이전에는 『사법직무정제』의 일부 규정 등이 형사소송법규의 역할을 하다가 치죄법에 의해 그를 포함한 형사소송법으로 정리된 것이다. 치죄법의 형사소송법규로서의 성격은 1872년부터 사법직무정제에 의해 민사소송에서만 허용되던 대언인 제도가 치죄법에 의해 형사소송에서도 가능하게 된 것을 보더라도 확인된다.

민사소송법은 여전히 제정되지 못한다. 그런데 조약개정 교섭이 민소법전 편찬을 서두르게 만든다. 외무경 이노우에 가오루가 1882년 4월의 조약개정 예비회의에서 영사재판의 철폐로 목표로 한다는 뜻을 선언한다. 이에 영국공사는 영사재판을 철폐하려면 근대적인 서양의 법률 수준에 부합하는 민법, 민사소송법 등의 제정이 필요하다고 요구한다. 1883년 12월에는 영국 외상이 주영공사 모리 아리노리森有礼에게 3법 제정과 서양어 번역문의 배포를 조약개정 교섭의 전제조건으로 요청한다. 그래서 정부가 민소법

<hr>

86) 辻村亮彦, 「「敬慎願」とは何か」, 73, 85-90.

제정을 추진한다.87)

원로원이 민사소송법 관련 초안을 내지만 입법으로 이어지지 못한다. 1883년에 보와소나드가 기초한 민소법 초안도 결국 입법에 이르지 못한다.88) 그런데 형사법전의 운용이 서서히 궤도에 오르자 사법성은 1884년 3월에 태정관에 대해 민사소송 절차를 규율하는 소답문례 등이 필요한 조항이 없거나 시대에 부적합하다며 소송규칙의 제정을 상신한다.89) 결국 1884년 소송법 편찬국이 설치되고 정부의 프로이센인 법률고문 테쏘 E. Techow로 하여금 민사소송법 초안을 기초하게 한다. 독일 민소법전의 번역에 가까운 민사소송법 초안이 1886년 5월에 사법성에 제출되고, 1890년에 공포되어 1891년 4월에 「민사소송법民事訴訟法」이 시행된다.90)

민소법이 공포된 1890년에 치죄법이 폐지되고, 변호사에 관한 규정이 실린 「형사소송법刑事訴訟法」도 공포된다. 그 시기에는 사법행정권이 사법성에 속하고 질서유지적인 재판 수행이 주로 고려되었기에 형사소송에서 인권적 배려는 아직 결여된 상태다. 1890년에 형소법에 변호사 규정이 만들어지고 그에 이어 1893년에는 근대적인 「변호사법弁護士法」까지 제정되어 '변호사弁護士'라는 명칭이 사용된다.

---

87) 藤原明久, 『日本条約改正史の研究』, 96-113.

88) 中村英郎, 「近代的司法制度の成立と外国法の影響」, 278.

89) 辻村亮彦, 「「敬慎願」とは何か」, 90.

90) 법원행정처, 『한·독·일 민사소송법의 연혁』, 55-57.

제3장

한국의 계수와 의용

1. 법원의 차별적 기원

　일본은 불과 10년 혹은 길게 잡아야 20년 전 서구로부터 계수한 근대적 사법제도를 개화기 무렵의 조선에 이식한다. 그에 대해서는 조선에 대한 지배권 확보 정책의 일환이라고 보는 시각이 일반적이다. 그 결과 근대 한국의 사법적 근대화에서의 일본의 주도적 역할이나 일본에 대한 사법권의 위탁과 같은 이어지는 사실들이 일본의 한국에 대한 독점적 지배권 확보에 관한 사법적 측면의 사실들로 이해된다. 결국 그것은 궁극적으로는 제국의 사법 질서로 편입시켜 식민지적 사법제도를 만들려는 것일 뿐이라는 결론으로 이어진다.[1]

　그런 인식은 식민지배로 이어진 현실을 보면 부정될 수는 없다. 다만 그것은 평가의 문제다. 그런데 일본 사법제도에 대한 한국의 계수에 관한 확인에서는 평가가 개입해서 미리 편면적 접근을 만들 필요는 없다. 따라서 평가를 유보하고 역사적 사실을 객관적으로 확인하는 작업이 우선 필요하다. 일단 사법권을 가진 국가기관 즉 재판기관으로서의 한국의「법원法院」이라는 통칭의 기원과 의미를 보

---

1) 문준영, "이토 히로부미의 한국사법정책과 그 귀결", 31.

고자 한다. 그것은 일본의 '재판소'와 다른 독자적인 기원처럼 보인다. 그런데 알고 보면 일본과의 차이보다는 오히려 일본에 의해 만들어진 차별적 기원을 확인하는 것일 수 있다.

일본의 사법적 내지 법제적 영향 혹은 간섭이 시작된 조선 말기와 대한제국 시기 및 일제강점기 하에서의 한국의 재판기관은 「재판소」 혹은 「법원」이었다. 강점기 이전에는 재판소였고 일부의 경우에만 법원이라는 명칭이 사용된다. 1895년 4월의 「재판소구성법」 하의 「특별법원特別法院」이 있고 1909년 10월에는 「고등법원高等法院」이라는 명칭이 사용된다. 즉 1895년의 재판소구성법에는 「고등재판소」가 최고법원이었으나 1899년의 개정 재판소구성법에서는 고등재판소가 「평리원平理院」으로 변경되고, 1907년의 새로운 재판소구성법 하에서는 대심원大審院, 공소원控訴院, 지방재판소, 구재판소의 체제로 되었다가 1909년 10월에 공포된 「통감부재판소령」에 의해 대심원이 고등법원으로 변경되고, 그 체제가 1910년의 합병을 거쳐 1912년 3월까지 이어진다.

일제강점기인 1912년 3월 이후 한국에서 사법권을 가진 국가기관의 통칭은 '법원'이 된다. 일본에 의한 사법적 계수가 시작되던 조선 말기, 대한제국 시기 및 통감부 시기에는 재판기관이 재판소였고 일부만 법원이지만, 강점기의 총독부 시기의 1912년 이후부터는 모든 재판기관이 '법원'이 된 셈이다. 1912년 3월 18일에 조선총독부 제령 제4호로 「조선총독부재판소령」을 개정하는데, 총독부 부령 제26호에 의해 종래 재판소의 위치는 그대로 두고 공소원, 지방재판소 및 구재판소는 각각 「고등법원高等法院」, 「복심법원覆審法院」, 「지방법원地方法院」 및 「지방법원 지청支廳」이 된 것이다.[2] 그리고 해방 이후에도 계속 '법원'이다.

그와 달리 일본은 근대적 사법을 도입한 메이지 시기 이래 즉 전전 및 전후를 통틀어 재판기관은 거의 '재판소'다. 일제강점기에 한국의 재판기관을 법원이라고 명명한 그 시기에도 재판소다. 그런데 식민지에서는 '법원'이라는 기관명을 사용하도록 한다. 식민지「조선」과「타이완台湾」그리고 일본의 위성국가였던「만주국滿州国」에서 사용된다. 타이완이 조선보다 먼저 법원이라 불린다. 식민지 타이완에는 1895년에 일본의 타이완총독부가 설치된 이래 총독부법원台湾総督府法院으로서 고등법원, 지방법원 등의 명칭이 사용되어 오늘날까지도 이어진다.

만주국은 건국 수년 후인 1936년에 일본의 재판소구성법에 해당하는「법원조직법法院組織法」이 공포 시행되는데, 법원조직법에 의한 재판제도는 최고법원, 고등법원, 지방법원 및 구법원에 의한 4급3심제로 이루어진다.[3] 결국 식민지인 조선이나 타이완 그리고 위성국가인 만주국에 공통적으로 법원이라는 명칭을 사용한 것이다. 반면 그 명칭은 일본 안에서는 특별법원의 의미로서만 사용된다. 메이지 시대 초기에 대역죄나 황족 등의 범죄를 다루는 재판기관을 '고등법원高等法院'이라고 한 것이다.

즉 사법성司法省 내에 설치된 형사재판 전문의 특별재판소인 고등법원은 한국의 고등법원 같은 2심 사법기관은 아니었다. 아마도 프랑스 '앙샹 레짐'의 최고사법기관으로서 구체제의 상징이었던 '빠를레망Parlement'을 염두에 둔 것처럼 보인다. 그것이 일본에서 '평정

---

2) 朝鮮總督府法務局 編,『朝鮮の司法制度』, 19.

3) 大野實雄,「滿洲国司法制度の素描」, 9-10.

법원評定法院'이라고도 번역되기도 하지만 '고등법원'이라고도 번역되었기 때문이다.4) 특히 고등법원이 국사범을 심판하는 곳이기에 그런 정치적 사법기관으로서의 성격을 염두에 둔 명칭으로 볼 수 있을 것이다.

정치적 기관의 성격인 고등법원은 오래 지속되지 못하고 1890년에 폐지된다.5) 수년 뒤 1895년 타이완에서부터 법원이라는 명칭이 사용된 것이다. 결국 조선, 타이완이 일본의 식민지였고 만주국이 위성국가임을 감안하고 그들 국가의 해당 시기의 근대적 사법제도가 일본에 의해 형성된 점을 감안하면 '법원法院'이라는 기관명은 일본에 의한 사법체계의 형성 시기에 일본에 의해 사용된 기관명임을 부정하기는 어렵다. 따라서 그 명칭이 다른 국가적 기원을 지니는지를 더 확인할 필요는 없을 것이다.

설사 법원이 다른 어원 혹은 개념적 기원을 지닌 것이더라도 일본에 의해 부여된 것이라는 사실은 달라지지 않기 때문이다. 또한 오늘날에도 고등법원, 지방법원 등의 '법원'이라는 명칭은 한국뿐만 아니라 타이완 그리고 중국에서 현재 사용되고 있는 것인데 이는 앞서 법원이라는 명칭을 사용한 국가들의 범위와 상당 부분 일치하는 점에서도 일본의 영향의 산물임은 부정하기 어렵다. 한국의 경우도

---

4) ユベール・メティヴィエ, 『アンシアン・レジーム』, 65.

5) 고등법원은 1882년에 시행된 치죄법에 기초해 그 전신으로 1872년에 설치된 사법성특별재판소를 개조하여 둔 것으로 대역죄, 불경죄, 국사범, 황족 및 칙임관勅任官을 피고로 하는 재판의 담당기관이었다. 상설재판소는 아니고 사법경의 주청을 받아 천황의 재가로 설치되는 임시재판소였다. 설치의 본래 의도는 <자유민권운동>을 탄압하고 지도자들을 엄벌에 처하는 것이었지만, 임명된 고등법원 재판관들은 정부의 개입을 싫어하고, 실제로도 1883년에 행해진 <후쿠시마福島 사건>이나 <다카다高田 사건> 등의 지도자들에 대한 재판에서도 정부의 개입에도 불구하고 법률에 따라 판결해 정부의 기대를 저버리자 정부는 연말에 치죄법을 개정해 고등법원의 직권을 일반재판소가 대행할 수 있도록 했기에 사실상 형해화되었다가, 1890년에 「치죄법」이 「형사소송법」으로 바뀌면서 「재판소구성법」이 제정됨에 의해 폐지된다.

'법원'이 사법권을 지닌 국가기관의 '통칭'이 된 것은 늦게 보더라도 1912년부터인데 그 때부터 현재까지 이어져 오기에 일본이 부여한 것임을 부정하기는 어렵다.

다른 관점에서 법원과 재판소 사이의 명칭 구별의 관점이 아니라, 일본이 사법재판소의 통칭을 법원이 아니라 재판소라고 하면서도 왜 대심원과 공소원의 경우에는 '원院'이라는 명칭을 썼는가도 살펴볼 필요가 있다. 특히 조선에도 일본의 전전에 존재한 최고법원인 '대심원大審院'이 잠깐 제도적으로 존재했기에 그런 관찰은 의미 있을 것이다. 일본 내지의 대심원이 기능적으로는 몰라도 명칭상으로는 한국에 잠시 있다가 갑자기 고등법원으로 개칭된 의도도 궁금하다. 실은 그 변화는 법원이라는 명칭이 한국에서 사용되기 시작한 시점과도 무관치 않다.

일본은 한국에서 1907년의 개정 재판소구성법 하에 '대심원'과 '공소원控訴院'을 두는데, 1909년의 통감부재판소령 하에서는 대심원이 '고등법원'으로 바뀐다. 대심원은 내지인 도쿄에 있는 것을 의식해 식민지 조선에서는 대심원 아래 고등재판소급과 지방재판소를 조직적으로 존속시키는 것으로 하되, 그 명칭을 고등법원, 복심법원, 지방법원이라는 식으로 '법원'이란 명칭을 두게 되면서 대심원을 고등법원으로 개칭한 것이다.

여기서 복심법원은 지방법원의 재판에 대한 상고 및 항고에 관한 재판을 담당하고, 고등법원은 복심법원의 재판에 대한 상고 및 항고에 관한 재판과 일본의 재판소구성법에 정한 대심원의 특별권한에 속하는 직무를 관할하게 된다. 즉 고등법원은 대심원의 역할도 하지만 그럼에도 명칭을 대심원으로 둘 수는 없다는 판단에서 개칭한 것이다. 그렇게 보면 '법원' 체제는 일종의 식민지로서의 취급에 기반해 성립한 것이라 볼 수 있다.

나아가 대심원이나 공소원의 '원院'이라는 명칭 자체의 유래도 볼 필요가 있다. 실은 원은 일본에서 고대부터 사용했고 메이지시대 이후에도 정원, 좌원, 원로원 등의 명칭에서 보듯이 존재했고, 이는 '성省'의 우위의 기관들이다.[6] 그런데 사법기관에 '원'을 사용하게 된 이유는 개념적으로만 본다면 프랑스 법제의 영향이라 보인다. 일본이 나중에는 독법이나 영미법의 영향을 강하게 받지만, 메이지 초기에는 프랑스법제의 영향을 많이 받는데, 프랑스에서는 하급재판기관은 「tribunal」이라는 명칭을, 상급재판기관은 「cour」라는 명칭을 쓰고 있었다. 이것이 영향을 주었다는 것이다.[7]

다만 대심원의 경우에는 개념적인 서구의 영향을 떠나서 명칭의 직접적 발상 계기로 본다면 미국인 브릿지맨E. Bridgeman이 중국에서 출간한 미국지리역사서 『연방지략聯邦志略』에서 번역한 용어인 '대심원大審院'이 영향을 준 것이다. 멀리 보면 중국에서는 오래전부터 '대리원大理院'이라는 사법적 기관이 있었기에 그런 식의 용어에 거부감도 적었을 것이다.[8] 그리고 특히 왕족의 범죄를 심리하는 특별법원 같은 경우는 재판하는 기관이라는 재판소 개념보다는 궁정의 특별기관 같은 이미지로서 '원'으로 부르게 된 것으로 보인다. 그렇듯 원은 상위적 이미지가 있지만 대심원은 사법성의 아래에 존재했다. 그 점에서는 원이 지닌 일반적 이미지와 차이가 있기도 하다.

조선은 아직 제도 창설기였고 일본의 전례를 따랐기에 재판소라

---

6) 尾佐竹猛, 『明治警察裁判史』, 130.
7) 문준영, "1895년 재판소구성법의 '출현'과 일본의 역할", 73.
8) 尾佐竹猛, 『明治警察裁判史』, 95, 130.

는 명칭을 그대로 썼다. 그러다가 일본에 의해 여러 차례 사법제도가 바뀌고 명칭도 바뀌면서 '원院'이라는 명칭이 들어간 재판기관이 여러 번 존재한다. 1895년의 재판소구성법 하의 '특별법원特別法院', 1899년 5월의 개정 재판소구성법 하의 '평리원平理院', 1907년 12월의 개정 재판소구성법 하의 '대심원'과 '공소원控訴院', 1909년 10월의 통감부재판소령 하의 '고등법원' 등이다. 그리고 1912년부터 '법원'이라는 통칭을 각급 법원에 공히 사용하게 되고, 해방 이후 재판기관을 그대로 법원이라 부르게 된 것이다.

그런데 한국에서도 재판소와 법원 이외의 명칭이 사용된 적도 있다. 1943년의 임시정부에 의한 「대한민국임시헌장」은 이전의 다른 임시정부 헌법들과는 달리 사법권에 관한 조항들을 구체적으로 명시하는데, 여기서는 대체로 기존의 중국식[9]이라 볼 수 있는 '법원' 내지 '사법원司法院'이나 일본식인 재판소가 아니라 '심판원審判院', '심판소', '심판위원회' 등의 명칭을 사용했다. 그리고 그에 따라 법관의 명칭도 중국식의 법관이나 일본식의 재판관이 아니라 심판위원이라는 용어를 사용하고 있다.[10]

그러나 심판원 등은 주류적 명칭이라 보기는 어렵다. 무엇보다 임시정부에서 사용한 그런 명칭이 해방 직후에도 주류가 된 적은 없었기 때문이다. 1948년 건국 이전의 해방공간에서 좌파와 우파를 망라한 여러 단체나 집단의 헌법초안들이 등장하고 그 속에는 비중이 크든 작든 사법 조항이 있었는데, 여기서도 법원의 명칭이 일본식의

---

9) 법원이 당시에는 중국식 명칭으로 이해되었더라도 한국에서의 법원이라는 명칭의 기원이 중국이라고 보기는 어렵다. 식민지 시기와 동시기에 중국에서 그 명칭이 사용되었더라도 한국에서 법원이란 명칭은 구한말부터 사용되기 시작했거니와 총독부 시기에 사법기관의 통칭이 되었는데, 그것은 당시 모두 일본에 의한 제도형성에 수반된 명칭부여였기 때문이다.

10) 신우철, "입헌주의 맹아기 제 헌법문서의 사법조항 분석", 29-30.

'재판소'와 '법원'으로 각각 사용되고 있다. 아울러 법관도 '재판관'과 '법관'이라는 용어가 역시 각각 사용된다.[11] 따라서 심판원 등은 주류적인 명칭이 된 적은 없다.

'법원'이라는 통칭은 무엇보다 미군정 치하에서도 그대로 유지된다. 군정당국은 초기에는 조선총독부의 행정조직을 그대로 습용했기에 조선총독 산하의 중앙행정부서인「법무국法務局」에서 사법행정을 관장케 하면서, 이를 위해 형사과, 민사과, 총무과를 둔다. 그리고 기존에 총독부 산하에 존재하던 법원도 그대로 유지되어「고등법원」, 「지방법원」 그리고 고등법원검사국, 지방법원검사국의 편제로 유지된다. 그러다가 1946년 3월 군정기구 개편에서 법무국을「사법부司法部」로 개칭한다.

군정 말기인 1948년 5월에 정부수립을 준비하면서 군정법령에 의한「법원조직법法源組織法」의 개정으로 사법권의 독립을 부여하는 제도화를 추진해 법원행정을 비로소 사법부에서 대법원으로 이관하는 동시에 법원제도를 재조직한다. 개정 법원조직법은 5편 120조로 구성되어 법원의 조직, 권한, 직원, 사법사무 처리, 사법행정사무 처리 등을 규정한다. 그리고 제헌에 의해「사법부司法府」가 탄생하고 자리잡아간다. 이런 변화 속에서 '법원'이라는 명칭은 그대로 유지된다. 결국 '법원'은 연원 상으로는 일본과의 차이보다는 일본에 의한 차별적 기원을 상기시키는 명칭이라고 할 것이다.

---

11) 신우철, "해방기(1945-1948) 헌법초안의 사법조항 분석", 7-47.

2. 근대적 사법제도 이식

한국의 근대적 사법제도의 출발은 서구적 제도를 계수한 일본이 한국에 제도를 이식하는 방식으로 시작된다. 전근대의 조선은 동시대 일본과 마찬가지로 행정과 사법의 혼재, 형사 중심의 재판으로서의 사법체제였다. 중앙에는 사헌부司憲府, 형조刑曹, 한성부漢城府의 삼법사三法司에 의한 사법적 체계 그리고 지방에는 관찰사와 목사, 부사, 군수, 현감 등 수령에 의한 사법체계가 있었다. 물론 이들은 사법 전담 기구가 아니라 행정과 사법을 겸하는 기관이고, 겸무된 사법조차도 형사재판의 역할에 가까웠다.

조선 역시 근대적 사법이 태동할 맹아는 보유하고 있지 않았다. 그런데 앞서 근대적 사법제도를 경험한 일본이 한국에 강압적 방식으로 진출한다. 일본은 자국이 <페리 내항>을 통해 개국되고 미국 및 열강과의 통상조약에 따른 '영사재판권'에 의해 사법관할권이 배제되는 경험을 하는 와중에 1876년에 조선과 일본 사이에 <강화도江華島 조약>을 통해 한국에 대해 영사재판권을 관철한다. 그리고는 조선에 재판제도의 변혁을 요구한다. 열강에 의해 겪은 일을 주객이 바뀐 형태로 조선에 되풀이한다.

조선은 그 변혁을 적극적으로 거부하지는 않는다. 그 결과 일본의 주도로 어느 정도 체계를 보이는 근대적 사법제도가 도입되기 시작한다. 그런데 이후 변혁이 이어지면서 상당한 수준의 재판체계에 도달한다. 그래서 심지어 1910년의 합방도 되기 전에 이미 일본에 의해 근대적 사법구조의 골격은 다 짜여졌다고도 평가될 정도가 된다. 당시 만들어진 기본체제가 일제강점기에 크게 달라진 것도 없고 그저 더욱 공고해졌을 뿐이라고도 평가된다. 해방 전까지 거의 그대로 유지된 체제의 출발점의 모습이다.[12)]

오늘날 한국에도 큰 부분에서 잔존하는 그 원형으로서의 근대적 사법의 제도화는 일본의 필요로 시작되었다. 조선의 입장에서는 근대적 사법을 받아들일 필요가 부각되지 못했다. 미국에 의한 개국 이래 열강과 체결한 불평등한 통상조약들에 관해 조약개정 교섭에 나서면서 사법의 서구화와 법제의 정비라는 필요에 직면한 메이지 초기의 일본에 비하면 조선에서는 근대 사법의 요청이 거의 확인되지 못했다.

일본에서 근대적 사법제도의 추진은 봉건적인 지방 권력에 산재해 있던 사법권을 통일함으로써 중앙집권적 정치체계를 만든다는 근대화 계획의 일환으로서의 측면도 있었다. 국제적 및 국내적 요인들이 사법 근대화에 동기를 부여한 것이다. 그래서 적극적이었다. 반면 조선에서는 조약개정 교섭 같은 단계를 겪지도 않았거니와, 국가권력의 중앙집권화도 일본과는 달리 상당 수준에 있었기에 근대 사법제도에 대한 관심이 적었다.[13)]

그런데 일본도 신설 제도로서 경험하는 것에 불과한 근대적 사법제도가 한국에 제도적으로 수입된 이유는 일본의 국가적 필요성이었다. '법전정략法典政略'이라는 표현이 대변해 주는 전략의 실천이다. 일본 정부가 서구열강을 상대한 경험을 토대로 대외적으로는 조선을 청淸의 속국에서 독립하도록 돕는다는 명분을 내세우고 일본이 이룩한 근대적 사법제도를 조선에 이식해 근대적 법치국가로 양성

---

12) 임상혁, "사법부에서 일제시기 관행의 잔재와 극복", 152-153.

13) 신우철, "근대 사법제도 성립사 비교연구: 우리 '법원조직' 법제의 초기 형성", 85.

한다는 정치적 전략이다. 그래서 근대 사법은 태동 자체가 일본의 직접적 작업을 통해 이루어지는 일방적 이식이 된다.

다만 조선의 필요라는 측면도 일부는 확인된다. 조선에서 사법 폐해는 극심했다. 그래서 일본이 주도했는지 혹은 왜 주도했는지를 떠나 사법개혁이 조선에 꼭 필요한 현안인 것은 사실이었기 때문이다.14) 다만 그것은 일본의 전략이 더욱 통할 수 있는 유리한 상황이 조선에 있었다는 정도의 수동적인 조건 정도로 평가될 것이다. 근대적 사법을 만든 주체나 의도의 관점에서 조선은 대상적 지위임을 부정할 수 없기 때문이다.

사법 근대화는 조선 말기부터 시작된다. 일본은 1894년 7월에 한국에 개혁을 강요해 '군국기무처軍國機務處'라는 일종의 입법부를 설치하게 하고, 거기서 의안의 형태로 개혁입법을 공포한다. 그 <갑오甲午개혁>이 여의치 않자 일본은 1895년 1월「홍범洪範14조」를 공포하게 하고 행정과 사법의 분리 등 근대적 개혁에 착수한다. 이른바 <을미乙未개혁>이다. 갑오·을미개혁의 연장선상에서 1895년 4월 법률 제1호로 공포된 것이「재판소구성법裁判所構成法」이다.15)

「재판소구성법」은 사법기관인 재판소로서「고등재판소」,「순회재판소」,「지방재판소」,「한성 및 개항장재판소」,「특별법원」을 규정한다. 물론 법제의 모델은 말할 것도 없이 일본의 재판소구성법이었다. 알고 보면 일본도 독일의 재판소구성법을 모범으로 불과 수년 전인 1890년에 기초한 것이「재판소구성법」이다. 그런 것이 법제의 명칭과 기본적 골격에서 거의 유사하게 조선의 모델이 된 것이다.

---

14) 이정훈, "明治흠정헌법의 성립과 한국개화파의 추종", 19-23.

15) 정긍식, "일제의 식민정책과 식민지 조선의 법제", 59.; 이경열, "한국의 근대 사법제도 형성과 발전에 관한 탐구", 356.

재판소구성법의 제정 주체에 대해서는 논란이 있다. 일본인고문 호시 토루星亨나 다른 고문이 입안했다고 하거나 외무성에 의해 행해진 것이라는 견해도 있다. 일본의 각종 법령을 비교 검토하고 한국의 그것과의 차이에 착목해 법무관계자 내부에서 추진한 것이라고도 한다. 그럼에도 어떤 견해에 의하더라도 사법의 근대화 모델 자체는 메이지시대의 일본임을 부정하기는 어렵다.16) 게다가 여러 사실관계를 보면 재판소구성법 자체도 일본에 의해 주도적으로 만들어진 것이라고 보는 데도 큰 무리는 없다.

일본에 유리한 '개항장재판소'의 설치나 외국어의 재판용어로서의 채용, 일본공사와 일본인 고문관들의 내정간섭이 강하던 시기인 점, 당시 새로운 관제와 법령이 일본 법령을 참고해 만들어진 점, 법률전문가 호시 토루가 법부고문으로 들어온 건 재판소구성법 공포 수일 전쯤이지만 호시는 조선을 시찰한 적도 있고 공포 한 달여 전에 서울에 있었던 사정 등을 감안하면, 재판소구성법은 1895년 1월에서 3월 사이에 일본공사관 직원들이 일본 법제를 참작해 초안을 완성해 둔 것을 서울에 도착한 호시 등 고문들과 조선인 관리들이 협의해 최종 마무리한 것일 가능성이 높기 때문이다.17)

이 법의 공포는 조선 말기 일본의 영향력에 의한 근대적 사법개혁의 시작을 의미한다. 사법개혁은 일본의 끊임없는 압력의 결과였다. 그것은 일본의 외무대신과 조선 주재 공사들의 요구를 조선이 수용할 수밖에 없는 상황에서 일본 고문관 등의 직접적 주도를 통해 이루어진다.18) 재판소구성법은 그런 압박이 수용된 결실이다. 그렇더

---

16) 신우철, 『비교헌법사』, 248-259.; 김병화, 『한국재판사』.; 鄭肯植, 鄭鐘休, 「韓国における法史学研究現況」, 149.; 문준영, "1895년 재판소구성법의 '출현'과 일본의 역할", 38.
17) 문준영, "1895년 재판소구성법의 '출현'과 일본의 역할", 47-60.

라도 재판소구성법 제정 등은 법적 제도적인 근대화다. 한국 근대화의 기점을 흔히 1894년이라 말하는 것도 알고 보면 그 무렵의 재판소구성법 등의 법제화를 고려한 평가다.[19]

재판소구성법은 재판소 그리고 판사나 검사 같은 제도를 규정한다. 재판관뿐만 아니라 검사도 「재판소구성법」과 「검사직제檢事職制」를 통하여 최초로 등장한다. 재판관은 전근대 지방행정관의 직무를 통해 제도적으로 이해될 수 있는 역할이지만 검사제도는 조선에서 낯선 것이다. 전근대에는 피해자가 형사소송을 구하는 형식이라 검사의 역할 같은 건 필요치 않았다. 그런 점에서 재판소구성법은 선구적이다. 최초의 근대적 법률인 것에서 보듯 한국의 근대화는 사법제도에서 출발한 것이다.

재판소구성법이 일본의 영향을 받은 점은 제정 주체나 제정의 의도적 배경 외에도 일본의 사법근대화 과정에서의 경험이 반영된 점에서도 읽혀진다. 이는 최초의 근대적인 법이 재판소구성을 목적으로 하는 법인 점과 관련된다. 실체법이 정비되지 않은 법제 근대화 초기의 혼란을 사법제도 특히 통일적 재판조직의 정비를 통해 극복한 것이야말로 일본 사법근대화의 중요한 경험이었는데 그것이 반영된 것이다. 통일적 실체법 체계의 결여가 사법제도와 재판기구의 통일과 완비에 의해 보완된 일본의 경험이 조선에 적용된 것이다.[20]

---

18) 신우철, "근대 사법제도 성립사 비교연구: 우리 '법원조직' 법제의 초기 형성", 95-98.

19) 鄭肯植, 鄭鐘休, 「韓国における法史学研究現況」, 149.

20) 染野義信, 『近代的転換における裁判制度』, 98-99, 114.; 신우철, "근대 사법제도 성립사 비교연구: 우리 '법원조직' 법제의 초기 형성", 108.

3. 사법제도 이용의 확대

일본의 직접적인 주도로 형성된 1895년 4월의 「재판소구성법」이 법률 제1호인 것에서 보듯 근대화에서 사법체계는 긴급하고 필수적인 부문이었다. 재판소구성법의 근대성은 민사재판과 형사재판이 용어에서는 물론이고 내용적으로도 구분되면서 형사소송의 원고로서 검사직이 창설된 점에서도 확인된다. 후속 법규들도 마찬가지다. 같은 해에 최초의 근대적 민사·형사소송법인 법부령 제3호 「민형소송규정民刑訴訟規程」 등이 제정되면서 소송절차도 정비된다.[21]

민형소송규정을 통해 소송대리인 제도도 인정된다. 제3조에서 소송당사자가 본인이 할 수 없는 경우에는 재판소의 허가를 받은 후 소송을 '대인代人'에게 위탁할 수 있게 한다. 소송 절차상 대리인으로서의 대인이 인정된 것이다. 대인은 이 시기부터 한성재판소漢城裁判所 및 고등재판소인 평리원平理院의 민사소송에 등장한다. 대인은 변호사나 그 전신인 직업으로서의 대언인은 아니다. 다만 일본에서 변호사 제도나 그 전신이랄 수 있는 대언인 제도 이전에 단순한 대리로서 허락되었던 그 대인과 같은 것이다.

따라서 대인을 허용한 것도 일본의 제도적 영향이다. 소송 절차상 대리인으로서의 대인 제도 이후에 변호사에 의한 소송대리 제도가 출현하게 되는 것을 보더라도 그렇다. 1895년의 대인 제도가 도입된 뒤 10년이 지난 1905년 11월에 법률 제5호로 「변호사법」이 한국에도 제정되는 것이다. 같은 해에 법부령 제3호로 「변호사시험규칙」도 제정된다. 이때부터 소송절차 상의 대인은 변호사 아닌 대인과 변호

---

21) 문준영, "한국의 형사사법과 민사분쟁형 고소사건", 7.

사인 대인으로 구분된다.[22]

1890년대 말 일본의 영향력이 감소되고 대신 러시아 세력이 진출한다. 그로 인해 1897년 성립한 대한제국에서 일본과 러시아의 세력 균형이 한동안 유지된다. 그 시기에는 황권의 전제화가 진행되면서 사법은 전근대적인 모습으로 후퇴한다. 재판소구성법이 보여준 근대성은 대한제국 시기에 황권 강화를 위해 후퇴해 전근대적이고 거의 반동적인 사법제도로 복귀한다.[23] 이로써 사법 근대화에서의 일본의 영향의 실체가 반증된다. 일본이 주도한 시기가 사법제도 근대화의 시기이고 탈일본화의 시기는 전근대 사법으로 후퇴한 시기였다는 것은 사법개혁에서의 일본의 역할을 반증하기 때문이다.

1904년 <러일전쟁>에서 일본이 승리하면서 한국에서의 독점적 지위를 국제적으로 인정받고 1905년에 <을사늑약乙巳勒約>을 체결해 외교권을 박탈하면서 일본의 사법 개입도 급진전한다. 공식적 직접적 제도화를 추진한다. 대표적인 것이 「법무보좌관法務補佐官」 제도다. 제도가 시행된 것은 조선통감부朝鮮統監府 시기 중의 1907년 1월에서 1908년 상반기까지다. 이 시기에는 재판소에서 한국에 의한 재판이 법적으로는 이루어지지만 일본이 전직 혹은 현직 일본인 판사나 검사 및 재판소서기 등을 재판소의 법무보좌관에 임명한다. 그래서 보좌관에 의한 지도와 감독 그리고 동의를 받은 후에 판결 등이 내려진다.

법무보좌관 제도가 시행되던 1907년 7월의 <정미丁未 7조약>에 의해 한국에 일본식 사법제도가 전면적으로 이식된다. 따라서 법무

---

22) 손경찬, "한국 변호사제도의 기원과 의의", 302-305.
23) 신우철, "근대 사법제도 성립사 비교연구: 한국에 있어서 '사법독립' 원리의 태동 수용과 전개", 275-276.

보좌관 시기는 실질적으로 일본인에 의한 재판이 이루어지게 되는 상황 이전부터 실시된 단계이기에 한국적 요소와 일본적인 것이 혼재하는 시기라고 볼 수도 있다. 그런 과도기적 성격이기는 하지만 내용적으로는 이전에 비해 체계적인 법 실무가 들어서고 재판에서도 근대적인 법 지식이 반영되기 시작한 기간이라고 평가된다.

특히 주목할 것은 그 기간에 근대적인 법조적 지식을 지닌 자들이 점차 재판소에 진출한 점이다. 당시 판결서와 소송서류 체제 및 형식상의 변화는 일본인 법률가들에 의한 것만은 아니다. 국내의 관립·사립학교 혹은 일본에서 법학교육을 받은 한국인들도 법실무에 등장한다. 사법적 변화에는 법무보좌관들에 의한 부분도 있지만 제도 운영을 통해 경험을 쌓거나 신식 법학교에서 교육받은 자들의 관여와 협조도 있다.24) 그렇게 일본식 교육을 받은 한국인 법조인의 탄생은 일본사법에 대한 본격적 계수라고 평가될 수 있다.

정미 7조약에 의해 일본의 사법 지배는 직접적인 형태가 된다. 이 시기에 행정과 재판이 분리되고, 1907년 12월에 제정된 새로운 재판소구성법에 의해 일본의 재판소 제도인 「대심원」, 「공소원」, 「지방재판소」, 「구재판소」과 같은 4급3심제가 된다. 1908-1909년 무렵에는 일본에 의해 조직, 운영되는 재판소 체제가 된다. 1908년 7월에는 민형소송규정이 폐지되고 「민형소송규칙」, 「민형소송기한규칙」 등의 민사절차법이 공포된다. 1908년 8월에는 기존의 재판소가 경성지방재판소, 경성공소원, 대심원의 3심제로 개정된다.25)

1908년 8월까지 한국의 대심원장과 검사총장을 비롯해 일본인 판

---

24) 문준영, "한말 법무보좌관 제도하의 재판사무의 변화", 422-425, 447-455.
25) 손경찬, "한국 변호사제도의 기원과 의의", 305.

사와 검사의 수는 한국인 판사와 검사보다 압도적으로 많았다.26) 1909년 4월에는 새로운 심급제도에 맞춘 개정 변호사법이 등장한다. 1909년 7월에는 「한국의 사법 및 감옥사무위탁에 관한 각서」인 <기유각서己酉覺書>가 조인된다. 형식적으로도 일본에 의해 운영되는 사법이 된 것이다. 인적 구성에서도 일본인 재판관에 의해 운영된다. 1909년 10월에는 기유각서에 따른 「통감부재판소령」에 의해 대심원이 「고등법원」으로 바뀐다.

1909년 12월에 개정 재판소구성법이 만들어진 이후 일본인 사법관들이 새로운 재판소에 대거 임용되어 재판 실무도 일변한다. 그 상황에서 일본 민법의 실무상 계수라고 부를만한 사태도 전개된다.27) 소수의 한국인 사법관들 중 상당수도 일본에서 교육받고 일본의 고등문관시험 등을 거친 케이스이기에 일본인 재판관체제에서 크게 이질적인 모습도 아니었다. 결국 계수는 일본인 사법관과 일본에서 교육받은 한국인 사법관 모두를 통해 이루어진다.

흔히 구한말이라고도 불리는 조선 말기의 수년과 대한제국 시기라고 볼 수 있는 이 시기의 사법적 근대화는 비록 일본의 직접적 주도와 형성으로 이루어진 것이지만, 그런 변화가 만든 사법제도에 대해 일정한 기대와 호응이 나타난 것도 부정하기 어렵다. 물론 일본이 진행하는 식민지화에 대한 불만이나 신제도에 대한 거부감도 병존하지만 사법제도가 내용적으로 근대성을 보여줌으로써 일정한 호응을 얻어 한국에서 사법에 대한 기대를 만들기 시작한 것은 간과될 수 없다.

---

26) 문준영, "경성공소원 민사판결원본철을 통해 본 한말의 민사분쟁과 재판", 10-16.
27) 문준영, "한말과 식민지시기 재판제도의 변화와 민사분쟁", 249.

이 시기에 선보인 새로운 판결서는 이전과는 달리 당사자의 주장 사실이나 법적인 쟁점, 재판부에 의한 사실인정의 여부, 판단의 이유, 적용되는 법조 등을 알기 쉽게 했다. 또한 총리대신 이완용을 민사재판의 증인으로 호출해 낼 정도로, 일본에서는 재판관들이 주저하던 일조차도 한국에서는 단호하게 행할 정도로 적극적이었다. 결국 재판소에 대한 기대가 소송 사건들을 재판소로 몰리게 만든다.[28]

이 시기를 기점으로 사법제도 이용이 늘어난다. 그래서 이어진 1910-20년대의 민사사건 총수라든가 인구 대비 사건 수가 급증한다. 오죽하면 그 수는 1950-60년대를 능가하는 수준이고, 70년대에 들어서야 식민지 초기 당시의 소송률에 근접했을 뿐이라고 할 정도다.[29] 물론 강점기 초기의 그런 통계는 그 이전에 형성된 재판 절차에 대한 기대와 호응의 결과다. 따라서 그것은 사법제도와 법조 직역이 한국에서 이후 오늘날과 같은 유형으로 정착되는 출발점의 모습이라고 평가된다.

4. 강점기 관료사법과 의용

일본은 1910년 8월의 대한제국과의 <한일병합#合>과 동시에 긴급칙령으로서 「조선에 시행해야 할 법령에 관한 건」을 공포해 합방 당시의 법령을 잠정적으로 인정한다. 이후 사법기구의 정리 및 민사·형사법제 정비의 목적으로 10월의 제령 제5호 「조선총독부재판소령」에 의해 기존의 통감부재판소 조직을 명칭만 '조선총독부재판소'

---

28) 문준영, "경성공소원 민사판결원본철을 통해 본 한말의 민사분쟁과 재판", 17-29.

29) 문준영, "한말과 식민지시기 재판제도의 변화와 민사분쟁", 274.

로 바꾸어 승계한다. 따라서 통감부 시기의 재판소 체제는 바뀌지 않는다.

1911년에는 칙령으로 조선총독에게 독자적 입법권 즉 법령제정권을 부여한다. 즉 3월에 공포된「조선에 실행할 법령에 관한 법률」에 의해서는 조선에서 법률을 요하는 사항은 총독이 명령으로 규정할 수 있게 된다. 1912년 3월의 제령 제4호 조선총독부재판소령의 전면 개정에 의해 재판조직은「고등법원」,「복심覆審법원」,「지방법원」 및「지청支廳」의 체제가 된다.[30] 따라서 재판기구는 병합 이전에 빈번히 바뀌던 것과는 달리 큰 틀에서 변경되지 않는다.

1911년부터 인정된 총독이 만드는「제령制令」의 형식은 식민지 조선이 일본 내지와 다른 특별한 법역이 되는 결과를 만든다. 일본과는 다른 독자적 법권法圈으로서 일본제국 안의 이법지역異法地域이 된 것이다. 이로부터 식민지 조선에서는 조선에 시행할 목적으로 제정한 법률과 칙령, 합방 당시 효력의 존속을 인정한 구 한국법령 및 일본법령, 조선총독의「제령」등이 적용될 법령으로 인정된다.

총독이 법령을 만드는 형식은 이미 일본의 식민지가 된 타이완臺灣에서 선보인 것이다. 1896년 3월「타이완에 시행해야 할 법령에 관한 법률」의 공포로 타이완 총독이 제국의회의 법률과 동등한 효력을 가지는「율령律令」을 제정할 수 있게 된다. 그렇게 총독에 의한 율령 제정권이 지배함으로써 타이완도 일본 내지와는 다른 특별한 법역이 되었던 것이다. 타이완의 율령 제정권이 식민지 조선에서는 총독의 제령 제정권을 설계하는 바탕이 된 것이다.[31]

---

30) 문준영, "한말과 식민지시기 재판제도의 변화와 민사분쟁", 252.; 성경숙, "일제강점초기 조선의 형사사법구조", 360-361.
31) 王泰升, "臺灣法의 近代性과 日本 植民統治", 9.

차이가 있다면 조선에서는 '제령'의 이름으로 인정된 것이다. 한국에서의 근대적 민법의 도입이라고 평가되는 1912년 3월의 「조선민사령朝鮮民事令」이나 형사에 관한 실체적 및 절차적 규정을 포함해 형사법규 거의 전부를 망라한 같은 해의 「조선형사령朝鮮刑事令」 등이 모두 제령 형식으로 공포된 것에서 보듯 제령은 식민지의 중추적 법형식이다. 일제강점기 동안 총 676건이 공포될 정도로 법제의 핵심이 된다. 그 중에는 제령을 개정하는 제령도 있기는 하지만 그를 제외하더라도 270건이나 된다.

제령에 담긴 주목할 만한 요소의 하나는 「의용依用」이다. 식민지 조선의 법이 내용적으로는 일본 법과 같더라도 형식상으로는 조선 총독의 명령인 제령으로서 법형식을 달리한 점은 일본과 다른 법권이 되었음을 의미하기도 하지만 핵심에서는 제령으로 '의용'하는 법형식을 취한다는 것이다. 의용의 대상은 일본 법령이기에 실질은 일본 법령의 적용과 다름아니다.[32] 그 점에서 제령은 의용을 위한 편의적 법 기술이라 볼 수도 있다.

「조선민사령」은 재판 실무에서 행해지던 것을 법적으로 확인하고 체계적으로 정돈한 것이다. 그것은 이미 1905년 11월 이후 합병 전까지의 보호국 기간에 민사재판, 부동산법제, 관습조사, 법학교육 등을 통해 일본 민법을 직간접적으로 경험한 내용이다.[33] 그럼에도 조선민사령이 한국에 근대적 민법을 도입한 것으로 평가되는 이유는 그를 통해 공식적으로 일본 민법이 민사에 관한 법원으로 확립되고, 그에 의해 민사소송법을 비롯한 일본 법령이 '의용'되었기 때

---

32) 정긍식, "일제의 식민정책과 식민지 조선의 법제", 67-69, 77-78.
33) 鄭鍾休, 『韓國民法典の比較法的研究』, 제1장.; 문준영, "한말과 식민지시기 재판제도의 변화와 민사분쟁", 248, 267.

문이다.34)

형사사법에 관해서도 의용은 적지 않게 나타난다. 1912년 3월 조선총독부 제령 제11호로 제정된 「조선형사령」은 조선에서 특별한 규정을 둘 필요가 있는 것을 제외하고는 일본에서 시행되던 형법, 형사소송법 등 12개의 형사법을 의용하게 한다. 이로써 기존에 효력을 유지하던 대한제국의 1908년의 민형소송규칙 대신에 일본의 서구식 형사법 체계가 적용된다.35) 서구에서 계수한 일본이 자국의 특성에 따라 운용해 오던 형사사법 체계의 상당 부분을 이식한 것이다. 다만 식민지에서 적용의 편의를 위한 정도의 변형만 가한다.

조선형사령의 특징 중 하나는 검사뿐만 아니라 사법경찰관도 광범위하게 예심판사에 준하는 권한을 행사하는 특례규정을 둔 것이다. 일본에서는 공소제기 전 강제수사의 핵심적 역할을 예심판사에게만 두는 예심제도를 시행했다. 강제처분은 예심판사의 권한으로 검사나 사법경찰관 등은 원칙적으로 임의수사만 가능했다. 검사는 강제처분의 필요가 있으면 예심판사 등에게 청구해 판사로 하여금 강제처분을 하게 하고 처분 결과를 송부받아 사건을 처리해야 했다. 강제수사권을 지닌 예심판사가 작성한 조서調書는 증거능력을 인정받았다.

반면 조선형사령은 강제수사에 관해 예심판사에 준하는 권한을 검사와 사법경찰관에게 부여한다. 제12조에 의해 수사결과 급속한 처분을 요한다고 인정되면 검사와 사법경찰관이 예심판사의 권한에 속하는 피고인신문, 증인신문 등의 처분을 할 수 있다. 일본에서는 조서 작성 권한이 주로 신문을 담당한 판사에게 부여되지만 조선에

---

34) 문준영, "한말과 식민지시기 재판제도의 변화와 민사분쟁", 248-253.

35) 성경숙, "일제강점초기 조선의 형사사법구조", 361-362.

서는 검사나 사법경찰관에게도 제한된 범위에서 인정된 것이다. 제14조에 의해 그들이 작성한 신문조서도 증거능력을 인정한다.36) 식민지 형사소송의 간편함과 신속함을 위한 편의적 변형인 것이다.

그러한 편의성은 일본에서 유행하던 분쟁 해결 방식을 한국에 도입한 것에서도 확인된다. 전시 상황에 접어들수록 그런 현상은 강화된다. 1930-40년대에는 개정 민사소송법이 시행되고 1932년에는 「조선소작조정령」, 1939년에는 「조선인사人事조정령」, 1940년에는 「조선차지차가借地借家조정령」을 통해 새로운 조정제도가 시행된다. 일본이 경제공황에 따른 사회적 변화 및 전시체제의 영향을 받고 시행하던 제도가 내지의 동향에 맞춰 식민지에도 적용한 것이다.37)

법제 면에서 식민지 조선은 메이지 전기의 일본처럼 법전 시행 전에 긴 기간의 과도기를 거치는 것과 같은 여유도 없이 조선민사령과 조선형사령의 공포에서 보듯 일본에 의해 타율적으로 또한 급속하게 일본 법을 의용 방식으로 경험하게 된다. 사법제도 면에서는 강점기 법원의 제도적 위상과 판사가 처한 관료적 지위에 따라 일본형 사법이 구조화된다. 핵심은 법원이 조선총독에 직속되어 감독을 받는 기구가 된 것이다.

총독에 직속되어 감독을 받는다는 의미는 법관이 총독부의 사법관료이고 따라서 재판의 독립성도 없고 신분보장도 미약한 지위라는 것이다. 재판소 구성 이외에 판사의 신분보장 및 징계처분도 총독의 제령이 규정하고, 그에 의해 '판사징계위원회'는 총독의 청구

---

36) 성경숙, "일제강점초기 조선의 형사사법구조", 363-368.; 이런 현상은 식민지 타이완에서도 마찬가지였다. 1901년과 1905년에 형사소송절차의 간단화를 위한 일련의 특별법이 제정되어 일본 내지에서는 예심판사만이 향유하던 강체처분권을 검찰과 경찰에 부여했기 때문이다(王泰升, "臺灣法의 近代性과 日本 植民統治", 20.).

37) 문준영, "한말과 식민지시기 재판제도의 변화와 민사분쟁", 268.

로 개시된다. 재판소 자체가 총독부 소속의 행정관서에 불과한 것이다. 따라서 재판에 대한 정치적 압박도 물론 가능한 구조였다.[38]

관료적 사법의 출발점이자 핵심 기제는 판사나 검사의 선발경로였다. 강점기 초기에 판사나 검사가 되는 길은 여러 경로였다. 대한제국 시기의 직책이 유지되기도 하고, 특별전형으로 선발된 사법관시보 중에서 발탁되기도 했다. 그러다가 1922년까지는 따로 「판사검사등용시험」으로 선발했다. 그리고 1923년부터는 잘 알려진 「고등문관시험」에 '행정과', '외교과', '사법과'를 두어 고위 행정관료를 선발하는 방식이 정착된다.[39]

그러한 방식은 제한된 인원만이 법조에 진입 가능하게 만든다. 총독부 직속의 사법기구에 극히 제한된 범위의 판사나 검사가 임용되면서 관료사법은 형성되고 강화된다. 그나마 법조 진입의 관문을 통과한 한국인의 숫자는 극히 적었다. 변호사를 포함한 전체 법조인 숫자로 보더라도 일본인에 비하면 적었다. 그들은 그런 제도적 한계 안에서도 민족의식을 가지고 행동한 일부를 제외하고는 대체로 식민지적 관료의식이 몸에 밴 자들이 되어 갔다.

5. 식민 잔재로의 책임전가

강점기의 법령은 해방 직후에도 한국에 거의 그대로 남는다. 해방 직후 한국에서 미군정은 1945년 11월에 미군정법령 제21호로 「법률제

---

38) 이경열, "한국의 근대 사법제도 형성과 발전에 관한 탐구", 362-363.

39) 전병무, "일제시기 조선인 사법관료의 형성 과정".; 임상혁, "사법부에서 일제시기 관행의 잔재와 극복", 165.

명령의 존속에 관한 건」을 공포하여 원칙적으로 일본 법령의 효력을 존속시킨다. 이는 점령지 통치의 일반적 관행이기에 특별히 미국의 행동이 한국의 향후의 자율적 법제 작업에 크게 장애를 만든 것이라 보기는 어렵다. 그런데 이후에도 제대로 법령이 정비되지 못한다. 미군정은 법령 정비를 위해 설치한 「법전편찬부」에서 군정 고문을 중심으로 민법전 편찬을 추진하지만 성안되지 못한다.

미군정청이 행정권의 민정 이양을 위해 잠정적으로 설치한 집행부인 「남조선과도정부」도 1947년 6월에 「법전기초위원회」를 설치하지만 활동이 미진해 가시적 성과를 내지 못한다. 1948년 8월에 남한만의 정부로 대한민국이 수립된 이후에도 사정은 같았다. 일제의 법령은 형식적으로도 폐지되지 않는다. 형식적으로 사라지기 시작한 1962년까지는 일제강점기 하의 법제가 거의 온존한다.[40]

사법의 토대도 독립국에 걸맞는 체계를 운용할 만한 수준에 이르지 못한다. 해방 이후 법조인이 크게 부족한 상황에서 한국전쟁까지 겹치면서 사법부의 과제는 그나마 남아 있는 기반을 바탕으로 해석과 운영에서 일본 수준을 따라잡기에 바빴다. 이후에도 마찬가지다. 1999년의 「사법개혁추진위원회」나 2005년의 「사법제도개혁추진위원회」가 공통적으로 사법 과제로서 식민지 사법제도의 청산이나 개혁을 말할 정도로 여전히 식민지 사법의 잔재는 청산되지 못했다. 그럼에도 그들 위원회도 지엽적인 문제 한두 개를 건드리는 수준에서 마무리했을 뿐이다.

오늘날도 식민지적 사법제도와 법제 그리고 그에 수반된 법조적 사고는 제대로 극복되지 않았다고 평가된다. 그런데도 원인은 여전

---

40) 정긍식, "일제의 식민정책과 식민지 조선의 법제", 75-78.

히 식민 지배를 통한 일본에 의한 사법적 지배와 영향의 측면에서 주목되곤 한다. 물론 정부 차원의 개혁 노력도 전혀 없었던 건 아니다. 법학계에서도 일제강점기의 영향 극복에 관한 논의는 거의 꾸준히 제기되어 왔다.[41] 그러나 개혁 과제가 그저 식민지적 제도의 극복이라고 반복적으로 선언될 뿐이다. 말하자면 식민 지배의 잔재가 극복되지 않았다는 확인만 계속될 뿐이다.

사법이 안고 있는 과제의 원인이 식민지의 제도적 잔재가 극복되지 못한 탓이라고 보는 사고는 여러 부작용으로 이어진다. 우선 강점기를 전후한 식민지적 사법이 제대로 극복되지 못한 것이라는 데 집중하면 일본 사법에 대한 계수라는 객관적 평가가 어렵다. 식민지적 사법의 부정적 측면을 되새기고 되풀이해 강조하는 상황이 계수 문제에 관한 객관적 이해를 가로막는다는 것이다.

두 번째로 사법개혁에서 식민지적 제도의 청산이 개혁의 대상으로서 부각되기보다는 사법부의 변명거리로 이용되고 있다는 우려다. 개혁의 부재를 그저 식민지의 제도적 유산이라고 치부해버림으로써 비판을 면하려 한다는 것이다. 이는 식민지의 제도적 모습이 사법계에 깊이 뿌리박혀 있다는 것을 알고 개혁이 필요함을 알면서도 결과적으로는 상황을 방치하는 데 익숙해진 태도라고밖에는 볼 수 없다.

해방 후 무려 80년이 다 되어가는데도 여전히 식민지 사법제도에 원인이 있다고 말하는 전가적인 태도는 지양할 필요가 있다. 사법부의 독립성과 신뢰 확보, 법률 서비스의 충분한 확충과 같이 법치국가라면 당연히 갖추어야 할 기초가 미흡한 점이 식민 잔재라고만 할 수는 없다. 특히 그것이 해방 후 오랜 세월이 지난 뒤에도 이루지 못

---

41) 임상혁, "사법부에서 일제시기 관행의 잔재와 극복", 152-154.

한 것이라면 이는 전적으로 한국 사법부의 탓이다. 이런 경우에조차 일제 유산이나 청산 문제로 호도할 일은 아니다.[42)]

특히 한국처럼 개혁 드라이브가 통용되는 국가에서조차 이런 식의 답보가 있다면 자책되어야 한다. 한국에서 법제도는 일본과 유사하지만 한국사회의 일반적 특징이 그러하듯이 개혁이 시작되면 급격한 속도로 실행되는 경향이 있다.[43)] 일본과 비교하면 특히 현저하고 거의 상반되는 경향이라고도 평가된다. 그런데도 사법의 식민지적 잔재가 아직도 청산되지 못했다면 개혁 과제의 원인은 다른 사실에서 찾아야 한다. 청산되어야 할 것은 식민지적 사법이 아니라 오히려 거기에 원인을 집중시키는 그간의 책임전가적 사고방식인 것이다.

식민지적 사법제도를 청산과제로 한다고 말하는 사법개혁론도 오늘날 법조일원제 논의에서 보듯 법조 차원의 구조변경을 지향한다. 그런데 한국의 사법체계와 그 사법체계를 통해 폐쇄적인 인적 체계를 이루는 법조의 과제는 일본의 오늘날 과제와 거의 공통적이다. 그것이야말로 계수의 반증이다. 따라서 개혁 대상은 식민지적 잔재라기보다는 계수된 사법체계와 그 운용자이자 종사자로서의 법조다.

---

42) 임상혁, "사법부에서 일제시기 관행의 잔재와 극복", 157.

43) LIBRA, 「ご存じですか? 裁判官の人事評価制度」, 19.; 일본은 법제도가 상황이나 형편에 맞지 않으면 수시로 변경하는 것에 주저하지 않는 그런 국민성이 아니다. 즉 제도의 실시 중에 상황에 적절하지 않아 보이는 부분이 있더라도 법개정이라는 절차까지 가는 것은 드물고, 실제로는 서서히 당대의 현실에 맞춰 운용상의 변경을 하여 가는 독특한 법문화다(加藤康榮, 「刑事司法における檢察官の役割(一)」, 102.).

제4장

일본형 법조의 형성

1. 명법료와 근대 법학교

「법조法曹」는 어원상으로 고대 중국에서 '하급 감옥관리'를 지칭했다. 그에서도 알 수 있듯이 일본의 전근대에 법조는 법을 관장하는 말단 관리였다.[1] 법조는 고려시대에도 보인다. 삼국시대부터 각국이 중국의 율령제도를 받아들인 이래 고려에도 이어진다. 고려에 기본법인 율律과 령令을 통해 사법적 행정을 담당하는 율관律官이 있다. 율관은 고려 초기부터 시행된 과거시험에서 잡업雜業 안에 율과 령으로 시험을 치르는 명법업明法業 시험을 통해 등용된 관리다.

율관은 형부刑部나 전옥서典獄署 그리고 지방관청에 파견되어 실무를 담당하는데 그 중 지방의 군현에 파견되어 형사절차인 옥송獄訟을 맡아 처리하거나 외관의 법률자문을 맡는 율관이 '법조法曹'다. 법조는 사법과 행정이 구분되지 않는 체제에서 행정관이라고 할 수 있지만 실무는 사법적 성격이다. 그들은 지방관을 보조하는 지방관원으로 관등은 높지 않았다. 그럼에도 소속기관인 법조사도 있었을 정도로 국가체계 안에 자리 잡은 관직이었다.[2]

---

1) 梅田康夫, 「前近代日本の法曹」, 342.

일본에서 법조는 메이지시대 이후 법제도와 재판제도가 확립되면서 '법을 관장하는 관료'의 의미로 사용된다. 따라서 재판관과 검찰관을 지칭했다. 그러나 관리를 의미하던 어원의 한정적 범주가 무너지고 법률업무에 종사하는 직업이라는 의미로 확장되면서 점차 변호사 직역까지 포함하게 된다. 그래서 재조在曹와 재야在野를 망라한 의미가 된다. 한국의 경우에 법조는 전통적 관직명이 전승된 용어는 아니다. 법조는 일본으로부터의 근대적 사법 도입 경로를 통해 한국에 들어와서 용어도 자리 잡고 개념도 정착된 것이다.

따라서 법조의 일본적 기원을 볼 필요가 있다. 고대 율령제 당시 일본의 법조는 율령律令法을 강의하던 학과인 「명법도明法道」의 「조사曹司」 즉 그 학사 겸 기숙사를 지칭하던 말에서 출발한다.3) 법조는 지위는 높지 않지만 사법 혹은 법률의 전문 관료를 의미한다. 이는 율령국가가 변질되는 헤이안平安시대 말기부터 가마쿠라시대 초기에 걸쳐 어떤 법조관료에 의해 기록되고 이후 증보를 거듭해 전3권으로 완성된 유명한 법률서인 「홋소시요쇼法曹至要抄」에도 '법조'라는 단어가 보이는 점에서도 확인된다.

법조의 근원인 명법도는 관료양성 기관이다. 7세기 말의 일본에는 중국의 법체계로서 법률에 해당하는 「율律·령令」과 시행규칙에 해당하는 「격格·식式」이 도입된다. 이는 쇼토쿠태자聖德太子가 604년에 만들었다고 알려진 유명한 「17조 헌법憲法」을 논외로 한다면 일본 최초의 성문법이다. 그런데 고대의 율령은 이념이 극히 중국적이고 고도로 체계적이어서 난해할뿐더러 당시 일본의 법문화, 법의식

---

2) 이미숙, "고려시대의 율관", 66-88.
3) 今江廣道, 「曹司」, 362.

은 미숙한 단계였기에 법 전문가 없이는 이해가 어려웠다. 율령제정 당시에도 법 전문가가 필요했지만 특히 율령의 주해를 위해서도 전문가가 필요했다.

702년부터 시행된 「다이호율령大寶律令」에 관해서는 8세기에 그리고 757년의 「요로율령養老律令」에 관해서는 9세기에 국가공식 주해서가 나온다. 그런 율령 주해의 필요에 부응해 7세기 후반에서 8세기 초에 걸쳐 율령을 기반으로 한 법을 배우는 학과과정으로 둔 것이 명법도明法道다. 명법도는 관료양성기관으로 관료후보생의 교육과 시험 및 유교 성현에 대한 제사의식인 석전釋奠을 행하는 「대학료大学寮」 즉 한국과 중국의 '국자감国子監'에 해당하는 기관인 대학료에 설치된 학과들 중 하나다. 명법도의 전문가에 해당하는 관직이 「명법박사明法博士」다.[4]

명법도는 헤이안시대를 시작으로 에도시대까지 법조의 산실로 자리 잡는다. 그리고 근대 초기에는 『사법직무정제』에 의해 핵심적 기관의 하나인 「명법료明法寮」로 설치된다. 근대의 명법료는 형부성刑部省의 후신으로 설립된 사법성에 1871년에 설치되어 1875년까지 존재한다. 이 법률학교는 에도 바쿠후의 교육기관인 「양학소洋学所」의 전통을 이어받은 「대학남교大学南校」 등으로부터 우수한 생도를 선발해 프랑스식 법조교육을 하며 법률실무가를 양성한다. 그래서 출신자의 다수가 메이지시대의 사법을 지탱한 재판관과 검찰관이 된다.

근대 초기의 법조 형성에는 프랑스식 교육이 지배적이었다. 근대의 명법료가 설치되기 전인 바쿠후 말기에 프랑스가 바쿠후에 정치적으로 접근함으로써 프랑스 학문을 학습하던 분위기나 당시 유럽

---

4) 사토 히로오, 『일본사상사』, 47-50.; 신미나, "일본중세 귀족사회의 가격과 문인관료", 135-139.

에서의 프랑스 우위 등으로 인해 메이지 초기만 해도 일본의 법률과 법학은 프랑스법을 모범으로 했다. 법률전문가가 없던 일본은 프랑스의 정치체제와 법제를 견문하면서 그 우수성을 인식했다. 특히 이를 일본에 소개한 미쓰쿠리 린쇼箕作麟祥 같은 법학자가 프랑스 형법 등을 번역한다.

미쓰쿠리 등이 번역과정에서 달리 의지할 만한 곳도 없자 프랑스 법률가를 초빙한다.[5] 프랑스 법률가가 입국하자 법학교 개설이 서둘러진다. 그 결과 개설된 것이 근대의 명법료다. 법학교육의 국가 전담은 일종의 특례였다. 당시 서구적 교육기관의 설치는 붐이었고 각 관청이 직속 교육기관을 두거나 외국인을 초빙하는 것도 흔해 대도시에 외국어학교가 설립되고 물리나 수학을 가르치는 대학 등도 생겨났다. 그럼에도 법학을 가르치기 위해 사법성 안에 프랑스인 법률고문 부스케G. H. Bousquet와 보와소나드G. Boissonade가 지도하는 법률학교를 설치한 것은 획기적이다.[6] 법학은 국가가 특별 관리한 것이다.

1872년 5월 사법성에 정원 100명의 법학교로 설치된 명법료에 부스케 등이 교사가 된다. 사법성 정비법규로서 그해 9월 시행된 「사법직무정칙司法職務定則」은 앞서 설립된 명법료의 기구와 관장 사항을 규정한다. 명법료에는 두頭, 권두權頭, 대법관大法官, 권대權大법관, 중

---

5) 미쓰쿠리는 대학남교의 교두教頭인 네덜란드 출신 페어벡G. F. Verbeck에게 물어보기도 하지만 그는 프랑스인이 아니라 큰 도움이 되지 못했다. 각고의 노력으로 번역해도 거의 불가능에 가까운 지경이 된다. 미쓰쿠리는 서양에서 배울 수 있게 프랑스에 보내주기를 정부에 청했지만, 사법 근대화를 주도하던 에토는 미쓰쿠리 마저 가버리면 번역 자체가 불가능해지기에, 서양에 보내는 대신 서양에서 법률가를 고용해 들여오자고 했다. 그 결과 프랑스공사관 통역관의 주선을 통해 유명한 프랑스인 변호사 부스케G. H. Bousquet가 초빙되어 오게 된다(大槻文彦, 『箕作麟祥君伝』, 121.; 手塚 豊, 「司法省法学校小史(1)」, 58.).

6) レフ・メーチニコフ, 『回想の明治維新』, 268.

中법관, 권중權中법관, 소少법관, 권소權少법관 같은「법관法官」이라는 명칭의 직들이 설치된다. 그리고 각국의 법을 연구하고 법을 해석하고 법학생도를 교육한다. 당초에는 사법관 양성만을 목적으로 하지만 사법직무정칙에 의해 직무가 확대 강화되면서 사법성의 중추기관이 되어 법학생 양성도 직무의 일부분이 된 것이다.[7]

확장된 명법료의 직무는 신법령 초안의 기초, 각국 법의 연구, 법령집의 편찬, 각 재판소의 재판상 질문에 대한 검토회신, 법학교육 등이다. 법제의 기본적 존재 형식을 검토하고 사법관을 각지에 배치해야 하는 요청에 맞춰 사법관을 양성한다. 명법료는 법제상으로는「재판소」,「검사국」과 나란히 사법성의 업무를 나눠 맡은 부국의 하나로 자리 잡는다. 당시 법률과 법학은 주로 프랑스법을 모범으로 하고 다른 선택의 여지가 거의 없기에 강의는 프랑스법 등이 주였다. 그런데 1875년 5월에 폐지되면서 생도 15명은 사법성에 인계된다.[8]

명법료는 1875년 5월 사무의 일부가 사법성에 인계되어「사법성법학교司法省法学校」가 된다. 이관 직후 사법성은 5명의 법학생도를 프랑스에 유학키로 한다. 명법료가 법학교육을 시작하고 사법성법학교가 교육을 이어가고 유학 등을 시도한 것은 서구열강과의 조약개정 교섭에서 법권 회복의 전제인 형법이나 치죄법도 공포가 예정되어 다수의 사법관 양성이 급했기 때문이다. 재판소가 전국적으로 확충 정비되어 사법관 수요도 급증한다. 그래서 1876년 4월에는 기존의 정규과정인 수업연한 8년의 정칙과正則科 외에 별개로 단기간에

7) 手塚 豊,「司法省法学校小史(1)」, 61.

8) 新井 勉・蕪山 嚴・小柳春一郎,『近代日本司法制度史』, 50-51.; 中村雄二郎,『近代日本における制度と思想』, 312-313.

사법관을 양성하기 위한 속성과速成科도 모집한다.9)

　사법관 수를 보면 1874년에는 판사判事가 고등관인 칙임勅任 및 주임奏任의 50명, 그 이하인 판임判任의 241명으로 합쳐 291명, 검사檢事가 칙임 및 주임의 5명, 판임 2명으로 7명이어서 모두 298명인데, 1877년에는 판사, 검사를 합쳐 663명이 되고, 1881년에는 총수가 973명이나 되어 7년 만에 3배 이상이 된다.10) 1882년 1월부터 구형법 및 치죄법이 시행되는 것에 대비해 1881년 10월에 사법성이 정한 사법관 정원에 의하면 판사는 1,036명, 검사는 210명으로 총 1,246명이 된다.11) 당면한 수요에 대비하기 위해 속성과가 필요한 지경이 된 것이다.

　사법성법학교도 1884년 12월에는 폐지되어 나중에 제국대학 법과대학으로 통합되는 「도쿄법학교東京法学校」에 인계 합병된다. 사법성법학교보다 조금 늦게 출범한 도쿄법학교는 이미 1878년부터 졸업생을 배출하다가 사법성법학교와 합병하고 1885년까지 62명의 졸업생을 낸다. 사법성법학교로부터 인계된 생도 수는 본과 46명, 예과 75명이다. 소장하던 서적도 인계되는데 그 수는 당시 프랑스서 4,369권, 번역서 1,665권, 일본서 407권으로 모두 6,441권이다. 당시 「도쿄대학東京大学」이 소장하던 법률관계 서적이 서양서와 일본서를 합쳐 4,049권인 것을 보면 그 수는 놀랄 정도로 많은 분량이다. 사법성이 얼마나 법학 교육에 힘을 쏟았는가를 알 수 있다.

---

9) 手塚 豊,「司法省法学校小史((3・完)」, 56.; 사법성법학교 1기생은 수업연한이 2년이고, 2기생은 3년이나 그 뒤 정규과정은 수업연한이 8년이나 되자 수업연한 2년의 속성과도 만든 것이다.

10) 手塚 豊,「明治初年の裁判官」, 4.

11) 手塚 豊,「司法省法学校小史((3・完)」, 57.

도쿄법학교는 다시 1885년에 이토 히로부미伊藤博文에 의해 「도쿄대학東京大学 법학부」로 통합된다. 유럽에서 헌법 관련 조사를 마치고 돌아와 행정상의 개혁을 먼저 단행하고 있던 이토는 사법성은 사법의 필요로 학교를 설립한 것이지만, 이미 대학에 법학부가 있게 되었으니 이제는 따로 사법성에 학교를 둘 이유는 없다면서 사법성의 생도는 대학에 합병하도록 결정한 데 따른 것이다. 그래서 다시금 도쿄대학 법학부로 통합된 것이다.[12]

이들 사법성법학교 등의 출신자가 사법계의 중추가 된다. 사법성 법학교 출신자가 처음으로 사법계에 진출한 것은 1876년 7월이고, 졸업생의 태반은 재판관, 검찰관 혹은 사법성 사무관으로 활약한다. 정칙과 3, 4기생이 법학교 폐지 후 도쿄법학교를 거쳐 1886년 이후 만들어지는 「도쿄제국대학帝國大学」을 졸업한 것이 되는데, 그들도 대부분 사법관이 된다. 첫 배출에서 26년이 지난 1902년 상황을 보면 알 수 있듯이 그 출신들은 대심원장을 비롯해 사법계에서 요직을 차지한다.[13]

사립법률학교도 줄을 이어 개교한다. 1880년에 「도쿄법학사東京法学社(호세이法政대학의 원류)」와 「센슈専修학교(센슈대학의 전신)」, 1881년에는 「메이지明治법률학교(메이지대학의 전신)」, 1882년에는 「도쿄전문東京専門학교(와세다早稲田대학의 전신)」, 1885년에는 「이기리스英吉利법률학교(쥬오中央대학의 전신)」, 1886년에는 「간사이関西법률학교(간사이대학의 전신)」, 1889년에는 「니혼日本법률학교(니혼대학의 전신)」가 개교한다. 그 외에도 현재는 사라진 학교들까지 합

12) 手塚 豊, 「司法省法学校小史(2)」, 96, 99.

13) 手塚 豊, 「司法省法学校小史((3・完)」, 80-81.

치면 법률학교는 20여 개교였다. 사립법률학교도 다수의 판사와 검사 그리고 대언인을 배출한다.[14]

2. 법조자격시험의 변천

일본의 법조자격시험은 많은 변천을 거치는데 근대 형태만 보더라도 초기까지 거슬러 올라간다. 법조삼자의 시험은 과거에는 직역별로 달랐기에 연혁은 각각 다르다. 근대에 들어 가장 먼저 치러진 것은 변호사의 전신이랄 수 있는 「대언인代言人」의 시험이다. 재판관 등은 전근대에는 행정관인 부교 등이 겸무하다가 근대 이후에는 판사등용규칙 등이 시작되면서부터 전문적인 국가적 선발시험으로 제도화된 것이지만 대언인의 경우는 일종의 대리인에 관한 규정 같은 것으로서 엄밀한 제도화의 필요에 기반한 것이라기보다는 제도적 기반 없이도 쉽게 규정하면 되는 수준이기에 시기적으로는 먼저 등장한 것처럼 보인다.

대언인시험은 1872년 「사법직무정제」의 도입으로부터 4년 뒤인 1876년에 사법성이 공포한 「대언인규칙」에 의해 처음 실시된다. 이후 1893년에는 「변호사법」과 사법성령인 「변호사시험규칙」이 만들어져 대언인시험 대신 변호사시험이 개시된다. 1893년 9월 12일 시험을 치러 합격하면 변호사 시보試補 등의 수습을 거치지 않고 곧바로 변호사로 개업할 수 있었다. 변호사시험은 1893년에서 1922년까지 30년 가까이 이어진다.

---

14) 新井 勉・蕪山 嚴・小柳春一郎, 『近代日本司法制度史』, 110-112.

재판관 선발시험은 1880년의 치죄법 시행으로 예심제도가 도입되고 4년 후인 1884년에 공포된 「판사등용규칙」에 의해 시작된다. 그리고 재판관 및 검찰관의 사법관 임용자격은 별도로 시험법이 규정하는 바에 의하게 된다. 1887년 7월의 「문관시험시보 및 견습규칙」은 재판관 및 검찰관은 법학박사나 문학박사 학위를 받거나 법과대학 문과대학, 구 도쿄대학 법학부 문학부 졸업자 혹은 고등시험 합격자를 '시보'로 채용한다고 했다. 1년 6개월은 치안재판소, 1년 6개월은 시심재판소에서 시보를 거친 뒤 재판관이나 검찰관에 임용되었다.

1890년에는 「재판소구성법裁判所構成法」과 「판사징계법判事懲戒法」이 공포된다. 재판소구성법은 판사 및 검사 임명에 대학교수 등을 제외하고는 2회의 경쟁시험 합격을 요한다. 다만 제국대학 법과대학 졸업생은 제1회 시험은 거치지 않고 시보에 임명될 수 있게 한다. 제1회 합격자는 제2회 시험 응시 전에 시보로서 재판소 및 검사국에서 3년간 실지 수습을 한다. 시보는 소송·비송사건을 불문하고 재판을 하거나 증거조사를 할 수는 없었다. 시보가 제2회 시험에 합격하면 판사 또는 검사에 임명될 수 있었다. 재판관은 관명이 「판사判事」만이었고 종신직이었다.

1891년에는 사법성의 「판사검사등용시험」이 실시된다. 제1회 시험은 문부성 인가를 받은 학칙에 의해 법률학을 교수하는 사립학교 졸업자 등으로 수험자격을 한정한다. 사립학교로는 1893년의 사법성 고시에 의해 「간사이關西법률학교」, 「니혼日本법률학교」, 「도쿄법학원東京法学院」, 「독일학협회独逸学協会학교」, 「도쿄전문東京専門학교」, 「메이지明治법률학교」, 「게이오기주쿠慶應義塾」, 「센슈專修학교」, 「와

후쓰和仏법률학교」의 9학교가 지정된다. 시험은 필기와 구술인데 필기시험은 민법, 상법, 민사소송법, 형법, 형사소송법의 5과목이 치러진다.15)

사립법학교 졸업생은 이미 1884년의 「판사등용규칙」에 의해 판사채용시험의 수험자격이 부여되어 있지만 「문관시험시보 및 견습규칙」이 공포된 1887년에는 학생 수가 2배로 증가된다. 특정 번벌 출신자들에 의해 고급관료가 점령당하는 <번벌藩閥 정부> 현상을 막기 위해 문관임용시험으로 공평한 기회를 주자는 취지에 부응해 관료 코스로서 법학교가 선호된 때문이다. 다만 사립법학교 졸업생은 대언인이 되는 경우가 많았다. 주임관인 판사 시보로의 임용자격이 제국대학 법과나 문과 출신자에는 무시험으로 인정되고, 사립법학교 졸업자의 고등시험 합격자는 그 부족분을 보충하는 정도였기 때문이다.

이런 현상은 사립대 출신자와 제국대 출신자의 긴장 관계를 형성한다. 1890년까지 임용된 주임관 시보를 보면 재판제도 정비를 위해 채용을 늘린 사법과에 제국대 졸업자는 74명인데 시험합격자는 64명인 식이다. 이는 문관임용시험으로 공평한 기회를 주자는 당초 취지를 무색케 하는 모습이었다. 결국 제국대학 출신자가 번벌 출신을 대체하는 것 같은 분위기에 세간의 비판이 이어진다. 그 결과 1893년에는 제국대학 졸업자도 사립법학교 졸업자와 마찬가지로 평등하게 시험에 응시해야 하는 제도로 변경된다.16)

그것이 1894년의 제1회 「문관시험文官試驗」이다. 제국대학 졸업자

---

15) 新井 勉·蕉山 嚴·小柳春一郎, 『近代日本司法制度史』, 98, 146-147.
16) 鈴木 淳, 『維新の構想と展開』, 330.

도 시험을 통해 임용하게 된 문관시험에 여론이나 정부는 환영하지만 제국대학 출신자는 반발한다. 사립법학교 출신이 치러야 하는 예비시험인 논문심사는 제국대학 학생에게 면제되어 있지만 본시험은 치러야 하는 상황에 불만을 표한다. 무시험으로 시보에 채용된다는 전제 하에서 학생생활을 하던 제국대학 졸업생에게는 시험을 통한 시보임용 자체가 불만이었다. 이는 사립법학교를 배경으로 둔 민권운동 세력에게 정부가 굴복한 불공평한 개악이라고 보았다.

불합격의 두려움보다도 사립법학교와 같은 출발선에 선다는 자체가 프라이드를 손상시킨다고 본 것이다. 그래서 제국대학 학생들은 무시험 채용의 복귀를 요구하고 일치단결해 문관시험을 보이콧 한다. 시험제도는 출발부터 위기에 직면하지만 정부는 시험제도는 공평한 것이라면서 그들의 요구를 묵살하고 시험을 강행한다. 그 결과 수험자는 28명이고, 합격자는 사립학교 중심으로 도쿄법학원에서 4명, 와후쓰법률학교, 메이지법률학교에서 각 1명씩의 총 6명이 배출되는 데 그친다.[17]

사법관 관문인 문관시험에서는 제국대학과 사립학교 간에 응시특전으로 인한 갈등이 있고, 그 속에서 1893년부터 실시된 변호사시험은 판사임용시험과는 별도의 다른 자격시험으로 존재하면서, 사립학교 출신이 상대적으로 많이 진출하는 분야는 변호사가 된다. 이런 상황은 1922년까지 이어진다. 1922년에 변호사시험이 폐지되고 변호사가 되기 위한 자격시험은 기존 판사와 검사의 자격시험과 일원화되기 때문이다. 즉「고등문관시험高等文官試驗」제도가 개편되어 판사·검사 및 변호사의 자격인정은「고등문관시험 사법과」에 의하도

---

17) 清水唯一朗, 『近代日本の官僚』, 189-190.

록 했기 때문이다.

1923년 이후 변호사가 되기 위한 시험도 고등문관시험 사법과로서 판사 및 검사와 동일한 자격시험으로 통일되면서 변호사 자격은 기존의 변호사시험 합격자 외에도 판사·검사 자격보유자, 제국대학 법과대학 졸업생이나 판사·검사 등용시험에 합격해 사법관시보 자격을 취득한 자에게도 시험 없이 부여하는 형태가 된다. 한편 재판소구성법 제65조 제1항에 의해 3년간 변호사였던 자는 판사 또는 검사에 임용할 수 있게 된다. 그런 점에서는 법조일원제적 원형이라고 읽혀지기도 한다.

그러나 알고 보면 법조자격이 사법관과 변호사의 이원적 제도가 되었음을 의미한다. 일단 사법관과 변호사 모두 고등문관시험을 거치게 된 것이기는 하다. 또한 그런 제도가 전후에도 사법시험 제도를 통해 재판관, 검찰관, 변호사 모두를 통일적으로 채용하게 되는 것이기는 하다. 그러나 사법관과 변호사 자격은 구분된다. 자격시험은 통일되지만 자격 자체는 구분되는 제도가 된 것이다. 이는 법조일원제라는 큰 과제를 남기는 것이다.

3. 전후의 사법연수소

일본에서 법조인의 양성은 국가가 관리해 왔다. 국가관리적 전통은 크게 본다면 근대 초기의 「명법료」와 후신인 「사법성법학교」 그리고 그 기능을 이어받은 교육기관으로 맥을 잇다가 오늘날의 「사법연수소司法研修所」로 이어진 것이라 볼 수 있다. 명법료나 사법성법학교의 법조교육·양성기능은 사법연수와 기능적으로 유사하기 때문이다. 특히 법학교육은 사법연수소와 함께 각 대학도 담당한다고 볼수 있지만, 실무연수는 사법시험 합격자에 대한 실무 중심 양성기관인 사법연수소에 특화되어 있기 때문이다.

오늘날의 사법연수소는 1939년 7월 사법성에 사법관의 연구와 사법관 시보의 수습을 담당하는 기관으로 설치된「사법연구소硏究所」의 후신이다. 사법연구소는 전후인 1946년 5월 칙령에 의해 오늘날과 같은 사법연수소로 개편된다. 이듬해인 1947년 5월에는 신헌법의 시행에 동반해 재판소법 제14조에 따라 새로이 사법수습修習 등의 업무가 대심원 대신 새로 탄생한 기관인 최고재판소로 이관되어 이후 최고재 산하의 사법연수소로 설치된다.18)

그렇듯 법조인 양성은 대학교육에서 행해진다고 보기 어렵다. 1949년「사법시험법」이후의 선발시험이자 2004년의 법과대학원 제도 도입 이후에도 유지되는「사법시험司法試驗」을 위한「예비교予備校」의 역할을 고려하면 더욱 그렇다. 법학교육의 중요목표는 전문가 법조를 양성하는 것이더라도 현실을 말한다면 법조인을 목표로 하는 자는 법학부 교육에서 떨어져 나와 사법시험 수험 예비교에서 주로 배운다. 한국에서도 흔히 보이는 예비교는 일본식 문화다. 메이지시대부터 탄생하기 시작한 예비교들은 자격시험이나 입학시험에 대비하기 위한 학원이다. 사법시험 예비교도 합격 테크닉 습득 목적의 교육이다.

흔히 예비교를 거치게 된 수험생들이 사법시험에 합격한 후에는 사법연수소가 법조인 양성교육을 담당한다. 따라서 현재의 법조전문

---

18) 당초 도쿄 미나토 구에 설치되었다가 현재는 도쿄에 인접한 사이타마현의 와코和光시에 있다.

가 양성교육의 중심은 합격 후의 사법연수소에서의 사후적 실무교육이 되는 셈이다. 현행 사법수습 제도는 법조삼자에 공통적인 통일적 수습 방식이다. 통일적 수습은 사법관과 변호사의 분리 교육으로 인한 관료법조화의 폐해를 막자는 취지다. 따라서 일원제를 준비하는 데도 적합한 법조양성 교육이라고는 평가된다.[19]

전후의 사법연수소가 법조삼자를 통일적이고 평등하게 양성하는 것은 재판관과 검찰관의 공급원을 변호사에서 구하는 법조일원제의 채용을 원한 변호사회의 주장과 사법부가 타협한 것이다. 최소한 출발점의 법조일원이다. 사법수습은 법조인으로서 필요한 지식을 전수받고 경험하는 학습의 장이면서 동시에 법조일원으로 가는 입구의 기능인 것이다. 다만 그 이면은 판사보의 공급원을 사법수습생에 한정하되 사법에 있어서의 관료제를 최대한 유지하려는 재조와의 타협의 산물인 것이다.

전전의 사법관 시보와 변호사 시보를 통합한 사법수습 제도는 달리 보면 사법관 시보를 교육하는 사법연구소에 변호사 시보를 수용한 것에 불과한 듯 보인다. 다만 수습생이 재판, 검찰, 변호 세 부문의 수습을 받아 종료될 때 지망하고, 실무수습을 위해 재판소와 검찰청 그리고 변호사회에 출입함으로써 재판소와 검찰청의 폐쇄성이 완화되고, 재판관과 검찰관 같은 국가권력의 행사자가 될 자가 당사자 입장에서의 경험을 쌓게 됨으로써 인권 감각을 익히고, 통일적이고 평등한 교육으로 법조삼자가 사법제도 안에서 평등한 지위를 보장받게 된다는 방침에서는 전전과 다른 것이다.[20]

---

19) 三枝 有, 「司法改革と法曹養成教育」, 37.

20) 利谷信義, 「司法修習における裁判官像」, 28-29.

최고재의 연수기관인 사법연수소는 사법수습생의 수습 사무만 취급하는 것은 아니고 재판관의 연구 및 수양도 담당한다. 재판소법 제14조에 따른 최고재의 부속기관으로 재판관 상호 간의 연구를 행하는 제1부와 사법수습을 행하는 제2부로 구성된다. 그 중 사법수습 기능에서는 사법수습생으로 채용되면 1년 6개월간 사법수습을 받는다. 본래는 2년이었는데 1999년에 사법시험 합격자가 1천 명이 되면서부터 수습기간이 1년 6개월로 단축된다.[21]

통상 도입수습 약 1개월, 법원민사·형사, 검찰, 변호사의 각 2개월을 합친 8개월의 실무수습, 2개월 집합수습, 3주 선택형수습을 거친다.[22] 즉 약 10개월의 실무수습을 받고 이후 실무수습 전 집합수습이 행해지는데 10개월 중 8개월은 민사·형사재판수습, 검찰수습, 변호수습이고, 2개월은 각자의 희망에 따른 선택형 수습이다. 그 뒤 2개월은 연수소에 모인 집합연수다. 선택·집합수습 순서는 바뀔 수 있다. 그리고 재판소법 제67조 제1항의 국가시험인 사법수습생고시를 치러 합격하면 법조인 자격을 취득한다. 사법시험 합격자는 사법수습을 하고 수습생고시라는 2차 시험을 통과하면 판사보 혹은 검찰관이나 변호사가 되는 것이다.

재판관의 생애교육 담당 기관으로서의 사법연수소는 법과대학원과 유사한 고등교육기관의 이미지다. 그런데 이 부분에서 의외로 학자나 법률가에게조차 잘 알려지지 않은 사법 내부적인 측면이 있다. 사법연수소가 신임 판사보를 선별하는 기능이 있는 것이다. 이는 재판관 교육기관으로서의 연수소가 사무총국의 인사국과 밀접히 연결

---

21) 三枝 有, 「司法改革と法曹養成教育」, 38.

22) 조종현, "일본의 법관임용제도에 관한 실증적 연구", 484.

되어 최고재 장관이나 인사국장의 의향에 따라 신임 판사보를 선별하는 기능을 가지는 것을 의미한다.[23]

연수소는 법조인들을 동일선상에서 출발시킨다는 출발의 일원성과 관련 있는데, 이점은 변호사시험 시대인 오늘날의 한국과는 다르다. 한국도 사법시험 시절에는 사법연수원이 그런 기능을 했지만 오늘날 일본의 사법연수소 같은 집체교육 과정은 사라졌기 때문이다. 즉 한국에서 그런 일원성은 사법연수원 시절에는 발견될 수 있지만, 현재의 로스쿨이나 일선의 법률사무 종사기관에서의 연수는 그런 출발점의 일원성에서는 멀어진 것이다. 반면 일본에서는 그런 실무 양성의 출발점의 일원성은 여전히 보인다.

4. 국가주도적 도제교육

사법연수소 교육은 도제교육이다. 도제교육의 원형은 13세기 말 이래 잉글랜드에서 발견된다. 실무 법조의 경험을 학생들에게 전수해주는 도제 수행에 의해 「배리스터barrister」 즉 법정변호사가 육성된다. 나아가 그 변호사 중에서 재판관이 선발된다. 그 점에서 법조적 일원성이 연결된다. 일본에서 사법시험에 합격한 뒤의 사법수습 특히 재판소, 검찰청, 변호사회가 행하는 실무수습 등은 그런 영국식 「도제교육」이라 볼 수 있다.[24]

영국에서 중세 이래 국왕의 재판소 재판관들에 의해 관습이나 판례를 기초로 발전한 보통법common-law은 대학이 아니라 변호사들

---

23) 瀨木比呂志, 『絶望の裁判所』, 101.

24) 山田八千子, 「法曹養成・法科大学院・法哲学教育」, 86-87.

의 길드적 단체인 「법조원法曹院Inns of Court」에서 교육되어졌다. 14세기경부터 시작된 법조원은 법정변호사를 위한 전문교육 및 자격부여 기관이다. 법조양성만큼은 역사적으로 법조단체가 담당해 왔기에 영국에서는 대학이 법조양성 교육을 선도하지 못한다. 16세기 무렵 법조원에서는 법률강의나 모의재판에 의한 교육이 번성한다.

법조원의 교육 기능이 쇠퇴한 이후에는 변호사사무소나 법정에서의 견습 실무수습에 의해 법 지식이나 기술을 습득한다. 그런 수습에서는 근대 법학교육에서 중요한 법률과목인 法理学Jurisprudence 같은 분야는 멸시된다. 18세기 이래 법조 지원자들은 법은 대학이 아니라 변호사사무소나 법정에서의 실무수습을 통해 배우는 것이라 생각한다. 그런 생각은 오늘날도 지배적이다.25) 영국에서도 최근에는 법조양성 과정에 대학도 참여하지만 법조단체가 중심인 것은 달라지지 않았다.26)

즉 영국식 도제교육은 철저히 변호사 집단 등에 의한 '실무형' 교육으로서 대학 교육이나 학문적 차원과는 거리가 있다. 따라서 사법연수라 하더라도 대학교육의 이론교육을 배제하는 차원도 아니고 특히 로스쿨의 경우는 대학교육과 실무교육을 겸하는 측면도 있는 오늘날 일본의 도제교육과는 다른 차원이다. 일본에서도 법조양성에서 법학교육과 사법연수의 차이가 있지만 영국에서처럼 대학의 법

---

25) 深田三徳, 「イギリス近代法学教育の形成過程におけるJurisprudenceの展開」, 132-152.; 中網栄美子,「英国の法曹養成制度」, 60-62.; 田中正弘,「イギリスにおける法曹主体の法曹養成」, 10.

26) 그 대학교육에서 무엇을 교수해야만 하는지는 법조단체에 의해 엄격하게 규정된다. 즉 대학의 법학부가 법조양성 과정에 참여하는 것은 법조단체가 정한 과목을 제공하고 법조단체의 적격인증을 수여받는 것이 된다. 그래서 만약 법조단체로부터 적격인증을 받지 못한 법학부나 법학 프로그램을 졸업하는 것으로는 법과대학원에 진학하는 것도 불가능하다. 그 점에서 영국의 법과대학원이라는 것은 예나 지금이나 법조에 의한, 법조를 위한 직업연수의 장이다(田中正弘, 「イギリスにおける法曹主体の法曹養成」, 22-23).

학과 실무의 법조교육이 철저히 구분되는 것은 아니기 때문이다.

따라서 영국이 도제교육을 통해 변호사가 되고 변호사 중에서 재판관이 선발되는 법조일원제인 것은 사실이지만 영국식 도제교육이 오늘날 일본의 로스쿨제도 하에서의 법조적 일원성의 근원이라 보기는 어렵다. 일본이 추구하는 법조일원의 근원이 영국식이라고 단정하기 어렵다면, 일본과 같은 대륙법계인 독일의 사법연수 시스템도 볼 필요가 있다. 독일은 「독일법관법Richterrecht」 제5조 이하에서 법조인 양성제도의 기본사항을 규율하고, 각 지방Land이 법조인 양성법을 통해 법학교육, 사법시험 및 사법연수를 규율한다.

독일 사법시험의 1차 시험은 각 지방의 법조인양성법에 근거한 법과대학의 법학교육 평가를 겸한다. 각 대학에 의한 평가가 전체 1차 사법시험 점수의 일부를 구성하고 나머지 국가가 평가하는 필수 과목시험의 점수가 합쳐진 게 1차 사법시험 점수다. 1차에 합격하지 못하면 법과대학을 졸업할 수도 없고 사법연수에도 들어갈 수 없다. 합격하면 「사법연수생Rechtsreferendar」이 되어 법관, 검사, 변호사 등이 수행하는 법조 직역에 들어간다. 연수 기간은 2년이다.

연수생들은 각 지방 고등법원이 관할하는 지방법원에 배치되며 민사법원, 형사법원, 변호사사무실 등에서 연수한다. 2년 연수를 마치면 각 지방이 시행하는 2차 시험인 서술·구술시험의 응시 기회가 주어진다. 합격하면 동등하게 법관직을 지원할 수 있는 자격이 주어지고, 수습법관을 지망하면 사법시험 성적을 결정적 기준으로 수습법관이 된다. 수습법관 임용 절차는 지방마다 다르지만 서류·면접전형은 공통적이다.27) 이런 점들을 보면 대륙법계인 독일이 사

---

27) 사법정책연구원 편, 『독일 법관법에 관한 연구』, 19-23, 37.

법연수 면에서 법조일원에 가깝다고 볼 수 있다.

또한 독일에서는 변호사가 재판관의 협력자로서 이론적으로도 사법기관인 듯 위치 지워져 있어 법조의 일체감이 있다. 그와 달리 영미에서는 법조 양성은 일차적으로 변호사 교육이고, 변호사로서의 긴 경력자가 재판관이 된다는 시스템 속에서 법조적 일체감이 보인다. 그런데 일본에서는 법조의 일체감을 기초 지우는 그런 방법이 취해지지 않고 있다. 기껏해야 일본에서 법조의 일체감이란 연수소라는 것을 유지하여 평등한 교육을 해 가는 정도다.

일본은 법조일원을 추구하지만 아직 일원제가 아니다. 그에 접근하는 과정에서 타협으로 존재하는 것이 사법연수 제도다. 사법연수소가 채택한 현재의 사법수습은 재판관, 검찰관의 공급원을 변호사로 하자고 하는 법조일원 제도의 채용을 주장한 변호사협회 중심의 주장과 기존 사법에서의 관료제적 구조를 가능한 한 유지하고자 하는 최고재 측 입장 사이의 일종의 타협인데,[28] 타협이라는 것 자체가 법조삼자 내 직역적 이해관계의 차이와 갈등이 여전히 존재한다는 의미다.

따라서 차이가 만드는 갈등을 해결할 필요가 있다. 그러한 필요는 1965년 12월에 최고재가 만든 「사법수습운영자문위원회」 같은 해결 노력을 만든다. 그 속에서도 타협이 재차 확인된다. 자문위는 재판관, 검찰관, 변호사, 관계 기관의 직원 혹은 학식 경험자로서 최고재가 임명한 15인 이내로 구성되어 1966년 10월부터 1968년 9월까지 활동하면서 사법수습의 방향을 합의적 방식으로 설정해 내고자 했다. 그런데 여기서도 법조양성에 관하여 재조와 재야 간의 의견의

---

28) 利谷信義, 「司法修習における裁判官像」, 28, 34-47.

차이만 분명히 확인한다.

자문위는 실무수습 기간을 단축하고 지망 분야별 분리수습을 할 것인지의 문제 등을 논의한다. 재조 법조계는 직역에 따른 분리수습에 동조한다. 반면 재야는 반대하면서 변호사 수습의 강화를 주장한다. 재야의 입장에서 분리수습은 종래의 통일적 수습교육 시스템의 적극적 측면을 파괴하는 것이고, 재조와 재야의 대립을 키우는 게 되기 때문이다. 재조가 대변하는 국가적인 위치나 사법관료제적인 내용으로 볼 때 그것은 국가중심적 법조양성에 대한 찬반론이었다.

법조 양성을 법학교육 기관인 대학에 맡기지 않거나 혹은 일부 맡기더라도 사법관료 양성을 국가의 감독과 책임 하에서 행하겠다는 국가중심적 법조양성의 사고 즉 독일식의 사고에서는 실무수습을 위한 국가기관인 연수소 운영은 당연하다. 그러나 오늘날 독일은 그 조건이 근본적으로 변했다. 대학 법학부의 학생 수 증가와 그에 따른 법조 지망자의 증가로 국가의 양성책임 능력은 한계에 부딪힌다. 수습생 제도의 폐지가 제안된다. 그래서 대학교육 기간 안에 실무수습이 포함되고 변호사나 그 외 전문적 직업단체가 실무수습 연수를 맡게 된 것이다.29)

그런 면에서는 일본의 사법연수소가 지닌 타협성은 부정적으로 비춰진다. 영미식과는 달리 국가주도적인 사법연수 시스템을 가졌다는 것 자체는 사법연수소가 재조의 입장을 대변하는 것일 수 있음을 알려준다. 법조일원제로 나아가지 못하고 그저 관료적 사법과의 타협으로 성립시킨 제도이기도 하고 동시에 타협으로 미봉시키는 것을 제도적으로 뒷받침하는 제도의 대변자로서 유지되는 것처럼 보

---

29) 石部雅亮,「法曹養成制度のドイツ型」, 117-118.

인다. 그 점에서는 사법연수가 국가주도로 계속 유지되어야 하는 지에 대한 의문이 발생한다.

그렇듯 국가의 사법연수소가 모든 연수를 맡는 것에는 의문이 있다. 한국의 경험에 비추어 봐도 그렇다. 한국에서는 1962년부터 1970년까지 14기에 걸쳐 508명의 법조인을 양성한 「사법대학원」이라는 제도가 있었다. 법조인 양성을 국가가 아닌 서울대학교가 담당한 것이다. 1970년에 대법원 산하의 사법연수원 제도로 대체되면서 사라진 이 제도는 미국식 법률전문가 체제를 참조한 것이었다.[30] 그렇게 대체된 것이 국가주도의 사법연수원이었다. 그런데 한국에서는 사법연수원도 사라졌다. 반면 일본에서는 국가주도 연수가 지속되는 것이다.

5. 법과대학원과 국가연수

사법연수소와 제도적으로 공존하면서 2004년 일본형 로스쿨인 「법과대학원法科大学院」이 출범한다. 로스쿨에는 과거 대학의 법학부만 존재하던 시절과는 다른 의미의 실무 위주 교육이 포함된다. 표준수업으로 3년 과정을 요하는 미수자 과정과 법학 기초학력이 인정되는 법학부 졸업자 등이 선택할 수 있는 2년의 기수자 과정으로 모집한다. 법조양성에 특화된 기관이기에 국가중심적 사법연수가 시정될 여지도 보여준다. 사법연수소는 로스쿨 이후에도 사법시험 합격자의 법조양성교육을 맡지만 로스쿨이 기능 일부를 중복적으로

---

30) 한상희, "사법개혁, 좌절과 실패의 역사", 276.

맡은 것이다. 로스쿨은 졸업이 사법시험 응시 자격과 결부되어 법조 관문의 성격도 있지만 법조양성 기능도 겸한 것이다.

그것은 미국식 로스쿨 제도가 지닌 성격에 근거한다. 미국에서도 각 주 단위로 실시되는 변호사시험은 대부분 로스쿨 졸업을 수험자 격요건으로 한다. 로스쿨 졸업생이 주에 따라 전부 혹은 대부분 시험을 치르게 된다. 미국의 로스쿨은 법조양성의 성격도 포함한다. 로스쿨 입학을 위해서는 4년제 대학을 졸업해야 한다. 다만 로스쿨 을 졸업하고 변호사시험에 합격한 뒤에 일본의 사법연수소와 같이 실무연수를 담당하는 국가적 기관은 따로 없다. 따라서 다양한 법조 기관이나 로펌 등을 통해 밟는 실무연수 이전의 로스쿨 자체도 일종 의 법조양성기관의 성격이다.

그런데 2004년에 로스쿨 시대를 맞은 일본의 구상은 조금 다르다. 최초의 로스쿨 구상은 사법개혁만이 아닌 대학개혁의 흐름과도 관계된 것이었다. 1960년대 말 대학분쟁을 계기로 1970년대 이후 전후의 교육시스템 개혁방안들이 제시될 때 전문대학원제도 도입도 거론된다. 그것이 1990년대 들어 본격화되는데 그때에는 여전히 교육제도 개혁의 차원에서 거론되기는 하지만 전문대학원 제도 도입에서 로스쿨이 모델로 상정됨으로써 사법개혁과 결부된 것이 된다.[31]

1998년경에는 당시 대학심의회의 논의를 통해 미국식 로스쿨을 모델로 하여 실무연수도 포함한 법조양성 교육을 담당하는 대학원 으로서의 로스쿨인 법학전문대학원을 신설해 대학원 졸업자에게만 사법시험 수험자격을 인정한다는 구상에 이른다. 그런 로스쿨 구상 을 하게 된 이유 중 하나는 법조 인구 증대를 위해 사법시험 합격자

---

31) 小倉慶久, 「司法制度改革とアイディアの政治(1)」, 156-157.

를 대폭 증원할 경우 사법연수소의 실무교육 감당 능력이 한계에 도달할 것이라는 우려였다.

일변련, 최고재 및 법무성이 이미 사법시험 합격자의 증원에 합의해 1990년대 초반까지만 해도 매년 500인 남짓하던 합격자 수를 해마다 점차 늘려 1999년에는 1천 명으로 증원하기로 하였기 때문이다. 그래서 매년 합격자가 1천 명이 될 경우 사법연수소의 교육 능력도 한계에 이를 것이라고 예상되었다. 이를 고려해 수습기간도 종래의 2년에서 1년 반으로 단축하기로 한 것이다.[32]

또 다른 이유는 대학심의회가 낸 답신에서 보듯 고도의 전문직업인 양성을 위한 전문대학원 설치 제안이다. 답신은 구체적 예로 법학전문대학원을 든다. 1999년 9월에는 대학원 설치기준이 개정되면서 전문대학원 설치가 가능하게 되어 각 대학의 로스쿨 구상은 고무된다. 9월의 도쿄대 법학부 시안을 시작으로 여러 국립 및 사립대학 안들이 발표된다. 각 대학 안들은 대체로 요약하면 기존 법학부를 존치하고 대학원 석사修士과정으로서 신설한 「법과대학원」에서 법조 양성에 특화된 내용으로 이론 및 실무법조 교육을 한다는 것이다.

그리고 법과대학원 수료자에게만 사법시험 수험자격을 부여하고, 7-8할 정도를 합격시키되 법과대학원은 사법연수소의 실무교육을 대신하는 것이 아니라 실무연수 제도는 남겨둔다는 등의 내용이다.[33] 1990년대 후반을 넘어 2000년 초경에는 이미 어떤 대학이든 로스쿨 의견을 낸다. 그것은 법학부를 중심으로 검토되는 것이다. 그렇듯 각 대학에서 법과대학원 설치라는 목표는 이미 기정사실 같

---

32) 広渡清吾, 「法曹養成と法学教育の行方」, 34.

33) 東京大学大学院法学政治学研究科法曹養成と法学教育に関するワーキング・グループ, 「ディスカッション・ペーパー」.; 広渡清吾, 「法曹養成と法学教育の行方」, 35.

은 노선으로 자리 잡는다.[34]

대학의 구상과 나란히 몇몇 변호사회도 안을 제시한다. 일변련도 로스쿨 구상을 검토한다. 일변련은 찬부가 나뉘어져 의견이 통일되지는 않았다. 변호사 측의 로스쿨 구상은 대학들의 구상과는 방점에 차이가 있었다. '법조일원제'와 결부된 것이었다. 로스쿨과 마찬가지로 미국의 제도이고 영국이 그 기원인 법원일원제의 핵심은 법조적 출발점이 변호사라는 것이다. 변호사회가 중점을 둔 것은 미국에서 운영하는 법조일원제 취지에 가까운 로스쿨이었다.

법조일원제 하에서는 어떤 법률가도 로스쿨을 졸업하고 변호사시험을 합격하여 변호사가 되고 거기에서 재판관이 선발된다. 따라서 법조일원적 사고방식에 선 변호사회 안은 대학 안과 달랐다. 변호사회 안은 로스쿨의 운영이나 교육에 있어 변호사회의 주도성을 강조하고, 사법연수소 교육은 관료법조 양성에 기울어진 것이라고 부정하는 입장이었다. 그러면서 대신에 변호사회가 주도하는 변호사연수를 예정한 점 등에 특징이 있었다.[35]

한국은 1990년대에 로스쿨 도입이 논의되는데 일본의 1970년대나 1990년대의 로스쿨 구상에서 보이는 것처럼 교육제도 개혁 취지와 유사한 입장에서 출발한다. 일본의 법과대학원 설치 동기가 사법제도 개혁의 일환으로 양질의 법조인을 대량 배출한다는 것과 사법시험 제도로 인한 사법시험 지향형 법학교육을 벗어나자는 것이라고 보면 대체로 로스쿨 도입 취지나 취지가 만들어지는 배경 조건 면에서 한국과 유사하다고 볼 수 있다.

---

34) 納谷廣美, 「日本の法曹養成制度、とくに法科大学院の今日的課題」, 12.
35) 広渡清吾, 「法曹養成と法学教育の行方」, 35.

일본보다 뒤늦기는 하지만 법조양성제도 개혁의 한 방식으로서 한국의 로스쿨 구상도 1993년 이래 주로 정부가 주도한 사법개혁 방안의 일환으로 논의되기 시작한 것이다. 세부적으로는 사법시험 체제의 문제 그리고 법학교육의 문제 등과 연계된 것이었다. 1993년 에는 「사법제도발전위원회」를 통해 이런 문제가 지적된다. 그리고 본격적으로는 1995년 세계화추진위원회에서 시작된다.

논의는 1998년의 신교육공동체위원회 및 1999년의 「사법개혁추 진위원회」를 거쳐 2003년의 「사법개혁위원회」 및 2005년의 「사법 제도개혁추진위원회(사개추위)」로 이어진다. 사개추위가 2005년 5 월에 결의한 법률안이 같은 해 10월에 정부의 법률안으로 국회에 제출된다. 그것이 2007년 7월 「법학전문대학원의 설치운영에 관한 법률」로 제정됨으로써 10년 이상의 로스쿨 논의가 마감된다. 그에 따라 2008년 5월에는 법무부에 의해 「변호사시험법제정안」도 입법 예고된다.

한국은 2004년의 일본을 지켜본 뒤 2009년에 로스쿨이 출범한다. 한국의 로스쿨 구상도 독자적 논의단계는 있다. 그럼에도 결정적 채 택은 일본의 2004년 채택에 영향받은 것임은 부정할 수 없다. 그도 그럴 것이 로스쿨 제도의 도입을 한국에서 실질적으로 진행한 것은 2003년이다. 대법원에서 개최한 「법조인양성의 새로운 접근」이라는 공청회가 출발점이다.36) 이전까지는 현실화를 예상하기 힘든 논의 수준이었는데 2003년에 추진정책이 공언된다. 그 시점은 정치적 정 책결정이나 대법원의 긍정적 입장 변화도 있지만 일본의 로스쿨 출 범이 기정사실화되어 눈앞의 현실로 다가선 시기인 것이다.

---

36) 노명선, "한·일 로스쿨 평가에 관한 비교·분석", 344-345, 371.

물론 시기적으로 한국의 정책적 선택 직전에 일본에서 먼저 결정했다는 점만이 한국의 선택에서 중요한 요소는 아닐 것이다. 무엇보다 사법제도와 법조가 일본으로부터 계수된 같은 대륙법계 국가로서 일본의 제도적 시행착오를 쉽게 체크할 수도 있고 그로써 제도교정에 필요한 시간적 정신적 여유가 담보된다는 점에서 로스쿨과 같은 획기적 제도 채택으로 인한 불안을 줄일 수 있다는 정책결정자의 안도감도 읽혀지기 때문이다.

다만 한국의 로스쿨은 일본과 제도적인 차이가 없지는 않다. 2004년에 일본은 기존의 법과대학을 그대로 존치시키고 그와 별도로「법과대학원」을 출범시키고 사법연수원은 그대로 유지시킨 것인데, 2009년에 한국은「법학전문대학원」을 두는 곳에서는 법과대학을 폐지하고 변호사시험 체제로 이행해 과도기를 지나면 사법시험과 사법연수원을 폐지하기로 하고 출범한 것이다. 따라서 오늘날 일본의 로스쿨은 미국식과도 다른 독자적인 모습이다. 미국식이나 한국식과 다른 일본형이라고 할 만한 것이다.

6. 로스쿨과 예비시험 병행

전후 일본의 법조자격 관문은「사법시험司法試驗」이다. 1949년 사법시험법 이후의 선발시험이다. 그런데 법조 인구 확대와 전문화를 위한 양성제도 개혁 2004년부터 로스쿨인「법과대학원法科大学院」이 설치되고 사법수습 제도도 변경되지만 사법시험은 존속한다. 로스쿨 제도 시행으로 인해 시험내용37)이나 방식은 바뀌게 된다. 법과대학원 제도 이후의 '신 사법시험'이 2006년부터 개시되고, 2011년까지의 제도 이행기에는 '구 사법시험'도 병존한다. 2012년 이후 현재는 신 사법시험으로서의 사법시험만 존재한다.

로스쿨 제도 이후 사법시험 응시 자격은 법과대학원 과정 수료 혹은 2011년부터 실시된 사법시험 예비시험 합격 중 하나다. '법과대학원 수료자'는 곧바로 응시할 수 있다. 그렇지 않은 자도 응시 자격을 얻기 위해 「예비시험」을 치를 수 있고 합격하면 응시할 수 있다. 예비시험은 2006년부터 사법시험 수험자격이 로스쿨 수료자에게만 부여되자 시간이나 금전적 사정 등으로 로스쿨을 경유하지 못한 자에게도 수험자격을 공평하게 주기 위해 실시된다. 따라서 예비시험은 법과대학원 과정 수료자와 동등한 학식, 응용능력 및 법률실무 기초 소양 보유 여부를 판정한다.38)

응시 회수 제한이 설정된다. 법과대학원 수료자는 수료일 후 5년 안에 3회 범위 내에서만 치를 수 있는 제한이 2014년까지 있었다. 응시 회수 제한은 젊고 우수한 인재의 선발을 위해 이미 1964년의 사법개혁 심포지엄에서부터 수험 회수를 2-3회까지로 제한하자고 제안된다. 이후에도 지속적으로 거론되다가 마침내 시행된 것이

---

37) 구 사법시험에는 단답식 및 논문식 필기시험 그리고 구술시험이 있었지만, 현행 사법시험은 단답식 및 논문식 필기시험만으로 구성된다. 단답식은 법조인에 필요한 전문적 법률지식 및 법적 추론 능력을 판정하기 위해 헌법, 민법, 형법 등으로 치러지는데 과락이 있다. 수험자는 전원 논문식 시험에 응시할 수는 있지만, 앞선 단답식 시험에 불합격하면 논문식 시험 답안은 채점되지 않는다. 논문식 시험은 법조인에 필요한 전문적 학식 및 법적 분석, 구성 및 논술 능력을 판정하는데, 공법계, 민사계, 형사계 그리고 도산법, 조세법, 경제법, 노동법 등 중에서 택일하는 선택과목으로 치러진다. 논문식 시험에도 과락이 설정되어 있다.

38) 예비시험의 수험과목은 단답형 필기시험으로는 헌법, 민법, 형법, 상법, 민사소송법, 형사소송법, 행정법, 일반교양과목이 있다. 그 합격자에 대해 논문식 필기시험이 헌법, 민법, 형법, 상법, 민사소송법, 형사소송법, 행정법, 일반교양과목, 법률실무기초과목이 치러진다. 그리고 다시 그 합격자에 대해 구술시험이 치러져 그에 합격한 자가 예비시험 합격자로서 사법시험 수험자격이 부여된다.

다.[39] 예비시험 합격자도 2014년까지는 로스쿨 수료자와 마찬가지로 합격일 후 5년 내 3회 범위 내에서만 사법시험에 응시할 수 있었다.

'3진三振'으로 수험자격이 소멸되면 로스쿨을 다시 수료하든가 다시 예비시험에 합격해야 또 사법시험에 응시할 수 있었다. 그러다가 회수 제한이 약간 느슨해진다. 2014년 5월의 개정 사법시험법에 의해 법과대학원 수료 후 5년 이내 혹은 예비시험 합격 후 5년 이내이기만 하면 횟수 제한 없이 수험할 수 있게 된다. 결국 사법시험은 연 1회 치러지기에 수험자격을 얻고부터 5년 내에 최고 5회의 응시 기회가 주어진다.

그런데 법과대학원 수료자로서의 응시보다 예비시험이 더 각광을 받는 주객전도 상황이 된다. 2011년 시작 당시 예비시험 수험자는 6,477명이었다. 이후 급속히 수험자가 늘어 2015년에는 10,334명이 된다. 반면 법과대학원은 2004년에는 40,810명이다가 급속히 줄어 2015년에는 9,351명이 되어 예비시험 수험자에 역전된다. 예비시험을 통한 수험자격 취득자의 합격률도 그렇지 않은 수험생에 비해 현저히 높다는 것이 매년 알려진다. 그래서 '법과대학원 불요론'까지 등장한다.[40]

예비시험 출신의 사법시험 합격률은 2015년에는 61.8%, 2019년에는 81.82%인데 해당 연도의 전체 사법시험 합격률은 각각 23.1%, 33.63%에 불과하다. 그러다 보니 로스쿨 재학 중인 학생들조차 예비시험을 통해 사법시험을 보는 경향이 더 높아져 2011년 6,447명

---

39) 我妻 栄 他,「司法制度改革の基本問題(シンポジウム)」, 63.
40) 井垣敏生,「ロースクールから生まれたあなたに寄り添う弁護士たち」, 150.

이던 예비시험 응시자가 2019년에는 14,494명으로 증가한다. 반면 로스쿨 지원자는 2004년 72,800명이던 것이 2019년에는 9,117명이 될 정도로 감소한다. 이런 경향으로 인해 주요 법무법인에서 예비시험 합격자를 우대하고 예비시험 중시 경향도 이어진다.[41]

실태 면에서도 예비시험은 대학이나 법과대학원의 재학생이 본시험을 치르기 위한 모의시험 내지 예행연습으로 수험하는 게 된다. 대학 재학 중 예비시험에 합격하면 최단기간에 사법시험 도전권을 얻는 게 되고 합격하지 못하면 로스쿨에 진학한다. 법과대학원 재학생도 수료 전에 예비시험에 합격하면 일찍 사법시험에 도전하는 기회가 주어지는 게 된다. 그래서 예비시험에 도전하기 위한「예비교」등도 나타나는 실정이다. 구 사법시험 시절의 문제인 '더블스쿨화'가 여전한 것이다.[42]

사법시험의 중요 정책과제의 하나인 합격자 수는 제도 변경에 따라 변해 왔다.「임시사법제도조사회」의 1964년 의견서가 법조 인구를 점차적으로 늘려야 한다고 제안하면서 합격자 수가 500명까지로 증원되지만 증원은 지속되지 못한다. 이후 25년 정도 기간 동안 500명 전후의 합격자 수를 유지한다. 그리고 조금 늘다가는 1999년이 되어서야 비로소 합격자 수가 천 명이 된다.[43] 합격자 연 천 명 시대가 되어 사법수습 부담이 늘어나자 수습기간이 2년에서 1년 반으로 단축된다.

이때 장차 합격자 수를 연 3천 명 수준으로 늘리는 방향도 설정된다. 그러나 합격자 증원에 의한 법조 인구 확대는 예정대로 되지 못

---

41) 조종현, "일본의 법관임용제도에 관한 실증적 연구", 485.

42) 井垣敏生,「ロースクールから生まれたあなたに寄り添う弁護士たち」, 152.

43) 石田榮仁郎,「司法改革」, 23.

한다. 합격자 수가 제대로 늘어나지 못해 1965년부터 1990년까지 25년간 재판관 숫자만을 보면 1,760명에서 2,017명으로 겨우 연평균 약 10인씩 늘어나고, 검찰관은 1,067명에서 1,173명으로 연평균 약 4인씩 늘어나고, 변호사도 7,128명에서 14,173명으로 연평균 약 280인이 늘어난 것이었다. 법조 전체로는 9,955명에서 17,363명이 된 것이다.

1990년 법조삼자의 기본합의에 기초해 1991년부터 사법시험 합격자 수를 연 700명으로 증원시키는 데 7년이 경과한 1997년에 이르러서도 법조인구는 약 2만 명에 불과했다. 당시 미국의 941,000명, 영국의 83,000명, 독일의 111,000명, 프랑스의 36,000명에 비해 현저히 적었다. 인구비례를 감안해도 크게 적은 수치다. 법조 1인당 국민 수를 보면 일본이 6,300명인데 비해 미국은 290명이고, 특히 연간 신규 법조인 탄생 수를 보면 일본이 700명인데, 미국은 57,000명 정도로 미국에 비교되지 못할 수준이었다.

그래서 「사법제도개혁심의회」가 출범해 이 문제를 현실적으로 다룬다. 그 결과 2001년 6월 고이즈미 준이치로小泉純一郎 총리에게 제출한 의견서에 또다시 사법시험 합격자 증원이 제안된다. 심의회의 의견서는 2004년에는 합격자 수를 1,500명으로 해야 한다고 했다. 그리고 법과대학원을 포함한 새로운 법조양성 제도의 정비 상황 등을 보면서 2010년 무렵에는 신 사법시험의 합격자 수 목표를 연간 3천 명으로 해야 한다고 제안한다.44) 그러나 이 역시 제대로 지켜지지 못한다.

---

44) 井垣敏生, 「ロースクールから生まれたあなたに寄り添う弁護士たち」, 141-145.

7. 한국의 일본형 고시

한국의 법조인 선발 방식은 일본을 계수한 것이면서도 나름대로 독자성도 보여준다. 일제강점기를 전후해서는 일본식 제도를 거의 그대로 받아들이지만 해방 후에는 독자적인 제도도 확인된다. 그런데 수요의 요청에 따른 과도기적 자격 부여도 적지 않았고 변천 자체도 빈번했다. 사법관 선발의 초기 형태는 1894년의 <갑오경장甲午更張> 이후 1895년 3월에 「재판소구성법」이 제정되어 사법제도가 도입되면서 「법관양성소규정」에 따라 설치된 「법관양성소」에서 배출된 것이다.

변호사의 경우는 1905년 11월에 「변호사법」의 제정 이후 1907년 6월의 대한제국 시기에 최초의 변호사시험이 시행된다. 그러나 지속성을 지닌 것은 아니고 대체로 몇 기를 거치면서 제도가 종료되곤 한다. 일제강점기에는 일본의 고등문관시험이 도입되면서 법조인이 되려면 공통적으로 「고등문관시험 사법과」에 합격해야 했다. 따라서 당시 법조 선발시험은 고등문관시험 사법과이지만 1920년대 들어서는 변호사의 경우에는 「조선변호사시험」이 별도로 실시되어 해방 전까지 이어진다.

미군정기인 1947년 10월에는 조선변호사시험이 시행되고 1949년에는 「고등고시 사법과」에 의해 법조인이 선발된다. 고등고시 사법과는 1963년까지 16회에 걸쳐 실시된다. 당시에는 시험 합격 후에 별도의 실무교육기관이 없어 1년 정도의 사법관 시보 생활 후에 판사나 검사의 임용시험 합격자를 판사나 검사로 임용한다. 1962년 4월에는 서울대학교에 2년 과정의 「사법대학원」을 두어 고시 합격자가 이를 수료하도록 한다.

1964년부터는 「사법시험」이 된다. 사법시험은 2017년까지 존속할 정도로 대표적 선발제도로 자리 잡는다. 사법시험 체제 하에서는 법조인 실무교육 방식도 바뀐다. 즉 1970년에 사법대학원이 폐지되고 1971년에 대법원 산하에 신설된 「사법연수원」에서 2년의 실무교육을 맡는다. 사법시험은 2017년까지 존속하지만 실제로는 2009년 5월에 「변호사시험법」이 제정되면서 2017년까지만 변호사시험과 공존하게 되면서 전체 신규 법조인의 일부 인원만 선발하는 형태로 유지된다.[45] 2009-2017년까지의 사법시험은 명맥만 유지한 것이 되는데 반발도 적지 않았다. 사법시험 존속을 원하는 수험생의 목소리도 있었고 국민 여론도 상당수가 존치를 원했다.

그래서 한국에서도 사법시험 존치의 대안의 한 형태로 일본의 예를 참고한 예비시험 제도 도입의 필요성이 검토되기도 한다. 다만 한국에서 검토한 예비시험은 미국의 캘리포니아주에서 1935년부터 시행되는 이른바 「베이비-바Baby-bar」를 염두에 둔 것으로도 보였다. 캘리포니아주의 미인가 로스쿨 재학생들을 위해 1년 과정 수료 후 예비시험을 통과해야 기존에 수료한 학점을 인정받고 계속적 교육을 수행할 수 있는 예비시험이다. 실제로 국회에서 「예비시험제도 도입안」이 발의된 것에서도 그렇게 언급된다.

그러나 캘리포니아 예비시험은 로스쿨 단일체제에서 공인로스쿨과 비공인로스쿨의 간격을 메워주기 위한 보완제도이기에 그 제도가 한국에서 검토된 예비시험의 모델이라 보기는 어렵다. 따라서 실제 모델은 일본형이라고 평가된다. 무엇보다 일본에서 로스쿨 출범

---

45) 곽창신・박영준, "한국 법조양성시험제도의 현황 및 개선방향에 관한 연구", 353-358.

직후의 제도 비판이 예비시험 도입의 계기였던 것처럼 한국에서도 로스쿨 제도의 문제점에 대한 일정한 공감대가 있기에 일본식 예비시험이 거론된 것이라 볼 수 있기 때문이다.

이와 관련해 대한변협이나 일부 로스쿨 비인가 대학교의 법대 교수들은 '로스쿨 폐지론'을 주장하면서 로스쿨제도의 문제점 보완 장치로 사법시험 존치를 주장하고 그것이 어려울 경우에는 예비시험이 필요하다고 주장한다. 여론조사 결과도 대체로 예비시험 도입 찬성이 높다. 반면 로스쿨 교수들과 일부 시민단체는 반대한다. 또한 재조 법조계도 대체로 예비시험 제도가 로스쿨과 변호사의 자격을 연계한다는 로스쿨의 제도 도입 취지에 반하고 일본처럼 모든 자에게 제한 없이 예비시험 응시 자격을 부여하면 로스쿨 제도의 근간이 흔들린다는 이유 등으로 반대가 많다.[46]

부정적인 입장은 로스쿨 수료자보다 예비시험을 거친 응시 자격자의 합격률이 크게 높고 우대되어 주객이 전도됨으로써 로스쿨의 존속이 위태로워지는 일본의 현상이 예비시험이 허용됨으로써 발생하게 된 것이라고 보는 것이다. 현재까지 한국에서는 예비시험이 도입되지 않았지만 도입을 전제로 할 경우에는 로스쿨 재학생이나 수료생에게는 예비시험 응시 자격을 부여하지 않도록 해야 한다는 의견이 있는 것도 그런 부정적 고려 때문이다.[47]

---

46) 곽창신, "한국 로스쿨제도 개선 및 예비시험제도 도입에 관한 연구", 438-459.

47) 양만식, "일본에서의 법조양성의 현황과 과제", 490.

8. 여성의 법조진입과 장벽

미국에서 현대에 들어와서조차도 여성은 마이너리티였기에 재판관이 되는 것은 드문 일이었다. 1980년 자료를 보면 미국 전체 주에 소재한 지방재판소의 판사는 총 7,402명인데 그 중 여성은 368명에 불과했다.[48] 여성 변호사 증가도 비교적 최근이다. 1800년대 중반까지는 여성은 로스쿨이나 변호사협회에의 등록이 거부되었다. 1918년에야 미국변호사협회ABA가 여성 변호사에게 멤버십을 허용한다. 그래도 1970년대까지는 여성 변호사의 숫자는 전체의 5% 미만에 불과했는데, 이후 급증해 2006년에는 미국 전체 로스쿨 학생의 48%가 여성이고 ABA 회원 중 여성 변호사 비율은 33.3%다. 판사 비율에서도 여성은 20%를 넘어섰다.[49]

미국조차도 여성의 법조계 진출이 그리 오래전 일이 아닌 것이다. 하물며 가부장적 습속이 잔존하는 동양사회인 일본에서 여성 법조인의 수적 열세는 근대 이후에도 오랫동안 이어진다. 근대적 사법제도가 도입되기 시작한 메이지 초기까지도 여성이 법조인이 되는 것에는 부정적인 시각이 지배해서 법적으로 허용되지도 않는다. 1876년의 대언인규칙이 대언인 면허제를 규정하는데, 제3조는 대언인 면허의 전체적 결격사유로서 성별을 따로 들지도 않는다. 여성을 대언인으로 허용하지 않는 전제인 것으로 보였다.

즉 징역형에 처한 자, 해당 지역 내 거주가 없는 자, 공직자 등이 결격사유로 열거되지만 거기에 성별 제한은 따로 없었다. 그래서 부녀에게는 면허장을 부여할 수 없는 것이냐는 품신을 하자 사법성은

---

48) 丸田 隆, 「米国における裁判官の任命制度」, 179.
49) 이유정, "여성변호사의 현황과 성차별 실태에 대한 분석", 83.

그렇다고 회답한다. 대언인규칙 제정 당시부터 여성에 대해 대언인 면허를 부여할 의도가 없었음이 확인된 것이다. 이것이 1933년 변호사법 개정에 이르기까지 일본의 재야 법조계에서도 여성을 계속 배제해 왔던 제도적 틀의 시작 단계 모습이다.[50]

재조 상황도 크게 다르지 않다. 전전戰前에 여성 재판관은 등장하지 못한다. 전후의 사법시험 시절부터 점차 여성 합격자 비율이 증가하면서 겨우 실현된다. 1949년에 이시와타 미쓰코石渡満子, 미부치 요시코三淵嘉子라는 두 여성이 일본 최초의 여성 재판관에 임용된다. 이는 당시 점령군총사령부의 5대 개혁의 제1항목이 '부인 해방'인 것과 무관치 않은 흐름이었다.[51] 그러나 동시에 전전에 여성 법조인의 배출을 준비한 작업의 결실이기도 했다.

다이쇼 시대 말기인 1925년 무렵부터 재야는 물론이고 재조의 판검사에 이르기까지 여성 법조인이 탄생할 것을 예상하고 준비한 모습이 확인된다. 1925년 6월 사법성은 '부인婦人'을 직업적으로 제한하는 것은 부인에 대한 모욕이라는 견지에서 여성 변호사를 정식으로 허가하기로 한다. 그래서 일단 당시의 「시험령」에는 여성은 무자격이기에 여성에게 응시 자격을 부여하는 방향으로 법령 개정을 강구한다.

변호사법개정위원회에 제안해 연구하고 심의한 결과 부인범죄 격증에 때맞춰 부인이 형사사건 변호가 가능한 상당한 성적을 얻는 것으로 기대되고 또 성적 여하에 따라서는 여성 판·검사도 채용할 수 있고, 홋카이도 아바시리網走재판소에는 여성 서기書記를 채용해 효

---

50) 橋本誠一,「明治前期における代理法の展開」, 232.
51) 佐々木潤之介 他 編,『概論日本歴史』, 270.

과를 얻고 있다면서, 그런 내용의 법률안을 차기 의회에 제안하기로
한다. 이는 재야 법조계의 큰 위협이 될 것이어서 실시까지는 상당
한 파문이 예상된다고도 했다.52) 그 파격적인 변화 이면에는 의식
전환이 있었다.

대심원장을 지낸 요코다 히데오橫田秀雄가 1924년 메이지대학 학
장이 되면서 1929년에 여자부를 설치한 것이다. 여자에게 법률연구
의 길을 열어야 한다는 뜻에서 만든 여자부를 통해 많은 여성이 법
률가로 성장한다. 1949년에 최초의 여성 재판관이자 후에 최초의 여
성 가정재판소장이 된 미부치도 '메이지대학 여자부 법과'의 1932
년 입학자다. 최초의 여성 고등재판소장관이 된 노다 아이코野田愛子
도 여자부 법과 1935년 입학자이고, 최초의 여성 지방재판소장 데라
사와 미쓰코寺澤光子도 1944년 입학자였다.53)

준비는 몇 년 뒤부터 결실을 만든다. 사법시험을 거치면 변호사
지원자는 곧바로 변호사로 개업할 수 있지만 사법성은 법 개정으로
합격 후 1년 반을 변호사회에서 변호사의 일반사무를 수습하고 그
뒤에 변호사회가 사법성 선임의 시험관에 의해 고시考試를 거친 자
를 변호사로 등록할 수 있게 했다. 그런데 그런 자격을 갖춘다면 여
성도 변호사가 되는 데 지장이 없게 된다. 그래서 1933년부터 여성
변호사도 출현할 수 있게 된다.54)

한국의 얼마 뒤 사정도 비슷하다. 해방 이후부터 여성 법조인에
대한 관심이 확인된다. 여성의 법조계 진입 시도는 드물지만 1946년

---

52) "在野法曹界を脅す女の辯護士 追々判檢事にも採用 來議會に提案されん(釜山日報 1925년 6월
14일자 7면)."
53) 西川伸一, 「大正・昭和戰前期における幹部裁判官のキャリアパス分析」, 267.
54) "婦人辯護士の新時代か來る 修習期間は一ヶ年半 議會を通過すれば明後年から(釜山日報 1930
년 11월 22일자 4면)."

2월에 「사법요원양성소」 지원자 중에 메이지대학 법학부를 졸업한 이양전, 홍용숙 2인이 판검사를 지원한 것이 뉴스가 된다.55) 최초의 여성 변호사는 1952년 고등고시 사법과에 합격한 이태영이고, 최초의 여성 법관은 1952년 사법과에 합격한 황윤석이 1954년에 임관한 것이다. 최초의 여성 지방법원장은 1971년 사법고시에 합격해 여성 법관 최초로 2004년 춘천지방법원장이 된 이영애다. 일본의 선례와 비슷한 추이를 보인 것이다.

여성 법관의 상황도 그렇다. 한국의 여성 법관이 적은 편이었듯이 일본도 여성 재판관은 드물었다. 최고재의 경우는 상황이 더욱 심각했다. 1947년 최고재 발족 이후 2012년까지를 보면 총 160인의 최고재 재판관 중 여성은 4인뿐이었다. 최고재에 최초로 여성이 임명된 것도 1994년이 되어서였다. 1994년 이후에도 여성은 있어도 1명일 뿐이었다. 2010년이 되어서야 처음으로 여성이 2명 임명된다.56) 최고재의 경우를 보면 여성 법조인은 양적 열세는 물론이고 질적으로도 뒤처진 것이다.

그나마 하급재판소 재판관은 여성이 증가 추세를 보인다. 하급재판관 현황에 관한 최고재 발표에 의하면 2013년 4월 기준으로 재판관은 총 2,880명이고, 이중 남성이 77%, 여성이 22%다. 사법시험 합격자 자체도 여성 비율이 늘어나기는 한다. 2018년 사법시험 합격자에서 여성 비율은 24.5%다. 다만 전체적으로 보면 크게 늘지 않는 상태라고 할 수 있다. 이 점에서는 최근 한국보다 오히려 여성 재조 법조인의 비율이 적은 편이라고 보인다.

---

55) 중앙신문, "法曹界에 異彩, 司法要員에 두 女性志願".

56) 山田隆司, 『最高裁の違憲判決』, 262-263.

그 이유 중 하나는 여성의 법조계 지원 자체가 크게 늘지 않아 재조의 여성 비율도 적다는 것이다. 여성 지원자가 크게 늘지 않는 이유는 법조계가 구직난이고 격무라는 인상과 관계된다. 거기에 출산이나 육아 등의 부담으로 법조계에 들어가는 것을 달가워하지 않는 여성사회의 분위기가 더해져 주저하는 것이다. 재판관의 경력에 관해 성별에 의한 편견도 확인된다. 데이터에 기초한 판단에 의하면 임관 후 부총괄판사에 임명되기까지의 기간에서 남성이 여성보다 더 빠르게 지명되는 경향이 있다는 것이다.[57]

변호사의 경우는 사정이 더욱 그렇다. 2017년 11월 1일 현재 일변련에 의하면 등록 변호사 수는 38,843명인데 그중 여성은 7,172명이다. 법조 전체의 숫자도 그런 현상을 확인시켜 준다. 2019년에 채용된 사법수습생은 1,473명인데 그중 24.8%인 366명이 여성이고, 2019년에 수습을 마친 사법수습생 1,478명 중 재판관으로 임용된 75명 중 28명이 여성이고, 검찰관으로 임용된 65명 중 28명이 여성이고, 변호사로는 1,032명이 진출하였는데 그중 231명이 여성이다.[58] 이를 보면 그나마 재조의 경우가 여성 비율이 재야보다 높은 편임을 알 수 있다.

여성 비율이 재야보다 재조에서 더 높다는 결과만 본다면 한국과 유사하다. 한국에는 여성 법조인이 특히 판사나 검사를 지원하는 비율이 높다. 이 점은 미국과도 다른 점이다. 공무원인 판사나 검사와 달리 변호사는 로펌이나 개인과의 고용관계에 있기 때문에 출산이나 육아 등에서 성차별을 받기가 더 쉽다는 점에서, 한국에서 여성

---

57) J. Mark Ramseyer and Eric B. Rasmusen, *Measuring Judicial Independence: The Political Economy of Judging in Japan*, 42.

58) 最高裁判所, 「裁判所データブック2020」, 32.; 조인, "일본의 사법제도", 543.

법조인은 판사나 검사를 지원하는 비율이 더 높다. 육아나 출산휴직 면에서 자유롭고 그로 인해 가사와의 양립에 유리하다고 판단하는 것이다.[59)]

다만 차이도 확인된다. 한국에서는 여성이 육아나 출산 면에서 걸림돌이 많은 점이 오히려 비교적 자유롭다고 판단되는 재조로 진출하여 부담을 피하고자 함으로써 재조로의 진출을 선호하는 이유가 되고 있는데, 그런 걸림돌이 일본에서는 여성의 전반적인 법조계 진출을 주저하는 현상의 원인으로 파악된다는 것이다. 이는 사실의 다름이기도 하거니와 그 다른 사실에 기반한 양국의 인식상의 차이이기도 한 것이다.

---

59) 이유정, "여성변호사의 현황과 성차별 실태에 대한 분석", 67, 82.

제5장

일본사법의 관료성과 개혁

1. 국가적 제도화 요청

일본의 사법은 시민사회나 사법 자율적인 요청의 결실이기보다는 주로 국가정치적 필요에 따라 형성되고 개혁되었다. 근대 사법의 제도적 측면은 국내외적인 국가적 동기에 의해 출발한다. 전근대의 사법을 온존시키지 않고 서구의 근대적인 사법 시스템을 계수한 메이지 초기의 작업은 국가주도적이었다. 이후의 사법제도 개혁 논의에서도 사법의 요청보다는 국가정치적 필요에 의한 정책 결정이 주도하는 모습이 확인된다.[1]

국가체계 안에서의 사법의 근대적 재편이 국가주도적인 것이기에 이념적 출발점도 서구의 그것과는 달랐다. 사법기관의 분리가 기본권 보호를 목적으로 하는 권력분립의 결과라는 관념은 약했다. 사법을 행정과 입법으로부터 기관적으로 분리하는 것 자체가 주된 목적이었다. 사법의 독립성은 말하지만 그것은 재판의 독립이나 재판관의 독립 같은 법관의 신분상 및 직무상 독립과는 다른 것으로서, 그저 사법이 제도적으로 분리된다는 기관적인 독립성 같았다.

---

1) 戒能通厚, 「法曹一元論の原点」, 43.

사법기구 분리의 목적은 근대적 국법질서 구축이었다. 그것은 근대적 재판제도에 의한 법질서 수호의 요청과는 다른 것이다. 그것은 일본을 대외적으로 근대국가로 각인시켜 열강과의 대등한 지위로 인정받기 위한 국가정책이었다. 재판제도나 법제화 같은 사법체계의 정비가 다른 근대화 과제 중에서도 앞서 추진된 이유는 개국 그리고 열강과의 불평등조약이 만든 영사재판과 같은 치외법권 상황의 철폐를 위한 조약개정 교섭에서 열강이 요구하는 사항이었기 때문이다.

근대적 사법제도를 받아들인 또 다른 이유는 중앙집권적 국가권력을 구축하는 수단으로서의 필요였다. 재판이 근대적인 정부의 권한임을 강조하는 것은 봉건사회의 분산된 사법권력을 국가적으로 장악한다는 것이다.[2] 즉 국내적 이유로 보면 집중된 권력에 의한 통치의 요청에 부응하는 수단이었다. 물론 사법이 통치의 필요와 관련된 점은 일본만의 특징은 아니다.[3] 일본도 근대적 사법의 도입은 통치나 체제 유지와 관련 있었다는 것이다.

서구의 반식민지적 통상조약에 대한 반발에서 출발한 국법질서의 요청이 대내적 필요보다는 더 강한 동기였다. 그러다 보니 서구의 근대사법적 요소들은 제대로 각인되지 못한다. 그래서 가장 깨어 있

---

2) 이는 근대서구의 문명을 일본에 소개한 후쿠자와 유키치福沢諭吉가 정부가 사법제도의 근대화를 구상하던 메이지 초기에 '국법国法'의 소중함을 말하면서, 정부가 죄인을 벌하는 것은 사인의 권한이 아니라 정부의 권한이기에 그 경우 정부에 고해서 정부의 재판裁判을 기다려야만 한다고 말한 것에서도 상징적으로 읽을 수 있다(福沢諭吉, 『学問のすゝめ』, 62-65).

3) 전근대와 근대 초기에 동서양을 막론하고 많은 국가와 시대에서 행정관리가 사법기관을 겸했다. 그런 사법과 행정의 결합은 행정에 의한 사회적 통제와 관련된다. 그리고 세계의 많은 곳에서 사법체계의 근원은 정복과도 관련된다. 중국이나 로마에서도 그랬고, 영국의 노르만 정복자 이후의 보통법 법원도 그렇고 피식민지 미국의 법원도 알고 보면 영국 식민지배의 법원에서 시작되었다. 이는 법원은 통치나 체제유지와 무관치 않다는 의미다(Shapiro, Martin, Courts: A Comparative And Political Analysis, 21-22).

었던 자유민권운동가 우에키 에모리植木枝盛조차도 자신이 기초한 입지사立志社의 헌법안인 1881년의 「일본국국헌안日本国国憲按」에 법관을 의회 즉 '입법의원立法議院에서 임면任免'하라고 한다.[4] 권력분립이라든가 재판이나 법관의 독립성 등을 거의 이해하지 못한 발상인 것이다.

사법을 포함한 삼권분립은 당시에는 일반화된 사고가 아니었기에 그런 몰이해는 당연하다. 외견적 권력분립 하에서 행정을 중시한 프로이센형의 사법체제로 진행하게 된 일본의 태도도 원인의 하나다. 제헌에서 행정권력에 의한 기본권침해에 대한 구제를 사법적으로 고려하지 않고 행정재판소를 통해 별도로 특별 취급한 것도 그렇다. 심지어 사법은 근대적 국가질서체계에서 아예 고려하지 않는 시각조차 있었다. 애초에 국가적 필요에 부응하는 것으로서의 사법은 위상이 그저 행정에 종속적인 관료적 수준에서 고려된다.

근대적 사법이 국가적 필요에서 도입된 이래 재판관조차도 사법관료화된다. 근대 이후 법학교육은 통치 질서의 한 축으로서 법조전문가의 양성을 목표로 한다. 메이지시대부터 패전까지 재판관은 제국대학 출신을 중심으로 형성된 일군의 관료였다. 사법관료적 법의식은 재판을 통해 정부가 구상하는 법질서를 위로부터 국민생활 속에 강제했다. 근대국가를 건설하는 정부와 일체가 된 재판관의 법의식이 재판을 통해 정부의 근대화정책을 구체적 사건에서 실현했다. 위로부터의 근대화에 조력하는 역할이었다.[5]

그런 모습은 독일을 닮아 있다. 일본은 독일의 영향 하에서 사법

---

4) 植木枝盛, 『植木枝盛選集』, 107.

5) 中村英郎, 「近代的司法制度の成立と外国法の影響」, 302-303.

제도가 국민을 위한 것이라기보다는 국가를 위한 것이고 국가를 중심으로 움직였다. 무엇보다 법조 양성의 기본적 성격이 사법관료의 양성인 점에서 그렇다. 독일의 사법제도는 캐리어 시스템에 기반한다. 그 역사적 기원은 프로이센의 관료양성까지 거슬러 간다. 18세기 초 프로이센에는 절대주의 국가 형성에 동반해 사법의 국가화가 진행되었다.

국가화된 사법 속 독일 재판소는 대학의 학위에 구애받지 않고 독자적인 시험에 의해 후보자의 능력을 평가한다. 법조양성 제도에서 대학교육은 기초교육으로 치부되고 재판소 나름의 장기간 실무수습을 중시하는 사법관료 양성 시스템을 만든다. 법조양성에서 이론교육으로부터 분리된 실무수습은 사법관료의 양성을 국가의 감독과 책임 하에서 행한다고 하는 국가중심주의로부터 출발한다.6)

국가중심적 관료사법 이념은 메이지시대에 독일법을 배우면서 지배적이 된다. 재판이란 국가 법질서를 유지하기 위한 것이 된다. 이는 민법 시행 이래 점차 국민 사이에 생성된 권리의식과는 큰 어긋남을 만든다. 이는 재판 불신으로 이어진다. 다이쇼시대 이래 조정 제도의 유행도 그와 무관치 않다. 분쟁 해결을 재판에 의하지 않고 조정에 의존하게 된 것은 국가의 정책 방향이기도 하지만 재판이 권리보호와는 먼 제도라는 재판 불신이 근저에 있다. 이런 경향은 종전 후 영미법의 영향을 받으면서 변모할 때까지 지속된다.7)

사법의 국가주도적 특성은 사법평가 요소에 국민성도 반영되는 점에서도 읽혀진다. 법조일원제를 논하거나 검찰제도의 개혁을 논할

---

6) 石部雅亮, 「法曹養成制度のドイツ型」, 113-117.

7) 中村英郎, 「近代的司法制度の成立と外国法の影響」, 304.

때 국민성에 기반해 제도 도입의 적합성이나 시기상조성이 진지하게 거론된다. 자국의 문화나 국민성에 대한 심층적 이해가 사법제도 판단에도 사용되는 것이다. 이런 모습은 다분히 일본적이다. 서구는 물론이고 한국에게도 낯설다. 제도의 국가적 적합성에서 국민성론은 핵심은 아니기에 방론 정도라면 모를까 강조되지 않는 게 보편적이기 때문이다.

그런데 일본에서 국민성은 국가적 특성이다. 국민성론은 우월한 국민성만을 전제로 한 것이 아니다. 감정적인 면에 크게 치우치거나 정에 치우치거나 권리와 의무관계가 불분명하고 법에 호소하는 경향이 낮은 등 부정적 측면을 주로 근거로 한다. 따라서 객관적 현실성을 반영한다. 그런 객관적 현실성 면에서 국가적 특성이다. 국민성론은 제도적 논의가 일정 수준에 달한 상태에서 보충적인 평가요소로서 등장하기에 실용적이기도 하다.

국민적 국가적 특성은 법문화도 포함한다. 부문주의도 그렇다. 일본 사회는 '수직적으로 분할된 조직'이라 불릴 정도로 각 경계를 지닌 자신만의 전문영역에서 상호 간 간섭을 배제하면서 폐쇄적이고 독단적으로 역할을 수행하는 시스템을 기반으로 한다. 그렇기에 사법이나 법조가 지니는 전문성은 애초에 국민들로부터 거리를 둔 자신만의 영역을 유지시키는 데 더욱 유리한 상황이 된다. 심지어 이런 점은 재야在野라고 일컬어지는 변호사조차도 마찬가지다.

변호사는 국가나 행정 등 권력에 대치하는 관계에 있다지만 그것이 법적 서비스 이용자인 국민 편에 있고 그와 일치하는 관계에 있기 때문에 그런지는 의문이다. 국민들에게는 변호사조차도 여전히 면 엘리트적 전문 권력이기 때문이다.[8] 결국 국가적 특성 하에서 형성된 일본의 사법은 여전히 국가적 성격을 지닌다고 해석된다. 애초에 국가주도적으로 형성된 근대사법의 모습은 국민들로부터 상당한 거리를 둔 상태에 있는 법조문화의 원형인 것이다.

다만 사법에 대한 이해는 변하고 있다. 메이지시대에 근대화를 위해 택한 사법이 국가주도적인 것이었다면 이제는 민간주도의 모습으로 전환되고 있다. 1990년대부터 정치개혁과 행정개혁이 요구되고 이와 맞물려 사법개혁이 진행된다. 이는 국가주도적 사법이 발전의 방해요소라는 인식의 결과다. 민간주도형 사회는 민간사회의 분쟁을 부단히 해결하면서 분쟁 해결의 규범적 기준을 만들고 그것이 쌓여가는 사법사회다. '관료와 행정 사회'에서 '법조와 사법 사회'가 된다.9) 근대화에서 국가적 필요의 견인력이던 사법이 오늘날에는 사회적 필요에 부응하는 수단이 되는 것이다.

2. 국가권력의 성역

가. 행정소송 간섭

국가의 필요가 목적화된 근대 초기 일본에서 행정권력에 대한 사법의 특별 취급이 나타난다. 우선 메이지 초기에 국가주도적으로 형성된 근대 사법이 행정에 대해 판단하는 것에 불만을 보인 정부가 행정소송에 간섭하기 시작한다. 거기서 알 수 있듯이 행정의 행위에 대한 사법적 판단 자체는 허용되어 있었다. 메이지 정부는 1870년에

---

8) 和田仁孝, 「弁護士像の転換と法曹養成教育」, 59-61.
9) 今井弘道, 「アジア的近代化の第二段階と司法(2)」, 1505-1508.

민부성에 의한 재판 절차 규정인「교섭소송준판규정交涉訴訟準判規定」을 제정한다. 권력적 부정행위나 권력들 사이의 조정이나 중재 문제를 다룬 것이다. 근대적인 행정사건적 대응의 출발이다.

그리고 에토 신페이가 사법경이 되어 사법개혁과 재판시스템이 근대화를 이룰 때 행정재판제도도 나타난다. 1872년에 행정소송에 관한 규정이 만들어지고 국가권력을 상대로 한 행정소송이 인정된다. 사법성 포달布達 형식으로「지방관 등 위법처분 출소出訴규정」을 만든다. 이는 인민이 행정기관을 상대로 소송할 수 있다는 의미이면서 사법권이 행정권을 견제한다는 의미였다.10) 일본에서 실질적 의미의 행정소송을 인정한 최초의 법령이다.11)

내용은 지방관 등이 태정관 포고나 각 성의 포달에 어긋나는 규칙을 만들거나 처분하거나 인민의 한 지역에서 타지역으로의 이주 혹은 왕래를 지방관이 억제하는 등으로 인민의 권리를 방해하거나 지방관 등이 인민이 제출한 신청이나 질문 등에 대한 처리를 지체시키거나 하면 인민이 지방재판소에 제소할 수 있고, 재판소나 지방관의 재판에 불복하면 사법성재판소에 소송할 수 있다는 것이다. 행정청의 처분에 대해 국민이 소송 형태로 불복하는 제도가 사법성 규정으로 인정된 것이다.12)

행정소송의 첫 사례는 <오노구미 전적小野組轉籍 사건>이다. 정부 예치금 등을 취급하던 금융자본인 오노구미가 1873년 5월 교토부를 상대로 한 전적 신청을 계기로 한 사건이다. 오노구미가 본점 소재지를 교토에서 정치경제의 중심도시가 되어 가는 도쿄로 옮기겠다

---

10) 飛田淸隆,「明治国家体制における行政訴訟制度の成立過程に関する体系的考察」, 126-127.

11) 宮澤俊義,『行政争訟法』, 105.

12) 新井 勉・蕪山 嚴・小柳春一郎,『近代日本司法制度史』, 104-105.

고 교토부에 신청하자 교토부는 식산흥업 진흥시책에 방해가 된다는 이유로 거절한다. 그에 대해 오노구미가 교토재판소에 교토부를 상대로 행정소송을 제기한다.

소장을 접수한 교토재판소가 교토부에 답변서 제출을 요구하지만 교토부는 전혀 답하지 않고 기한이 도과한다. 재판소는 교토부가 전적을 서둘러 하라고 판결한다. 그에 대해 교토부가 항소도 하지 않고 반응이 없었다. 그로 인해 형사사건으로 발전한다. 재판소는 교토부 지사知事와 실질적 책임자인 마키무라 마사나오槇村正直에게 책임을 물어 마키무라를 구류에 처한다. 그렇게 첫 행정소송은 예상치 못한 갈등을 야기시킨다. 그 갈등이 정부가 행정소송의 관할을 사법권으로부터 배제하기로 작정하게 만든 계기의 하나다.[13)]

오노구미 사건 같은 지방관에 대한 소송이 현저히 증가한다. 그러자 정부 내부에서 통상의 사법재판소가 행정 활동에 대해 간섭하는 것을 비난하는 목소리가 커진다. 정부는 사법재판소를 행정소송의 직접적 심리로부터 배제시키고, 사법재판소에 대해 행정소송을 제기하는 것조차도 허용하지 않는 방안을 추진한다. 그 결과 현실에서 행정사건의 사법재판소 관할 자체는 받아들이면서 행정이 그에 대해 간섭할 수 있는 제도형식을 강구한다.

1874년 2월 제정된 「좌원사무장정左院事務章程」에는 인민이 관청에 대해 제기하는 행정소송의 구상이 나타난다. 9월에는 사법성에 의해 「인민에 의한 관부官府에 대한 소송가규칙仮規則」이 규정된다. 여기에서 처음으로 '행정재판行政裁判'이라는 명칭도 사용된다. 민사재판 사항과 행정재판 사항의 구별 등도 지적된다. 지방관 이외에 중앙관청

---

13) 飛田清隆, 「明治国家体制における行政訴訟制度の成立過程に関する体系的考察」, 127-129.

인 성省 등까지 대상에 포함하는 것으로 행정소송 대상 기관도 확대된다. 그런데 사법관이 수리한 행정사건에 관해 중앙정부 기관인 '정원正院'의 지시를 받지 않으면 안 되도록 한다.[14]

출소出訴사항에 관해서는 수리받은 사법재판소가 정원에도 문의한다고 규정하여 행정권의 재판 관여를 공식적으로 인정한다. 이는 행정권에 대한 인민의 불만을 사법재판소에 흡수시키기는 하더라도, 실상 그 판단에 대해서는 행정권으로 통제하겠다는 것이다. 따라서 사법권에 의한 '행정재판'이 시작될 무렵부터 그 이면에서는 이미 사법권으로부터 분리된 형태로 행정재판 제도를 확립시키는 것이 검토되기 시작했다고 볼 수 있다.[15]

사법재판소의 확립 자체가 급선무이기에 사법재판소에 의한 행정재판 제도는 진행된다. 1875년 4월에는 <입헌정체수립 조칙詔勅>이 발하여지면서 사법권의 최고재판소로서 대심원 설치가 선언된다. 곧이어 5월에는 「대심원 및 각 재판소 직제장정」이 만들어진다. 부현재판소가 각 부·현에 하나씩 설치되고, 설치되지 못한 현에서는 지방관이 판사를 겸임하게 된다. 각 성이나 부·현 등에 대한 행정소송 사건은 상등재판소가 관할하게 한다.

이전에는 행정재판을 부현재판소도 수리 가능했지만 이제 전국에 4곳밖에 없는 상등재판소를 행정재판 1심으로 한 것이다. 그런데 상등재판소에 행정소송이 제소되면 재판소가 사법성에 문의해 그 지령을 받아 수리하는 것은 마찬가지였다. 대심원이 설치되어 삼권분립이 제도적으로 정착되어 가고 있음에도 행정소송에서는 행정권의

---

14) 新井 勉·蕉山 嚴·小柳春一郎, 『近代日本司法制度史』, 105-107.

15) 飛田清隆, 「明治国家体制における行政訴訟制度の成立過程に関する体系的考察」, 131.

관여가 인정되는 것이다. 따라서 그 점만 본다면 대심원의 재판의 독립성은 명목적인 것이 된다.

행정소송은 급증한다. 1877년에 사건 총수는 23건이지만 1878년에는 60건, 1879년에는 91건이 된다. 토지 입회권이나 수리水利권 등이 주로 다퉈진다. 정부는 행정소송 사건의 급증이 대언인 등의 자유민권파와 인민이 연계해 전국적 정부비판 운동으로 넓혀가는 현상과 무관치 않다고 판단한다. 그래서 사법권 견제를 넘어 종국적으로는 행정권에 의한 행정재판소 설치 쪽으로 방향을 잡는다. 그 전단계로서 행정소송 간섭도 강화해 간다. 태정관에 의한 직접적 혹은 사법성을 통한 간접적 방식으로 사법재판소의 재판에 간섭한다.

<자유민권운동>으로 빚어진 상황에 불안해진 태정관은 1877년 무렵 이후 행정소송 재판에 직접 지령한다. 이미 1873년 7월에 <지조地租 개정>이 시작된 이후 정부는 각지에서 발생한 사족 반란에 대처해야 했다. 1877년의 최대이자 최후의 사족 반란이 된 <세이난西南 전쟁> 등에 대한 대응으로 재정도 피폐해졌다. 그래서 강압적으로 <식산흥업殖産興業 정책>을 지방관을 통해 실시하는 상황이었다. 거기서 인민들과 지방관 사이에 생긴 알력은 자유민권운동과 연계되는 것이라고 본다. 그래서 민권운동에 밀리지 않으려고 정부는 간섭을 늘린다.

나. 전전의 행정재판소

사법에 대한 행정권 간섭의 먼 배경에는 일본의 전근대적 재판 관념이 있다. 재판은 전통적으로 지배자가 내리는 판단이었다. 근대적 재판제도 도입기에 대륙법계 사법 시스템으로 끌린 것도 대륙법계에는 국가권력을 특별 취급해 주는 장치가 있어 전통과의 위화감이 적었기 때문이다. 그래서 행정권 우위의 논리는 쉽게 받아들여졌다. 그렇게 대륙법계적인 입장이 행정재판에 담기게 됨으로써 헌법에 행정재판소가 규정되기도 전에 행정재판 제도가 선제적으로 도입된다.

정부는 행정소송 제도를 행정권에 완전히 이관하고자 시도한다. 1878년에는 행정소송을 행정심판의 일종인 '원소願訴' 절차로 전부 이관하고, 행정청이 이를 재결하는 방식으로 하는 규칙안을 만든다. 그런데 원로원의 심의과정에서 강한 반대에 부딪혀 폐안된다. 그래서 보다 근본적인 방향으로 나아간 것이 행정재판소 제도다. 제헌 이전에 행정재판소 설치를 명확히 하고, 동시에 메이지헌법 제61조에도 행정관청에 의한 위법한 행정처분에 관한 소송을 관장하는 기관으로서 「행정재판소」를 설치한다고 규정하고, 구체적 제도는 법률에 위임해 「행정재판법」이 1890년 6월에 공포된 것이다.[16]

그리고 그렇게 되기 이전에 간섭 정책이 선행된다. 일단 1881년에 창설된 「참사원參事院」에서 보이듯 사법재판소에 대한 행정권의 간섭 정책이 나타난다. 그것은 프랑스의 「국무원国務院Conseil d'Etat」에 의한 행정재판 제도를 참고한 것이다. 1872년에 행정사건 재판권을 가진 국무원은 사법재판소와는 다른 이원적 기관으로 현재에도 행정사건 상고심의 역할이다. 일본은 사법재판소 외에 별도의 행정재판 기관인 참사원을 둔다. 다만 이는 행정재판소와는 다른 의미의 기관이다.[17]

---

16) 飛田清隆,「明治国家体制における行政訴訟制度の成立過程に関する体系的考察」, 132-152.

17) 1881년의 「참사원」은 프랑스적 원형을 지녔지만, 프랑스 국무원의 일본형인 참사원은 행정소송 자체에 대한 재판기능을 가지지는 않았다. 프랑스형의 답습이라면 본래는 행정소송에 대한

즉 이후 행정재판소가 담당하게 되는, 공권력 행사의 위법성 등을 이유로 취소나 변경 등을 구하는 '행정소송'의 기능은 아니다. 참사원은 간섭 정책을 제도화한 것이지만 근본적 대안은 아니다. 결국 정부는 행정권 사법에 대한 간섭을 제도화하는 정책을 넘어 행정재판소 설치로 나아간다. 정부가 원하는 것은 행정재판소의 독립이다. 유럽 헌법조사에서 귀국한 이토가 1884년에 설치한「제도취조국制度取調局」이 행정재판소 설치를 위한 조사를 본격화한다.

사법재판소와는 별개로 행정재판소를 두는 대륙법계 여러 나라의 예를 따르는 것이다. 실은 그 제도의 입안은 앞서「법제국法制局」이 제국헌법의 제정을 준비하는 과정에서 외국법제 연구를 중심으로 1877년 전후부터 시작한 것이다. 그래서 1885년 12월에는「법제국관제」에 의해 법제국 사법부司法部가 '은사, 특전 및 제 재판소의 관제 및 행정재판을 관장'하도록 규정하기도 했던 것이다. 그러나 이는 형식적인 수준이다가 그나마 1890년 6월의 관제에서는 폐지된다.

진척을 보이지는 못하다가 대륙법계의 입법례에 의존하게 된다. 이토는 앞서 1883년에 유럽에 입헌제도 조사를 가서 슈타인L. von Stein으로부터 유럽 각국 정치에서도 '행정의 자립성'이 보장되지 않아 국정운영이 쉽지 않고 결국 그것을 확보하는 것이 일본에서도 중요하다고 조언받았다. 그래서 근대국가적 출발과 안정을 위한 행정 자립성의 중요성을 인식했다. 그로부터 행정권의 강화와 자율성

재판기능을 보유하는 게 되어야 하지만 일본에서는 그나마 재판권은 사법재판소에 맡기는 체제가 된다. 이는 당시 원로원을 비롯한 관계기관의 강한 반대가 예상되었기 때문이다. 그래서 정부는 행정소송에 관한 재판기능은 사법재판소에 맡기고 참사원은 내각의「재령裁令」이라는 형태로 사법재판소가 가진 재판권에 대해 간접적인 조언이나 지도를 하는 제도로만 두게 된다. 참사원은 각 성이 올린 법률규칙안 등에 대한 심사를 행하고, 지방관 등이 정부에 올린 문서에 대해 내각이 결론을 내리는 경우에 그에 의견을 말하는 이른바 심사 및 의견 업무만 맡은 것이다(飛田淸隆,「明治国家体制における行政訴訟制度の成立過程に関する体系的考察」, 147-148).

확보를 위한 독일적인 행정소송 제도를 착안하기에 이른다.

그 결과 대륙 특히 독일의 영향을 받은 행정재판 제도를 도입한다. 1890년에 공표된 「행정재판법」과 그 법률로부터 위임받은 행정재판소령의 규정에 의해 설치된 「행정재판소」는 행정소송을 관할하고, 행정사건에 관한 최고재판소이자 사실심이 되고, 행정부 내에 설치된 일종의 재판소와 유사한 행정조직으로서 행정재판소의 장관과 평정관評定官에 의한 즉 행정재판관에 의한 재판소가 된다. 이는 형식으로는 오스트리아의 입법례를 가장 많이 참조한 형태가 된다.18)

프로이센의 행정재판은 삼심제인데 일본의 행정재판은 오스트리아와 마찬가지로 단심제인 점에서 특히 그렇다. 그와 같이 메이지헌법 제61조가 사법재판과 행정재판을 분리하여 행정재판소를 설치하고, 제한적이긴 하더라도 행정사건의 재판을 행정재판소에 관할시킨 것은 대륙법계 행정법의 영향이다.19) 그것은 '통상재판소에 대한 행정재판소의 독립' 그리고 '행정재판소에 대한 행정권의 우위'의 구현이다. 행정재판권을 「행정재판소行政裁判所」라는 특별재판소에 맡기는 행정국가가 된 것이다.

이토는 국가권력을 상대로 하는 행정소송이 특별한 재판이라고 강조한다. 자신의 헌법해설서 『제국헌법황실전범의해帝国憲法皇室典範義解』에서 행정관청의 위법 처분에 의해 권리를 침해당한 경우의 소송에서 행정재판소에 속하는 것은 사법재판소에 수리할 수 없다고 한 헌법 제61조에 관해, 사법재판소는 민법상 쟁송을 판정하지만 헌법 및 법률에 의해 위임된 행정관의 처분을 취소할 권력을 가지지는

---

18) 하명호, 『한국과 일본에서 행정소송법제의 형성과 발전』, 30-31, 39-40.
19) 橫山信二, 「行政事件の裁判における「裁判」と「司法」の分離に関する小論」, 33.

못하는 바, 사법권이 독립을 요하듯 행정권도 사법권에 대하여 독립을 요하는 것이어서 사법재판소가 행정을 취소 판정하면 행정권이 사법권에 예속된다고 설명한다.[20]

1890년 6월에 공포된「행정재판법」은 1889년에 제정된 메이지헌법의 시행이지만, 재판소구성법의 시행보다는 조금 앞선 10월 1일부터 시행된다. 행정재판법은 행정재판소 장관이나 평정관을 합쳐 행정재판관이라 칭하고, 재판은 5인 이상의 합의제로 규정한다. 행정재판소는 법률이나 칙령이 출소를 허용한 사건을 심판하고 행정청의 위법처분에 관한 행정재판 건은 별도 규정이 있는 것을 제외하고는 '열기주의列記主義'를 채용한다고 했다.

그 대상을 법률이 특별히 정한 것에 한정한 프로이센식 열기주의를 택한 결과 행정소송은 행정청의 위법처분에 의해 권리를 침해당한 자 중에서도 조세 등의 부과 혹은 체납처분, 영업면허의 거부·취소, 수리·토목에 관한 사건, 토지의 관·민유 구분 등에 관한 사건만으로 한정된다. 이러한 행정재판법의 단심제나 열기주의는 국민의 출소권을 제한함으로써 상대적으로 행정활동의 자유영역을 넓게 남겨두려는 것이었다.[21]

행정재판법에 의해 행정재판소가 1890년 10월에 도쿄에 설치된다. 행정재판소에 의한 행정재판은 사법권의 간섭에서 벗어나 행정소송에서의 행정권의 지배를 만들기 위한 이념의 실현이었기에 초대 행정재판소 장관에는 일본 최초의 행정소송인 <오노구미 전적 사건>에서 에토 등 사법권의 개혁세력에 의해 소추당한 피고인이었

---

20) 伊藤博文,『帝国憲法皇室典範義解』, 102-105.
21) 小野博司,「一九二〇年代における行政裁判制度改革構想の意義」, 49-50.

던 마키무라 마사나오가 취임한다.[22] 사법권에 의한 행정권 피해의 선례이자 대표적인 희생양 인물인 것이다.

행정권의 방어적 이념을 관철하고자 탄생한 행정재판소의 초대 수장이 마키무라라는 사실 자체가 행정재판소의 신설 목적 그리고 행정재판이 추구하는 앞으로의 방향을 분명히 알려주는 것이었다. 재판담당자의 면면도 마찬가지였다. 행정재판소에는 초대 장관은 물론이거니와 재판담당자에게도 그야말로 '고참古參의 행정관'을 배치한다. 행정재판소가 마치 정부 기관 같은 성격으로 보였다.[23]

1890년 10월에는 행정불복 제도에 관한 일반법으로서 「소원법訴願法」도 제정되어 행정심판 제도도 정비된다. 행정에 대한 특별 취급이 기초를 다진 것이다. 메이지헌법이 법률에 의한 재판을 하는 사법재판소와 법률에 의해 재판을 해야만 한다는 보장이 없는 행정재판소를 구분해 둔 것 자체가 행정의 특별 취급의 헌법제도적 수용이다. 결국 행정재판소에 제소된 사건은 법의 구속에서 벗어나 행정의 관점에서 재판을 받게 되므로 대부분 행정청이 승소하는 결과로 이어진다.[24]

행정재판의 또 다른 문제는 타국에서는 보기 힘든 열기주의와 단심제의 조합이다. 이는 행정재판소의 권리구제나 행정통제 기능을 약화시키기 위한 것이다. 역으로 행정재판소는 행정처분의 적법성을

---

22) 行政裁判所 編, 『行政裁判所五十年史』, 21.

23) 小野博司, 「戦時期の行政裁判所」, 229.

24) 소방자동차가 거리를 달리다가 과실로 행인을 치더라도 소방은 국가권력의 발동이기에 정부는 책임을 질 필요가 없고, 도쿄의 화약고가 폭발해서 많은 사람들이 손해를 입어도 화약제조는 군사적 행동의 일부로서 공익을 위한 사업이므로 공법상 행위로서 책임이 없다는 논리로 행정청이 승소한다. 「관리官吏 무책임」의 원칙으로 소방 같은 국가권력의 발동으로서 일종의 행정권의 작용이면 가령 고의로 사람을 치어 죽여도 국가는 책임이 없다는 식이 된다. 川島武宜, 『日本人の法意識』, 50-52.

인민에게 설명하고 변호하고 정당화하기 위한 국가행정기관 같은 역할이 된다. 그래서 제도 시행 후 2년이 지날 무렵부터 권리구제나 행정통제 기능을 강화하자는 행정재판법 개정안이 의회에 제출된다. 이후 다이쇼·쇼와시대를 거치면서 각 행정관청의 반대를 무릅쓰고 수차례 개정이 추진된다. 행정재판 안에서나마 행정권력 행위에 대한 재판이 가능하게 하기 위한 법안들이었다.

개정법안들은 열기주의에서 개괄주의로 변경하려고 하거나 행정재판소에의 출소가 허가되지 않는 행정사건에 대해서는 사법재판소가 수리해 재판할 수 있게 한 것이다. 헌법 제61조를 통해 사법재판소가 행정사건을 재판할 수 없게 하고 그나마 행정재판을 통해 소권은 인정됨에도 행정재판법이 출소 사항에 관해 열기주의를 채택해 경찰처분 등에 대해서는 전혀 출소를 인정하지 않는 데 대한 반발이었다. 그래도 정부는 출소 사항 개괄주의조차 용인하지 않고 반대한다.

실제로 행정소송의 열기주의로 인한 폐해는 심각했다. 행정재판소 개설 후 약 2년간 열기주의로 인해 각하된 소는 50건을 넘어섰고, 그로 인해 출소를 단념한 수는 그 수배를 넘어선다고 보였다.[25] 통상적인 접수 건수를 보면 쇼와시대에 300건 전후였다. 1930년대 후반의 전쟁 분위기 속에서는 접수 건수가 더욱 줄어든다. 1939년에는 167건이고 이후 패전 전까지 행정소송은 극도로 줄게 된다.[26]

다. 전후 행정재판개혁

행정재판 제도 출범 이후 초기 평정관評定官 인사에서 번벌 출신

---

25) 小野博司, 「明治30年代の行政裁判法改正事業の意義」, 38-42.

26) 小野博司, 「戰時期の行政裁判所」, 242.

베테랑 관료가 등용된다. 겸임 평정관 제도도 채택되어 행정권에 의한 행정재판소 지배는 강화된다. 다른 성의 행정관료가 파견 근무하는 비상근 평정관제도도 채택되어 소송 사항에 관해 당해 관청이 스스로의 이익을 행정재판소 판단에 반영시키는 수단으로 이용하기도 했다.[27] 그러자 행정재판소 스스로가 행정권의 지배를 성토한다. 1890년대 말 이후 행정재판소는 스스로를 다른 행정기관으로부터 독립해서 행정재판권을 행사하는 행정통제기관으로 위치지우고자 나선다.

재야 법조계도 행정재판의 현실에 반발한다. 그것은 주로 열기주의와 단심제에 대한 비판이다. 1898년 제13회 제국의회에 일단의 변호사 출신들에 의해 행정재판법 개정법률안이 제출된다. 변호사들이 법정 대리 활동을 통해 행정재판제도의 문제점을 잘 알았기 때문이다. 개정안은 행정재판소 출소 사항 규정을 개괄주의로 바꾸어 국민의 권리회복 기회를 확대하자는 것이다. 정부는 반대하면서도 행정재판법 개정안을 다음 의회에 제출하겠다고 공약한다.[28]

정부의 공약은 행정 활동의 자유를 저해하지 않는 범위 내에서 출소 사항을 약간 확대하는 등의 미온적 개정으로 급진적 개정안을 막아보려는 의도에 불과했다. 그런데 정부의 행정재판제도 개혁구상에 대한 비판 등을 통해 점차 행정재판소를 권리구제와 행정통제 기관으로 개혁해 가려는 활동이 1906년 이후 행정재판소 내부에서 나온다. 그것은 권리구제를 중시하는 입장에서 재야 법조계의 입장과 유사하게 출소 사항을 개괄주의를 바꾸자는 입장이 포함된 것이다.

---

27) 小野博司, 「一九二〇年代における行政裁判制度改革構想の意義」, 51-52.
28) 行政裁判所 編, 『行政裁判所五十年史』, 349쪽 이하.; 小野博司, 「一九二〇年代における行政裁判制度改革構想の意義」, 61-63.

1920년대 행정재판소도 개혁적 입장을 취한다. 그러자 정부도 행정재판법 개정작업과 그를 위한 임시법제심의회로 대응한다.[29] 심의회에서 행정재판법 개정을 논의한 1923년에도 개괄주의로 변경하자는 주장이 적지 않았다. 그러나 개정은 이뤄지지 못한다. 보통선거와 치안 입법을 조합시켜 국민적 통합을 지향하는 천황제 지배 질서의 재편성 과정에서 행정재판소의 권리구제 및 행정통제 기능을 향상시키는 제도개혁 구상은 부합되지 않는다고 본 때문일 것이다.

그럼에도 행정재판소가 내무성을 비롯한 다른 행정청과 때로 대립하면서도 천황제 관료에 의한 부당하고 위법한 행정 활동으로부터 인민의 권리를 구제하고 혹은 행정감독을 행하는 기관이 되고자 한 것은 사실이다. 그런데 아이러니컬하게도 전후의 행정소송제도 개혁은 행정재판소의 폐지로부터 시작한다. 전후에 행정재판소는 제도적으로 부정되는 것임에도 전전에 행정재판소 자신이 중심이 되어 설계한 행정재판제도 개혁구상이 전후 개혁구상의 기초가 된 것이다.[30]

즉 패전 후 '행정국가에서 사법국가로'라는 슬로건 하에서 행정소송제도는 중대 전환을 맞는다. 상징적 변화가 신헌법 제76조 제2항에 의한 행정재판소의 폐지다. 사법기관인 재판소가 일체의 법률상 소송을 재판한다고 규정함으로써 행정재판소를 폐지한다. 전후 행정소송 제도가 전전 제도를 해체하면서 출발한 것은 점령군의 의도다. 점령군총사령부GHQ가 제출한 헌법 초안인 '맥아더초안'에서부터 사법 조항은 행정기관에 최종적 사법권을 부여하는 것을 금한다. 정

---

29) 小野博司, 「一九二〇年代における行政裁判制度改革構想の意義」, 48-49, 61-63.
30) 小野博司, 「一九二〇年代における行政裁判制度改革構想の意義」, 72-73.

부는 삭제를 요구하지만 점령군이 거부한다.[31]

신헌법과 「재판소법」 제3조에 의해 사법기관으로서의 재판소가 일체의 법률상 소송을 재판하게 된다. 신헌법이 1947년 5월에 시행되면서 행정재판법과 행정재판소가 모두 폐지되고 행정사건은 사법재판소 관할이 된다. 행정사건은 신헌법 시행과 더불어 '일본국헌법의 시행에 따른 민사소송법의 응급적 조치에 관한 법률'에 의해 규율된다. 그런데 1948년에 공직 추방된 전 농림대신 히라노 리키조平野力三의 지위보전가처분신청을 둘러싼 <히라노平野 사건>을 계기로 행정사건에 대해 민사소송과 다른 특별한 취급이 요구된다.

GHQ와 행정부는 행정권의 독립을 주장하면서 사법적 판단에서의 일정한 한계를 고려한 반면, 사법부는 신헌법이 사법국가 체제를 취하는 이상 법률에 특별히 절차 규정을 마련하지 않는 한 행정처분의 효력을 다투는 행정사건도 원칙적으로 민사소송법이 정한 절차에 따라야 한다고 생각하면서 갈등한다. 그 결과 행정권의 우월성을 확보하기 위한 방편으로 그 해에 GHQ와 행정부의 입장을 반영해 행정권 우위 규정을 담은 「행정사건소송특례법」이 제정된다.

특례법의 제정 취지에 담긴 정치와 사법 사이의 긴장 관계와 그럼에도 제정된 사실 자체는 점령체제 종료 이후에도 양자 관계에 대해 사법이 취하는 태도의 기원이 된다. 통치에 관계되는 사건에 관해서는 일본 재판소가 과도하게 자제적으로 행동하게 만든 계기의 하나 그리고 그에 따라 최고재도 사법심사의 역할에서 멀어지고 민사와

---

31) 다만 미국이 일본 정부에 대해 헌법초안을 제시하기 이전부터 일본 정부가 만든 헌법문제조사위원회의 개정요강에도 행정재판소 폐지와 행정사건에 대한 재판관할을 사법재판소로 하는 내용이 담겨 있기는 했다. 따라서 반드시 점령군의 뜻에 따라 그렇게 된 것이라 보기 어렵다는 설도 있다(小野博司, 「戰時期の行政裁判所」, 226.).

형사재판에 관한 종심으로서 만족하게 되는 시원적 계기로서 작용하게 되는 것이다.

민소법의 특례법이라는 자체도 문제였다. 점령기에 조급하게 제정되어 조문 수도 적고 규 정내용도 간단하고 불명확하고 개인의 권리구제에 충실하지 않았다. 그래서 1962년에 전면 개정되어 현행「행정사건소송법」이 된다. 그럼에도 그런 사정들이 행정사건에 대한 특별한 취급을 인정하는 태도를 존속시킨다. 행정사건소송법 자체도 전면개정 형태라고는 하지만 실질은 행정소송의 기본 골격에 대하여는 특례법이 취한 전후의 행정소송관을 답습한다. 한마디로 사법권의 한계를 강조하는 사고가 유지된다.[32]

그런데 사법권의 한계를 통해 유지되고자 한 행정소송은 국민적 한계에 부딪힌다. 무엇보다 이용되지 못한다. 아시아개발은행ADB 통계에 근거해 1995년을 비교하면 한국의 법원은 인구 100만 명당 처리한 행정소송이 214.9건인데 일본은 7.6건이다.[33] 2012년 기준으로 일본의 1심 행정소송 제소 건수는 2,950건이다. 같은 해 미국 연방법원에 접수된 39,769건, 독일 567,195건, 한국 16,942건과 비교하면 매우 적다. 인구 비례로 보더라도 일본 인구가 한국의 2.5배임을 고려하면 한국의 10분의 1에도 못 미친다.[34]

---

32) 하명호, 『한국과 일본에서 행정소송법제의 형성과 발전』, 15-16.; 다만 이는 긍정적으로 보면 전전부터 이어져 온 개혁론의 반영이다. 1948년의 행정사건소송특례법이나 1962년의 행정사건소송법 제정 과정에서 1932년의 행정소송법안이 참조되어 내용 일부가 반영되는 등으로 전전의 행정재판 제도개혁 구상이 전후의 행정소송제도에서 살아난 점이 그렇다. 1928년의 행정재판법 개정요령 책정 당시의 주장도 그렇다. 개정요령을 책정한 임시법제심의회가 개최된 1920년대에 행정재판소는 내무성을 비롯한 다른 행정청과 때로 대립하면서 천황제 관료에 의한 위법한 행정활동으로부터 인민의 권리를 구제하거나 행정통제를 행하는 기관으로서 적극적 제도개혁에 몰두했는데 그 주장이 전후 개혁에 일부 반영된 것이다(小野博司, 「一九二〇年代における行政裁判制度改革構想の意義」, 47-48.).

33) 조홍식, 『사법통치의 정당성과 한계』, 80.

34) 하명호, 『한국과 일본에서 행정소송법제의 형성과 발전』, 329-330.

행정소송 건수가 적은 것은 민사소송이 적은 것과는 다른 의미다. 민사소송이 적은 것이야 다툼을 싫어하는 기질과 사회적 분위기 때문이라 볼 수도 있다. 그와 달리 행정소송이 적은 것은 권력에 대한 순종적 태도의 결과일 수 있다. 행정소송의 소송형식이 적다든가 불복심사 전치주의로 인한 측면 그리고 가구제 제도의 불비 등 제도적 한계도 원인이 된다. 게다가 법원의 소극적 자세나 낮은 원고 승소율도 지적된다. 실제로 1995년에 한국에서 정부의 패소율은 33.9%지만 일본에서는 7.8%에 불과했다.[35]

그렇듯 권력행위의 위법성 등을 다투며 제소한 행정사건의 원고 승소율은 일반 소송에 비해 극히 적다. 최고재에 의하면 일부 승소까지를 포함해도 원고승소율은 약 10%에 그친다.[36] 과거에도 미치지 못하는 수준이다. 전전 행정재판소의 활동기간을 통틀어 승소율은 평균 25.3%였다. 1936년부터 1945년까지 평균만 보면 23.2%였다. 각하결정을 제외한 승패 판결만 고려해 보더라도 행정재판소의 전 기간을 통틀어 승소율은 평균 31.1%였다.[37] 오늘날이 더 낮은 것이다.

행정청의 처분에 대항하는 국민의 높은 패소율의 원인은 여러 가지가 지적된다. 우선 법률지식을 가진 재판관에 의해 구성된 재판소에 대해 고도로 과학적이거나 기술적이고 전문적인 문제에 대한 판단을 구해야 하는 한계가 있다. 또한 법조직역을 위한 사법시험에서도 행정법은 필수가 아니라 선택과목이기에 행정법에 능숙하지 않

---

35) Tom Ginsburg, "Dismantling the 'Deveiopmental State?': Administrative Procedure Reform in Japan and Korea", 619.; 조홍식, 『사법통치의 정당성과 한계』, 81.

36) 阿部泰隆, 「行政訴訟のあるべき制度, あるべき運用について」.

37) 小野博司, 「戰時期の行政裁判所」, 239.

은 자가 행정사건을 처리하게 된 결과라고도 지적된다.38) 그러나 가장 큰 원인은 아마도 일본에서 권력에 대한 특별 취급의 이념이 별반 달라지지 않은 탓이다.

3. 정치와의 긴장 관계

사법은 오늘날 상당히 신뢰받는다. 재판소는 국민이 신뢰하는 국가기관이다. 여론조사 등을 보면 삼권 중에 재판소에 대한 신뢰는 입법부를 포함한 정치나 행정부 관료에 비해 압도적으로 높다.39) 그런데 정치는 사법을 불신한다. 그래서 갈등하기도 한다. 사법은 정치 부문의 행위를 판단해야만 한다. 사법이 정치 결정이나 정책에 지장을 주면 정치는 반발한다. 결국 사법은 본질적으로 정치와 긴장 관계에 있다.

그런 긴장은 일차적으로는 사법이 정치 부문에 의해 구성되는 점에 기인한다. 정치 결정에 대립할 수도 있는 사법 구성이 정치에 의해 결정된다는 사정이 긴장의 일차적 원인이다. 긴장은 사법을 구성하는 정치로 인한 사법 정치에 대한 관계적 위상에 근거한다. 일본도 마찬가지다. 헌법의 규정을 보건대, 신헌법 제76조 제1항은 사법권은 최고재판소 및 법률로 설치된 하급재판소에 속한다고 한다. 천황의 재판소에서 국민의 재판소가 된 것이다.

1889년의 메이지헌법은 제57조에서 사법권은 법률에 의해 천황의 이름으로 행한다고 했다. 천황의 이름으로 재판하는 재판소였다.

---

38) 田中舘照橘, 「日本国憲法下の行政裁判法制の弱点」, 13.
39) 朝日新聞, 2008年3月21日字.; 西川伸一, 「最高裁における「信頼」の文脈」, 107-108.

반면 신헌법에서는 천황의 이름으로라는 제한도 사라졌고 국민의 권리보호를 목적으로 한 권력분립의 한 기관인 것이 보다 명백해졌다. 그러나 국민이 재판관을 임명하지는 않는다. 최고재의 장관은 헌법 제6조 제2항 및 재판소법 제39조 제1항에 의해 내각의 지명에 기초해 천황이 임명한다. 그리고 최고재 재판관도 내각이 임명한다.

사법부의 정점은 최고재 장관長官 및 14인의 최고재 판사들이다. 15인이라는 숫자의 의미는 권력분립적이다. 삼권분립의 취지에 맞춰 최고재 설립 당시 내각의 각료 수에 필적하는 인원으로 하여 균형을 맞춘 것이다.40) 그런데 권력분립의 규정 형식이나 인원적인 균형이 권력분립의 현실을 바로 보장해 주는 것은 아니다. 무엇보다 헌법적 형식이 갖추어지기 이전이든 이후이든 실질적으로 재판소는 근대 초기부터 정치 부문에 의해 구성되어 부여된 것이기 때문이다.

그래서 사법부 즉 재판소 체제가 명실상부하게 삼권분립의 한 기관으로 되는 것은 정치와의 갈등 속에서 스스로를 정립하는 형태가 될 수밖에 없다. 전후의 일본도 그러했다. 신헌법에 의해 '재판'뿐만 아니라 '사법행정' 면에서도 사법성으로부터 독립한 최고재판소는 발족 당시에는 국회나 내각에 비해 제도적으로 취약했다. 그래서 최고재로 대표되는 사법권이 제도적으로 정착하는 과정은 정치 부문의 외압에서 벗어나는 상대적인 제도적 확립이 되어야 했다.

사법이 상대적으로 지위를 확립해 나가는 것 즉 신헌법의 취지에 맞는 실질적인 분립된 삼권의 한 축이 되는 것은 국회나 내각에 대한 대립적 지위의 확립이 되어야 했다. 그것은 다나카 고타로田中耕太郎 최고재 장관 시기에 주로 이루어진다. 「재판소법」 개정이 국회에

---

40) 我妻榮·兼子一 他, 「最高裁判所機構改革問題について」, 2-11.

서 심의되고 전후 최초로 재판관 재임용 시기가 되어 전국적 대규모 인사이동이 진행되어야 하는 상황에서 기시 노부스케岸信介 정권의 움직임에 맞서 사법부의 독립을 지키기 위한 정책을 취해 나가는 방식이었다.[41]

그것은 정치 부문과 사법 간 대립 상황에서 출발한다. 대립이 만들어진 계기는 전후에 발족한 최고재가 제도적인 위약함을 채 불식시키지도 못한 상태에서 장기간에 걸쳐 정치적 재판을 떠맡게 된 일이다. 중의원의원의 공직추방까지 수반한 <히라노平野 사건> 등이 그렇다. 사법은 정치적 과정의 한가운데 휘말려 들어간다. <우라와浦和 사건> 재판처럼 사법 결정에 대한 정치 부문의 불만이 노골화되기도 한다. 그 결과 국회의 국정조사권 발동 등으로 이어지기도 한다. 그래서 중의원衆議院 법무위원회에서 의원입법으로 재판소법 개정안이 제출된 것이다.

<히라노 사건>을 보건대 1948년 1월에 가타야마 데쓰片山哲 내각의 농림대신 히라노 리키조平野力三가 사회당 내 대립으로 파면되고 공직추방되자 히라노는 가타야마 총리를 상대로 신분 유지 가처분을 신청한다. 도쿄 지재가 신청을 받아들여 공직추방지정의 효력을 정지시키자, 점령군총사령부GHQ 및 그 지시를 받은 내각은 도쿄 지재의 결정에 이의를 제기한다. 이에 최고재판소가 충돌한다. 최고재를 정점으로 한 사법과 GHQ와 내각 그리고 국회 사이의 갈등이 표면화된 것이다.

1948년 4월의 <우라와 사건>은 남편이 처자를 돌보지 않고 재산을 도박으로 탕진하자 비관한 처가 동반자살을 꾀해 자녀 3명을 살

---

41) 牧原 出, 「政治化と行政化のはざまの司法権」, 17.

해하고 자신은 미수에 그친 사건이다. 우라와 지재가 정상을 참작해 징역 3년에 집행유예 3년을 선고하자, 5월 참의원參議院 사법위원회가 국정조사권에 기초해「재판관의 형사사건 부당처리 등에 관한 조사」를 결의하고, 판결이 확정되지도 않은 5건에 대해 조사한다. 10월 사법위는「검찰 및 재판의 운영에 관한 조사」로 처와 남편, 검사를 증인으로 불러 국정조사한다. 1949년 4월 보고서가 작성되고 비판을 공개하고 참의원의장에게 양형이 가벼워 부당하다는 의견을 올린다.

최고재는 사법위의 행동을 국정조사권의 이름을 빌린 '사법 개입'이라고 반발한다. 최고재는 5월에 '사법권은 헌법상 재판소에 전속'하며, '국회가 개별 사건 재판에 관한 사실인정 혹은 양형 등의 당부를 비판하거나 사법부에 대하여 지적하고 권고하려는 등의 목적을 지니고 이뤄지는 조사는 사법권의 독립을 침해하고, 헌법상 국회에 허용된 국정조사권의 범위를 일탈한 조치'라고 비판한다. 이에 참의원이 사법부의 비판이 '월권'이라고 하자 최고재「사무국」은 의견표명은 사법의 독립을 지키기 위한 당연한 행위라고 논평한다.[42] 국회의 사법에 대한 전면적 대결 자세에 최고재도 적극 반박한 것이다.

이 상황은 최고재가 스스로의 입지를 재고하게 만든다. 국회와 내각에 비해 제도적으로 위약하기에 스스로를 지키려면 사법행정권을 확고하게 확립시킬 수밖에 없다고 판단한다. 전전에는 사법대신이 사법행정권을 가지고 대심원은 재판업무만 했지만 신헌법 하에서는 규칙제정권, 예산편성권, 재판관 인사권 등을 최고재가 가진다. 사법행정은 1947년 8월 최고재 발족 당시 최고재와 하급재판소의 사법행정

---

42) 권순남·이성균, "일본 법관의 공정성과 윤리성 제고 방안", 489-490.

을 보좌하기 위해 장관 소속으로 설치된 「사무국」의 보좌를 받는 재판관회의가 결정한다. 최고재는 사무국을 확대 개편하기로 한다.

정치권의 압력과 여론의 비판 행동에 직면한 최고재는 사법권 독립이 위기에 직면했다고 판단하면서 대응 방법 모색을 위해 사법행정 부문을 확충하는 선택을 한 것이다. 최고재는 1948년 12월 사무국을 「사무총국事務總局」으로 개칭하고 조직을 확대한다. 따라서 사법부 입장에서 사무총국 체제 자체는 사법의 권력화라는 적극적 목적이 아니라 사법이 정치로부터의 영향력에서 벗어나 사법으로서의 독립과 정체성을 지키기 위한 소극적 노력의 결과였다.

4. 탈정치가 만든 관료화

사법부의 방어용 기제로 성립된 「사무총국」은 그 업무인 사법행정을 통해 사법의 관료화를 고착시킨다는 지적을 받는다. 당초에 그 출범은 관료적 계기는 아니다. 신헌법상 사법부의 정점에 최고재가 있음에도 패전 후에도 여전히 정치로부터의 입김은 거셌기에 최고재는 정치와의 대립적 관계 속에서 스스로의 위상을 정립하고자 한 것이다. 그것은 사법 정치로부터 거리두기 수단이었다.

즉 히라노 사건이나 우라와 사건 등을 거치면서 총사령부를 뒷배경으로 하는 정부와 대립한 사법부의 대응 방식이었다.[43] 따라서 관료화의 성격으로 볼 것은 아니다. 그런데 주로 사법 내부에서 관료화에 대한 지적이 나온다. 판사의 인사나 그를 위한 평정 등의 사법

---

43) 岡田正則, 「行政訴訟制度の形成・確立過程と司法官僚制」, 169.

행정권을 실질적으로 사무총국이 주관하고 결정한다는 것이다. 그저 과장된 인상 수준이 아니라 사무총국의 구조적인 개입을 거론하는 것이다.

1957년에서 1958년에 걸쳐 최고재는 판사의 광역 이동 인사 시스템을 확립하게 된다. 하급심 판사 인사권을 확립하면서 사법행정기구로서의 체제를 갖춘다. 사무총국이 사법행정기구의 정점으로서 관료적 체제를 정비한 것이다. 관료적 성격 자체는 전전戰前에 형성된 사법부의 관료화가 그런 형성에 영향을 주었다고 보였다. 전전의 사법관료제가 전후에 있어서도 그대로 유지되어 구 사법관료의 일부는 최고재 설립에 즈음해 그대로 사무총국을 구성하였다고도 평가되기 때문이다.44)

사무총국으로서도 변명의 여지는 있다. 총국은 관청의 행정부서 같은 성격이다. 재판소가 관청의 성격도 지닌다면 총국은 재판소가 사법행정상의 역할을 하는 데 있어 관청으로서의 행정적 역할이다. 실제로 총국의 기능에는 최고재의 재판관회의에 제출하는 규칙·규정안의 작성이 있다. 법률이나 정령政令의 제정에 관하여 법무성과의 교섭이나 조정도 행한다. 제도 운용이나 법령해석의 협의 등을 위한 재판관 회동이나 협의회의 실시도 있다. 해외 재판제도 조사연구, 각급 재판소 판결, 검찰이나 변호인의 주장, 변호사업계의 동향 등의 분석이나 자료수집과 정리 등도 한다.

따라서 총국의 사법행정사무 감독권은 위법한 것이 아니다. 재판관의 직무에 대한 간섭이 아니다. 재판관의 직무는 재판사무가 주된 것이지만 사법행정적 사무도 있는데, 이는 감독권을 가지는 재판소

---

44) 塩見俊隆, 「日本の司法制度改革」, 33 以下.

의 지휘, 명령에 따라야 한다. 재판 간섭과는 무관하다. 재판소법 제 81조는 '사법행정상의 감독권은 재판관의 재판권에 영향을 미치거나 이를 제한하는 것은 아니다'라고 규정한다. 사법행정상 지휘의 총괄자인 총국의 행정상 지시에 따라야 하더라도 그것이 재판에 대한 즉 재판관에 대한 통제라고 볼 수는 없다.

그럼에도 총국은 사법관료 체제의 정점의 이미지다. 형식적으로는 최고재의 사법행정 부문의 궁극적 책임 주체는 사법행정의 의사결정기관인「최고재판소 재판관회의」다. 그런데 재판관회의에 의한 사법행정을 보좌하는 존재인 총국의 기능이 재판관회의의 존재를 형해화한다고 보는 것이다. 재판관 인사나 최고재 규칙 등 사법행정의 근간에 관한 의사결정의 최고기관은 법제도적으로는 최고재 재판관회의이지만 실질적으로는 사무총국이 결정한다. 그래서 총국 근무자는 사법관료로서 재판관들 위에 군림한다고 보인다.[45]

한국에 비교하자면 대법원의「대법관회의」와「법원행정처」의 관계적 위상 같다.「법원조직법」제16조 제1항이 규정한 대법관회의는 대법관으로 구성되며 대법관 전원 3분의 2 이상의 출석과 출석 과반수의 찬성으로 의결하는 의결기관으로 판사 임명 동의나 대법원규칙 제정과 개정, 예산 요구 등을 의결한다. 사법행정의 최고기관이다. 그럼에도 사법행정사무를 관장하는 대법원 내「법원행정처」가 동법 제19조 및 제67-71조에 의해 법원에 관한 인사, 예산, 회계, 시설 등 사무를 관장한다. 최고재 사무총국과 마찬가지 역할이다.

일본의 법조계 및 학계에서도 사무총국의 관료 기구화에 관한 지적들이 있다. 관료적 정점으로서의 총국의 역할이나 그로 인한 사법

---

45) 新藤宗幸,『司法官僚』, 67-68.

의 관료적 권력화가 비판된다. 총국 근무 경험도 있는 경력 수십 년 재판관 출신이 2014년에 낸 어떤 책46)은 내부자 고발처럼 이해되어 반향을 일으켰다. 이미 어느 정도 알려진 사실이더라도 총국의 '인사 관여'나 '이념적 거르기'에 의해 재판에 간접적 영향이 있기에, 재판 독립이 제대로 되어 있다고 보기 어렵다는 인상을 준다. 내부자 출신의 평가는 일반인에게 충격으로 받아들여진다.

물론 총국의 인사 관여나 이념적 거르기에 의해 재판에 미치는 영향이 있다는 식의 말은 대중의 흥미에 부합하는 과장된 표현일 수도 있다.47) 그럼에도 총국이 지닌 권한의 의미로 보면 부정적 이해가 전혀 근거 없어 보이는 건 아니다. 그도 그럴 것이 최고재 사법행정의 의사결정기관인 「최고재 재판관회의」에 심의되는 사항은 죄다 총국에서 만들어진다. 총국이 작성한 재판관의 임용, 재임용의 지명 리스트 안이 재판관회의에서 수정되거나 거부되는 경우는 없다.

그래서 총국이 약 3,500명의 직업재판관의 인사권을 장악하고 있는 권력의 중심이다. 특히 권력기관으로서 주목되는 중추적 기능은 '인사' 및 관련 권능이다. 재판관에 임명될 자의 지명, 보직 즉 인사이동 그리고 보수 결정, 재판관 이외 직원의 임명, 보직, 급여, 복무, 연수 등 광범한 사무에 관한 권한이다. 총국의 수장인 사무총장은 비록 형식적으로는 최고재 재판관회의의 보좌역의 필두로서 재판관회의에 배석하는 존재이지만 실제로는 '그림자 최고재장관'으로서

---

46) 瀬木比呂志, 『絶望の裁判所』.

47) 사법부 외부자 예로 저널리스트나 학자 그리고 일반인이 말하는 재판소 조직론에서는 사무총국에 근무하는 재판관이야말로 사법엘리트로서 일선 재판을 마음대로 컨트롤한다든가, 그것이야말로 사법권력의 실체라고 믿고 싶어 한다. 그래서 재판소의 중추를 최고재 사무총국이라고 보고 그렇게 문제를 간단히 정리하고 싶어 하는데, 그런 심리를 추종한 경향이 없지 않다는 것이다. 실제로도 사법부 내부자였던 자에 의한 그런 평가가 나오자 이를 쉽게 사실인 것으로 받아들이게 된다는 것이다(森 炎, 『司法権力の内幕』, 39-40.).

사법행정의 최고 실력자라 불린다.[48]

사무총국의 수장인 사무총장은 재판관 출신이다. 재판관 출신이기에 관료적 정점의 지위로 읽혀진다. 최고재 사무총장이나 고등재판소 사무국장은 모두 재판관이다. 고재 사무국장도 큰 권한을 가진다. 그들은 재판소의 관리 전반을 관장하고, 직업재판관의 전형적 출세코스의 하나가 된다. 반면 지방재판소의 사무국장은 재판관이 아니고 직원들 중 수장일 뿐이다. 따라서 어떤 결정권도 없다. 총국의 간부 대부분도 직업재판관이다. 총국의 직원 수는 약 760명인데 대부분이 재판관이다.

그렇듯 사무국의 수장인 재판관 출신은 사법행정의 관료적 지위이고 그 정점이 최고재 사무총장이다. 사무총장 경험자는 거의 모두 판사보에서 사무총국에 온다. 흔히 판사보 6년째 특례판사보가 된 후에 총국에 온다. 그들은 사무총장에 취임하기까지 총국의 총무·인사·경리국장 등 사법행정의 중추 부문 국장을 거친다. 물론 총국에만 있는 건 아니고 지재, 고재에서 판사로도 근무하지만 경력 대부분은 총국에서 사법행정의 관방官房 부문을 경험한다.

그 경로를 거치고 온 최고재 사무총장은 요직 중의 요직이다. 한국의 대법원장에 해당하는 최고재 '장관'의 경우 1980년대 이후만 본다면 그 전원이 사무총국을 거친 재판관 출신이고, 9인 중 4인이 총장 경험자다. 또 14인의 최고재 재판관 중 흔히 6인 정도인 재판관 출신자는 최근에는 거의 전원 총국 출신자다. 총장 출신자의 대부분은 요직인 도쿄나 오사카의 고재 장관에 취임하고 이후 최고재 장관까지 이르는 경우가 많다.[49] 이런 점들을 고려하면 관료적 정점

---

48) 新藤宗幸, 「司法官僚」, 77-78.

으로서의 총국의 역할이나 그로 인한 사법의 관료적 권력화는 허상
만은 아닌 것이다.

5. 사법과 법조의 개혁론

사법이 정치 부문의 압력에 대응하는 방식은 조직 강화나 권력화
만 있는 건 아니다. 사법의 자각이나 사법 외적 요청에 부응해 개혁
하는 모습도 있다. 실제로 사법개혁론은 현안에 따라 각 시기마다
부각되어 왔다. 사법개혁론은 사법제도나 법조를 대상으로 한다. 개
혁 대상이 법조 차원도 되는 것은 법조가 폐쇄적 인적 체계로서 사
법체계의 운용자나 종사자이기 때문이다. 제도로서의 사법과 법조는
상호규정적이다. 사법 안에서 법조삼자는 제도 형성의 주체도 되고
개혁 대상도 된다.50) 특히 법조양성 제도개혁에서 그렇다.51)

1950년대에는 최고재 사건이 너무 정체되는 '재판 지연'이 개혁
과제로 떠오른다. 재판 지연은 어제오늘의 일이 아니다. 소송에는

---

49) 사무총국 근무는 좋은 코스이더라도 많은 재판관이 그곳을 지향하는 것도 아니라고 한다. 사
무총국 업무는 사건국事件局에 속하는 민사·형사·행정국 등의 경우는 통계처리이고, 관방국
官房局인 인사·총무·경리국 등의 경우는 서무로서, 일선 재판관이 사무총국 근무를 선망한
다고 보기도 어렵다. 사무총국 근무가 반드시 권력으로 가는 코스라고 단정하기도 어렵다. 총
국 출신들이 반드시 상층 권력으로 진급하는 것도 아니거니와, 고등재판소 장관이 되지 못하
거나 지방재판소장이 되지 못하는 자들도 허다하다는 것이다(森 炎,『司法権力の内幕』, 41.).

50) 법조의 각 다른 의견과 갈등 그리고 협의는 재조 법조인 재판소, 법무성, 그리고 재야 법조인
일본변호사연합회라는 조직적 차원에서 대항과 협조를 이어왔다. 그래서 1949년「일변련」의
창설로부터 59년 무렵까지는 '협조의 시대', 60년부터 69년까지는 '고뇌의 시대', 70년 무렵
부터 80년 무렵까지는 '대결의 시대'라고 불리고, 그 후 90년까지에는 협조 방향이라고 평가
된다. 법무성이나 재판소에 비해 일변련은 자신의 개혁안을 실현시키는 것에 한계가 있지만,
재판소나 법무성과의 협상에 의해 그들의 정책을 적정화시키는 매개체가 되어 왔다(飯 考行,
「司法政策決定過程における日弁連のスタンスとその特徴」, 139).

51) 利谷信義,「司法修習における裁判官像」, 28.

시간이 오래 걸린다는 뜻의 '구지公事 3년'이라는 속담은 에도시대부터 있었다. 근대 이후에도 만연한 현상으로 재판기구의 최대 결함으로 지목되어 왔다.[52] 그 해결은 현안이자 오랜 숙제였다. 재판 지연의 해결책으로 최고재 기구개혁이 추진된다. 최고재의 인적 구성의 한계로 인한 재판 지연을 기구개혁으로 타개하고자 한 것이다.

최고재는 장관을 포함한 15인 재판관으로 구성되는데, 그 인원은 출발점에서 여러 의미를 지닌다. 삼권분립 취지에 맞춰 최고재 설립 당시 내각의 각료 수에 필적하는 인원으로 균형을 맞춘 것이기도 하고, 몇 개 부로 나누거나 대법정, 소법정으로 나누어 재판할 수도 있는 적당한 인원 수다. 그런데 15인 최고재 체제에서 사건이 정체되자「법제심의회」의 사법제도부회가 1953년 3월에 출발하면서 최고재 기구 개편 문제를 논의한다.[53]

여기서 크게 부각된 논점이「상고재판소上告裁判所」설치다. 상고재판소는 나중에 한국에서도 양승태 대법원장 시절 유사한 구상으로 도입이 거론된 것이다. 대법원의 과중한 업무 부담을 줄이기 위해 대법원이 맡는 상고심 사건 중 단순한 사건만을 별도로 처리하는 법원으로 구상된 제도다. 간단한 일반 사건은 상고법원이, 사회적 파장이 크거나 판례를 변경해야 하는 사건은 대법원이 맡는다는 것이다.

결국 상고재판소 안은 상고심에서는 대법원이 사건의 중요도 등을 기준으로 심사해서 대법원에서 심리할 것인지 상고법원에서 심리할 것인지를 분류한다는 것이 된다. 한국에서는 2014년 12월에

---

52) 橫田眞一,『司法制度革新論』, 9, 31.

53) 我妻榮·兼子一 他,「最高裁判所機構改革問題について」, 2-11.

발의된 법안이 국회에서 표류하다가 2016년 5월 19대 국회가 임기 만료되면서 자동 폐기된 뒤에, 대법원과 박근혜 대통령의 상고법원을 둘러싼 '정치와 사법의 유착'이었다고 2017년 이후 비판받는다.

일본에서는 1950년대에 「상고재판소」 설치 구상이 최고재의 업무 부담을 이유로 거론된다.[54] 상고재판소라는 별도로 독립한 재판소를 최고재 외에 둔다는 안과 최고재 내에 일종의 상고 법정을 두는 안이었다. 최고재는 상고재판소에 관해 상고를 취급하는 재판기관을 두는 것이라는 식으로 언급한다. 따라서 내용을 정확히 알 수는 없지만 엄밀한 의미에서 보면 상고심의 재판소더라도 최고재는 아니고 그 재판소의 판사도 최고재 재판관은 아닌 것이다.[55] 그런데 크게 지지하는 분위기는 아니어서 개혁 방안으로는 더 논의가 진전되지 못했다.

---

54) 최고재 재판관이 재판하는 최고재판소에는 소법정과 대법정이 있다. 소법정은 3개인데 2010년대 중반을 기준으로 보면 한 소법정은 연간 평균 3,500건 정도의 사건을 다룬다. 1개월 평균 350건, 하루 평균 18건 정도다. 최고재 재판관의 조력자로서는 최고재 조사관이나 최고재 사무총국의 간부직원이나 국 소속 재판관이 다수 있는데, 이들의 신분은 도쿄 고재 혹은 도쿄 지재 소속 판사 혹은 판사보이다. 특히 최고재 조사관이 중요한 역할을 한다. 「최고재 조사관」은 한국의 대법원에서 사건의 심리 및 재판에 관한 조사와 연구 업무를 담당하는 「대법원 재판연구관」의 역할과 비슷하다. 한국의 재판연구관은 법원조직법 제24조 제1항에 근거한 것으로 대법원에 소속한 판사인데, 그 경력은 보통 10년 이상이라 볼 수 있다. 그에 비해 일본의 최고재 조사관은 대부분 재판관 20년의 경력이 있는 자들인데, 민사에서 20인, 형사와 행정에서 각 10인씩의 총 40인이 있다. 이들 40인은 1년에 약 1만4천 건을 각각 나누어 담당한다. 조사관은 사건기록이 고재에서 보내져 오면 1-2개월에 주장이나 증거 전부를 체크한다. 기록을 조사하고 조사결과를 보고서에 정리하는 외에 회람으로 판단해도 지장이 없는 사건인지, 5인 재판관이 평의를 해서 기각이나 파기의 판단을 해야 하는 심의審議사건인지를 구분한다. 그리고 판결에 잘못이 있다면 파기해야 할 것이라는 의견을 진술한다. 그렇게 조사관이 조사해서 중요한 논점이 있는 사건, 파기해야 한다고 생각하는 사건 등은 심의사건으로 취급하게 된다. 심의사건은 한 소법정에서 연간 150건 정도로서 결국 3곳 전체로는 450건 정도가 된다. 심의사건은 약 2개월에 걸쳐 5인의 재판관이 미리 배포된 조사관 보고서와 사건기록을 독자적으로 검토한다. 그 뒤에 재판관들이 평의실에 모여 평의를 한다. 평의가 정리되면 그 결과에 따라 판결을 기안하면서 구두변론기일을 지정하는 등의 절차를 밟는다. 소법정에서 다루다가 헌법소송이나 판례변경을 할 필요가 있다고 판단한 경우에는 대법정에 회부한다(山浦善樹, 「最高裁判所判事になったマチ弁の随想」, 226-228.).

55) 我妻榮・兼子一 他, 「最高裁判所機構改革問題について」, 16-19.

재판 지연 해결을 위한 또 하나의 논점은 '대륙식'이냐 '영미식'이냐의 문제였다. 독일의 최고재에 해당하는 「연방법원Bundesgerichtshof」은 오늘날 125명의 재판관, 25개 부로 구성된다. 당시에도 90명 재판관으로 구성되고, 민사·형사 등 11개 부가 있었다. 그렇듯 대륙법계는 판사 수도 많거니와 부로 구성된다. 게다가 일본에서는 최고재가 담당하는 헌법재판도 독일에서는 「연방헌법재판소Bundesverfassungsgericht」라는 별도 기관에서 다수의 헌법재판관이 심판한다. 그래서 연방법원의 부담이 덜하다. 반면 미국의 「연방대법원Supreme Court」은 대법관 수가 설립 초기 6인이다가 몇 번 증감되어 9인이 됐다. 영·미법계는 판사 수가 적고 부로 구분되지도 않는다.

일본도 전전의 대심원은 대륙법계를 따랐기에 상당히 많은 수의 판사 그리고 민사부, 형사부 등으로 구성되었다.[56] 그런데 종전 후 영·미법계의 영향으로 최고재는 소수의 판사로 구성된다. 그런데도 동시에 여전히 대륙법계의 영향도 가미되어 소법정들로 조직된다. 이는 일본의 사법제도가 영미식이나 대륙식과 지반이 다른 것임이 인정된 것이다. 따라서 지반의 차이를 무시하고 최고재를 미국식 제도로만 보아서는 안 된다는 관점이 나온다.[57] 다만 그런 인식도 구조개혁과 관련한 어떤 결론에 도달한 정도는 아니었다.

1960년대에는 재판 지연의 해결을 위한 조사회 활동이 있었다. 법조계의 규모가 선진제국에 비해 현저히 작은 것이 재판 지체 현상 등과 맞물려 사회적 주목을 받게 되자 대책을 강구한 것이다. 내각에

---

56) 대심원은 부제部制로서 부의 수는 시기에 따라 3-8개였다. 부수가 8개였던 시기가 가장 길었으며, 그 시기의 대심원 판사의 정원은 38명이었다. 거기에 8인의 부장과 대심원장을 더하면 모두 47인이 대심원에 소속하는 판사였다.

57) 我妻榮·兼子一 他, 「最高裁判所機構改革問題について」, 24-30.

사법 심의기관으로 「임시사법제도조사회臨時司法制度調查会」가 1962년 출범해 2년간 사법제도개혁을 논의한다. 「임사臨司」는 재판 지연 및 그와 인과적 연관이 있는 해결책을 찾으며 「법조일원화」 등 문제를 다룬다. 그러나 1964년 임사가 낸 「의견서」는 별반 개혁적이지도 못 하고 후속 작업도 제대로 보이지 못한다.

임사는 의견서에서 국민의 법적 생활의 충실한 향상의 관점에서 볼 때 법조 인구가 상당히 부족하다면서 질이 저하되지 않도록 법조 인구를 점차적으로 늘려야 한다고 제안한다. 그래서 사법시험 지원 자는 매년 1만 명인데도 1년에 300명밖에 선발하지 않던 법조가 500명까지로 증원된다. 그러나 증원은 지속되지 못한다. 그 후 25년 기간 동안 500명 전후의 합격자 수를 유지한다. 그리고 조금 늘다가 1999년이 되어서야 합격자 수가 천 명이 된다.[58] 따라서 임사 의견 서가 사법개혁을 가져왔다고 보기도 어렵다.

합격자 수가 천 명이 되는 해에 다시 사법개혁이 논의된다. 1962년 의 임사로부터 무려 37년이 지난 1999년에 정부는 사법제도 전반에 관해 국민적 시점에서 검토할 기관의 필요성을 인식하고 내각에 「사 법제도개혁심의회」를 두는 사법제도개혁심의회설치법을 성립시킨다. 그 해 7월에 출범해 2001년 7월까지 내각에 설치된 심의회는 사법개 혁의 또 하나의 분기점이 된다. 특히 심의회는 자유민주당과 경제계 의 희망이 크게 반영된 것이어서 개혁실현 가능성도 크다고 보였다.

「재계」가 요청하고 그에 부응한 「자유민주당自由民主党」이 개혁 논 의의 주도권을 잡는다. 자민당은 경제단체를 중심으로 한 재계로부 터의 강한 요청에 따라 사법제도 개혁을 서두른다.[59] 재계가 원하는

---

58) 石田榮仁郎, 「司法改革」, 23-24.

규제완화 논리가 사법개혁의 촉매가 된 것이다. 1990년대 초부터 이뤄진 규제완화 요구는 '사전규제형 행정국가'에서 '사후구제형 사법국가'로 전환해 경제활동을 활성화시키자는 것이다. 1994년에 경제동우회經済同友会가 「현대일본사회의 병리와 처방」으로 '규제완화적 사법개혁'을 제언한 것이 정부 내 규제완화나 행정개혁 논의에 포함된 것이다.

현행 사법제도를 규제라고 보는 경제동의회의 제언에 정부가 화답한 것이다. 경제동우회의 '병리와 처방'에서는 이후 일본 사회의 방향성을 개인의 다양성을 살리는 사회로 규정하는데, 이를 실현하기 위한 방책으로 기업, 행정, 정치, 사법의 각 영역에 관해 논한다. 사법에서는 개인에게 가까운 사법을 지향하기 위해 '서구 수준으로의 법조 인구의 증원', '법률부조 제도의 충실화' 그리고 이를 의논하기 위한 '사법개혁추진심의회의 설치'가 제언된다.60)

경제계는 국가주도가 발전에 장애가 된다고 본다. 이후의 민간주도형 사회는 민간사회 분쟁의 부단한 해결과 분쟁 해결의 규범적 기준형성을 위해 기존 '관료와 행정의 사회'를 대체하는 '법조와 사법의 사회'를 요구한다는 것이다.61) 향후에는 '사후규제형' 사회가 되기에 필연적으로 증가할 것으로 예상되는 분쟁 처리를 위해 사법의 장에서 사후적으로 조정할 필요가 있다는 인식이다. 재계와 자민당은 사법이 사회의 기반으로서 사후규제형 사회에 맞게 바뀌어야 한다고 했다.62)

---

59) 小倉慶久, 「司法制度改革とアイディアの政治(1)」, 109.

60) 経済同友会, 「現代日本社会の病理と処方」.; 小倉慶久, 「司法制度改革とアイディアの政治(1)」, 145.

61) 今井弘道, 「アジア的近代化の第二段階と司法(2)」, 1505-1508.

62) 大沢秀介, 「大きな司法と司法像」, 86.

재계는 기업의 국제경쟁력을 높이기 위한 규제 완화를 추진하고 민간주도형의 시장경제를 떠받칠 기반으로서의 재판관, 변호사 등 사법의 인적 인프라의 정비, 특허재판이나 민사소송 등 재판의 신속화를 요구하고 그 요청을 자민당이 수용한다. 앞서「일변련」등 변호사회 내부에서도 법조일원제나 배심제의 도입 등 사법개혁 움직임이 태동하고 있었다.[63] 그러던 중 정계나 재계의 개혁 요구 목소리가 나온 것이다. 게다가 개혁에 수동적인 입장이던 재판관 사회도 침묵할 수만은 없는 상태가 되면서 사법제도개혁심의회가 출범한 것이다.

이를 달리 본다면 결국은 또 다른 정치적 주도권이라 볼 수 있다. '법조삼자法曹三者'가 법조의 선발이나 양성의 영역 같은 사법적 정책의 장을 구성하지만, 법조삼자에 의한 제도 운영의 틀 구성은 정치적으로 추진되어 왔다고 하는 주요한 예가 될 것이다.[64] 그것은 사법제도 개혁의 문제가 정치 속에서 굴절하거나 정치가 사법개혁의 장애 요소가 될 수 있다는 의미로서 국가주도적 사법으로 출발한 일본에서 앞으로도 여전히 주목해야 할 부분일 것이다.

6. 개혁의 성과와 과제

1999년 6월 재판관이나 검찰관 출신 등을 포함한 변호사, 법학자, 비법학자, 작가, 기업가, 노동단체, 소비자단체 등으로 구성된 13인 위원으로 구성된「사법제도개혁심의회」가 내각 직속으로 설치한다.

---

63) 谷 勝宏,「司法制度改革審議会の政治過程」, 153-154.
64) 小倉慶久,「司法制度改革とアイディアの政治(1)」, 116.

진행된 「심의회」에 의한 사법개혁 논의는 거의 혁신에 가까운 수준의 대안들을 만든다.65) 재계라는 법조 외적인 영역의 사고가 기존의 법조계 중심의 논의가 지닌 한계 즉 일정한 틀을 벗어나기 어렵고 이해관계의 충돌에 직면해야만 하는 한계를 벗어날 수 있다는 점에서 혁신성은 예견된 것이었다.

정치권 및 재계의 목소리가 담겼기에 심의회의 이념은 복합적이었다. 심의회는 사법을 국가권력의 일부라고 파악해 국가권력 수준의 제도 문제에 대해서는 국민주권 원리에 입각해 시민의 기본적 인권옹호를 일차적 임무로 한다는 '민주 사법'의 개념도 중심에 둔다. 민주적으로 구성된 사법기관 즉 재판소, 검찰, 변호사 등의 독립성과 자주성을 일층 강화하고 사법 절차를 보다 적정하게 만드는 것이 사법개혁의 기본적 문제가 되어야 한다는 입장이었다.66)

기존의 관료적 사법에 대비되는 사법의 민주화는 그 담당자로서 변호사의 역할이 캐리어 재판관과 대비되는 형태로 중시된다. 그리고 재계의 요청인 점에서 보듯 시장원리에 맞춘 사법 서비스 개선도 크게 강조된다. 그 점에서 크게 보면 '관료사법에서 국민에게 열려진 사법으로'라는 국민주권에 기초한 요청과 경쟁원리에 의한 서비스의 향상이라는 시장원리에 기초한 요청에 응답해야 하는 과제를 안은 것이다.67)

심의회는 구체적 과제로서 「사법시험제도 개혁」과 「법과대학원 도입」, 구미의 참심제参審制, 배심제陪審制 같은 시민의 사법 참가를 제도화하는 문제인 「재판원 제도 도입」 그리고 「법조일원제」 등을 다룬

---

65) 한상희, "사법개혁, 좌절과 실패의 역사", 298.

66) 小田中聰樹, 「司法改革論の諸相と民主司法の理念」, 6.

67) 大沢秀介, 「大きな司法と司法像」, 89, 98.

다. 로스쿨 구상은 법조 인구의 대폭 증원에 대한 대응책인데, 법조계의 주장이 반영된 것이라기보다는 자민당과 재계의 제언에서 발단된 것이라고 평가된다. 로스쿨 구상에서는 재야나 재조 법조계가 먼저 적극적이기가 어려웠던 것이기 때문이다.

당시 대학 측에서도 사법시험의 특성에서 오는 법학 교육의 공동화에 대한 위기감이 나타났다. 그래서 1998년에 대학심의회가 법률실무 등을 위한 전문대학원 구상을 답신한 것을 받아들여 1999년 이후 주요 대학에서 여러 「법과대학원」 구상이 제창되었다. 그러나 로스쿨에 대한 법조삼자의 견해는 제각각이었다. 일변련은 적극적 견해와 비판적 입장이 갈렸고, 최고재는 로스쿨이라는 방향성은 긍정하되 사법연수소의 유지는 희망하는 식이었다. 그래서 재계나 자민당의 제언이 계기가 되었다는 것이다.

반면 재판원 재판제도 등 국민의 사법참가 제도 도입의 경우에는 재야 법조계인 일변련이 더 적극적이었다. 최고재는 당초에는 배심제나 참심제의 문제점을 지적하면서 소극적 입장을 취한다. 다만 정치권의 의중을 살핀 최고재는 참심제를 염두에 두면서 참심원에게 평결권을 부여하지 않고 의견표명만을 인정하는 방향으로 방침을 전환한다. 나중에 긍정하는 쪽으로 정책을 선회하기 전의 최고재의 초기 입장이 최소한 소극적이었다면, 재야는 일관되게 재판원 제도 도입에 긍정적이었다.

법조일원제 도입 문제에도 재야는 적극적이었다. 일변련은 캐리어 시스템으로서의 직업재판관 제도를 관료사법이라고 비판하고 시민적 감각을 갖춘 재판관이 시민의 사법을 실현할 수 있는 법조일원의 도입을 강하게 주장한다. 반면 최고재는 캐리어 시스템의 변화를 바라지 않는다. 그래서 변호사 임관을 촉진하고 재판관 연수제도 등의 개선을 행한다는 정도의 방침만 표하면서 기존 시스템 유지를 원칙적으로 견지함으로써 법조일원제에 소극적이었다.[68]

최고재의 저항감은 일면 이해된다. 법조일원제는 기존 사법의 존재 방식을 근저에서부터 뒤엎는 것으로서 관료사법 내지 관료적 재판관 시스템에 대한 개혁운동의 상징적 수사였기 때문이다. 그런데 사법개혁에 긍정적이고 선도적이던 재계나 자민당도 법조일원제에 대해서는 의문을 가졌다. 그들 중 일부는 법조일원제의 필요성 자체를 잘 몰랐다. 자민당도 그런 경향이 있었지만 재계도 왜 그렇게까지 재야가 법조일원에 집착하는지를 제대로 이해하지 못했다.

재계의 반응은 사법개혁에 대한 관점의 차이에 기인한다. 그들이 말하는 사법개혁은 건전한 시장의 형성을 방해하는 규제의 완화 즉 관료나 정치에 의한 지배가 아니라 시장의 룰로 유지되는 사회에서 사법이 시장을 대변하는 역할을 해 주리라는 기대 속의 개혁이다. 변호사 업무나 재판소의 사법 서비스가 소비자로서의 국민 입장보다 사용하기 쉽고 효율적으로 되는 게 목적이다.[69] 그런 관점의 차이로 인해 법조일원제는 재야 법조계가 선도할 수밖에 없었다.

심의회는 63차례의 회의를 거쳐 국민의 사법참가 등 목소리를 담은 「의견서」를 2001년 6월 고이즈미 준이치로小泉純一郎 총리에게 제출한다. 정부는 이를 토대로 12월에 「사법제도개혁 추진본부」를 설치해 제도개혁을 설계한다. 의견서는 「사법시험 합격자 증원」에 관해서는 합격자 수 증가에 착수해 2004년에는 1,500명으로 하고, 법

---

68) 谷 勝宏,「司法制度改革審議会の政治過程」, 160-165.
69) 棚瀨孝雄,「司法改革の視点」, 6-8.

과대학원을 포함한 새로운 법조양성 제도의 정비 상황 등을 보면서 2010년 무렵에는 신 사법시험 합격자 수를 연간 3,000명으로 해야 한다고 했다.[70]

심의회의 의견 중 가장 뚜렷한 성과는 2009년 5월부터 시행된「재판원 재판제도」다. 현행헌법이 국민주권 하에 있으면서도 사법의 판단은 메이지헌법 하에서와 마찬가지로 법률전문가에게 맡겨져 왔는데 형사사법 분야에서 국민이 본격적으로 사법적 판단에 참가하는 재판원 제도가 획기적으로 제안되어 성과에 이른 것이다.[71] 사법부 입장에서도 가장 가시적인 업적이었다. 실제로 이제까지의 사법개혁 중 가장 큰 성과는 국민의 사법 참가의 제도화로서의 재판원 제도의 도입이라고 평가되기 때문이다.

심의회의 의견에서 재야 법조계가 관심을 가지고 집착하던「법조일원제」의 결론은 없다. 제도적으로 재판관과 검찰관의 공급원을 변호사 경험자로 하는 것이거나 또는 그들을 변호사로부터 임용하고 3자 간 교류를 원활하게 하는 운용으로서의 법조일원화는 합의되지 못했다. 따라서 의견서 제출 이후에도 그와 관련해서는 달라지지 않는다. 다만 변호사의 재판관 임용에 더하여 비상근 재판관으로의 임용도 가능하게 되지만 그 정도로는 법조일원화의 착수라고 평가되지는 않는다.

「법과대학원」설치와 그에 따른「신 사법시험」제도로의 이행은 의견에 포함된다. 이들은 모두 시행되지만 현실은 부정적인 방향으로 나타나서 개혁 취지는 무색해진다. 법과대학원은 비판받던 사법

---

70) 井垣敏生,「ロースクールから生まれたあなたに寄り添う弁護士たち」, 145.

71) 松尾邦弘,「司法制度改革と刑事司法」, 3.

시험의 '예비교'와 마찬가지로 시험 대책에 편중하게 된다. 또 법과대학원은 남설된다. 설치 계획 당시에는 지역분포 등을 고려해 20-30개 교가 적정 규모라는 의견이 많았지만, 2004년 4월에 68개 교가 인가되고 이듬해에는 74개 교로 증가되기 때문이다. 그래서 사법시험 합격자 수를 각 학교가 경쟁하는 상황이 된다.[72]

그 결과 법과대학원 설치 후 4년이 지난 단계에서 사법시험 합격자가 전혀 없는 대학원조차 있게 된다. 그로 인해 학생정원 삭감이나 통폐합을 각 학교에 지도하는 실정이다.[73] 로스쿨 난립으로 사법시험 합격률도 낮아지자 2015년에는 학생모집을 하는 법과대학원이 54개 교로 감소하고 정원도 2006년에 5,825명이던 것이 2015년에는 거의 반감되어 3,169명이 된다. 로스쿨 수험자도 2004년 첫해를 제외하면 거의 3만 명 전후였다가 10년 만에 3분의 1로 격감한다.[74]

심의회에 의한 제도개혁으로서의 법과대학원 신설, 재판원 제도 도입, 검찰심사회의 권한 강화 등은 상당히 긍정적으로 평가된다. 특히 1960년대 초 임시사법제도조사회가 성과를 거의 내지 못한 것과 비교해 보면 「사법제도개혁심의회」의 성과는 획기적이다. 그 개혁의 파급력은 법이 드디어 사회에 정착하고 사회에 뿌리내리게 되었다는 의미에서 좀 과장한다면 '메이지유신이 가져다 준 사회적 충격과 비교될 만한 정도'라는 평도 있을 정도다. 그 개혁이 측정하기 어려운 영향력을 장래에 발휘하게 될 것이라는 점에서 그렇다.[75]

---

72) 井垣敏生, 「ロースクールから生まれたあなたに寄り添う弁護士たち」, 148.
73) 新藤宗幸, 『司法官僚』, 27.
74) 井垣敏生, 「ロースクールから生まれたあなたに寄り添う弁護士たち」, 155.
75) 小島武司 他, 「司法制度改革(シンポジウム)」, 214-215, 219.

7. 재판원과 국민 참여

1999년의 사법제도개혁심의회가 사법에 대한 국민적 이해의 증진과 신뢰의 향상에 기여한다는 취지로 2001년 6월에 낸 의견서의 「재판원裁判員 재판」 제도에 기초해 2004년 「재판원이 참가하는 형사재판에 관한 법률」이 성립하고 2009년부터 제도가 시행된다. 한국에서 2007년 6월 공포된 「국민의 형사재판 참여에 관한 법률」을 근거로 2008년부터 시행된 「국민참여 재판」과 유사하다. 출범 자체는 한국이 앞선 것이나 발족 논의는 일본에서 먼저 이루어진 것이다.

일본의 재판원 재판은 법정최고형이 사형, 무기징역·금고에 해당하는 범죄 혹은 법정형 하한이 징역 1년인 고의살인 범죄에 관한 형사재판 1심에서 만 20세 이상의 국민 중 선택된 재판원이 직업재판관과 함께 심리에 참가한다. 국민 속에서 무작위로 뽑힌 그들 재판원과 재판관의 공동작업에 의해 피고인의 유·무죄는 물론이고 유죄인 경우의 양형까지 결정한다. 유죄 여부 판단의 사실인정, 법적용, 양형까지 모두 결정하는 것이다.[76]

재판에 참가하는 재판원 수는 원칙적으로 6인으로, 직업재판관 3인과 함께 총 9인이 사건 심리와 판단을 맡는다. 피고인이 범행을 인정하고 검찰관과 피고인, 변호인 모두 이의가 없는 경우에는 재판

---

[76] 재판원법이 정한 재판원 심리대상 사건은 구체적으로는 방화, 살인·살인미수, 강도상해·강도살인, 강간치사상, 상해치사, 금품목적 유괴, 통화위조, 위험운전치사, 폭발물사용 등의 범죄다. 재판원 재판은 1심에 국한하므로 1심 판결의 사실인정, 법적용의 잘못, 양형의 부당이든 어떤 점을 이유로든 불복해서 피고인이나 검찰관이 항소할 수 있으나, 항소심인 고등재판소에서는 재판원이 아닌 직업재판관 만에 의한 판단이 된다.
재판원 후보 명부는 유권자 명부를 가진 시·정·촌市町村의 선거관리위원회가 매년 가을 해당 지방의 지방재판소의 할당에 응해 이듬해 사용할 재판원 후보 예정자를 유권자명부에서 뽑아 지재에 보낸 명부에 기초해 만들어진다. 그 후보자들로부터 재판원이 선택된다. 재판원 재판이 있게 되면 후보자 속에서 선정한 자들을 재판소로 불러 재판소가 개별 심사를 해서 부적당한 자를 걸러내고 나머지 중 선발해 재판원으로 정한다.

소의 판단으로 재판관 1인, 재판원 4인의 합계 5인의 소법정에서 심리 판단할 수도 있다. 심리 후 판단에서 재판관과 재판원 전원이 비공개 평의를 하고 재판관과 재판원의 의견이 나뉘어 일치하지 않으면 다수결로 결정한다. 피고인을 유죄로 하려면 최소 재판관 1인, 재판원 1인의 의견이 포함되어야 한다.77)

이 제도는 영미법계의 배심제보다는 독일, 프랑스 등 대륙법계의 참심제에 가깝다.78) 참심제에서 참심원은 재판관과 함께 사실인정, 법적용, 양형 판단 등 전부에 관여하며, 유죄이든 무죄이든 판단 이유를 기재한 판결서가 작성되며, 불복한 피고인은 사실인정 혹은 법적용 잘못이든 양형부당이든 항소할 수 있는 점에서 그렇다. 재판원은 배심원과는 달리 증인신문이나 피고인신문도 직접 할 수 있다.79) 즉 피고인신문이 가능한 것은 일본적이기는 하지만 그런 형식 없는 배심제와는 다르다.

그런데 이념적으로는 배심원 제도의 연장이다. 전전에 재판원 제도와 유사한 배심제가 시행된 적이 있었기 때문이다. 메이지 초기인 1874년 당시 사법성임시재판소에서 <오노구미 전적小野組転籍 사건>을 심리하기 위해 제정된 임시 규칙이 최초의 배심제 규칙이었다.

---

77) 양형 의견이 나뉘면 최소 재판관 1인과 재판원 1인의 의견이 포함된 의견이 과반수인 5명이 될 때까지 가장 중한 형에서부터 그 의견 수를 다음 중한 형의 의견 수에 순차적으로 더해 가서 과반수에 달한 때의 의견을 판결로 한다.

78) 중세 영국에서 시작되어 미국 등 영국법 계수 국가들로 전해져 널리 행해지는 배심제는, 재판관은 유·무죄 판단에는 개입하지 않고, 배심원의 판단은 유죄든 무죄든 전원일치를 요하고, 판단 이유는 붙이지 않으며, 양형은 재판관만이 하고, 1심의 유죄에 대해 피고인은 법률적 판단의 잘못만을 이유로 항소할 수 있고, 무죄이면 검사는 항소할 수 없는 게 보통이다.

79) 물론 피고인신문은 일본이나 한국의 형사재판 제도에서 피고인도 증언대에 세워 검찰관이나 변호인의 질문에 답하게 하는 것으로, 배심제에서는 피고인은 증언대에 세우지 않고 따라서 검찰관이나 변호인의 질문도 받지 않는 게 보통이다. 피고인을 증인과 같은 지위로 진술하게 하면 전과를 포함한 사항에 대해 검찰 측의 맹렬한 반대심문이 예상되어 재판이 예단에 좌우되기 쉬워 배심원 앞에서 위험한 행위라고 인식되기 때문이다(西野喜一, 『裁判員制度の正体』, 50.).

이는 일반 사건에 적용되지는 않았지만 배심 규칙이기는 했다.[80] 또한 무엇보다 다이쇼시대 중반부터 일부 법학자에 의해 제안되고 언론과 여론에서 요구한 결과 배심제가 시행되었다.

1923년 「배심법陪審法」이 성립하고, 1928년부터 배심제도가 시행되었다. 배심원은 자격 제한이 있었고, 법정에서 사실인정만을 했다. 그런데 별다른 성과는 내지 못하다가 1943년에 시행이 정지된다.[81] 이후 부활 주장도 있었는데 부활되지 못하다가 2004년 재판원 제도가 나온 것이기에 이념적으로는 그를 계승한 것으로 볼 수 있다. 그렇듯 재판원 제도는 사법개혁적 성격도 있고 더욱이 제도의 취지에 수반한 절차적 개혁도 가져왔다.[82]

그런데 전전 배심제의 정지와 전후 부활되지 못한 상황을 놓고 달리 해석하면 일본이 배심제를 원하지 않은 것이라 볼 수도 있다.

---

80) 菊山正明, 「明治八年の司法改革」, 27.

81) 국세 3원 이상을 납부하는 30세 이상의 남자 중 무작위 추천으로 선발되었다. 배심재판은 형사재판 중 법정형이 사형, 무기형 등인 사건에 관한 법정法定배심과 법정형 3년 이상의 형에 해당하는 경우에 피고인이 청구할 경우 인정되는 청구請求배심으로 구분되었는데, 12인 배심원은 법정에서 재판관의 양측에 위치해 사실인정만을 했다. 그런데 그 제도는 내재적 결함을 가진 것이었다고 평가된다. 사실의 존부를 다수결로 정했는데, 재판관과 배심원의 판단이 일치하면 그에 따라 판결하지만, 일치하지 않으면 재판관은 배심원을 횟수 제한 없이 교체할 수 있었다. 결국 배심의 평결이 재판관을 구속하지 못하고 재판관은 평결이 부당하다고 생각하면 배심원을 다시 모아 다시 심리시키는 게 가능했다. 그래서 마치 재판관을 납득시켜야만 하는 듯한 구조였다. 또 피고인이 배심심리를 사퇴해 재판관 만에 의한 심리를 구하는 것도 가능했다. 그래서 피고인의 배심사퇴가 이어져 시행 중의 배심심리 실시 건수는 전국 합계해도 수백 건 정도였다. 그 와중에 전쟁마저 격화되자 1943년에 배심을 정지시켰다.

82) 2004년의 재판원 제도의 도입에 맞춰 공판절차의 충실과 신속을 위한 「공판전 정리절차公判前整理手続」의 도입 등도 이뤄진다. 법정에서의 구두직접주의의 재판을 보다 지향하는 재판원 재판에서 기소된 후 공판 전 정리절차에 붙여지는 절차는 큰 의미를 지닌다. 이 절차에서 검찰관과 피고인 그리고 변호인과의 사이에 쟁점과 증거를 좁혀갈 수 있기 때문이다. 그리고 공판 전에 재판관도 쟁점을 알게 되고 공판에서는 비전문가인 재판원도 사안을 이해하기가 쉽게 절차가 진행되어 증거로서의 조서의 신청 및 채용은 전에 비해 극히 한정적인 것이 된다. 그리고 증거조사의 중심은 법정에서의 증언이나 진술을 듣는 시간으로 채워진다. 즉 목격자나 피해자, 피고인 등의 생생한 진술이 강조되고 조서는 제한적으로만 현출되어 법정에서의 증언이나 진술이 사실인정의 결정적인 요소가 된다. 즉 구두주의나 직접주의가 구현되는 것이다 (浅見宣義, 「現職が語る裁判官の魅力」, 62.).

1943년에 전쟁을 이유로 정지되었을 뿐이고, 전쟁은 끝났는데 신헌법에 배심제의 근거를 두지 않았다. 배심제나 참심제를 채택하는 국가들은 제도의 위헌 소지를 없애기 위해 헌법에 관련 근거를 두는데 일본은 그렇지 않은 것이다. 따라서 국민이 참가하는 재판을 원치 않은 것이다.83) 그렇다면 왜 배심제와 유사한 제도를 다시 두었는지 의문스럽다.

보건대 재판원 제도 같은 국민의 사법참가 제도의 도입 이유로는 '국민주권 내지 민주주의 원리'의 관점 혹은 '사법에 대한 국민의 이해증진과 신뢰향상'을 위해 사법참가가 필요하다는 이해가 있다. 그런데 재판원법 제1조가 제도 취지에 관해 사법에 대한 국민의 이해증진과 신뢰 향상이라고 말하는 것에서 보듯 취지를 사법민주화 논리에서 직접 도출하는 것은 무리다. 따라서 재판제도에 대한 이해 증진과 신뢰 향상이 목적이었다고 보는 게 합리적이다.84)

1965년 「사법개혁 심포지엄」에서 가와시마 다케요시가 표현하듯 이 "신이 아니면 할 수 없는 것 같은 어려운 것을 해야 하기에 아무리 뛰어난 재판관이 하게 되더라도 오늘날 사회에서는 어떤 불만이 나온다. 이것을 조정하는 한 가지 방안은 어떤 의미에서 '일반시민의 참여'에 의해 재판관에 대한 비난 즉 재판의 책임을 나누고 분산하는 방식에 있을 수 있다"라는 것이다.85) 사법에의 시민참여는 국

---

83) 西野喜一, 『裁判員制度の正体』, 80.

84) 특히 본래 사법의 본질적 기능은 선거를 통한 민주적 정당성을 기초로 한 민주적 원리와 친숙하지 않기에 민주주의 원리에 기초해 재판원 제도가 쉽게 정당화되는 건 아니다. 따라서 재판원 제도가 민주주의 원리의 관철이라는 해석은 적절하지 않을 수 있다. 제도 도입의 취지나 이유를 단순하고 소박한 현상비판이나 민주주의 원리 만에 귀결시키는 것은 가능하지 않을 수 있다. 柳瀬 昇, 「民主的司法のディレンマと裁判員制度の意義」, 170-177.; 酒巻 匡, 「裁判員制度の意義と課題」, 10.

85) 我妻 栄 他, 「司法制度改革の基本問題」, 42.

민적 이해를 위한 것이라는 취지다.

그런데 제도출범의 현실적 동기를 보면 국민적 이해와 신뢰를 위한 사법 참가라는 해석도 의문이다. 채택 이유에 관해서는 정치적 입장이 관철된 것이라는 설도 있고 음모론적 시각도 있다. 돌이켜보건대 사법제도개혁심의회에서 사법에의 국민참가로서의 배심제 도입을 둘러싸고 격론이 있었다. 일변련은 배심제를 주장했다. 재판관의 심리에는 오판이 있기에 배심제가 필요하다고 했다. 반대론은 배심심리야말로 오판이 많다고 했다. 그 상황에서 심의회의 회장이 독자적인 더 좋은 제도라면서 제안한 것이 재판원 제도다.

결국 찬반이 갈려 배심제는 채택하기 어려운 상황에서 점차 재판원 제도는 참심제의 일종처럼 되어가면서 성립된 것이다. 이 사실은 재판원 제도가 국민이 원하는 게 아니었을 수 있음을 알려준다. 실제로 여론조사 결과 국민의 반수 이상이 그런 제도는 필요하지 않고 자신은 관계하고 싶지 않다고 했다. 사법부의 뜻도 아니었다. 최고재는 심의회에 담당자를 파견해 재판에 참가하는 국민이 직접 피고인의 처분을 결정하는 권한을 가지는 제도는 위헌 소지가 있다고 했다.[86]

뿐만 아니라 처음에는 일선 재판관들도 소극적 의견이 강했다. 그런데 최고재 재판관들과 사무총국이 찬성으로 선회하고 나서 분위기가 바뀐다. 입장을 바꾼 이유에 관해 흔히는 국회 쪽에서의 제도 도입을 향한 압력, 변호사회나 재계로부터의 압력 등을 인식하게 되어 재판소가 저항하기 곤란하다고 판단한 결과라고 한다. 정치 부문의 뜻으로 성립된 제도라는 것이다. 일종의 음모론적 견해도 있다.

---

86) 西野喜一, 『裁判員制度の正体』, 59, 64, 92.

'민사계'에 대해 오랫동안 열세였던 '형사계' 재판관의 기반을 다시 강화하고 동시에 인사권도 장악하려고 했다는 것이 '공연한 비밀'이라는 것이다.[87]

즉 과거에는 형사계 재판관 수도 많았지만 재판사무의 절대량에 있어 민사계가 압도적이 되면서 판례도 형사판례는 극히 적은 수준이 되었다. 민사계에 필적할 정도였던 형사계 재판관 숫자도 점점 적어졌다. 한마디로 형사재판은 인기가 없고 젊은 재판관들은 거의 희망하지 않게 되었다. 즉 바쁘더라도 민사 쪽이 보람이 있다고 생각하는 젊은 재판관들이 많아졌다는 것이다.[88] 이런 상황을 반전시키기 위해 형사계를 중심으로 재판원 재판제도가 밀어붙여졌다는 것이다.

실제로 재판원 제도의 도입으로 형사계 재판관의 지반이 다시금 강화된다. 본래 형사재판은 방청인에게도 흥미로운 것일 수 있어 재판원 재판은 시민들에게 어필하는 것으로 이해되자 형사계 재판관의 증원 요청도 받아들여진다. 승진이나 인사 등의 측면에서도 재판원 제도 도입 이후 사법행정상의 중요 포스트의 상당 부분을 수적으로 민사계보다 훨씬 적은 형사계 재판관들이 점하는 이례적 사태가 벌어진다. 최고재 장관이 2006년 이래 전례 없이 2명 연속으로 형사계에서 배출되었다.

이전의 최고재 장관 15명 중 최고재 재판관 출신자는 11명인데

---

87) 瀨木比呂志, 『絶望の裁判所』, 66-67.

88) 형사계 재판관 수가 적어지면서 일시적으로는 추후 형사전문 재판관을 양성하지 않고 모든 재판관이 형편에 따라 형사도 담당한다는 운영방침이 정해지기도 했지만, 형사계 재판관 등의 반대 등으로 인해서인지 그 방침은 곧 사라졌다. 단지 체포장, 구류장, 압수수색허가장 발부 같은 영장사무만은 모든 재판관이 거의 평등하게 담당하게 된다(瀨木比呂志, 『絶望の裁判所』, 68-71.).

그 중 형사계는 2명뿐이었다. 최고재 판사를 보더라도 2000년 이래 최고재에 들어간 14명 중 형사계는 5명뿐이었다. 최고재 사무총장, 사법연수소장, 고재 장관이나 대도시 지방·가정재판소장의 인사 등에서도 형사계가 과거보다 늘어나거나 우대되는 경향이 뚜렷해졌다.[89] 그렇게 보면 음모론도 단순한 공상으로 치부되어야 할지 의문이다.[90] 사법부가 갑자기 제도 찬성으로 돌아선 이유에 관한 추측인 형사계 음모설이 일정한 진실을 반영한 것인지도 모른다.

이 제도는 실무상 여러 문제점도 지적된다. 우선 판결이나 양형을 논의하는 평의 과정에서 재판관이 법률 지식이 한정된 시민인 재판원에게 어떻게 설명하는가에 따라 쉽게 설득할 수도 있고 의사를 조작하는 것도 가능하다는 것이다. 특히 평의가 갈릴 경우에는 다수결로 평결하거나 양형이 결정되지만, 그것이 갈렸는지 어쨌는지가 공표되지 않기에 외부에서는 상황을 알기 어렵다. 재판원이 된 시민은 경험을 일체 입 밖으로 내서는 안 되기에 그렇다.

재판에 걸리는 시간이 일반적 재판보다 긴 것도 지적된다. 최고재가 홈페이지에 공표한 통계를 살펴보면 자백 사건의 경우는 대체로 4회 정도의 공판으로 끝나지만 부인 사건의 경우는 평균 약 10회 정도의 공판을 거친다. 특히 법정형이 중한 중대 사건에서는 개정되면 오전부터 오후에 이르는 시간에 재판이 계속되는 경우가 흔하다. 그

---

89) 瀬木比呂志, 『絶望の裁判所』, 72-74.

90) 원죄 문제를 다룬 2007년의 영화 「그래도 나는 하지 않았다それでもボクはやってない」의 감독인 스오 마사유키周防正行의 우려도 그런 연장선상에서 주목된다. "최고재가 계속 반대하다가 어느 순간 찬성으로 돌아선 것은 이 제도를 이용해 지금보다도 훨씬 자신들의 생각대로 되는 재판시스템을 만들 수 있다고 생각했기 때문이겠죠. 지금까지의 직업재판관에 의한 재판을 비판받게 하지 않고, 요컨대 자신들의 존재를 돌아보는 것 없이 지금 자신들이 추진하는 재판을 더욱 더 국민의 신뢰를 얻는 형태로 실현해 가고 싶다. 재판관의 입장을 유리하게 만들기 위해 이 제도를 이용할 수 있는 제도화가 이뤄지고 있다"는 것이다(周防正行·五十嵐二葉, 「対談『裁判員制度』を日本の刑事裁判を良くする方向に」, 7.).

렇다면 재판원 재판은 재판 지연의 해소라는 사법의 숙제 해결 관점에 부합하지 않는 것이다.

종래 재판에서는 거의 동종 범죄에는 동등한 형벌이 선고되는 경향이 있었지만 재판원 제도 이후로는 그런 관행이 붕괴되어 법적 안정성이 저해된다는 지적도 있다. 최고재가 양형 데이터베이스를 재판원에게 개방해 재판원이 과거의 동종 사례를 참조하기 쉽게 하고는 있다지만 과거의 양형보다 2배 이상 무거운 판결이 내려진 사례도 없지 않다. 양형이 피해자의 심정이나 재판원의 개인적 감정에 좌우될 수도 있는 것이다. 이런 실정은 자칫 사법에 대한 신뢰를 손상시키는 것이 될 수 있다.

제6장

일본형 재판관

1. 판사의 제도적 기원

재판관 직으로서의 「판사判事」는 일본의 고대 율령제 하에서부터 있던 관직이다. 형부성刑部省 소속인 판사는 정5위 내지 정7위 정도의 직위로 상위직은 아니었다. 판사의 상당수는 대학료大学寮에서 율령법律令法을 강의하는 명법도의 법률전문가인 '명법가明法家' 중에서 임명되었다. '명법'은 이미 헤이안平安시대에 양형 기능을 담당하던 명법박사에서 보듯이 사법적 업무를 의미했다. 이는 일본의 전유물은 아니다. 고려시대에도 중국법을 계수한 율령체계에서 율령시험에 의한 '명법업明法業'이 존재했다. 판사는 그렇듯 율령을 운용하는 직의 명칭이었다.

사법적 관직인 판사는 고대 이후 전근대에 걸쳐 형부성의 후신인 사법성을 통해 맥을 이어오다가 근대 이후에도 사법의 관직명으로 그대로 사용된다. 다만 이는 판사라는 전근대의 명칭이 전통적인 사법직과 기원적으로 관련이 있다는 것이지, 판사가 전근대에 재판 관련 직역 내지 관직을 의미했다는 것까지는 아니다. 오히려 전근대에는 재판담당자가 판사라고 불린 게 아니고 행정관이 판사 역할을 겸

했기 때문이다. 근세 에도시대를 예로 들면 수사 및 재판 기관으로서 부교쇼奉行所의 「부교奉行」가 주로 재판관인 것이다.1)

부교는 헤이안시대부터 있던 직책인데 당시에는 실무담당 공직자를 지칭했다. 그러다가 가마쿠라鎌倉시대 이후에는 주로 중간 간부나 관료를 가리켰다. 그리고 에도시대에는 바쿠후나 다이묘大名의 상급 혹은 하급 간부의 여러 직명에 사용된다. 특히 「마치부교町奉行」는 오늘날의 경찰관, 검찰관, 재판관을 겸한 직책 및 권한을 가지는데, 조선에서 지방 수령이 재판관을 겸하는 것과 마찬가지였다. 따라서 전근대 일본의 부교도 재판관이자 행정관인 것이다.

판사가 재판 전담 직이 되고 판사만이 재판을 담당하게 되는 것은 근대 이후다. 메이지 초기 이래까지도 '판사'라는 직제는 행정관에 대해서도 사용된다. 당시에 '재판소裁判所'는 행정관청의 명칭이었고, 재판소가 설치된 에도 등에서 각 재판소의 장관은 '판사'였다. 그러므로 판사는 당시까지만 해도 아직 법관 전속 명칭은 아니다. 따라서 관등도 행정관을 기준으로 하는데 판사는 오늘날의 국장급이었다. 판사라는 명칭만이 오늘날 법관의 의미로 명확히 한정되기 시작한 것은 1875년 개혁에서 1등 판사 이하 7등 판사와 판사보를 두게 되면서부터다.2)

다만 제도적으로는 「판사직제통칙判事職制通則」 이후에야 판사가 재판소의 재판관만을 지칭하는 것이 된다.3) 그런데 판사가 재판관만을 의미하는 것이 된 시기에도 지방관이 판사의 업무를 겸임하기

---

1) 石井良助, 『日本法制史概説』, 472.; 大木雅夫, 『日本人の法観念』, 207.

2) 尾佐竹猛, 『明治警察裁判史』, 93, 163-166.

3) 石井良助 編, 『明治文化史 2(法制)』, 223.; 신우철, "근대 사법제도 성립사 비교연구: 일본에 있어서 '법원조직' 법제의 초기 형성", 8.

는 했다. 다만 이는 전근대의 부교가 행정과 사법 업무를 모두 하는 것과는 다른 차원이다. 전근대에는 직무의 분립 자체가 아예 없는 것이고, 근대 이후에는 직무는 분립되고 판사는 재판관의 업무가 됨에도, 다만 과도기적으로 지방관이 판사 업무를 겸한 것이기에 사법적 분화 측면에서는 근대화한 것이기 때문이다.[4]

그렇게 판사가 재판담당자로 등장하는 모습은 여러 과정을 거친다. 에토 신페이가 만든 「사법직무정제司法職務定制」에 의해 재판관으로서 판사는 대大판사, 권대權大판사, 중中판사, 권중權中판사, 소少판사, 권소權少판사가 있고, 법률에 따라 민사와 형사 소송을 담당한다. 다만 당시에는 재판관의 명칭에 판사만 있는 것은 아니다. 재판관으로 「해부解部」도 있었다. 해부는 고대 일본 조정의 업무 분장에서 소송을 직무로 하는 부서의 명칭이었다. 거기서 유래하여 메이지시대 형부성에도 설치된 기관이다.

소송을 담당하는 해부도 판사와 같이 대·권대·중·권중·소·권소해부로 분류되는데, 이들은 각 재판소에 출장하여 민사와 형사 재판을 분담 처리했다. 나중에 각 구재판소가 등장하면서는 해부가 구재판소의 전임이 되기도 한다. 각 재판소에 출장해 민사와 형사재판 사무를 처리한 것은 판사도 마찬가지다. 판사와 해부를 합친 것이 재판관이고 이들은 검찰관과 함께 사법성에 속한다. 재판관의 인원 수는 정해져 있는데 1872년 5월을 기준으로 보면 판사, 해부 합쳐 모두 83명이었다.[5]

근대 초기 판사와 해부의 역할은 소송 담당 면에서만 같고 내용

---

4) 尾佐竹猛, 『明治警察裁判史』, 140.

5) 新井 勉·蕪山 嚴·小柳春一郎, 『近代日本司法制度史』, 47-48.

적으로는 달랐다. 판사는 전근대 지방행정관이자 사법관인 부교에 상당하고, 해부는 재판실무자에 해당했다. 재판 실무에서 조사하고 판결문을 작성하는 해부는 전근대의 도메야쿠留役에 상당한다고 볼 수 있다.6) 해부는 판사의 서기적인 역할이었다. 다만 판사 대리로서 공판의 주요 부분을 담당하기도 했다.7) 조선과 비교하자면 해부는 이방 역할이거나 때로는 수령의 대리적 역할에 가까운 것으로 추정된다.

판사와 해부는 재판관의 종류별로 구분되고 등위까지 정해짐으로써 상당히 계급적인 성격을 보여준다. 1875년 5월에는 그것이 완화되어 사법직무정제에서 규정한 판사와 해부 그리고 내부의 계층적 구분 직제를 대신하여, 1등 내지 7등 판사 및 1급 내지 4급의 판사보를 둔다. 이때부터 판사만이 법관을 의미하는 전속적 명칭이 된다. 판사의 계급 분류는 더욱 완화되어 1877년 6월에는 기존의 1등 판사 이하 4급 판사보까지로 되어 있던 직종별 재판관 구분을 없애고 새로이 판사, 판사보의 2직종으로 단순화한다.

법관으로서의 판사 임용이 완전히 제도화되는 것은 1884년 12월의 「판사등용규칙」에서부터다. 사법성은 태정관에 이 규칙을 제출한 이유로 조약개정의 실현을 든다. 학식과 경험을 갖춘 판사의 임용이 치외법권 철폐에 필요하다는 것이다. 판사임용규칙은 도쿄대학 졸업생, 사법성법학교 정칙과正則科 졸업생과 대언인代言人 그리고 판사등용시험 합격자를 판사 자격요건으로 했다. 따라서 판사등용시험 응모가 기대된 것은 도쿄대학 법학부 별과 생도, 사법성 속성과 생도

6) 菊山正明, 「明治初年の司法改革」, 206.

7) 橋本誠一, 「静岡裁判所の刑事司法手続」, 15.

및 사립법률학교 생도였다. 사법성은 새로운 사법관의 공급원으로서 사립법률학교에 특히 기대하고 시험에 의한 사법관 선발과 임용을 개시한다.

1885년 제1회 판사등용시험 합격자는 겨우 3명이고, 이듬해 2회 시험에서는 35명이 합격한다. 그러다가 도쿄대학과 사법성법학교를 비롯한 각 성의 인재양성 기관이 통합하여 1886년 성립한 제국대학의 법과대학 및 문과대학 졸업생과 문관고등시험 급제자를 행정관시보, 사법관시보로 임용하는 틀이 형성된다. 1887년 7월에 「문관시험시보 및 견습규칙」이 공포된다. 1887년의 「판사검사 등용시험규칙」에 의해서는 사법관시보 시험이 문관시험국에서 실시하는 문관고등시험에서 분리되어 사법성이 실시하게 된다.

진행되던 조약개정 교섭에서 일본의 사법관이 근대적인 법 지식이 없는 것이 법권 회복에 지장을 주는 요인이라고 보아 근대적 교육을 받은 사법관을 양성하는 게 급선무라고 판단한 사법성이 사법관 시험을 독자적으로 관장하고자 한 결과다. 그런데 1888년 1월부터는 내각 직속 문관시험국이 행정관과 함께 사법관 시험도 실시한다. 제국대학을 중심으로 한 행정관 임용제도의 구축은 결국 사법성에 의한 자율적인 사법관 임용방법을 상실시키는 것을 의미한다.[8]

판사가 법관 직역으로 정립된 것은 메이지 정부가 근대법제의 정비과정에서 1890년부터 '법복法服'을 착용하게 한 것에서도 읽혀진다. 법복은 초대 사법대신 야마다 아키요시山田顕義가 유럽제국이 예부터 사용해 온 가운형 법복을 모방해서 만들자고 제안하면서 도입된다. 1890년 2월 제정된 재판소구성법은 공개법정에서 판사, 검사

---

8) 安原徹也, 「明治憲法体制成立期における司法官任用制度の形成」, 63-70.

및 재판소 서기는 제복을, 변호사는 직복을 착용하게 한다. 1890년 10월에는 제복에 관한 칙령이 만들어진다.

제복 칙령에 의해 판사와 검사 및 재판소 서기 등의 제복도 제정되고, 1893년 변호사 자격제도 시행에 동반해 같은 해 4월 사법성령에 의해 변호사 직복도 제정된다. 판사, 검사 등의 제복 및 변호사 직복은 도쿄미술학교 교원 구로카와 마요리黑川眞賴가 검은 가운의 목 카라에 당초 문양 자수로 판사는 자색, 검사는 적색, 변호사는 백색으로 만든다.9) 종전 후의 재판소법에는 법복 규정이 없어 법복을 착용하지 않는 자도 있었다고 한다. 그러다가 최고재가 1949년「재판관의 제복에 관한 규칙」으로 재판관에 대해 새롭게 법복을 규정해 오늘날까지 이어진다.

전후의 법관 법복은 그렇게 권위주의적이지 않다. 그럼에도 패전 이후 새로운 사법 시스템 하에서 검사는 법정에서는 법복을 입지 않게 되고, 변호사 직복도 사라졌기에 법복은 재판관의 전유물이 된다. 즉 오늘날의 법정에서는 검사가 사복을 입는 것은 물론이거니와 변호사의 경우는 그 이상으로 복장이 자유로워져서 여름 등에 넥타이를 매지 않거나 와이셔츠 차림으로 재판하는 경우가 흔할 정도로 법관 외에는 복장에 구애받지 않게 되었다.

---

9) 刑部芳則,『洋服・散髮・脫刀』, 207.; 日本裁判官ネットワーク 編,『希望の裁判所』, 136.; 메이지 초기까지도 법복에 관한 규칙이 없었기에, 판사 등도 전통적인 겉옷인 하오리羽織를 입거나 넥타이 없는 양복 등을 입었다. 그러다가 법령에 의해 법복이 정해져 재판관은 물론이고 검찰관, 변호사, 재판소서기관, 정리廷吏 등 직무상 법정에 서는 법조관계자 및 재판소직원 모두가 법정에서 착용하는 제복 혹은 직복이 된다. 법복 가운은 흑색으로 어떤 색에도 물들지 않는 재판관의 공정함을 상징했다(砂川雄峻,『法曹紙屑籠』, 105.).

2. 재판관 독립과 감독

사법권의 독립은 법원의 독립과 법관의 독립이다. 법관의 독립은 신분상의 독립과 직무상의 독립이다. 서구 근대 이후 그것은 핵심적으로는 삼권의 상호견제를 위해 사법 혹은 재판관에게 주어지는 독립성이다. 권력분립의 관점에서 입법이나 행정으로부터의 독립이고 재판에의 간섭을 배제한다는 의미의 독립이다. 다만 오늘날 사법권의 독립은 이미 삼권분립을 전제로 하기에 사법 독립이란 주로 재판의 독립을 의미한다. 사법 독립의 핵심은 재판의 독립이다.

메이지 초기에는 그러한 의미의 사법 독립은 뒷전이었다. 근대적 사법제도를 도입하면서 재판의 독립을 말하지만, 그것은 대외적 및 대내적 국가 목적을 이루고자 하는 수단으로서의 재판 독립이었다. 대외적으로는 서구열강과의 불평등조약을 극복해서 사법주권을 회복하는 수단으로서의 사법 독립이었다. 국내적으로도 중앙집권적 권력화를 이루기 위해 기존의 번벌 세력에 대한 권력투쟁의 수단으로 이용하기 위한 사법의 독립이었다.[10]

재판소기구가 국가기구 전체에서 목적적으로 형성되는 수단이 되다 보니 재판 독립이 권력분립으로 담보되는 재판관의 신분보장을 통한 독립이어야 한다는 점은 부각되지 못한다. 그래서 근대적인 판사의 직이 정해진 1875년의 「사법성직제」 등에 의해 사법경이 재판소 또는 각 재판관에게 지령하여 각 재판관을 감독하고, 판사 등의 임면과 진퇴를 결정하는 권한을 가진다. 재판소는 사법성에서 기구상으로는 떨어져 있더라도 재판관의 신분보장은 이루어지지 못한다.[11]

---

10) 신우철, "근대 사법제도 성립사 비교연구: 일본에 있어서 '사법독립' 원리의 헌법적 수용", 14.

11) 新井 勉・蕪山 嚴・小柳春一郞, 『近代日本司法制度史』, 63-64.

1875년의 대심원 설치 이후 수년간에 걸친 재판소기구의 형성 과정도 '사법권의 독립' 과정은 아니었다. 1875년의 <입헌정체수립 조칙>에 의하면 입법, 행정, 사법의 삼권에 의한 상호견제 체제로 파악되지만 실제로 대심원의 위상은 각 성 즉 행정기관보다 아래에 위치한다. 대심원장의 지위도 당초 계획에서 후퇴해서 성의 장관인 경卿과 동등하게 하기로 한다. 여기에 사법경에 의한 재판감독 권한이 강화되면서 그 취약성은 더 심해진다.

그러자 원로원은 사법의 실정을 개탄하면서 사법경에 의한 재판 감독권의 폐지를 요구한다. 원로원은 재판의 확정이 사법경 한 사람의 생각으로 좌우되는 것은 불합리하고 민사소송에 대해 정부가 개입하는 것을 허용하는 것은 민사불개입의 원칙에도 반한다고 비판한다. 일개 행정장관에 불과한 사법경에 의해 재판이 좌우되는 것은 민중 재판에 대한 신뢰를 읽게 만든다는 것이었다.[12]

비판이 반영되어 1886년의 「재판소관제」 제12조는 '재판관은 형사재판 또는 징계재판에 의하지 않고는 그 뜻에 반해 퇴관 및 징벌을 받지 않는다'라고 재판관의 신분을 보장한다. 재판관의 직무수행에서의 독립성을 담보함과 함께 신분상 보장을 규정한 것이다.[13] 그러나 보장은 명분에 그친다. 실제로는 보장 규정 이면에서 오히려 감독이 강화된다. 1876-77년에 걸쳐 대심원 이하 「각 재판소 직제장정」의 개정 등과 함께 사법경에 의한 재판감독 권한이 강화되어 간다.

확정된 판결조차도 사법경이 부당하다고 판단하면 재심청구 권한이 인정된다. 명분은 질이 나쁜 재판관에 의한 잘못된 재판에 대해

---

12) 三阪佳弘, 「明治九・一〇年の裁判所機構改革」, 70-71.

13) 新井 勉・蕪山 嚴・小柳春一郎, 『近代日本司法制度史』, 99.

사법경의 감독을 강화해야 한다는 것이고, 이를 통해 재판에 대한 민중의 신뢰를 확보한다는 것이었다. 그러나 정부가 염두에 둔 것은 단순한 법적용 잘못의 시정이기보다는 행정기관의 정책적 의도에 반하는 판결에 대한 통제였다. 이는 대심원 이하 각 재판소가 국가 기구상 사법성 아래 위치 지우면서부터 당연히 예상된 것이었다.

1889년의 메이지헌법은 행정, 입법, 사법의 분립된 세 권력을 통괄하는 천황대권을 위치 지우면서 재판소기구에 대해서는 천황대권 아래 분립하는 권력의 하나로 행정기관으로부터 독립한다고 규정한다. 그러나 재판소기구의 관할 권한은 민사와 형사사건에 한정되고, 1890년 재판소구성법에서도 사법대신에 의한 광범위한 사법행정 감독 권한이 규정되게 함으로써 행정권의 우위가 담보된다. 그 결과 재판소기구는 실질은 행정권의 우위 아래에 위치 지워지게 된다.[14]

메이지헌법의 재판관 신분보장도 그 역할을 못 한다. 제58조는 재판관은 법률로 정해진 자격을 갖춘 자가 맡고 재판관은 형의 선고나 징계처분에 의하지 않고는 면직되지 않고 징계는 법률로 하도록 했다. 제헌을 주도한 이토도 자신의 헌법해설서에서 그 조항이 재판의 공정을 위해 재판관에 대한 부당한 간섭을 배제하기 위한 것이라 했다.[15] 그러나 신분상의 보장도 사법부의 독립을 지켜내지는 못한다. 그런 모습은 1875년에 설립된 대심원 체제 이후에도 달라지지 않는다.

1890년 재판소구성법에 의해 부현재판소, 상등재판소, 대심원의 3 심급을 두면서 사법직무정제상의 재판소와는 달리, 재판소는 사법성

---

14) 三阪佳弘, 「明治九・一〇年の裁判所機構改革」, 62, 67-69.
15) 伊藤博文, 『帝国憲法皇室典範義解』, 98-99.

에서 최소한 기구상으로는 독립한다. 재판기구상으로는 대심원 이하 각 재판소의 독립적 조직화를 통한 심급제도가 정비된다. 그러나 기구상 독립은 모호했다. 재판 관련 독립인지도 의문이거니와 사법행정상의 독립은 아니었다. 제134-135조에 의해 사법대신은 각 재판소에 사법행정상의 감독권을 가지고 각 재판소장은 사법행정에 관한 한 사법대신의 명을 받아 사법행정 직무를 행하는 관리이고, 대심원장조차도 대심원 감독권은 있지만 그 감독권이 하급재판소에는 미치지 못하기 때문이다.[16]

사법행정상 독립되지 못한 이상 신분상 독립은 어려워 재판관에 대한 개입도 쉽게 열려 있었다. 메이지 정부 당시에는 여러 정책수행에 동반해서 행정사건이 급증하고 국사범 사건도 다발하고 전반적으로 정책을 저해하는 민중의 권리주장이 커졌다. 그래서 재판소는 민중이 권리주체로서 행정소송을 통해 합법적으로 정부에 대항할 수 있다고 본다. 그러자 정부는 이를 억제하기 위해 행정기관에 의한 재판소 통제가 필요하다고 판단한다. 정부를 상대로 하는 소송 특히 지조개정에 의한 새로운 소유권질서 관련 분쟁에 대한 통제를 위해 사법성을 통한 재판 개입이 강화된다.[17]

1890년 2월 「재판소구성법」은 사법권의 형식적 독립을 통해 재판관의 독립을 제도적으로 규정한다. 판사와 검사로 임용되기 위한 법정자격을 상세히 규정하고 법관종신제와 법관의 신분보장을 구체화하고, 공소원판사와 대심원판사에게는 각 5년과 10년의 법조경력을 요구하고, 행정관의 유입을 제도적으로 차단한다. 특히 제143조는

---

16) 中村英郎, 「近代的司法制度の成立と外国法の影響」, 286.
17) 三阪佳弘, 「明治九・一〇年の裁判所機構改革」, 61, 78.; 利谷信義, 「明治前期の法思想と裁判制度」, 157쪽 이하.

사법대신의 사법행정 감독권이 재판상 판사의 재판권에 영향을 미치거나 이를 제한하지 못하도록 함으로써 사법권의 독립은 진전을 이룬 듯 보였다. 그러나 여전히 사법대신의 감독권은 매우 포괄적이기에 재판관의 독립은 크게 부족했다.[18]

헌법과 재판소구성법에 판사의 신분보장이 규정된 것은 맞다. 그러나 실질적 보장 장치는 되지 못한다. 특히 당시 이루어진 판사의 전근이나 퇴직 관련 처분을 검토해 보면 그런 보장이 확립되지 못했음이 확인된다. 판사의 뜻에 반하는 전근이나 퇴직이 이루어질 수 있도록 기존의 재판소구성법을 개정하거나 기존 해석에 반하는 법률해석의 변경, 신법률이나 조항의 추가 등이 보이기 때문이다. 그렇듯 판사의 신분보장은 선언적 구호에 그쳤다.

그래서 판사 및 대심원이 사법성이 주도하는 인사개혁에 저항하면서 판사의 신분보장을 확립하려는 움직임도 보인다. 대심원은 판사의 신분보장을 침해할 위험성이 큰 타의적 전보 조치를 제한하고, 판사의 신분보장을 강화하는 법률해석을 채용한 판결을 냄으로써 재판관의 독립을 지키려고 한다.[19] 그럼에도 신분상 독립은 쉽게 보장되지 못한다. 특히 방일한 러시아 황태자에게 상해를 가한 경찰관을 사형시키려는 정부의 의도가 관철되지 못한, 대심원의 1891년 <오쓰大津 사건> 판결을 계기로 강화된 행정부의 사법부 견제에서 그런 모습이 확인된다.

오쓰 사건 판결은 정부의 의도에 따르지 않는 재판관을 포함한 이른바 '노후老朽 판사'의 도태와 사법부의 행정부에 대한 종속성을 확

---

18) 신우철, "근대 사법제도 성립사 비교연구: 일본에 있어서 '사법독립' 원리의 헌법적 수용", 12-13.

19) 楠精一郎, 『明治立憲制と司法官』.; 吉田滿利恵, 「大正二年司法部大改革再考」, 454-477.

고하게 하는데 적절한 빌미를 제공한다. 판결 이후 1892년의 <사법관로카 사건>이나 1893-1894년 사이의 <대량퇴직 처분> 같은 숙청인사를 통해 정부의 공격은 극명해진다. 그 결과 사법성 관리에 의한 재판관 인사권의 장악, 재판내용의 감시 및 지시 제도, 재판관의 계층구조에서의 상명하복 관계의 구축 등 사법부 내부의 통제시스템이 실질적으로 확립된다.[20]

이런 모습은 다이쇼시대까지 이어진다. 1913년에 이루어진 구재판소 폐지와 판사·검사의 휴직·퇴직 처분을 의미하는 <사법부 대개혁>은 재판관의 독립에 관한 획기적 사건이었다. 이는 1890년대에 이루어진 <대량퇴직처분>과는 다른 차원에서 재판관의 독립성에 대한 큰 위협이었다. 메이지헌법 하에서 헌법이나 재판소구성법에 의해 어느 정도 판사의 신분은 보장되는데도 1890년의 퇴직처분 등에서 보듯 사법대신의 재판통제 구조도 확립되었다.

1913년의 사법부개혁에서 등장한 「재판소폐지법」에 의해서는 전국 312곳의 구재판소 중 128곳이 폐지되고, 「휴직법」에 의해서는 1,510명의 판사 및 검사 중 232명에게 휴직을 명하는 권한이 사법대신에 부여된다.[21] 사법대신은 후진에게 진로를 열기 위해 노후 판사를 도태시켜야 한다고 했다. 의회에서도 바람직하다는 견해가 강했다. 재야 법조계도 찬성한다. 실은 노후 판사 도태 요구가 최초로 나온 곳이 재야였다. 이미 1890년대에도 주장했을 정도로 재야의 노후 판사 도태 요구는 뿌리 깊은 것이었다.

노후 판사를 사직시키기 위해서라면 판사의 신분보장이 다소 침

---

20) 久保田穣, 「明治司法制度の形成·確立と司法官僚制」, 154-156.; 楠精一郎, 『明治立憲制と司法官』.

21) 휴직되는 판검사는 25년 이상 재직한 자인 경우에는 봉급의 2분의 1까지, 그 외에는 3분의 1까지가 휴직급여로 지급되었다.; 吉田滿利惠, 「大正二年司法部大改革再考」, 453-456.

해되더라도 상관없다는 식의 풍조가 다이쇼 초기까지 법조계에 있었다. 그런데 1890년대의 인사쇄신은 신법전의 시행에 맞춰 법학교육을 받지 않은 판사의 도태를 위한 것이었는데, 1913년의 <사법부 대개혁>은 처분 대상이 법학교육을 받은 판사들이라는 점에서 목적이 다른 것이다. 즉 자격 미달이라는 처분기준이 있었던 1890년대의 퇴직 처분과는 성격이 달랐다.

1913년의 처분은 그런 기준에 의한 게 아니고 그저 노후 판사의 휴퇴직 처분이다. 게다가 미리 정해진 처분대상자 숫자에 도달시키기 위해 휴퇴직을 명하는 것이다. 따라서 신분보장이 침해되기 쉬운 것이다. 그런데도 휴직법에 대한 반대의견이 법 시행 전에 거의 보이지 않는다. 법조계에서 거의 반대의견이 없다는 것은 재판관의 독립을 지켜야 한다는 의식이 낮았음을 보여준다. 오히려 재야는 휴직법 등에 찬성했다. 사법권 독립 이념은 법조계의 공동행동조차 어려웠을 정도로 공감을 얻지 못한 것이다.

다만 실제로 개혁이 실시되자, 그 개혁은 사법부를 좌지우지하던 대심원 검사총장 히라누마 기이치로平沼騏一郎의 인사개혁인 것으로 간주되어 비판된다. 개혁 찬성 법조인조차도 인원 정리의 내용을 알고는 재판관의 독립을 주창하고, 행정부적 경비절감 차원에서 신분이 보장된 사법관에 대한 인사 개혁을 행한다고 비난한다. 헌법과 재판소구성법에 보장된 신분보장은 행정관이 재판관에게 간섭하고 위압을 가하는 위험을 막기 위한 것이기에 법에 의한 보장을 박탈하는 것은 위헌이라고도 주장한다.[22] 다만 그것은 재판관 독립이 주목적이 아닌 히라누마 비판이라고 봤다.

---

22) 吉田滿利惠,「大正二年司法部大改革再考」, 467-473.

그렇게 재판관의 독립에 대한 공감이 약한 것은 이념 자체가 제대로 파악되지 못한 탓도 있다. 전전 일본에서 '사법권 독립'이란 검찰권 독립 즉 검찰의 지위 보장을 의미하기도 했다. 반면 재판관의 독립성은 제대로 이해되지 못했다. 식자층에서도 판사와 검사를 제대로 구별하지 못하는 경우도 있었거니와 재판을 판사가 하는 것은 알더라도 사법권 독립이 제창되면 대다수는 이를 검사의 독립을 말한다고 이해했다. 그에 대해 검사는 행정관이라서 상관의 명에 복종해야 하므로 본래 독립적이 아니라고 설명해도 잘 이해하지 못했다.[23] 그런 점에서도 재판관의 독립은 호응을 얻지 못했다.

행정부의 재판 개입은 재판관을 직접 공격하는 형태가 되기도 한다. 이런 모습은 오랫동안 이어졌다. 치안유지법 위반에 의해 9명의 재판관, 서기관이 체포되어 유죄가 된 1932년의 <사법관적화赤化 사건>이 대표적이다. 태평양전쟁이 한창이던 1942년 총선거에서 도조 히데키 내각이 추천한 익찬정치체제협의회 추천 후보에 의한 중의원 의석 독점을 위해 선거 개입이 이루어진 가고시마 제2선거구에 대해 1945년 3월 선거무효 판결을 내린 대심원 제3민사부의 요시다 히사시吉田久재판장은 재판의 독립을 지키겠다는 각오로 유언장을 작성해 두었을 정도다.[24]

전후에는 사법행정적 측면의 재판 개입은 제도적으로는 차단된다. 그 점에서 재판관의 독립도 보장된다. 그런데 다른 차원의 독립성 침해 우려가 제기된다. 사법의 통일성과 등질성으로 인한 것이다. 최고재도 일본 사법의 그런 특징을 말한다. 외국에 비하면 일본 사회는

---

23) 尾佐竹猛, 『判事と検事と警察』, 3.
24) 丁野暁春・根本松男・河本喜与之, 『司法権独立運動の歴史』, 96-100.; 安原 浩, 「わが国における司法権独立の実態を考える」, 15.

역사적, 지리적으로 상당히 동질적이라서 사법제도도 상당히 통일적 구조가 되고 사법제도 운용에서의 등질성의 요청도 높다는 것이다. 사법 운용에서 전국적으로 통일된 제도 아래 등질적 사법 서비스의 제공이 공정한 재판 실현인 것으로 받아들여진다는 것이다.[25]

이는 재판독립 면에서 부정적이다. 재판이 국가의 통일적 사법제도의 운영 속에서 행하여지고 재판관이 그런 면을 고려해서 재판해야만 제도가 원활하게 기능한다는 것은 재판관의 독립에 대한 일종의 제약이다.[26] 재판관이 외부로부터의 간섭을 받지 않고 양심에 따라 판결하는 데 있어 법적 안정성을 위한 판결의 통일성 추구는 재판관의 판단과정에 간섭하는 게 되기 때문이다. 재판관의 독립과 판결의 통일성의 사이에는 큰 긴장 관계가 있는 것이다.

판결의 통일성을 중시하면 이를 실현하기 위해 하급재판소 재판관에게 상급재판소의 판결에 따르도록 적극적으로 영향력을 행사하게 된다. 이는 재판관의 독립을 중시해서 하급재판소에서 다양한 판결이 나타나는 것을 허용하고 판결의 통일성 실현은 상소 제도에만 기대하는 입장과는 다르다. 재판의 통일성을 추구하는 입장에서는 하급재판소 재판관은 상급재판소 판결에 따라야 한다는 것이 되는데 일본이 그런 환경이다.[27] 그 점에서 재판관의 독립을 일차적 출발점으로 해서 사법의 비통일성과 다양성을 인정하는 독일과 비교된다.[28]

---

25) 最高裁判所, 「21世紀の司法制度を考える」.

26) 中村治朗, 『裁判の世界を生きて』, 346-347.

27) 佐藤岩夫, 「司法の<統一性>と<非統一性(Uneinheitlichkeit)>」, 149-151.

28) 독일연방헌법재판소는 1992년 11월에 어떤 지방Land의 재판소가 연방의 어떤 법률에 대해 다른 많은 재판소들의 입장과 다른 해석에 기초해 판결하는 것이, 독일기본법 제3조 제1항이 정한 법 앞의 평등에 반한다고 제기한 헌법소송에서, 재판관은 독립하고 다만 법률에만 따르며,

일본 사법의 통일성은 재판소 스스로 만든 것이다. 최고재는 그런 통일성과 등질성을 긍정적으로 본다. 역사적 사회적 풍토 속에 독자적으로 형성된 법문화라는 것이다. 그러나 그런 법문화가 자연적, 자생적으로 생긴 것이라고 보기 어렵다면 재판소의 사법관이 사법 통일성을 만든 하나의 요인임을 부정하기 어렵다. 그런 면에서 통일성은 문화라기보다는 만들어진 전통이라고 볼 수 있다.[29] 결국 재판관이 만든 법문화가 스스로의 독립성을 제약하는 족쇄가 되는 것이다.

다만 사법제도 운용상의 성격에 따른 부작용은 기우일 수도 있다. 그에 비하면 사법행정적 측면의 재판 개입은 현실이었는데 이제는 눈앞의 위험으로까지 인식되지는 않는다. 다만 최고재 사무총국의 인사권 등 민감한 사법행정의 영역을 통한 재판간섭은 보이지 않게 늘 작용한다. 한국에게도 남의 일만은 아닐 것이다. 그래서 재판 독립을 확보하기 위해 법관들에 대한 인사권을 현재와 같은 사법행정에만 맡겨서는 안 된다는 이해가 한국에서도 대두된 바 있다.

2017년 국회 개헌특위자문위에서 논의된 사법평의회 안이나 사법행정회 안 및 사법행정위원회 안 같은 것들은 「법원행정처」 대신에 사법부 밖에 법관인사권 등을 보유한 독립된 사법행정기관을 두자고 한다. 물론 대법원은 그에 대해 공식적으로 반대 입장을 보이고 법원 내에서도 찬반이 엇갈린다.[30] 법관 인사권을 사법행정기관이 장악하는 체제는 바뀌어야만 한다는 장기적 과제는 일본도 마찬가

따라서 재판소는 규범을 해석하고 적용할 때 지배적 견해에 따를 필요는 없고, 심지어 상위 재판소까지도 포함한 다른 모든 재판소와 다른 입장을 취할 수 있는 것이기에 사법은 재판관의 독립을 '비통일적uneinheitlich'이라 본다고 판결한다(BVerfGE 87, 273.; 佐藤岩夫, 「司法の<統一性>と<非統一性(Uneinheitlichkeit)>」, 154-157.).

29) 佐藤岩夫, 「司法の<統一性>と<非統一性(Uneinheitlichkeit)>」, 160-161.
30) 장영수, "사법혼란, 사법불신과 법치주의의 위기", 22-23.

지로 공유한다. 그것은 사법행정을 사법부의 관료적 기관이 장악하는 것에 대한 반발이다. 그 관료성은 재판관 임용을 통해 출발하고 완성되는 것이다.

3. 재판관 임용과 임기

전후 신헌법에 의해 권력분립에서 사법의 위상이 새롭게 확립된다. 천황의 이름으로 재판할 필요가 없는 국민주권 하의 최종심 재판소로서 「최고재판소最高裁判所」가 탄생한다. 사법부의 수장인 최고재판소 장관長官은 내각총리대신과 마찬가지로 대우되고, 최고재판소 재판관은 법무대신을 포함한 각 대신과 같은 대우가 주어진다.31) 최고재의 위상 자체가 전전의 대심원과 다르고, 최고재 판사는 전전의 대심원 판사와 다르다.

판사의 직급 체계부터 달라진다. 판사의 지위는 전전과는 다른 형태로 구분된다. 전전에 재판관은 모두 판사가 관명官名이었다. 따라서 대심원장 이하 각각의 보직으로서만 구분될 뿐 모두 판사였다. 대심원판사도 관명은 판사인 것이고 보직인 관직명이 대심원판사인 것에 불과했다. 반면 전후의 최고재판소 장관, 최고재판소 판사는 일반 판사와는 별개의 관명이다.32) 최고재 재판관은 하급재판소 재판관과는 다른 직급인 것이다.

최고재는 헌법 제79조 제1항 및 재판소법 제5조 제1항, 제3항에 의해 장관 1인과 최고재 판사 14인의 15인 재판관으로 구성된다. 최

---

31) 橫川敏雄, 「司法權の獨立と司法權のあり方」, 53.

32) 西川伸一, 「大正・昭和戰前期における幹部裁判官のキャリアパス分析」, 266.

고재 장관은 헌법 제6조 제2항 및 재판소법 제39조 제1항에 의해 내각의 지명에 기초해 천황이 임명한다. 최고재 재판관은 내각이 임명하고, 그 임면은 천황이 인증하는 인증관認証官이다. 최고재 장관은 내각총리대신, 중의원의장, 참의원의장과 함께 분립된 삼권의 한 축이다. 전전의 대심원 원장이 사법대신의 지시를 받는 존재에 불과한 것과는 다르다.

국무대신과 동급인 최고재 재판관은 재판소법 제41조에 의해 14인 중 적어도 10인은 10년 이상의 재판관 경험 혹은 20년 이상의 법률전문가 즉 검찰관, 변호사, 간이재판소판사, 대학법학부교수·준교수 경험자로부터 선임한다. 이는 전전의 대심원 판사와의 차이를 보여준다. 선임요건이 10년 이상의 법조 경력에 불과한 대심원 판사는 지위도 높지 않아 보통 장년층이 임명되는 경우가 많았다. 실제로 최고재 발족 당시 최고재에 들어가지 못한 대심원 판사가 한 급 낮은 고등재판소 판사로 발령된 사실을 보더라도 지위의 차를 알 수 있다.[33]

헌법 제79조 제1항은 최고재 재판관은 내각이 임명한다라고만 되어 있어 구체적 임명방식 규정이 없고 달리 법정하고 있지도 않다. 그래서 1947년 최고재 발족 직후에는 사회당의 가타야마 데쓰片山哲 내각 하에서 「재판관임명자문위원회」가 구성되어 위원회가 30인의 후보자를 뽑아 그중에서 내각이 15인을 선출한다. 그래서 다양한 경력의 인사들이 발탁된다. 그러나 이후에는 그런 위원회 선출방식은 사라진다. 1948년 재판소법 개정에서 임명 책임의 소재를 불명확하게 만들 우려가 있다는 등의 이유로 폐지된다.[34]

---

33) 山田隆司, 『最高裁の違憲判決』, 257-258.

지금도 자문위 선출을 제안하는 경우가 없지는 않지만 채택되지는 않고 있다. 현재는 재판관이나 변호사 등 법조자격자 중에서 취임하는 경우에는 최고재 장관의 추천에 기초해 내각이 임명하는 게 관행이다. 다만 장관의 의견을 들을지 말지는 내각의 자유다. 그렇게 보면 장관이 최고재 재판관의 실질적 임명권을 가진다고 볼 수도 있다.35) 처음부터 그렇게 된 것은 아니다. 제3대 요코다 기사부로橫田喜三郎 장관이 최고재 장관의 의향이 최고재 재판관의 인선에 반영되어야 한다는 뜻을 내각에 올려 인정받은 이후 정착된 것이다.36)

구체적으로는 최고재 장관 및 사무총국의 간부가 내각과 상담하면서 일변련 회장, 검찰청 수뇌 및 기타의 의견을 들어 인선이 행해진다. 출신 직역을 보면 재판관 출신이 가장 많고, 그 외 수적으로 많은 순서로는 대체로 변호사, 검찰관, 법학자, 외교관을 포함한 행정관 출신 순으로 임명된다. 직역적 배경은 대체로 고정되어 있고 균형적으로 안배되어 임명되기에 후임자는 전임자 같은 출신 모체에서 지명되는 경우가 많다. 보통은 재판관 출신 6인, 변호사 출신 4인, 검찰관 출신 2인, 행정관 출신 2인, 학자 출신 1인의 구성이다.

최고재 재판관은 임기는 없지만 70세 정년은 있다. 전전에는 정년도 없이 종신제인 적도 있다. 1921년까지 사법관은 종신제였기에 정

---

34) 조인, "일본의 사법제도", 492.

35) 大野正男, 『弁護士から裁判官へ』.; 山田隆司, 『最高裁の違憲判決』, 259.

36) 국제법학자 요코다는 전전부터 군부를 비판하던 강골이었다. 전후에도 요시다 시게루吉田茂 총리의 브레인으로서 경무장 노선과 미·일안보체제의 공존의 근거를 만들어 냄으로써 전후의 정치적 정책적 방향 설정에 기여하였다가 최고재에 들어온 요코다가 내각에 의한 최고재 재판관 임명의 관행을 바꾸었던 것이다. 그 전임 장관들 시대에는 최고재 재판관 인사에 관해 장관이 내각에 적극적 주문을 하지 않고, 내각의 발령을 그대로 받아들였다. 그런데 요코다가 사법의 수장인 장관의 의향이 최고재 재판관의 인선에 반영되지 않는다는 것은 기이하다는 뜻을 내각에 올려 인정받은 이후 내각이 장관의 의향을 들은 뒤에 임명하는 관행이 형성된 것이다(野村二郎, 『最高裁長官の戦後史』).

년까지 직이 보장되는 데 의문이 없었다. 재판소구성법도 판사의 의사에 반하는 면직을 금지시켰다. 다만 당시에도 사법대신의 인사권에 의해 판사의 뜻에 반하는 퇴직이 가능한 법조항을 추가하는 식의 관련법 개정이나 행정에 의한 법률해석변경이 추진되기는 했다.[37] 그러나 종신제는 하라 다카시原敬 내각이 판사, 검사의 정년퇴직제를 도입할 때까지는 유지된다.

1921년 6월 재판소구성법 개정으로 '정년퇴직제'가 규정된다. 대심원장, 검사총장은 65세, 그 외의 판사 및 검사는 63세가 정년이 된다.[38] 전후에는 최고재 재판관의 정년이 70세가 된다. 정년은 새로운 인선의 기준시점이다. 정년에 임박한 최고재 재판관의 70세 생일에서 역산해서 2, 3년 전부터 후임 자리를 다투는 인선 활동이 시작된다. 그 작업은 일변련을 거쳐 최고재를 거치고 내각을 거치는 순서로 서서히 좁혀져 가는 것만으로도 1년 이상의 시간이 걸린다.[39]

하급재판소 재판관은 최고재 재판관과는 다른 경로로 임면된다. 하급재판소 재판관은 헌법 제79조 및 제80조를 근거로 최고재 재판관과 구분된다. 1947년의 「재판소법」에 의하면 하급재판소는 고등재판소, 지방재판소, 가정재판소, 간이재판소 등 고재 이하의 재판소들을 말한다. 재판소법은 하급재판소 재판관의 정원이나 정년에 관해서는 별도의 법인 재판소직원정원법으로 정하도록 했다.

직급으로서는 고재 장관, 판사, 판사보, 간재 판사를 말하는 하급재판소 재판관은 헌법 제80조에 따라 최고재의 지명에 따라 내각에서 임명한다. 하급재판소 재판관 중 「고등재판소 장관」은 전국 8개

---

37) 吉田滿利惠, 「大正二年司法部大改革再考」, 459-477.

38) 西川伸一, 「大正・昭和戰前期における幹部裁判官のキャリアパス分析」, 266.

39) 山浦善樹, 「最高裁判所判事になったマチ弁の随想」, 217.

대도시 고재의 수장들로 최고재 판사 다음 지위다. 고재 장관도 임면에 천황의 인증을 요하는 인증관이다. 「판사」는 재판소법 제42조에 의해 판사보, 간재 판사, 검찰관, 변호사, 재판소 조사관, 사법연수소 교관, 재판소직원종합연수소 교관, 대학의 법률학 교수·준교수 직에 10년 이상 있었던 자 중에서 임명된다.[40] 통상은 10년간 판사보로 재직한 자들 중에서 거의 임명된다.

하급재판소 재판관 사이의 서열은 있다. 그리고 같은 서열에서의 임지 등에 따른 실질적인 차등도 있다. 고재 장관이 가장 높다.[41] 재판소법상으로는 최고재 이외의 재판소 재판관의 종류는 「고등재판소 장관」, 「판사」, 「판사보」, 「간이재판소판사」만 규정되어 있기에 지방재판소장은 사법행정사무의 총괄자로서의 지위일 뿐 별도의 재판관 종류는 아니다.[42] 즉 지재·가재 소장은 독립된 관직은 아니고 보직으로서 직급은 판사다. 다만 실질상 고재 장관의 다음은 도쿄 등 대도시를 필두로 한 지재·가재의 소장 순이다. 지재는 50개가 있고, 한국의 지원에 해당하는 지재 지부는 203개가 있다.

하급재판소 재판관도 1921년까지는 종신제였다. 그해 6월 재판소구성법 개정으로 정년제가 되면서 정년이 63세가 된다. 전후에는 고재·지재·가재의 재판관은 65세가 되며, 간재 재판관의 정년은 70

---

40) 한편 간이재판소에 배속되는 간이재판소판사는 재판소법 제44조 및 제45조에 의해 고재 장관 혹은 판사의 직에 있는 자, 판사보, 검찰관, 변호사, 재판소 조사관, 재판소 사무관, 사법연수 교관, 재판소직원 종합연수소 교관, 법무사무관, 법무교관, 대학의 법률학교수 혹은 준교수의 직에 3년 이상 있었던 자 중에서 임명되고, 그 외에도 다년간 사법사무에 종사하고 간재 판사 직무에 필요한 학식경험이 있는 자는 간재 판사 선정위원회를 거쳐 임명된다.

41) 이들은 규모 등을 고려하면 도쿄, 오사카, 나고야, 히로시마, 후쿠오카, 센다이, 삿포로, 다카마쓰의 서열 순이라고 볼 수 있다. 특히 도쿄나 오사카의 고재 장관은 다른 고재 장관보다도 서열적으로 높다고 평가된다. 그래서 최고재에 들어가는 경우가 많다. 그러나 그 이외 지역의 고재장관 자리의 서열까지 고정적인 것인지는 의문이다(木寺 元, 「ジャッジ選ばれる判事」, 37).

42) 瀬木比呂志, 『絶望の裁判所』, 84.

세가 된다. 하급재판소 재판관은 정년제이면서 또한 임기제다. 임기는 10년으로 임기만료 후 재임용될 수 있다. 실제로 대부분의 재판관은 판사로 임용되고 10년 후에 대부분이 재임용된다. 65세의 정년까지는 10년마다 재임용이 반복된다.

임기제가 된 데에는 전후 점령군의 종신제 제안과 그에 대한 우려에 따른 반발과 절충이 있다. 그것은 일본 정부의「헌법문제조사위원회」인 마쓰모토松本위원회의 개헌안에 실망한 맥아더총사령부가 헌법 원안을 직접 작성하면서 나타난다. 총사령부 민정국의 소위원회가 헌법 각 장을 작성하는데 사법 담당 소위가 만든 사법 장에서 재판관은 임기제가 아니라 종신관이었다. 위약한 존재에서 벗어나도록 하기 위한 배려였다. 임기제로 선거되게 하면 권위가 약해진다는 논리였다.

그런데 사령부 내에서 종신제로 한다면 사법 권한이 오히려 너무 커진다는 반대론이 나온다. 결국 찬반론이 대립하면서 하급재판소 재판관은 최고재의 명부에 따라 내각이 임명하게 한다는 타협이 성립한다. 임기는 10년으로 하되 재임을 가능하게 한다. 그렇게 타협을 거쳐 작성된 임명과 임기에 관한 규정이 거의 그대로 신헌법 심의에서 승인된 것이다.[43] 한국에서도 10년마다 판사가 재임용된다. 또한 임기제가 사실상 갱신처럼 유명무실하게 운용되는 점도 일본과 닮은꼴이다.

직업재판관인 하급재판관의 최초 임용은 재판소법 제43조에 의해 사법수습을 마친 자 중에서 임명되는 것으로 시작한다. 사법연수소

43) 高柳賢三・大友一郎・田中英夫 編, 『日本国憲法制定の過程Ⅰ』, 187쪽 이하.; 吉田直正, 「独立の司法とは」, 188-189.

의 신규 수료자 중에서 재판관 후보자를 선발하는 방식이다. 이는 선배 재판관이 후배 재판관을 지도하고 감독한다는 의미의 도제 제도적 구조다. 또한 관료적 체질에 준비시키는 의미도 있다.[44] 사법연수소 수료 후에 임관되는 판사보는 판사와 달리 원칙적으로 1인이 재판을 할 수 없고, 동시에 2인 이상이 합의체에 참여할 수도 없고 재판장이 될 수도 없다.

다만 「판사보의 직권특례 등에 관한 법률」 제1조에 의해 판사보로서 5년 이상 재직자 중에서 최고재가 지명한 자는 「특례판사보」로서 판사와 동등한 권한을 가진다. 판사보 및 판사의 임용 및 재임용은 헌법과 재판소법에 의한다. 헌법 제80조 제1항 및 재판소법 제40조 제1항에 의해 하급재판소 재판관은 '최고재가 지명한 지명자 명부'에 기초해 내각이 임명한다. 명부에 대해 내각은 명백하게 자격요건을 흠결하는 등의 형식상 하자가 있는 경우를 제외하고는 임명을 거부할 수 없다. 실제로 내각이 명부등재자의 임명을 거부한 사례는 없다.

2003년부터는 판사 임용에서 법조삼자 6인, 학식경험자 5인으로서 최고재에 의해 임명된 11인의 위원으로 구성된 「하급재판소재판관 지명자문위원회」가 자문역을 한다. 최고재가 지명한 자의 명부에 의해 내각이 임명할 때 최고재가 임관희망자에 대한 지명 적부에서 지명자문위가 자문하게 한 것은 종전에 하급재판관의 지명을 최고재가 독점하던 것에 대한 반성적 고려다. 2001년 6월의 사법제도개혁심의회가 하급재판소 재판관 지명과정에 국민의 의견이 반영되도록 자문을 통해 적임자를 선발하자고 제언한 것을 토대로 2003년 최고재판소규칙에 의해 설치된 것이다.

---

44) 丸田 隆, 「米国における裁判官の任命制度」, 176.

모든 임관희망자에 대한 지명 적부를 자문하는 지명자문위는 재판관의 임용을 포함한 인사평가를 투명화시키기 위해 사법제도 개혁의 일환으로 인사평가제도와 함께 시행된다. 지명자문위는 최고재의 자문을 받아 답신과 보고를 하기에 지명자 명부는 실질적으로 지명자문위의 자문을 통해 작성되는 것으로 지명자문위가 주도적으로 작성하는 것이다. 다만 형식적으로만 보면 최고재 재판관회의를 통해 이뤄지는 것이다. 명부 작성은 사법행정사무이고 최고재 재판관회의를 거쳐 이뤄지기 때문이다.

이는 형식적으로는 한국과 유사하다. 한국도 대법원장의 권한에 속하는 판사 임명에 관해 「법원조직법」 제17조 제1호에 의해 「대법관회의」의 동의를 거치게 되어 있고, 이 동의는 대법관회의의 의결을 거치게 되어 있다. 특히 자문도 그렇다. 대법원장이 법관인사 권한을 행사할 때는 법원조직법 제25조의2에 의해 자문기관인 「법관인사위원회」의 자문을 받도록 되어 있다. 다만 실질적 기능은 일본의 지명자문위와 같은 수준은 아니다. 한국도 과거 1994년의 법원개혁에서 법관인사위를 의결기관으로 하는 것이 논의되기도 했지만 자문기관으로 머물게 된 것이다.[45)]

결국 일본에서 신임 판사보의 임용과 10년마다 이루어지는 재판관 재임용 심사를 실질적으로 하는 것은 지명자문위다. 지명자문위의 자문으로 재판관 신임과 재임에 보다 객관적인 적합성 검토의 공식적 루트가 마련된 셈이다. 자문위는 8개소의 고재 소재지에 지명 후보자에 관한 정보수집 및 의견을 받는 지역위원회를 둔다. 지명 자문도

---

45) 대법원 편, 『사법제도개혁백서(상)』, 801쪽 이하.; 정종섭, 『한국의 사법제도와 발전 모델』, 156.

투명화하고 정보수집 등을 통해 외부 의견도 반영한다. 과거에는 사상이나 신조에 의한 신임거부나 위헌판결 등 판결내용이나 전근거부 등을 이유로 하는 재임거부 등이 의심되었는데, 이제 그것은 제도적으로 어렵다. 그래서 전근 거부 재판관이 늘었다고 할 정도다.[46)

지명은 형식적으로 '1명 플러스 명부' 방식이다. 수인의 임명이 요구되는 경우에 수인에 1인을 더한 명부가 작성되어 그에 기초해 임명되는 식이다. 내용적으로는 지명자문위가 작성한 명부의 적부를 최고재 재판관회의가 심의하는 방식이다.[47) 그런데 그런 자문방식이 의외의 결과를 낳는다. 자문제도가 도입된 첫해에도 상당수가 '부적당'하다고 자문된 것이다. 최근에도 자문위에 의해 신임이나 재임용이 부적격이라고 판단되어 거부된 재판관이 늘어나고 있다.

2004년부터 2014년까지를 보면 자문위가 재임 부적합이라고 지명자문한 인수 합계는 41명이다.[48) 이전까지는 사상이나 신조에 의한 재임거부가 의심되는 사례는 있지만 극히 소수였고 재임용 부적격이라 판단된 재판관이 실제로 거의 없었는데, 최근에는 거의 1년에 5명 전후의 재판관이 재임용 거부된다. 부적격 판정되는 재판관에 대한 고지나 청문 기회 혹은 불복신청 제도도 없다. 판단기준도 아주 추상적이고 심의내용도 공개되지 않는다.[49)

---

46) 小林克美,「裁判官人事制度の改革」, 123.

47) 大石 眞,『憲法講義I』, 198.

48) 小林克美,「裁判官人事制度の改革」, 123.

49) 瀬木比呂志,『絶望の裁判所』, 97-98.; 재판관 지명과 관련해서 변호사의 정보도 반영된다. 변호사들에 의한 재판관에 대한 직무정보의 제공이 지명자문 제도를 뒷받침해주는 것이다. 즉 지명자문위는 판단에 필요한 정보를 위해 변호사회나 검찰청 등 재판소 외부에서도 정보를 수집하는데 그 정보수집을 위해 고재 관할마다 설치된 지역위원회에서 변호사 등으로부터 모은 정보가 지명자문위에 제공되는 것이다. 그리고 지명자문과 마찬가지로 재판관에 대한 인사평가에서도 그런 직무정보가 역시 변호사들에 의해 재판소에 제공된다(LIBRA,「ご存じですか? 裁判官の人事評価制度」, 2-4.).

4. 사법관료로서의 재판관

근대적 사법제도를 다른 제도보다 최우선적으로 도입했다는 것이
정부가 판사나 검사 등의 사법관을 행정관보다 중시했다는 의미는
아니다. 정부는 관청의 처분 등에 대한 행정사건을 사법관이 민사사
건과 마찬가지로 재판절차에서 심리하는 것을 못마땅해 한다. 초기
사법부 출신들은 내세울 만한 입지도 아니었다. 사법부는 번벌인 사
쓰마薩摩・죠슈長州 이외의 인재들이 깃드는 곳이었다. 행정부나 군
부는 '삿쵸薩長'의 인사들이 독점했고, 그곳에서 뜻을 펼칠 수 없는
인재들이 사법부로 들어온 상황이기 때문이다.50)

1886년에 제국대학령에 기초해 「제국대학 법과대학」이 형성되고
나서도 법학교육은 주로는 행정관료의 양성 틀이 되고, 법조양성은
주변적 목적이 된다. 그런데 취약한 사법부 내부에서 판사들의 교육
적 토대를 기반으로 대립과 응집을 통한 관료적인 모습이 부각된다.
바쿠후 말기에서 메이지 초기까지의 법조양성에서 큰 힘을 발휘하
던 프랑스법계의 영향이 점차 독일법계로 전환하면서 독일법계 교
육을 받은 판사들이 사법부를 석권한 것이 사법관료제 형성의 한 원
인이 된다.51)

교육기관인 제국대학이 사법관료제 형성의 기반이 된다. 또한 사
립법률학교들도 마찬가지다. 이미 1880년에 메이지법률학교, 센슈
학교, 1882년에 도쿄법학교, 도쿄전문학교 등이 설립되고 인가를 받
아 졸업생이 1888년의 「문관시험시보 및 견습규칙」에 규정된 판임

---

50) 尾佐竹猛, 『大津事件』, 154.; 久保田穰, 「明治司法制度の形成・確立と司法官僚制」, 153.; 岡田
正則, 「行政訴訟制度の形成・確立過程と司法官僚制」, 158-159.
51) 岡田正則, 「行政訴訟制度の形成・確立過程と司法官僚制」, 160.

관 견습에 무시험으로 임용되기도 했다. 이후 「판사검사 등용시험규칙」에 정한 수험자격 등을 통해 사립법률학교는 사법관의 주요 공급 루트가 됨으로써 사법관료제 형성에 일조한다.

그렇듯 사법관료제는 '학식 법조' 성립으로 강화되며, '노후재판관도태'로 이어진다. 일련의 사법체제가 정비되기 이전에 임용된 재판관과 이후에 양성된 인재 간 세대교체다. 비교적 자유롭게 임용된 구세대는 학식이나 법조 운용 능력에서 상대적으로 열등하고 시대에도 뒤떨어진 세대가 되었다. 양자 간에 분화가 드러나고 그것이 구세대의 도태로 이어지는 결정적 계기가 된 것이 재판소구성법 시행 후인 1892년에 발생한 <사법관로카司法官弄花 사건>이다.

대심원판사들이 금전을 걸고 하나후다花札 즉 화투를 했다는 충격적인 사건에 책임을 지는 형태로 대심원장 고지마 고레카타児島惟謙가 1894년에 사직한다. 그 무렵 대심원은 학사와 비학사의 계층분화가 이루어진다. 자격임용제 이전에 등용되어 체계적 법학교육을 받지 않아 법 지식이나 법 기술이 불충분한 비학사들과 자격임용제 이후 등용되어 사법성법학교나 도쿄대학법학부 등 서구법제에 기초한 체계적 법학교육을 받은 학사들이라는 두 파벌이 구분된다. 그 속에서 <사법관로카 사건>은 비학사 도태의 계기가 된다.52)

1893-1894년에 걸쳐 판사의 <대량퇴직 처분>이 강행된다. 자유임용제 하에서 등용된 비학사 판사를 배제하면서 중앙집권적 사법제도에 대응하는 사법부 내의 구체적 통제시스템을 확립하고자 한 정부의 정책이다. 1894년에는 「판사검사 관등봉급령」에 의해 판사검사의 정원 수가 삭감되고, 1898년에도 판사검사 관등봉급령 개정

---

52) 小林 智, 「司法の近代化と自律的法解釈の条件整備」, 115-119.

에 기초해 대심원부장, 대심원판사, 공소원장, 공소원검사장 급 15
명의 휴직·퇴직처분을 시작으로 이듬해까지 판사검사의 대량 휴직·
퇴직처분이 실시된다.53) 이로써 학식법조를 기반으로 한 사법관료
제의 기틀은 더 확고해진다.

　사법관은 행정권에 의해 임면이나 승진이 좌우되고 조직적으로
통제된다는 의미에서도 관료적이 된다. 정부에 의해 임명되어 승진
이나 승급되어지는 관료조직이기에 재판관의 신분보장이란 기껏해
야 현상 유지라는 의미일 뿐이다. 정부에 의한 인사로부터 벗어난다
는 의미가 아니었다. 판사나 검사는 사법성의 관리와 교류해서 발탁
되어 사법성에 들어가는 것이 승진과 출세의 지름길이 된다. 그것이
재판관의 대우나 사회적 지위가 행정관의 그것에 비해 낮다고 평가
되는 원인의 하나가 된다.54)

　사법행정상의 지휘감독 계통은 사법대신, 각 재판소의 관리직인
재판소장이나 부장 등 일선의 재판관 순으로 내려온다. 그 안에 신
분계층적 성격의 사법관료제가 자리 잡는다. 지휘감독 계통에 따라
봉급과 관등도 설정된다. 그 질서에서는 재판관으로서의 능력이나
경험이 아니라 사법행정 감독관으로서의 지휘감독권 보유 여부가
지위의 상하를 구분하는 기준이 된다. 그런 의식이 재판관들 사이에
심어지면서 사법행정상의 지휘감독계통을 통한 통제도 쉽게 이루어
진다.55)

　재판관의 관료적 성격은 전전 대심원 체제에 정착된다. 사법행정

53) 久保田穣,「明治司法制度の形成・確立と司法官僚制」, 154.

54) 兼子一・竹下守夫,『裁判法』, 58.

55) 三阪佳弘,「昭和初期の大審院長権限拡大論について」, 825.; 小林 智,「司法の近代化と自律的法
　　解釈の条件整備」, 118.

은 행정관청인 사법성에 장악되어 있기에 재판관의 보직, 퇴직 등에 관한 권한도 사법대신에게 있다. 사법성의 사법행정 포스트에 앉은 재판관이나 검사가 사법성의 요직이나 간부재판관 포스트에 우선적으로 가곤 했다. 이런 인사 방향은 사법행정 포스트가 아니고 재판에 전념하는 재판관들의 불만을 유발했다. 그래서 사법대신이라는 행정관을 수장으로 하는 사법성이 재판소를 지배하는 것에 반대하고 행정사무를 담당한 사법성 출신자가 재판소 요직을 점하는 것에 반대하는 '사법권독립' 운동도 등장한다.

이들은 재판소는 사법성에서 분리 독립해야 하고, 대심원장은 천황 직속으로 해야 한다고 주장한다. 운동은 1940년 이후 고노에 후미마로近衛文麿 총리 시기의 이른바 '고노에 신체제' 시대에 들어 강한 논거를 만든다. 당시 대심원판사 이누마루 이와오犬丸巌가 말하듯 신체제 하에서 비대화된 행정권의 폭주를 억제하기 위해 사법권의 독립과 강화가 불가결하므로, 적극적으로 헌법에 보장된 재판의 독립성을 더욱더 발휘해 강화해야 하고, 재판소는 행정권 밖에서 의연하게 독립을 지켜야 한다는 주장이었다.[56]

이런 주장은 나아가 사법의 인사행정이 판사 경험 없는 자 혹은 검사 경험자에 의해 이뤄지는 것, 판사 경험이 적은 자가 사법성을 경유하면서 현역 판사보다 빨리 승급하는 것을 이용해 재판소 요직을 차지함으로써 재판의 행정화 같은 폐해를 만드는 인사의 불합리함을 지적했다.[57] 그래서 현장의 재판관 사이에서는 그런 기구에서

---

56) 西川伸一, 「大正・昭和戦前期における幹部裁判官のキャリアパス分析」, 250, 265.; 家永三郎, 『司法権独立の歴史的考察』.; 丁野暁春・根本松男・河本喜与之, 『司法権独立運動の歴史』.; 犬丸 巌, 『新体制下の憲法解説』, 162.
57) 家永三郎, 『司法権独立の歴史的考察』, 23-26.

재판소의 상층 요직에 출세하는 자를 속물로 보는 분위기까지 만들어진다. 판사로서 판결하는 것을 천직으로 하지도 않으면서 소장이나 원장으로 자리를 차지하는 것에 대한 비판이 컸던 것이다.[58]

검사국이 재판소에 병치되어 판사나 검사가 사법성에 들어가 행정관이 되고, 돌아와서 판사와 검사로 되는 기구에서, 오랫동안 사법성의 행정관으로 재임하여 재판실무와 멀어지기도 하고 아예 재판실무를 모르기도 하는 그런 자가 다른 관청의 행정관처럼 승진한 그 지위로 다시 재판소로 돌아와 상층 요직에 취임한다. 이는 재판의 실적 면에서 보거나 재판관의 사기 면에서 보거나 장래 재판의 독립 면에서 볼 때도 실로 나쁜 영향을 끼친다.[59] 이런 비판은 관료적 폐해를 충분히 짐작케 한다.

사법부의 권력분립적 위상을 근거로 한 독립적 행보의 가능성도 의문이다. 대심원제 하에서 재판은 3심제이고 정점에 대심원이 있기에 비록 사법행정이 사법성에 장악되어 있더라도 재판소는 대심원 중심의 사법기구다. 그러나 대심원의 수장인 대심원장과 대심원판사는 낮은 지위다. 재판소구성법 제70조에 의해 선임요건이 10년 이상의 법조경력이라서 오늘날의 최고재 판사보다 권위가 현저히 낮았다. 그래서 흔히 40대 후반에 대심원판사, 50대 후반에 대심원부장이 되어 퇴직하는 것이 일반적인 출세패턴이었다.

대심원장은 하급재판소의 관리직 포스트로서의 경력을 가진 자가 되곤 했다. 그런데 역대 대심원장들은 사법성에 참사관, 서기관, 국

---

58) 犬丸 巖,『新体制下の憲法解説』, 162.; 丁野曉春・根本松男・河本喜与之,『司法権独立運動の歴史』, 61-62.
59) 西川伸一,「大正・昭和戦前期における幹部裁判官のキャリアパス分析」, 267.; 犬丸 巖,『新体制下の憲法解説』, 164.

장 등 간부로서 근무한 자가 적지 않았다. 실제로 대심원장 취임자 중 그런 직에 있던 자는 8명이고, 검사 경력자로 보더라도 7명이었 다. 사법성이나 검사국 근무경험자가 많은 것이다. 이는 재판소구성 법 하에서 대심원 이하 각 재판소에 대응해 검사국이 설치되어 있기 때문이기도 하다.

재판소의 구별에 대응해 대심원검사국, 공소원검사국, 지방재판소 검사국 등이 설치되어 있다. 그래서 검사도 대심원검사, 지방재판소 검사 등으로 불렸다. 이렇듯 재판소와 검사국이 미분화된 상태에서 검찰이 재판소를 지배하는 양상을 보인 것이다. 그래서 12인의 역대 대심원장 중에 검사총장 경험자는 4인이었다. 공소원장도 마찬가지 다. 역대 공소원장 중에 사법성 근무경험자는 4할이 넘고 검사 경험 자도 4할이 넘었다.[60]

다만 사법관료제의 근거가 판사가 검사보다 지위가 낮아서는 아 니다. 판사가 사법성의 감독을 받던 대심원 시기에도 판사가 그 직 분에 상응하는 역할을 하는 검사보다 직급이 낮은 건 아니었다. 과 거에는 대심원장보다 검사총장이 한 등급 아래이고, 공소원장에 대 해서 검사장도 마찬가지로 한 등급 아래였다. 이후에도 대심원장과 검사총장은 같은 등급이 되고 공소원장과 검사장이 같은 등급이 된 다. 최소한 같은 등급이었다.[61] 그렇게 보면 사법관료제 하의 판사 입지가 검사가 주도하는 사법성에 의한 관료적 통제에 기인한 것만 은 아니라고 볼 수도 있다.

사법관료제는 폐쇄적 사법체계 안에서 특권적으로 안주하는 태도

---

60) 西川伸一, 「大正・昭和戦前期における幹部裁判官のキャリアパス分析」, 250-254.

61) 尾佐竹猛, 『判事と検事と警察』, 48.

가 결과시킨 모습이기도 하다. 그것은 현대의 경력법관 체제에서도 읽혀진다. 오늘날의 사법행정에 관한 연구를 통해서 확인해 보면 사법관료란 흔히 최고재 사무총국과 그에 준하는 재판실무 이외의 지위로서의 사법연수소, 최고재 조사관, 법무성에서의 지위를 역임해 온 재판관을 지칭한다.[62] 오늘날에는 그렇게 사법행정상의 지위를 통해 일선 재판관이나 재판에 영향을 행사하는 사법관료제가 특징적이다. 그런 사법관료제는 특권적인 지위가 만든 귀결이다.

사법행정에 종사하는 재판관이 관료화되는 일은 과거에도 존재했지만 오늘날 특히 뚜렷하다. 사법관료가 되는 길은 경력법관 체계의 첫 진입단계에서부터 선별되는 경향이 있다. 재판관사회의 관료제의 기초인 경력법관 체계는 사법연수 단계에서부터 작동한다. 사법시험 합격자들이 사법수습을 거쳐 재판관이 되는 관료재판관 체계인 캐리어 시스템이 지배한다. 사법연수소 수료자에 대한 신규 판사보 지명은 사법연수소의 최종 성적, 사법시험 성적 그리고 연수소 교관의 의견이 중요하게 작용한다.[63]

선배 재판관이 사법연수소 수료자 중에서 후배 재판관을 선발한다는 의미가 된다. 사법연수소에서의 선발을 통해 지도하고 감독하는 방식이다. 그렇기에 이미 사법관료적 체질을 준비하는 것이기도 하다. 특히 이러한 체질은 사법관료제 내에서 자신을 선발한 선배 재판관의 견해에 대립하는 의견을 내기 어렵게 만든다. 판결의 전국적 균일화를 초래하기도 하고 소수의견이나 반대의견을 내기 어려운 재판소 분위기를 만든다. 그런 점에서도 관료적이다.[64]

---

62) 宮澤節生, 『法過程のリアリティ』, 198-202.

63) 조종현, "일본의 법관임용제도에 관한 실증적 연구", 490.

64) 丸田 隆, 「米国における裁判官の任命制度」, 176.

관료적인 모습은 재판관의 진로를 통해 특히 확인된다. 재판관을 대별해 보면 판사보 단계에서 사법관료의 길을 걸어 재판소 기구의 간부에 이르는 그룹과 각지 재판소에서 재판관으로서 소송실무의 길을 걷는 그룹으로 나뉘는데, 그것이 관료사법의 양극분화다. 인사 데이터에 기초해 분석해 보더라도 사법행정에 참여하는 재판관과 재판실무에 참여하는 재판관은 양극화된다.65) 즉 오늘날 사법행정에 주로 참여한 사법 특권관료와 일선의 실무 재판관 사이의 분화는 엄연한 현실이다. 그들 사법관료가 사법행정을 통해 재판관의 판단이나 재판에 영향을 미치는 집단이 된다.66)

재판소가 아닌 임지로서 대표적인 곳은 최고재 사무총국이다. 거기에는 사무총장, 국장, 과장, 국局 소속 등이 있다. 최고재 조사관으로서는 수석, 상석, 일반조사관이 있다. 또 사법연수소에는 소장, 상석, 사무국장, 일반교관 등이 있다. 특히 사무총국에 근무하는 자가 출세하는 것은 현실이다. 사법성이 재판관의 선임이나 임지에 대한 결정권을 가졌던 전전에도 흔히 '육상근무'와 '해상근무'라는 게 있었다. 사법성에 근무하는 자가 육상근무, 재판소를 전전하는 자는 해상근무인데, 육상근무가 출세한다는 것이다.

성적에 의한 임지 구분도 있다. 한국과 마찬가지로 일본도 신임 판사보의 임지는 대략 성적을 일차적 기준으로 해 도쿄로부터 순서대로 먼 지역으로 배치된다. 다만 근래에는 일률적으로 말할 수는 없고 미묘하게 다르다고는 한다.67) 그러나 여전히 무시할 수 없다. 성적 순에 따라 도쿄나 근처 지역에 배치된 것은 하나의 스펙 같은

---

65) 塩見俊隆, 「新司法官僚の形成」, 60-67.
66) 前田智彦, 「裁判官の判断過程の相互作用論的分析」, 335, 346.
67) 瀬木比呂志, 『絶望の裁判所』, 85.

것으로 경력에 따라다닌다. 이후에 사법관료 조직 내의 출세에도 영향을 미치는 요소다. 사법관료가 되는 사무총국 배치와 마찬가지로 추후의 진급 등에서 긍정적 요소로 작용한다.

재판업무 자체에서도 관료적 경험을 한다. 검사 같은 상명하복 체제가 아님에도 그렇다. 우선 합의부는 재판의 공정성을 위한 평의를 위한 제도이지만, 현실에서는 합의부에 배속되는 자체가 관료적 체계에 들어가는 것임을 부인할 수 없다. 법정의 재판장으로부터 보아 우측이 우배석, 좌측이 더 기수가 낮은 좌배석이다. 좌배석과 우배석은 판결문을 실제 작성하는 주심 판사로서 업무 등에서는 안분되고 두 판사 간 지위상의 우열은 없다. 다만 우배석이 좌배석보다 기수는 높다.

부장의 존재도 관료적이다. 한국과 마찬가지로 일본의 합의부 평의에서도 한국의 '부장部長판사'에 해당한다고 볼 수 있는 '부총괄판사部総括判事'의 의견에 거스르는 의견을 배석판사들이 관철하는 것은 쉽지 않다. 그런 경험이 너무나 많기에 퇴직 후에 이를 토로하는 전관들이 적지 않다. 그런 현상은 어제오늘의 일이 아니다. 전전의 어떤 법조인 말처럼 일본의 재판제도상의 합의제 하에서 명칭은 합의제라고 해도 배석판사는 재판장의 의견에 복종하여 사실상은 단독심과 마찬가지인 것이다.[68]

판사들은 특히 진급에서 관료제를 절실히 체험한다. 한국의 경우에는 법원 내 직급제 폐지에 따라 지방법원의 '부장판사'라는 '직급'은 폐지되었다. 1994년의 법원조직법 개정에서 법률상으로는 직급제가 폐지되어 법원장, 고등법원 부장판사, 지방법원 부장판사, 고등

---

68) 橫田眞一, 『司法制度革新論』, 15.

법원 판사 등의 직급은 폐지되고 법관에는 대법원장, 대법관 그리고 판사의 직급만이 있다.69) 그런데 법원조직법 제29조 제4항의 지방법원장 대행 순위에 수석부장판사 등이 있는 등으로 인해 지방법원 부장판사라는 '보직'은 유지되고 있다.70) 그래서 '부장판사'라는 통칭은 널리 퍼져 있다.

일본에서도 엄밀하게는 '부장部長' 판사가 없다. 문자 그대로 합의체를 구성하는 부部의 사무를 총괄하는 재판관인 '부총괄판사'는 있다. 이는 하급재판소사무처리규칙 제4조 제4항에 근거한다. 그런데 이것이 '부의 장'에 상당하기에 속칭 '부장'이라 불린다. 부총괄판사가 규칙 제5조 제2항에 의해 당해 부에서 이루어지는 합의체의 재판장 역할을 하기에 속칭 '부장'이다. 공식적으로는 부총괄판사이되 통칭 부장이다. 그렇게 높은 직위라고 보기도 어렵지만 65세 정년에 이르기까지 부총괄로도 지명되지 못한 채 퇴관하는 판사도 없지 않다.

따라서 짐작되겠지만 부총괄판사가 한국의 보직으로서의 부장판사와 비슷한 면이 있지만 같다고 보기도 어렵다. 한국 사법시험 시절에는 사법연수원을 수료하고 흔히 15년 이상이 되면 부장판사가 되기 때문이다. 그렇다면 그와 다른 일본의 실정은 진급에 민감한 많은 재판관이 국가나 집권당의 정책에 상반되거나 불리한 판단을 내리는 것을 주저하게 만드는 이유의 하나로 작용할 수 있다. '튀는' 판단이 최고재의 의향에 반하는 것이 되어 장래 전근이나 승급에 나쁜 영향을 미친다는 생각에 이르면 위축될 수 있는 것이다.71)

특히 재판관에 대한 인사행정의 제도적인 모습으로 인해서 그렇

---

69) 김도현, "사법개혁과 법관인사제도", 4.

70) 정종섭, 『한국의 사법제도와 발전 모델』, 102.

71) 小林克美, 「裁判官人事制度の改革」, 118-119.

다. 한국과 마찬가지로 일본에서 재판관의 승진이나 이동을 관장하는 인사행정은 재판관과 별도로 사법관료적인 구조 속에 존재한다. 미국 등 법조일원제 국가의 재판관이 하나의 자리에 선출 등으로 임명되면 지위에 있는 한에서는 이동이 없고 신분상으로 보장되는 것과는 다르다.[72] 따라서 일본의 관료적 인사제도가 사법관료제를 더욱 고질화시킨다고 말할 수 있을 것이다.

다만 법관 사회의 관료제적 측면이 반드시 제도적 측면에서 파악된다고 볼 수는 없다. 사법제도 형성과 법관 사회의 관료제적 형성 사이에는 시기적 간극이 있다. 제도의 담당자를 조직화하고 인재를 확보하는 법조적 구성은 시간을 요하는 뒤늦은 것이 된다.[73] 사법제도에 의해 관료적 법관사회가 만들어지기까지는 시간적 경과가 필요한 만큼 제도를 변경할 시간적 여유도 있다는 것이다. 그 점에서 법조일원제적 대안은 관료제의 고착을 저지하는 수단이 될 수 있다.

5. 이념적 통제와 한계

한국에서도 판사의 재임용이 거부된 몇몇 사례의 경우에는 보이지 않는 이념통제가 평가 기준으로 작용한 것인지가 문제되었다. 마찬가지로 일본에서도 재판관에 대한 제재가 직접적인 이데올로기적 통제를 의미하는 것으로 파악된 경우가 적지 않다. 심지어는 재판관의 어떤 행동에 대한 결과적인 대응 형태를 넘는 선제적 방식이기도 했다. 비록 전시 등 비상시국이기는 하지만 정부의 정책목표에 부합

---

72) 種村文孝,「專門職としての法曹養成の経緯と現代的課題」, 78.

73) 小林 智,「司法の近代化と自律的法解釈の条件整備」, 114.

하도록 요구하는 것과 같은 적극적인 형태도 없지 않았다.[74]

평시에도 이념적 제재는 확인된다. <스이타 묵념吹田黙祷 사건>이 대표적이다. 오사카 지재의 1952년 6월 반전소요 사건 공판에서 피고인들이 재판장에게 한국전쟁 휴전을 축하하는 박수와 조선인 희생자에 대한 묵념을 하고 싶다고 했고, 재판장은 막지도 않고 격려하지도 않겠다면서 중립을 표한다며 방관한다.[75] 검찰은 재판장의 대응에 반발한다. 국회도 소송지휘가 부당하다고 '재판관소추위원회'를 구성해 재판장 소환을 결정한다. 재판장은 재판의 공정함이 손상될 수 있다면서 거부한다. 그런데 최고재도 '법정의 위신에 관하여'라는 통달을 전국 재판관 앞으로 보내 그 소송지휘를 간접적으로 비판한다.

재판장의 소송지휘를 비판한 것이기에 사법권 독립 침해 논란을 부른다. 최고재가 국회의 대응을 재판독립에 대한 간섭으로 보지 않고 되레 동조한 것으로 이해된다. 이는 그 무렵 국회가 진행 중인 재판 간섭을 최고재가 비난하면서 그에 대응하기 위해 사무국을 「사무총국」으로 확대 개편해 사법의 독립을 지켜내려 한 태도와도 모순되는 듯 보였다. 그러나 최고재는 재판관의 편향성과 그로 인한 사법의 권위 실추나 신뢰의 추락에 주목한 것이다. 따라서 통달은 사법권을 위한 것이라 판단한 것이다.

---

74) 태평양전쟁 중인 1944년 2월에 도쿄 히데키東條英機 총리가 대심원장, 공소원장, 지방재판소장 등 사법관계자들에 대해 전치체제에 협력하는 사법권운용을 요구하는 연설을 하고 위압적인 훈시를 했다. 재판관들의 자유주의적 경향을 힐난하고 전쟁에 협력할 것을 요청했다. 전시체제에서 재판관의 독립이 위협받는 일은 당연하다고 생각할 수도 있었지만 당시에도 저항은 있었다. 호소노 나가요시細野長良 히로시마 공소원장이 도쿄에게 항의문을 보낸다. 다만 항의문은 전달된 대심원장의 선에서 묵살되면서 도쿄에게 전해지지는 않았다(橫川敏雄, 「司法権の独立と司法権のあり方」, 66.).

75) 石川元也, 『吹田事件と大衆的裁判闘争』.

1969년의 <히라가 메모平賀書簡 사건>은 큰 반향을 일으켰다. 베트남전이 한창이고 <미·일 안보문제>가 주목받던 1969년에 홋카이도 나가누마長沼에 항공자위대가 나이키미사일 기지를 건설하기 위해 국유보안림 지정을 해제하자 주민들이 자위대는 위헌적 존재이고 홍수 위험도 있어 기지건설은 공익성이 없다며 보안림 해제처분취소 행정소송을 삿포로 지재에 제기한다. 그런데 1심 재판장 후쿠시마 시게오福島重雄에게 9월 14일 삿포로 지방재판소장 히라가 겐타平賀健太가 원고의 신청을 각하하라고 시사하는 '한 선배의 어드바이스' 라는 메모를 넣은 것이 폭로된다.

최고재 사무총국은 히라가의 재판관독립 침해 행위에 대해 주의처분한다. 경징계다. 반면 사건을 폭로한 후쿠시마는 피해자 측인데도 더 중한 징계를 받는다. 그가 「청년법률가협회青年法律家協會」 회원이고, 청법협은 '반체제 좌경단체'라는 일부 보수계 언론이나 정치가들의 비난까지 받게 된다. 10월에 가고시마 지방재판소장이 자민당의 정치자금단체인 국민협회의 기관지 상에 후쿠시마는 청법협에 소속하고 있다고 밝히는 내부고발이 이루어지고, 11월에는 우익계 잡지『전모全貌』가 청법협 회원 재판관의 명단을 게재한다.76)

「청법협青法協」은 전후의 사법시험 하에서 사법연수소에 들어가는 수가 압도적으로 많아진 1954년 4월에 일군의 법학자, 변호사, 재판관, 검찰관, 사법수습생들이 탈정치, 헌법옹호, 평화, 민주주의 등 기치를 내걸고 창립한 법률가협회다. 당시 세력은 적지 않았다. 사법수습소 20기로 1968년에 도쿄 지재에 배속된 14인의 신임 판사보 중 12인이 청법협 회원일 정도로 많은 수습생이나 판사보가 가입했

---

76) 西川伸一,「最高裁における「信頼」の文脈」, 114.

다. 청법협 회원 재판관 등에 의해 획기적인 하급심 판단들이 속출했다.

청법협은 1950년대에는 원수폭原水爆 금지, 안보개정安保改定 반대, 1960년대에는 베트남 반전, 한일기본조약 체결 반대 등의 운동을 전개한다. 그래서 이미 1967년에 『전모』에 청법협 회원 재판관 리스트가 공표되고, 1969년에는 <나가누마長沼 사건>에서 자위대의 헌법 제9조 위반 여부를 정면에서 다룬 청법협 회원 후쿠시마 재판장의 이름이 게재된 것이다. 청법협 재판관을 편향 재판관으로 비판하는 목소리가 높아진 1970년에는 사법수습소 22기의 수습생 중 3명이 판사보 임관을 거부당하는데 그중 2인이 회원이었다.77)

1969년 최고재 장관 이시다 가즈토石田和外에 의해 청법협 계열 판사의 배제를 의미하는 <부루파지ブルーパージ>가 단행된다. 전후 미국의 반공 히스테리로부터 야기된 적색분자 추방red-purge인 <렛도파지レッドパージ>라는 '빨갱이 사냥'에 빗대어 청법협의 '청靑'을 딴 청색분자 추방blue-purge인 '부루파지'는 청법협·좌파 재판관에 대한 재임용거부 등 불이익 취급이나 탈회공작을 의미했다. 1969년 11월 중순부터 최고재는 탈회권고를 하고, 이듬해 1월 사무총국 소속 판사보의 전원 탈회를 시작으로 350명을 넘어서던 청법협 회원 재판관은 부루파지 1년 만에 200명 대로 떨어진다.78)

전향한 재판관 중에는 극단적 이념 성향을 가진 자도 있지만 상당수는 '리버럴리스트' 등 소위 튀는 재판관 수준이었다. 실제로 당시나 이후의 판사 재임용거부 사례는 반체제적 판사보다는 오히려 '리

---

77) 小林克美, 「裁判官人事制度の改革」, 113-114.

78) 青年法律家協会弁護士学者合同部会 編, 『青法協』, 117-119.

버럴' 성향에 집중된다. 이념 편향까지는 확인되지 않거나 최소한 이념적 지향이 어떤 고정된 것이라 볼 수는 없는 자들이다. 이념적 위험성은 크지 않더라도 사법제도의 질서 내에서 다루기 거북한 그야말로 '튀는' 존재로 인식되는 자들이다.

한국과 마찬가지로 일본에서도 '리버럴' 내지 자유주의적 사고의 재판관이 사법시스템 안에서 우려의 눈길을 받는다. 관리하기 어렵고 언제든 '사고'를 칠 수 있는 '불편한' 존재들이기 때문이다. 리버럴의 지나친 진보적 혹은 튀는 판결로 사법에 대한 국민적 신뢰가 손상받을지도 모르고 그로 인해 사법부의 독립적 운신도 제약받게 될 수도 있다고 본다. 사법부에서는 리버럴의 위험성이 좌파와 거의 동일시되거나 그 이상으로 위험시된다.

거기에는 특수한 인식도 개입되어 있다. 본래 자유주의는 자본주의에서 보수주의로 평가될 이념인데도 현실에서는 사법질서상의 혼란 유발자로 좌파처럼 평가되는 데에는 일본 특유의 경험이 있다. 미국에서 대공황 이후 루즈벨트 정권의 뉴딜정책을 경험한 사회민주주의적 사상의 보유자인 '뉴딜러New Dealer' 등 국가개입주의자들이 진보적 입장으로 인해 위험성 측면에서 좌파와 동일시되었다. 일본의 전후에 미점령군 중에도 상당수 존재하던 뉴딜러는 이념적 이유로 본국으로 귀환된다. 이를 지켜본 일본의 경험도 좌파도 아닌 리버럴을 배척하는 계기가 된다.

'리버럴'은 위험성으로 인해 제재받은 것이지 사법 내 소수파라서 제약받은 것은 아니다. 소수파인 점은 긍정적으로 평가되기도 했다. 1960년에 제3대 요코다 기사부로橫田喜三郎 최고재 장관 이후의 최고재에는 리버럴이 더 많았다. 요코다는 재임기간 중 무려 12인의 최고재 재판관이 정년이나 사망 등으로 결원이 되어 보충인사를 하는 경우에, 리버럴 계열 판사를 늘려 최고재를 리버럴의 보루로 만드는 듯했다. 그래서 요코다 취임 당시에는 과반수이던 보수파가 퇴임 시점에는 소수가 되고, 리버럴 계열은 9인이라 평가될 정도로 다수가 된다.[79)]

그러나 요코다 재임 중 최고재는 전임 장관의 시기보다도 훨씬 위헌 판단에 소극적이었다. 인권규정 등의 헌법 문제에서 획기적 판결도 거의 없었다. 그런 경험으로 볼 때 리버럴 재판관이 실은 위험한 존재도 아니다. 리버럴의 사법적 위험성은 과장된 것이거나 그저 우려의 수준일 수 있다. 그들로 인한 피해나 이념적 파급효과 등도 거의 보이지 않는다. 그렇게 보면 리버럴 제재는 잠재적 위험성에 대한 사법적 통제의 경고적 효과를 기대한 것으로도 보인다.

청법협 재판관들에 대한 과도한 압박으로 치달은 <히라가 메모 사건>은 사법 외부는 물론이고 내부 이념 통제까지 유발한다. 그 결과 사법 자체가 흔들린 <사법의 위기>라고 불린 일련의 사태가 이어진다. 메모 사건이 재판관에 대한 이데올로기적 통제의 중대한 분수령이 된 것이다. 이는 임관거부 등의 빌미가 된다. 최고재는 재판관의 독립보다는 이념으로부터의 사법의 제도적 안정성에 주안점을 둠으로써 비판에 직면하게 된다.

1971년 4월의 <미야모토 야스아키宮本康昭 판사보 재임거부 사건>이 논란을 부른다. 미야모토는 10년 임기를 마치고 재임을 희망하지만 최고재가 '재임지명자 명부'에의 등재를 거부해 재임되지 못한다. 미야모토는 불복하지만 최고재는 재임 지명은 자유재량 행위이고

---

79) 山田隆司, 『最高裁の違憲判決』, 74.

재임거부 이유는 인사 비밀에 속해 공표할 수 없다며 불복신청을 각하한다. 임명희망자를 명부에 등재할지 말지는 최고재의 전속적 재량에 속한다는 입장이었다.

그렇듯 1970년대에 상당수 사법수습생에 대한 명부 등재가 거부된다. 이유는 대부분 청법협 회원 내지 동조자이기 때문이라고 짐작된다. 이유가 공표되지 못하기에 짐작 수준이기는 하지만 거의 확신된다. 미야모토가 청법협 소속이라서 재임이 거부당한 것이라 추측되는 것과 마찬가지였다. 시기적으로도 재임용 거부는 2년 전 히라가 메모 사건 이후의 최고재의 일련의 움직임과 관련된 것이라고 쉽게 추측될 수 있었다.[80]

이런 통제적 움직임은 이후에는 큰 소동을 만들지는 않지만 이어지기는 한다. 1977년에 에히메현의 <이카타伊方 원자력발전소 소송>에서는 증인심문 등 증거조사를 적극적으로 채용하는 소송지휘를 한 재판장을 타 재판소로 이동시킨다. 그래서인지 원고패소 판결이 되는데, 분명한 것은 재판장 교체로 소송의 흐름이 급격히 바뀌긴 했다는 것이다. 1982년 기후 지재의 <나가라가와長良川 수해소송>에서는 원고들이 승소하지만 같은 수해에 관한 1984년 5월의 다른 소송에서는 재판장만 교체시킨 인사이동으로 원고 패소된다.[81] 재판장 교체라는 수단이 의미하는 이념적 통제를 추측케 하는 대목이다.

1994년에는 사법수습생인 재판관 희망자에 대해 7년 만에 임관거부를 한 사건도 있다. 수습생이 정부가 민감하게 주목하는 <미노箕面

---

80) 安倍晴彦, 『犬になれなかった裁判官』, 190-192.; 野中俊彦・中村睦男 他, 『憲法II』, 250.
81) 小林克美, 「裁判官人事制度の改革」, 116.

충혼비 소송>의 원고 측 관계자로서 실무수습 중 판결비판 집회를 열거나 검찰실무에서 피의자 조사를 거부한 것 등이 이유라고 추측된다. 임관거부에 대해 취소소송이 제기되지만 각하된다.[82] 반발 분위기도 만들어지지만 금세 시들해진다. 당시에는 우호적 여론을 뒷받침할 구심점도 사라졌기 때문이다. 청법협도 사라지고 없고 후속단체도 이름뿐인 시기였다.

사회적 분위기도 부정적으로 정착되면서 1978년의 사법연수소 30기 이후에는 청법협 회원 수습생이 판사보로 임관되는 게 점점 어렵게 되었다. 1983년의 35기 이후에는 청법협 회원인 수습생이 재판관에 임관한 것은 1명이거나 없다시피 했다. 1985년에는 청법협이 「여월회如月会」로 개칭된다. 여월회는 연구회활동을 하는 정도이다가 몇 년 뒤에 소멸한다. 청법협과 그 후속 단체는 사라진 것이다.

미야모토 재임거부 직후인 1971년에 항의하는 전국 200여 명의 재판관이 모여 신분보장과 독립을 논의한 것을 시작으로 결성되어 2년에 한 번씩 개최되는 「전국재판관간담회」가 있기는 했다. 그러나 활동은 부진했다. 간담회는 재판관 인사제도의 투명화와 민사재판 운영개선 등을 호소하지만, 출석 재판관 수가 가장 많을 때는 300명을 넘다가 점차 줄어 1995년에는 100명 정도이다가 2006년 11월에 20회를 끝으로 35년 만에 소멸된다.[83]

이런 현상이 최고재의 적극적 행동의 결과라고 보기는 어렵다. 1971년 미야모토 재임거부가 사상이나 신조에 기초한 결정이 아닌가라는 의혹이 제기되어 크게 사회문제가 된 이후 최고재의 재임거

---

82) 野中俊彦・中村睦男 他, 「憲法II」, 248.

83) 小林克美, 「裁判官人事制度の改革」, 117.

부는 오히려 곤란해졌다. 그래서 이후에는 설사 유사한 조치가 있더라도 큰 소동 없이 이뤄지는 형태가 되었다. 그리고 청법협의 해체나 여월회의 소멸 같은 것에 대해 최고재가 직접적 작업을 한 것도 물론 아니다.

그런데 재임 문제는 의외의 반전을 맞는다. 「하급재판소재판관지명자문위」가 설치된 이후 부적격판정으로 재임 거부되는 재판관이 현저하게 늘게 된다. 재임 희망자의 약 2%가 재임 거부된다. 지명자문 결과를 보면 2004년에 6명을 부적당하다고 의견을 낸 이후 2017년까지 매년 2-6명에 대해 부적당하다는 회신을 낸다. 2004-2017년까지의 통계를 보면 총 지명 후보자 2,925명 중 51명을 부적당하다고 회신한 것을 볼 수 있다.[84]

1960년대 후반 이후 청법협 회원 수습생이 대량 신임 거부된 것이 사회문제가 되면서 형식적으로는 이후 신임 거부 숫자가 줄어 왔다. 그런데 지명자문위 발족 이후 신임되지 못한 수가 오히려 늘어 신임 희망자의 약 4%가 채용되지 못한다. 불채용이 증가한 원인으로는 변호사가 늘어남에 따라 변호사 업무의 매력이 저하됨에 따라 재판관 임관 희망자 자체가 증가한 탓도 있다고는 한다. 그럼에도 신임 거부가 늘어난 것은 사실이다.[85]

지명자문위의 신임 거부는 재량 판단이지만 이념적 통제와 간접적으로는 관련된다. 미야모토 재임 거부로 재판소가 비판받은 것이 자문위의 출범 동기와 무관치 않기 때문이다. 최고재는 비판으로 인해 거부에 필요 이상으로 신중하게 된다. 그래서 재임은 당연히

---

84) LIBRA, 「ご存じですか? 裁判官の人事評価制度」.; 조종현, "일본의 법관임용제도에 관한 실증적 연구", 531-532.

85) 小林克美, 「裁判官人事制度の改革」, 124.

되는 갱신처럼 되어 버렸다. 누가 봐도 문제 있는 재판관도 재임되었다. 그래서 재판관 적격성을 판단하는 재임 제도로 돌아가자는 의견이 나왔고, 변호사회도 재임 제도를 더 투명하게 운영하자고 제안해 자문위가 생긴 것이다. 그래서 자문위는 적격성을 실질 판단할 수 있다.[86] 따라서 이념적 통제가 이제 문제되지 않는다고 보기는 어렵다.

일본에서 발생하는 재판관의 '반정부적' 경향이 재판관의 경력에 불리한 영향을 주는지 여부를 대량 데이터에 기초해 확인한 서구학자들도 일본에는 재판관의 경력에 관해 정치적으로 편향적인 구조가 있다고 한다. 정치적 중요 사건에서 자민당의 선호에 반하는 판결을 내린 재판관은 잠재적으로 그들의 경력에서 대가를 치를 수 있다는 것이다. 따라서 정치는 재판관의 경력에 있어서 중요한 의미를 지닐 수 있고 그 점에서 사법의 독립은 일본에서 현실적으로 한계가 있다는 것이다.

이는 사법의 독립에 관해 미국과 비교한 실증분석에서도 확인된다. 일본의 재판관들이 오랫동안 집권당인 자민당에 유리한 판결을 내리는 유인에 직면하지 않을 수 없고, 그 속에서 최고재 사무총국은 재판관의 승진에 정치적 고려를 하는 형태로 집권당 압력에 대처해 왔다는 것이다. 1960년대에 유력한 좌익단체에 참가한 적이 있는 재판관들은 80년대가 되어서도 비교적 선호하지 않는 업무에 배치되고, 정부에 불리한 판결을 내린 재판관은 총국에 의해 선호하지 않는 자리로 좌천될 위험을 안고 있고, 선거기간 중 후보자의 호별방문금지가 위헌이라고 판단한 재판관들은 합헌 판단한 재판관들에

---

86) LIBRA, 「ご存じですか? 裁判官の人事評価制度」.

비해 선호하지 않는 자리로 배치된 사실 등이 실증적으로 확인된다는 것이다.[87]

6. 민주적 정당성 문제

사법부의 법관은 선출직이 아니라서 민주적 정당성에 취약하다. 평상시에는 그 점이 특별히 문제 제기되지 않지만 사법 판단이 의회나 정치 부문의 입장과 충돌하거나 국민의 일부나 대다수가 법원 판결에 불만을 가지는 경우에는 민주적 정당성의 부재가 지적받는다. 그런 지적은 불만스러운 판결을 받은 정치권이나 이익집단 혹은 일정한 지지를 얻는 여론이 자신의 견해를 관철시키기 위해 사법적 판단의 의미를 퇴색시키기 위한 목적적 행동인 경우도 많다. 그래도 의외로 정당성 지적은 상당한 지지를 얻는다.

민주적 정당성의 취약성은 사법의 본질이다. 그래서 이를 충분히 자각한 미국에서는 재판관 임명과정에서 정당성 보강 장치도 둔다. 식민지시대에는 영국 국왕의 정부에서 파견하던 재판관은 독립 무렵부터는 각 주 지사가 의회 승인을 얻어 임명한다. 연방정부 발족 후의 「연방대법관」 등은 대통령이 임명하고 의회 특히 상원의 승인을 요한다. 19세기 이후에는 각 주에서 주민이 투표로 공선하기도 한다. 비당파적 선거나 시민이나 전문가로 구성된 위원회가 재판관 후보 중에서 적임자를 선정해 지사가 형식적으로 임명하기도 한다. 각 주에서 재판관 재임용에 관한 신임 투표도 등장한다.[88]

---

87) J. Mark Ramseyer and Eric B. Rasmusen, Measuring Judicial Independence: The Political Economy of Judging in Japan, 25, 81, 117.; 大沢秀介, 「大きな司法と司法像」, 96.

임명단계의 정당성 보강 장치조차 없는 한국에서 민주적 정당성의 부재로 인한 공격은 때로 극심하다. 과거 권위주의 시대의 시국사건 등에서는 그 취약성을 이용하는 정치에 의해 사법의 판단이 휘둘리곤 했다. 정치적 헌법문제를 다루는 헌법재판소에서도 민주적 정당성의 문제는 크게 부각된다. 헌재 출범 이후 수도이전 문제 등 수 많은 정치적 헌법문제 판단 결과에 불만을 보인 정치 부문은 늘 헌재의 민주적 정당성 부재를 지적했다. 그 경우 재판관을 국민이 직접적 혹은 간접적으로 파면시키는 제도가 민주적 정당성의 보완 장치라는 식으로 거론된다.

일본의 「국민심사国民審査」도 비슷한 취지의 민주적 정당성 보완 장치다. 신헌법은 최고재 재판관 파면절차인 국민심사제를 제79조에 둔다. 그 외에도 헌법상의 정당성 보완 장치로는 모든 재판관을 대상으로 한 제78조의 「탄핵제도」와 재판관의 심신의 질병 등에 기한 「분한재판」 제도가 있다. 국민은 국민심사제에서는 공무원 선정 파면권을 직접적으로 행사하고, 탄핵이나 분한재판에서는 간접적으로 행사하는 게 된다.[89] 그중 대표적 보완 장치는 물론 최고재 재판관에 대한 민주적 통제로서의 국민심사다.

선거직이 아닌 데다가 정년까지 자리가 보장되는 최고재 재판관이기에 민주적 정당성 문제가 더욱 지적된다. 그래서 10년마다 국민심사를 받는다. 그러나 국민소환적 성격의 국민심사는 거의 형식화되고 파면 찬성 비율은 극히 낮은 편이다. 국민심사에는 재판관의 얼굴 사진이 들어간 프로필이 공보로서 각 가정에 배포되지만 실제

---

88) 丸田 隆,「米国における裁判官の任命制度」, 177.

89) 土屋孝次,「裁判官規律制度の日米比較」, 74.

로는 거의 읽지 않는다. 투표는 재판관 이름이 인쇄된 곳에 'X' 표시하는 방식이다. 순번은 추첨으로 정해지는데 보통 1번에 표시를 많이 하고 점점 그 수가 줄어들기에 1번이 가장 불리하다고 한다.[90]

이는 외국에서도 유례를 찾기 힘든데, 1945년 미국 미주리 주의 신헌법에 있는 제도가 모델이라고 한다. 미주리 주 헌법이 등장한 얼마 뒤에 '맥아더 초안'을 통해 국가 헌법 차원으로는 처음 일본에서 헌법초안에 등장하고 헌법에 규정된 것이다.[91] 반대가 없었던 건 아니다. 중의원 등의 헌법심의 과정에서 최고재 재판관을 임명 후 국민투표로 심사하는 것은 운용이 곤란할 거라는 등의 반대의견도 나온다. 그럼에도 최고재에 대한 국민적 비판과 감시 의미가 보다 강조되면서 통과된다.

신헌법 심의과정에서 민주적 정당성에 관한 또 다른 지적도 확인된다. 신헌법이 메이지헌법과는 달리 사법권이 천황의 이름으로 행해지는 것이 아니게 된 것에 대한 문제의 지적이다. 메이지헌법 하의 사법관은 제57조 제1항에 의해 '천황의 명에 의하여' 법률에 따라 재판하는 것인데 신헌법에서는 그렇지 않기 때문이다. 즉 신헌법의 규정은 과거에 천황의 이름으로 정당성을 얻어왔던 재판에 대한 어떤 다른 이념적 태도인지를 묻는 것이었다.

이에 대해 정부는 재판의 타당성은 천황의 이름으로 판단되기에 얻어지는 것은 아니라고 했다. 또한 천황이 실제로는 사법권 행사에

---

90) 山浦善樹,「最高裁判所判事になったマチ弁の随想」, 221.

91) 미주리 주 헌법 제5조의 일부에서 주 최고재판소 등의 재판관은 재판관 추천위가 지명한 자들 중 주지사가 임명하고, 임명 후 1년 뒤의 총선거 때 각 재판관이 지위를 유지해야 할지 가부택일로 답하여 50% 이상 반대가 있으면 재임되지 않도록 한 것이다. '미주리 플랜Missouri Plan'이라 불린 일종의 신임투표다. 岸本正司,「最高裁判所裁判官国民審査制度の法文化論的考察」, 120-121.; 丸田 隆,「米国における裁判官の任命制度」, 177-178.

관여하지 않음에도 마치 관여하는 것과 같은 외양을 띠는 것은 정당하지도 않다고 답한다.[92] 전전과는 명백히 다른 입장에 선 정부의 답변은 재판에 관한 민주적 정당성의 요청을 확인한 것이고, 특히 정부가 이를 수긍한 것이라는 점에서 정부가 정당성 문제를 민주주의의 관점에서 보고 있음이 확인된 것이다.

헌법의 재판관 탄핵재판도 민주적 통제 장치다. 「재판관 탄핵법」 제15조에 의해 최고재에 의하거나 재판관 소추위 직권에 의한 소추청구는 물론이고 국민 누구나 재판관 탄핵파면 사유가 있다고 판단하면 소추위에 청구할 수 있기 때문이다.[93] 그런데 2015년까지를 보면 소추위가 파면소추 결정한 사건은 총 9건이다. 도입 이래 2013년까지만 보더라도 수리된 사건은 1만 건 이상이나 되지만 청구가 대부분 소추위에 의해 불소추로 처리되어 탄핵재판소에 가지 않기에 파면소추 결정은 극소수다.[94]

결국 탄핵 파면되는 사례는 극히 드물다.[95] 그래도 탄핵절차가 그나마 재판관에 대한 불만의 표출형식은 된다는 점에서 민주적 정당성의 보강 장치로서의 효과는 없지 않다. 다만 장치적 한계도 있다. 본래라면 탄핵제도를 이용해야 하는 것이 아닌 사건이 소추위에 접

---

92) 岡田亥之三朗 編, 『日本国憲法審議要録』, 11.

93) 국회법 제126조와 「재판관 탄핵법」 제5조 제1항에 의해 재판관 탄핵을 위한 「재판관소추위원회」는 중·참의원에서 각 10명씩 선발된 합계 20명의 소추위원으로 구성된다. 탄핵에 의한 파면의 사유에 관해서는 재판관 탄핵법 제2조가 '직무상의 의무에 현저하게 위반하거나, 직무를 현저하게 태만히 한 때. 그 외 직무의 내외를 불문하고 재판관으로서의 위신을 현저하게 상실했다고 볼 수 있는 비행이 있는 때'라고 규정한다. 소추가 결정되면 탄핵재판소에서 심판한다. 탄핵재판소는 헌법 제64조, 국회법 제125조 및 재판관 탄핵법 제16조에 의해 중의원 의원 7명과 참의원 의원 7명 합계 14명의 의원으로 구성된다. 탄핵재판소에 의한 탄핵결정으로 파면된 사례는 거의 법에 규정된 탄핵의 사유대로 '직무상 의무위반이나 직무의 해태가 현저하거나, 재판관으로서의 위신을 현저히 떨어뜨린 비행이 있는 경우다.

94) 권순남·이성균, "일본 법관의 공정성과 윤리성 제고 방안", 535.

95) 2001년에 탄핵재판으로 파면된 7번째의 사례는 6번째의 사례로부터 거의 20년 만의 탄핵 파면인 식이다. 土屋孝次, 「裁判官規律制度の日米比較」, 73.

수되기 때문이다. 실제로 신헌법 이후 2004년까지만 보더라도 국민이 소추위에 제출한 소추청구는 1만 건을 넘고 해가 갈수록 그 수가 증가하지만, 그들 대다수는 단순히 패소나 소송지휘에 대한 불만이다. 따라서 탄핵파면 사유가 아닌 것이다.[96]

헌법은 재판관이 관련된 불상사에 관해서는 탄핵제도 외에 징계제도도 예정한다. 재판소법 및 재판관분한법이 그 징계절차에 해당하는 법이고 특히 재판소법 제49조는 '재판관은 직무상의 의무에 위반하거나, 직무를 태만히 하거나 혹은 품위를 손상시키는 행위가 있을 때는 별도로 법률로 정한 바에 따라 재판에 의해 징계한다'고 하고 있다. 다만 징계절차는 재판관을 감독하는 재판소에 의해 개시되는 것이라서 국민이 관여하는 절차가 아니다 보니 민주적 정당성 보완 장치로서의 기능은 멀다.

7. 정치적 중립 문제

법관의 정치적 중립은 선언적으로 말하기는 쉽다. 그런데 재판관의 양심과의 관계에서만 보더라도 정치적 중립은 외부에서 판단이 곤란한 내심의 영역 문제가 될 수 있다. 일본 헌법 제76조 제3항은 한국과 비슷하게 '모든 재판관은 그 양심에 따라 독립하여 직무를 행하고 헌법 및 법률에만 구속된다'고 한다. 양심의 의미에 관해서는 흔히 개인의 양심과는 다른 것으로 재판관으로서의 특수한 직업적 양심이라 본다.[97] 그런데 재판관의 직업적 양심에 좇은 판단도 재판

---

96) 土屋孝次,「裁判官規律制度の日米比較」, 76-77.
97) 재판관으로서의 특수한 직업적 양심이라는 객관적 양심설과 재판관 자신이 바르다고 생각하

관을 정치적 중립의 문제에서 자유롭도록 보장해 주지는 못한다.

학문의 경우에는 제기된 문제의 해결은 주관적 가치판단을 배제시킨 채 행해져야 한다. 학문의 결론은 그런 의미에서는 정치적으로 본다면 중립적인 게 된다. 반면 재판에서는 문제가 제기된, 즉 소가 제기된 뒤에도 재판관은 여러 가치를 선택하고 여러 가치와 타협하지 않으면 판결을 작성하는 것 자체가 본질적으로 불가능하다. 재판은 가치판단이라서 객관적 인식을 지향하는 학문과는 차원이 다르다. 결국 정치적으로 중립적인 재판이라는 것은 본래 존재할 수 없다고도 말할 수 있다.98)

따라서 법관의 정치적 중립에 대한 일방적 강요는 비현실적이다. 그와 관련해 독일의 입법 태도는 시사하는 바가 크다. 1948년 서독 정부 수립을 위해 연합국 서방진영 3개국 총리들이 소집한 '의회위원회parlamentarischer Rat'에서 사법이 완전히 탈정치적이어야 하는지 혹은 공개적인 정치적 활동이 법관의 지위와 조화될 수 있고 직무수행 침해로 보는 것이 적절하지 않은지를 놓고 논쟁이 벌어진다. 법관 독립의 실질적 보장을 위해 정치적 절제가 필요하다는 견해도 있었지만, 법관의 비정치화가 민주주의에 사법을 뿌리내리게 하는 적절한 방법이 아니라는 견해가 우세했다.

새로운 독일의 헌법적 이념이 판결에 반영되게 하기 위해서는 법관 자신이 스스로 헌법적 이념을 가질 수밖에 없다는 입장이었다. 그래서 「독일법관법」 제39조는 법관의 정치활동을 금지하지 않는다. 법관이 정치적 견해를 표명하는 것이나 정당 등 정치적 단체에 가입

는 것에 따르는 것이라는 주관적 양심설로 대별되는데, 헌법학에서는 객관적 양심설이 다수설이다(日比野琢矢, 「「裁判官の良心」についての考察」, 197-198).

98) 世良晃志郎, 「裁判官の政治的中立性」, 81-82.

하는 것도 자유롭게 가능하다.[99] 법관이 정치적 견해를 유지하지 않은 채 판단하는 것은 실제로는 불가능하다고 본 것이다. 이는 독일이기에 더욱 주목된다. 얼핏 보면 독일의 사법이 보여준 이데올로기적 통제의 측면과 배치되는 것처럼 보이기 때문이다.

즉 패전 이후에 독일의 연방헌법재판소는 <독일공산당KPD 위헌 판결(BVerfGE 5, 85)>이나 <군인Soldaten 판결(BVerfGE 28, 36)>, <도청Abhör 판결(BVerfGE 30, 1)> 등에서 독일이 추구하는 '자유민주주의적 기본질서freiheitlich demokratische Grundordnung'에 저촉되는 행위에 대한 체제유지적 '방어' 이념을 강조했다. 이는 새로운 독일의 헌법정신에 부합하는 것이라고 평가되고 지지되었다. 독일이라는 체제 질서에 배치되는 정치적 입장은 배척될 수 있게 된 것이다.

그래서 그런 정치적 입장을 지닌 자에 대한 법관임용 거부도 사법에 의해 인정되었다. 그렇기에 연방헌재의 태도는 법관의 정치적 자유의 이념과는 일면 배치되는 듯도 보인다. 그러나 헌재의 태도가 그렇게 읽혀질 수만은 없다. 사법 판결 등에서 보인 이데올로기적 통제는 자유민주주의 체제를 유지하기 위해 방어적 입장에서 허용되는 이념의 범위를 제한하는 게 용인된다는 차원일 뿐이다. 그것이 법관이 지닌 고유한 정치적 신념 자체에 대한 통제 같은 것까지 의미하지는 않는 것이다.

일본은 독일과 다른 태도다. 법적으로 법관의 정치활동이 그저 일의적으로 금지되기 때문이다. 재판관은 재판소법 제52조 제1호에

---

99) 이춘근·김희수, "독일 법관의 공정성과 윤리성 제고 방안", 287-288.; 사법정책연구원 편, 『독일 법관법에 관한 연구』, 118-119.

의해 국회, 지방공공단체의 의회의원으로 되거나 적극적으로 정치활동을 하는 게 금지된다. 공직선거법 제89-91조에 의해서도 재판관은 공직선거에 입후보할 수 없다. 이는 독일과는 명백히 다른 모습이고 짐작되겠지만 한국과는 거의 유사한 입장이다. 관련 입법의 유사성도 그렇거니와 목적이 법관의 정치활동의 금지인 점에서도 그렇다.

　사법 스스로도 그런 입장에서 재판관의 행동을 규제한다. 최고재는 1998년에 <데라니시寺西 판사보 사건>에서 적극적 정치운동에 관한 입장을 밝힌다. 재판소법 시행 이래 60년이 지나도록 재판관이 정치적 행동을 이유로 징계받은 사례는 없었는데, 1997년에 내각이 추진하는 조직범죄대책법이 통신비밀과 프라이버시권, 표현의 자유를 침해한다는 문제 제기가 되고 반대 집회가 열리는 상황에서 판사보 임관 5년 차인 데라니시는 그 위헌성을 신문에 투고하고, 집회에 패널로 참가하려다가[100] 징계를 받게 된 것이다.

　센다이 지재의 신청으로 「재판관분한分限 재판」이 열려 1998년 7월에 고재가 징계를 결정하고 데라니시가 최고재에 즉시 항고하자 최고재가 같은 해 12월에 대법정에서 항고 기각을 결정한다. 최고재는 법이 규제하는 재판관의 정치운동 규제는 의견표명 자체를 제약하는 것이 아니라 정치운동이라는 행동을 규제하는 것이라면서, 그런 정치운동의 규제는 재판관의 독립 및 중립성과 공정성을 확보하고 재판에 대한 국민 신뢰를 유지하는 목적이라면서 징계가 정당하다고 했다.[101]

---

100) 소속 지방재판소장이 데라니시에게 패널 참가가 재판소법 제52조 제1호가 금지하는 '적극적 정치운동'에 해당하므로 징계도 받을 수 있다고 경고하자 패널 참가는 하지 않고 다만 집회에 가서 자신은 그것이 적극적 정치운동이라고는 생각지 않지만 소장이 경고하니 패널로는 참가하지 않겠다고 한다.

101) 最大決平成10年12月1日　民集52巻9号1761頁.; 田尾桃二, 「裁判官の政治運動について」, 4-7.;

이러한 징계는 좌파나 리버럴에 대한 제재로 보이기는 한다. 따라서 사회적인 비판에 직면하기도 하지만, 그런 징계를 뒷받침하는 목적이 헌법 이념적으로 승인되는 것이라면 용인될 여지도 있기는 하다. 또한 비록 정치적 중립의 문제와는 다른 차원이기는 하지만 재판에 대한 국민의 신뢰나 재판의 공정성에 대한 기대를 상실시키는 행동과 관련해서는 판사 징계가 역시 부득이하게 인정될 수 있다.[102]

그러나 다양한 가치 사이에서 선택하고 여러 가치와의 타협을 통하지 않으면 판결 자체가 불가능한 것이 재판의 본질이라면, 일의적으로 재판관의 정치적 행동을 규제하는 것은 재판관에 대한 관료적 통제로서밖에는 사실상 의미가 없다. 이는 다원적 가치관이 지배하는 사회에서 이미 다양한 의견이 큰 폭으로 보장되어 있는 현실과도 부합하지 않는다. 재판관의 정치적 중립이라는 가치가 재판관의 정치활동 금지와 반드시 부합하지는 않는다는 점에 대한 재고가 필요할 것이다.

그와 다른 소수의견도 있었다. 재판관도 한 시민으로서 정치적 의식을 가지는 건 당연하고, 현재의 국민의식으로 볼 때도 재판관의 다소의 정치운동이 곧바로 독립성, 중립성이나 공정성을 손상시킨다고 보기는 어렵기에 돌출적 정치운동만 규제하는 것으로 제한되어야 한다는 의견이었다. 또 재판관은 높은 직업윤리관, 양식을 보유하고 있어 정치적 행동은 재판관의 자율과 자제에 맡겨야 하고, 이제까지 그렇게 해 왔기에 재판소법 제정과 시행 이래 반세기를 넘어서도 정치운동으로 징계된 재판관은 1명도 나오지 않았다면서 필요 이상의 규제에 반대하는 의견도 있었다(田尾桃二, 「裁判官の政治運動について」, 8-10).

102) 비교적 최근 일이지만, 개의 소유권을 다툰 민사재판에 관해 트위터에서 실명계정으로 트윗을 한 도쿄 고재 판사가 최고재로부터 계고처분을 받은 사례가 있다. 그는 앞서도 트위터에서 성범죄 사건의 피해자 유족의 감정을 해할 수 있는 내용의 투고를 해서 서면으로 엄중주의를 받았다. 또 공원에 방치된 개의 보호자와 자칭 개 주인 간의 다툼에 트윗을 한 것이다. 최고재는 재판관인 것이 널리 알려지는 상황에서 판결이 확정된 담당 밖의 민사소송에 관해 충분한 내용 검토도 없이 표면적 정보만으로 제소가 부당하다는 일방적 평가를 불특정 다수인에게 전달한 것은 재판관에 대한 국민 신뢰를 손상시키고 재판의 공정성을 의심하게 만드는 것이기에 재판소법 제49조의 '품위를 손상시키는 행장'이라고 했다(新井 誠, 「ツイッター投稿における言動を理由とする裁判官の分限裁判」, 1-5.).

8. 직업적 어려움

일본에는 오늘날 대략 3,500명의 직업재판관이 있다. 대부분은 전국 50개의 지방재판소와 같은 수의 가정재판소의 본청 및 지부에서 민사, 형사, 행정, 가사, 소년사건을 담당한다. 사법수습을 마치고 판사보로 임명되면 처음 몇 년은 도쿄, 오사카 등 대도시의 지재에 배치되어 주로 합의사건 배석으로 일하다가, 이후 몇 년은 소규모 지재나 가재로 이동하고, 이후부터는 합의사건의 배석과 단독재판관을 겸임한다. 그리고 1-2년간은 반드시 해외연수나 민간기업 파견연수, 검사 등으로 성청에 근무하는 식으로 외부경험도 쌓는다.

즉 판사로서는 보통 5년 정도를 지재, 가재의 합의사건 배석과 단독사건을 담당하고 이후 5년 정도는 고재의 배석, 지재나 가재의 중소규모 지부의 지부장 등을 담당한다. 이는 판사보 임용으로부터 따지면 15년 이상이 지나 한국의 지원장에 해당하는 보직이 되는 것이기에 한국과 비슷한 면이 있다. 지재나 가재의 '부총괄판사'가 되는 것은 대개 판사로 임명된 후 10년 차 즉 판사보로 임용된 후 20년 차 전후 정도부터다. 따라서 이는 한국의 보직인 지방법원 '부장판사'가 되는 경력과 비슷하거나 더 늦다고 보인다. 그리고 고재의 '부총괄판사'는 경력은 대개 지방재판소장에 준하는데 지방재판소장을 거쳐 임명되는 경우가 많다.

이런 경력이 되기까지 일본의 재판관은 한국과 마찬가지로 과중한 업무를 겪게 된다. 재판관이 적기 때문이다. 일본의 재판관은 인구비례로 볼 때 다른 선진국에 비해 극히 적은 편이다. 재판관 정원은 법률로 정하는데 2019년 4월 26일 공포된 해당 법률에서 재판관

정원은 고등재판소 장관 8명, 판사 2,085명, 판사보 952명, 간이재판소 판사 806명이다.103) 인구비례로 각국과 비교하건대 『재판소 데이터북 2008』에 의하면 인구 10만 명당 재판관이 독일은 24.46명, 미국은 10.59명, 프랑스는 9.50명, 영국은 6.77명인데 비해 일본은 간이재판을 제외하면 2.10명이다.

그래서 변호사회와 학계는 물론이고 국민적으로도 재판관의 증원을 줄기차게 요구해 왔지만 증원은 미미한 수준에 그쳤다. 그 결과 보통 대도시의 재판관 1명이 오늘날 흔히 1년에 300건 이상의 사건을 담당하고, 통상 1주일에 3일 법정을 열며 1개정일에 25건 정도를 처리한다고 한다.104) 특히 도쿄나 오사카 같은 대도시의 민사담당 재판관은 수백 건 이상을 담당하기에, 잠자는 시간 외에는 거의 사건에 매달리고, 한국 판사들과 마찬가지로 집에까지 사건기록을 들고 가서 일을 해야 하는 경우도 흔한 실정이라고 한다.

다만 약간 다른 시각도 있다. 도쿄 및 인근 재판소의 민사재판관이나 미제사건이 쌓여 있는 부서의 재판관은 상당히 바쁘지만, 그 외에는 반드시 그렇지도 않다는 것이다. 최소한 오늘날이 과거보다는 줄어든 추세라고 한다. 지재의 소송사건 신건은 2012년을 보면 행정사건을 포함한 민사사건은 피크였던 2009년에 비하면 74.9% 수준에 불과하고, 형사사건 역시 절정이었던 2004년에 비하면 67.5% 수준으로 줄었다는 것이다. 게다가 재판관 수는 2003년부터 2012년까지 122.2%로 증가했다는 것이다.

그런 시각이 근거 없는 것은 아니다. 실제로 민사의 많은 경우가

---

103) 조종현, "일본의 법관임용제도에 관한 실증적 연구", 489-495.
104) 新藤宗幸, 『司法官僚』, 14.

화해나 취하로 종료되는 소비자금융 등 사건이고, 거의가 1회로 종료하는 건물명도청구소송의 비율도 최근에는 많다. 형사도 재판원 재판 도입에 동반해 상당한 인원 증원이 되어 본래 민사에 비해 일의 부담이 가벼웠는데 더욱 가볍게 되었다. 전체적으로 재판관의 부담은 과거에 비해 오히려 가벼워진 것이다. 보통 지재 민사재판관은 300건 넘게 담당하는 경우가 많지만 비중 있는 사건은 90건 정도에 불과하고, 미국도 연방지방재판소 재판관의 부담은 2004년에 연간 480건인 것을 보면 일본만이 특별히 많다고 보기 어렵다는 것이다.105)

한국과 비교하면 그런 시각이 더욱 수긍된다. 한국도 일본과 마찬가지로 판사가 과중한 업무에 시달리는데, 일반적으로 일본보다 더 과중하다고 알려져 있다. 대법원 법원행정처가 밝힌 「각국 법관의 업무량 비교와 우리나라 법관의 과로 현황」이라는 자료에 따르면 2019년 기준 한국의 법관 수는 2,966명으로 판사 1인당 연간 담당은 464건으로, 연간 89.6건인 독일의 5.2배, 196.5건인 프랑스의 2.4배, 151.8건인 일본의 3.1배라고 한다.106) 따라서 한국에 비하면 일본 판사는 과중함이 덜한 것이다. 따라서 업무의 과중함은 일본만의 특징은 아니고 크게 보아도 한국과 유사한 정도라고 할 것이다.

한국과 비슷한 또 다른 점은 일본 재판관도 직업적으로 '전근족轉勤族'으로서 어려움을 겪는다는 점이다. 전후 일본에서 전근은 북으로는 홋카이도에서 남으로는 오키나와에 이르기까지 광역적으로 이루어지는 인사이동이다. 전전에도 광역인사가 없지는 않았지만, 보통은 공소원 즉 오늘날 고등재판소의 범위를 넘어 이동하는 경우는

---

105) 瀬木比呂志, 『絶望の裁判所』, 160-162.

106) 대법원 법원행정처, '각국 법관의 업무량 비교와 우리나라 법관의 과로 현황'.

별로 없었다고 한다. 당시에는 교통 실정도 감안하고 다소간 출신 지역 의식 같은 것도 고려했기 때문이라고 한다. 그러던 것이 전후에는 전근의 지역적 폭이 커지면서 더 어려움에 처하는 것이다.[107]

일본 재판관은 통상 3-5년마다 전근을 반복한다. 한 임지에서 표준적으로는 3년 정도 재임한다. 한국은 지방법원이나 지원의 경우에 과거에는 길어야 3년 정도였지만 요즘에는 보통 4년까지 근무하는 경우가 허다하다. 그에 비해 일본의 재임 기간은 비슷한 편이라 전근 문제는 우리와 비슷한 수준인 듯하다. 그렇듯 잦은 전근으로 인해 한 임지에 자택을 마련해 대중교통수단을 이용해 재판소에 통근하는 재판관은 소수에 속하고, 대부분의 재판관은 제공된 관사에서 생활하면서 재판소까지 출퇴근용 버스를 이용한다고 한다.

전근의 어려움으로 사직하는 경우도 적지 않다. 최근 들어 재판관을 사직하는 사람이 과거에 비해 많아졌다. 그것도 비교적 우수한 재판관이 사직하는 경향이 강하다.[108] 전후에도 상당 기간 그런 추세가 나타나곤 했는데 다시 반복되는 현상으로서, 그 이유 중 하나가 바로 전근 문제라고 한다. 한국에서도 '경향교류' 원칙에 따른 순환보직 제도로 인해 연고도 없는 지역에 갑자기 발령을 받는 일이 사직으로 이어지는 일은 없지 않다. 잦은 인사이동이 재판에의 충실을 저해할 만큼 부담으로 작용하는 것이다.[109] 재판관이 격무에 시달리는 점이나 전근을 반복하는 특성은 한국과 일본이 유사한 것이다.

---

107) 牧原 出, 「政治化と行政化のはざまの司法権」, 24.

108) 瀬木比呂志, 『絶望の裁判所』, 211.

109) 김도현, "사법개혁과 법관인사제도", 10.

제7장

일본형 검찰관

1. 검사의 제도적 기원

전후 일본의 형사사법 제도는 타국에 비해 안정적이고 양호하게 운용된다는 국민적 평가가 있다. 그런 평가에는 형사사법제도의 담당자로서의 법조삼자에 대한 신뢰도 있지만 특히「검찰檢察」이 타국에 비해 훨씬 높은 역할 수준이라는 인식이 있다. 그런데 형사사법에 대한 불만이나 비판의 대부분도 검찰에 집중된다. '인질사법' 문제를 보더라도 장기간 구금의 최종결정이 판사에 의해 이루어지는데도 구속수사를 시도한 검찰에 비판이 집중되는 식이다.[1] 그렇게 검찰은 신뢰와 비판을 한몸에 받는다.

검찰관檢察官은 각각 독임제独任制 국가기관으로서 국가를 대표해 검찰권을 가진다. 즉 검찰관은 각자의 이름으로 검찰사무를 처리한다. 그 경우 내부적 방침에 위반하거나 결재를 결여한 검찰관 개인의 대외적 의사표시라도 단독관청의 처분으로서 대외적 효력을 가진다. 검찰의 기능은 형사사법의 공소제기와 공소 유지가 핵심이지만 수사도 주재하거나 일정부분 담당하는 게 대륙법계나 영미법계

---

1) 松本 裕, 「取調べに過度に依存した捜査・公判の改革」, 372.

국가에서 상당 부분 공통적이다.

형사사법에서 일본만큼 검찰의 역할이 지배적인 경우는 거의 없다. 돌아보건대 일본의 검찰도 근대 서구 제도를 계수한 것이지만 기능 및 명칭을 통해서 보면 전통적 기원도 읽혀진다. 업무나 명칭의 관점에서는 고대의 '검비위사檢非違使' 제도가 주목된다. 검비위사는 율령제의 율령이 제기능을 못하는 상황에서 부각된 사법적 조직이다.2) 또한 명칭만으로 보면 고대에 서기書記의 관명인「검사檢事」가 있다. 즉 720년의 기록 등에 검사직이 보인다. 그리고 메이지 초기에도 하급 관직명으로 '검사'라는 직이 있다.3)

검비위사는 율령제에는 없던 신설 군사 및 경찰조직으로서 비위非違를 '검찰檢察'하는 천황의 사자使者로서의 관리였다. 치안이 좋지 않던 헤이안시대에 처음 등장한 검비위사는 검비위사청에 소속해 수도의 치안유지와 민정을 담당하고 후기에는 지방행정구역에도 설치된다. 이들은 기존에 사법을 담당하던 형부성刑部省, 경찰업무와 감찰을 맡던 단죠다이弾正台, 수도의 행정, 치안, 사법을 총괄하던 경직京職 등 다른 관청이 관장하던 업무까지 점점 관할하며 권력을 휘두른다. 그래서 고대 헤이안 말기부터 중세인 가마쿠라·무로마치시대를 통해 조정의 거의 유일한 사법기관처럼 된다.4)

중세의 '검단檢斷'에서도 검찰의 기능과 명칭이 읽혀진다. 검단은 검찰檢察과 단옥斷獄이 합쳐진 말인데 비위를 검찰하여 단옥 즉 재판한다는 의미다. 경찰, 치안유지 및 형사재판의 권한과 직무의 총칭으로 범인 수사와 체포, 조사와 재판 및 형집행을 모두 담은 기능이

---

2) 細川龜市,「中世武家法の刑事裁判」, 321.

3) 尾佐竹猛,「明治警察裁判史」, 166-167.

4) 瀧川政次郎·小林 宏·利光三津夫,「律令研究史」, 172.

다. 단옥은 한국의 전근대에서도 비슷한 의미로 사용된다. 민사와 형사 구분이 거의 없고 재판은 형사재판인 것처럼 인식되던 조선의 법제이지만 형사재판에 해당하는 단옥斷獄과 민사재판에 해당하는 사송詞訟의 구분은 보이기 때문이다.

근세 끝에서 근대로 이어지면서 「검사」라는 고대 이래의 관직은 최소한 명칭 면에서는 근대적 검찰직에 사용된 것은 맞다. 그러나 고대 이래의 검사의 직능 그리고 마찬가지로 명칭이나 기능이 유사한 고대나 중세의 검비위사나 검단의 직능은 오늘날의 검사라는 근대적 직능 혹은 관청의 뿌리라고 보기는 어렵다. 오늘날의 검사 혹은 검찰관은 근대에 형성되고 발전된 근대적 기능의 담당자이기 때문이다. 그 근대적 기능은 유신 초기에는 프랑스법을 계수하고 이후에는 독일 제도도 수입한 것이다.

초기에 계수된 프랑스법은 「치죄법Code d'Instruction Criminelle」을 통해 '앙샹 레짐' 즉 구체제에서부터 지녀온 독특한 검찰제도의 연원적 모습을 근대적 형태로 구현한 효시적인 것이다. 치죄법은 최초로 근대적 검찰의 임무와 권한을 명확히 한다. 앙샹 레짐의 왕령과 프랑스혁명 이후의 형사입법을 절충하면서 근대 형사소송과 검찰제도를 정립한다. 치죄법전을 비롯한 사법조직 법전을 통해 검찰의 명칭과 조직, 정부와의 관계 등 검찰의 임무와 권한이 규정된다. 각 심급별 법원에 검찰청을 부치하고 각 검찰청의 장을 검사장으로 하되 법원 명칭에 따라 검사장 명칭을 붙이고 공소권을 고유권한으로 하고 검찰조직의 중앙집권적 위계와 '검사동일체 원칙' 등도 정립된다.[5]

---

5) 문준영, "검찰제도의 연혁과 현대적 의미", 677-678.

1872년 태정관이 발포한 『사법직무정제司法職務定制』에 등장한 '검사'는 바로 프랑스로부터의 수입 제도다. 법과 인민의 권리의 옹호자로 위치 지워진 검사의 주요 임무는 재판의 당부 감독이다. 검사는 각 재판소에 출장해 소송의 당부를 감시하고 범죄 색출이나 체포 등을 총지휘한다. 검찰관으로 「검사檢事」 및 「검부檢部」가 있는데 검사는 대大·권대權大·중中·권중權中·소少·권소權少검사로 나눠진다. 검부는 검사의 지휘를 받아 사무를 대행하고 소송을 감시하고 범죄 수색을 관장하는 직무로 대·권대·중·권중·소·권소검부로 분류된다. 1873년 1월에 검사 및 검부의 총 인원은 67명이었다.

사법직무정제의 제7장인 「검사국장정檢事局章程」은 사법성에서 각 부현재판소에 출장한 검사 등 검찰직원의 일단을 재판소출장 검사국이라 부르고 직무분장을 규정한다. 이는 1876년 이후 몇몇 재판소에 설치된 「검사국」의 선구적 형태다. 사법직무정제는 정권대正權大검사가 각 검사를 감독하고, 각 검사나 검부의 상신을 사법경에 올리고, 사법경의 지령을 하부에 통달하도록 규정한다. 통일적 조직체로서의 검찰 관념인 '검사일체성一體性'의 초기적인 모습이다.

사법직무정제의 검찰제도는 1873년 6월에 일부 개정되고 1874년 1월에는 「검사직제장정 사법경찰규칙」에 의해 법헌과 인민의 권리를 보호한다는 목적 그리고 각 재판소에 출장해 재판 당부를 감시하는 역할 등은 규정에서 지워지지만, 범죄수사 및 소추기관으로서의 성격 그리고 사법경찰관리의 범인수사나 체포 등의 감독 및 지령 업무의 성격은 명료하게 규정한다.6) 이때부터 사법적 감독자 기능에 더해 수사 및 소추기관으로서의 성격이 분명히 부각된다.

---

6) 新井 勉·蕪山 嚴·小柳春一郎, 『近代日本司法制度史』, 48-50, 64-65.

1875년 8월에는 「사법성검사직제장정」에 의해 사법성 및 검찰관의 조직과 권한이 재구성된다. 사법경의 지휘를 받는 검사는 사법성 산하의 재판소에 대한 감독적 기능을 맡는다. 그럼에도 1875년의 대심원 성립 이후의 검사제도에서 검사는 관등 면에서는 판사보다 낮았다.[7] 1877년 3월 「사법성직제장정」 및 「검사직제장정」의 개정으로 검사직제에 관해서는 상급관으로 '검사장檢事長'을 두고, 1877년 6월에는 종전의 대검사 이하 4급의 검사보까지의 계층적 직종 구분을 검사와 검사보의 두 직종으로 단순화한다.

1880년 7월에 태정관포고로 제정된 일본 「치죄법治罪法」은 제1조에서 검찰관이 범죄를 증명하고 형을 적용하여 법률에 따라 공소한다고 함으로서 국가소추주의와 불고불리不告不理 원칙을 규정한다. 불고불리는 1922년의 신 형사소송법에 의해 철저한 형태로 실현되기 이전의 원형적 모습이다. 치죄법 제정 뒤인 1880년 9월에는 각지에 검사를 두고 앞서 지방관에게 위임되어 있던 사법경찰사무 중 검사에 속하는 사무를 지방관으로부터 인수받게 한다.

1886년 5월에 성립한 「재판소관제」는 치안재판소를 제외한 각 재판소에 「검사국」을 설치하도록 하고, 각 검사국의 관할은 소재 지역 재판소 관할구역에 의한다고 규정한다. 검찰관 직무에 관해서는 검찰관은 치죄법 및 소송법에 규정된 직무를 행한다고 하면서 '사법에 관한 사항 및 사법행정에 관한 사항에 관해 감독의 직무를 행'한다고 규정한다.[8] 검사의 직무는 사법 및 사법행정 감독이기에 소재지 재판소 관할에 따라 설치됨을 분명히 한 것이다.

---

7) 尾佐竹猛, 『明治警察裁判史』, 143.
8) 新井 勉・蕪山 嚴・小柳春一郎, 『近代日本司法制度史』, 87, 101.

프랑스법 계수로 성립한 근대적 검사는 사법 감독 기능을 담당하지만 큰 권력은 아니었다. 초창기에는 경찰과 권력을 비교하는 수준이었다. 그런데 검찰의 권력은 시대에 따라 변화한다. 이후 권력이 강대해져서 판사를 압도하는 시대가 되기도 한다. 게다가 권력의 성격도 행정관으로서의 측면이 강조되기도 하고 사법관으로서의 성격이 강조되기도 하는 식으로 변천한다. 이처럼 가변적인 검사제도의 운용은 오랫동안 사법부에 대응하기 부담스러운 문제가 된다.9)

2. 조직으로서의 검찰

일본에서도 한국과 마찬가지로 검찰관은 '검사동일체 원칙' 하에 조직적 일체에 속한다. 그래서 권한의 어떠한 부분을 실질적으로 어떤 검찰관이 행사했는지에 상관없이 검찰 전체의 의사로 간주된다. 조직 측면에서 보면 모든 검찰관은 검사총장検事総長을 정점으로 상명하복 관계의 일체불가분이다. 그 경우 검찰관의 조직 내부로부터의 독립은 보장되기 어려운 것이 아닌가라는 의문이 제기된다.

검찰관은 '준사법기관'으로서의 역할에 근거해 독립기관성이 인정된다. 전전에도 검찰은 국가권력의 정당성의 근거인 법 혹은 국체의 해석자로서 준사법기관이었다. 그래서 전전에 사법권의 독립이란 검찰권의 독립 즉 법의 해석자로서의 지위 보장을 의미하기도 했다. 그 경우 주로 정치로부터의 독립성이 주목되었다. 그런 면에서의 독립은 특히 대심원 검사국大審院検事局의 검사총장 히라누마 기이치로

---

9) 尾佐竹猛, 『明治警察裁判史』, 169.

平沼騏一郎 주도 하의 검사국이 그 정점을 보여준다.

검찰은 <지멘스Siemens 사건>, <오우라大浦 사건> 등 정치적 대형사건의 수사를 통해 사법부에서의 정치적 우위를 확립하고, 정당, 군벌, 관료 등과 나란히 스스로 거대 세력으로 확고한 지위를 형성한다. 기소편의주의에 의한 기소유예가 검찰 실무에서 일상적으로 행해지면서 지위는 더 확고해진다. 기소여부 결정권에 의해 재판 전에 검사의 사실상의 사법처분이 행해지면서 전전의 검사국은 실질적 재결자로 군림한다.10) 조직으로서의 검찰은 분명한 모습을 드러냈다.

검찰은 전후에 사법부로부터도 독립한다. 전전에는 같은 사법성에 속하고 재판소의 관할에 속하기에 재판관과 검찰이 기능의 면에서는 명확히 구분되더라도 형식적 조직 면에서는 구분이 애매했다. 재판소구성법도 양자 모두를 대상으로 했다. 그런데 전후에 재판소구성법이 「재판소법」과 「검찰청법」으로 나눠짐으로서 검사가 재판소로부터 독립된다. 검찰이 법제상으로도 명확히 재판관과 구분된 것이다.

이는 재판관 입장에서는 전전의 검찰에 대한 행정종속성으로부터 벗어나는 사법권의 독립이지만 검찰에게는 검찰의 독립이다. 1947년 4월에 검찰제도의 골격을 규정한 검찰청법이 성립하고 「검찰청」이 분리된 것도 그런 의미다.11) 법무성에 속한 검찰청에는 「최고검찰청」, 「고등검찰청」, 「지방검찰청」, 「구검찰청」이 있고, 이는 최고재, 고재, 지재, 간재 등 각 재판소에 대응해 설치된다. 직급은 「검사총장」, 「차

---

10) 林尚之, 「近代日本の思想司法」, 82, 84.

11) 노명선, "검사의 준사법관으로서의 지위에 대한 이해", 32.

장검사」, 「검사장」, 「검사」, 「부검사」의 5종으로 구분된다.[12]

검찰은 엄격한 조직 질서 안에 자리 잡는다. 법의 정당한 적용과 집행으로서의 검찰관의 역할은 거의 필연적일 정도로 엄한 규율과 일체화된 질서에 기반한 조직 구성을 필요로 한다. 그래서 철저한 계급적 위계질서 안에 있다. 검찰관이 5종으로 직급이 나뉘는 것도 위계의 구분이다. 그런 위계적인 조직 안에서는 대개 그러하듯이 조직에 누가 되는 행위를 하지 않는다는 의식이 강하게 지배하게 된다.

검찰관은 법조삼자 중에서 유일하게 행정부 공무원이다. 법관이 사법부 소속의 공무원이고 변호사는 공무원이 아닌 데 비해서 그렇다. 검찰은 조직 내에서 역할 분담을 한다. 재판관 조직의 경우에는 우수한 인력이 사법행정으로 보내지고 그것이 사법관료화의 큰 틀을 이루듯이 검찰에서 우수한 인재는 도쿄, 오사카 등의 각 지방검찰청에 설치된 '특별수사부特別搜査部' 소속 검사 즉 특수통 검사가 되거나 '법무성法務省'에 배속된다. 관료조직적 충원의 출발이다.

권력화를 통해서도 관료조직화된다. 검찰은 비선출직임에도 민주적 정당정치 하에서도 「치안유지법」 등을 배경으로 강력한 사법적 세력화를 이루었다. 그래서 정당정치에도 맞서는 입장에 있었다. 이는 전전의 검찰의 우위 즉 법관에 대해서조차도 감독자의 지위에 있는 검찰의 특별한 지위를 근거로 이루어졌다. 그런 우위를 맛볼수록

---

12) 검찰의 수장은 최고검찰청 장인 검사총장이고, 지방검찰청 장은 검사정檢事正이다. 검사총장이나 차장검사, 검사정의 임면은 내각이 행하고 천황이 인증한다. 검사나 부검사는 법무대신이 임명한다. 검사총장의 정년은 65세이고 그 외 검찰관은 63세다. 부검사나 검사는 사법수습을 마친 자, 재판관이었던 자, 3년 이상 대학에서 법률학교수나 부교수에 있던 자 중에서 임명된다. 2020년을 기준으로 검찰관의 정원은 2,758명이고 그 중 부검사의 정원은 879명이다. 最高裁判所, 「裁判所データブック2020」, 29.; 조인, "일본의 사법제도", 536.

권력으로서의 검찰의 조직적 일체성은 내부에서는 더욱 벗어나기 힘든 울타리로 작용한다.

검찰의 조직적 일체화는 직무 태도에도 기인한다. 일본의 검찰도 한국에 지지 않을 정도로 무죄가 되거나 예상한 형보다 가벼운 형이 선고되는 것을 극히 싫어한다. 그래서 무죄가 되면 검찰조직의 신뢰도 손상시키고 자신의 검찰관으로서의 경력에 오점이 된다고 본다. 이로 인해 무죄가 될 가능성이 조금이라도 있으면 입건하지 않는 경향도 크다.[13] 그 점이 위계적 조직으로서의 모습을 확인시킨다. 그래서 때로는 공익의 대변자[14]로서의 기능까지 넘어선다.

이런 현상은 일본에서 특히 심하다. 검찰관은 유죄를 받아내는 것을 지상과제로 하며 그를 위해 상사에 대해 절대복종하면서 조작이나 은폐까지 서슴지 않는 모습도 보인다. 유죄로 만들기 위해 증거를 조작한 <오사카지검 특수부 증거조작 사건>이 드러났을 때도 검찰은 조직적으로 자기방어를 했다. 또한 <도쿄전력 여직원 살인 사건>의 재심에서도 확인되듯이 무죄 방향으로의 증거를 은닉하기도 했다. 공익의 대변자 지위를 일탈하는 모습이다.

그러한 모습은 검찰관 개인을 넘는 조직적 일탈이다. 당사자주의 하에서 유죄를 받아내려고 집착하는 데서 나타난 선을 넘은 행동이다. 그러한 검찰의 행동은 당사자주의의 부정적 측면으로서 '악한 당사자주의'로 비난받기도 한다.[15] 특히 그러한 조직으로서의 검찰

---

13) 瀨木比呂志, 『絶望の裁判所』, 148.

14) 검찰관은 수사 및 공소와 재판집행의 감독도 하지만 공익을 대표해 법의 정당한 적용을 청구하는 역할도 한다. 그래서 사법부의 직업재판관도 검찰청 및 법무성 송무국에 파견 근무한다. 최고재도 재판관이 행정의 실태나 수사를 아는 것이 올바른 재판에 필요하다는 입장이다. 그래서 보통 각 기별로 1-4명 정도 즉 동기 임관자의 1-2할 정도의 재판관이 법무성 송무국이나 지방송무부에 파견되어 송무검사로서 국가배상소송 등 행정소송에서 국가 측의 변호인을 맡는다.

15) 정지혜 · 村岡啓一, "검사의 역할과 검사 직업윤리의 필요성", 113-114.

의 태도가 원죄사건이 일본에서 적지 않은 것과도 무관치 않다. 그런 점들에서 볼 때 검찰의 대내적 독립성은 쉽지 않은 것이다.

3. 예심 폐지와 수사권

일본의 현행 형사소송법 하에서 수사의 주재자는 검사 혹은 사법경찰관이다. 그런데 전전의 「예심予審제도」 하에서는 달랐다. 예심판사가 수사절차 특히 강제수사의 주재자였다.16) 프랑스 계수법으로 제정된 1880년 7월의 「치죄법」에 예심이 규정된다. 다만 1876년 사법성의 「규문판사직무 가규칙」에 이미 각 부현재판소에 판사 혹은 판사보로 규문판사를 두면서 일종의 기소 전 예심은 있었다. 그 후 치죄법이 검사의 기소 후 공판준비절차의 성격으로도 예심을 둔 것이다. 현행범은 검사의 기소를 기다리지 않고 예심판사의 검증조서 작성으로 공소수리로 간주해 예심이 개시된다.

예심제도는 근세 초부터 대륙법계의 앙샹 레짐에서 형사소송절차의 개시와 심리가 법원 직권에 의해 행해진 규문적 법제다. 1808년 프랑스의 「치죄법」은 영국식 공개주의와 변론주의를 받아들이면서도 예심과 공판이라는 2단계의 방식을 채택해 예심에는 직권주의적 규문절차를 남긴다. 예심판사가 검사보다 공평하고 일반인이 지켜보는 공판에서의 조사보다는 예심이 피고인에게 유리하고 공판에서의 증거보전 역할도 한다는 취지다. 이 시스템이 대륙법계 국가에 계수되어 일본에도 메이지시대에 프랑스법을 계수한 치죄법에 채용된다.17)

---

16) 노명선, "검사의 준사법관으로서의 지위에 대한 이해", 13-14.

17) 加藤康榮, 「刑事司法における檢察官の役割(一)」, 75-79.

예심에서는 판결하는 재판소에서의 직접 심리를 현실적으로 행하고, 피고사건을 공판에 회부할지를 결정하기 위한 수사 수행에 필요한 사항을 조사한다. 즉 검사가 공소제기한 피고사건을 예심판사가 공판에 회부할지 말지를 결정하기 위해 필요한 사항 및 공판에서 조사가 곤란한 사항을 조사한다. 예심판사는 공판회부에 족한 범죄혐의가 있다고 판단하면 사실이나 법령의 적용을 적시해 결정으로 공판에 회부하고, 혐의가 없다고 판단되면 면소 결정한다.

전전의 약 70년에 걸친 예심제도에서 '예심판사'와 '검사'의 역할 분담이 있다. 혐의가 있으면 공판에 회부하고 혐의가 충분치 않은 피의자는 조기 석방하는 역할은 재판소가 맡는다.[18] 치죄법은 현행범 등 긴급을 요하는 사건 외에는 검사 혹은 민사 원고의 청구로 예심이 개시되게 하지만, 1890년의 메이지 형사소송법은 검사 청구의 경우와 현행범의 경우에만 예심이 시작되게 한다. 예심 하의 수사는 형식상으로는 예심판사가 주재하지만 실제는 검사가 사법경찰을 지휘해서 한다. 즉 규정상은 현행범 외의 강제처분은 예심판사가 직접 혹은 검사의 청구를 받아 실시하는 것이 된다.[19]

예심에서 강제수사권은 현행범 이외에는 예심판사에 집중된다. 그러나 실은 예심은 검사가 해야 하는 수사의 연장이자 중복된 수사의 성격이다. 예심판사는 유죄 혹은 무죄의 확신을 갖지도 못한 채 공판 회부에 족한 범죄혐의가 있는지 여부만 판단한다. 그 과정도 규문적이고 밀행적이며 서면적인 절차에 불과하다. 그런데도 예심판사에 의해 작성된 예심조서는 무조건적으로 증거능력을 인정받는다.

---

18) 加藤康榮, 「刑事司法における檢察官の役割(二)」, 3.

19) 加藤康榮, 「刑事司法における檢察官の役割(一)」, 79-81.

따라서 공판심리는 재판소가 마치 상급감독관청에서 하듯이 예심의 신문을 검토해 추인하거나 보충하고 그저 드물게만 부인하는 절차가 된다.[20]

예심을 통한 공판은 예심 신문조서 재판이 됨으로써 공판중심주의도 형해화한다. 수사의 보조역인 경찰관을 지휘하는 검사의 수사가 예심의 실질적 핵심이기에 예심판사의 수사권한도 형식적이다. 그래서 전전에 이미 '예심폐지론'이 등장한다. 수사에서 검사와 예심판사의 이중성을 배제하고 수사권을 모두 검사에게 맡겨 통일적 책임을 지게 하자고 한다. 1934년 10월의 사법성 자문을 계기로 1936년까지 예심제도는 근본적으로 재검토된다. 예심문제는 인권유린 문제와도 결부되고 검찰의 강제수사권 확장론과도 결부되면서 사법제도 혁신론 내의 큰 조류가 된다.[21]

그 영향으로 1937년 일본의 위성국인 만주국滿洲国 형사소송법에서 예심이 폐지된다. 예심판사의 강제수사권은 검찰청에 이양되고 검찰의 신문조서에 증거능력이 부여된다. 그와 달리 국내에서는 폐지되지 못한다. 반대운동 탓도 있지만 달리 보면 검찰관에 의한 공판 전 지배체제가 사실상 확립되었기 때문이다.[22] 그러다가 전후에 폐지된다. 예심제도가 유지되는 프랑스와 달리 일본에서는 전후의 사법권 독립 그리고 재판관과 검사의 분리라고 하는 큰 제도기구 개혁에 동반해 폐지된다.[23]

예심 폐지는 검찰관 권한의 대폭 확장을 의미한다. 종전의 예심을

---

20) 小田中聰樹, 「わが国における刑事手続の史的展開」, 17-18.

21) 小野清一郎, 「司法制度革新論」.

22) 小田中聰樹, 「わが国における刑事手続の史的展開」, 26-27.

23) 加藤康榮, 「刑事司法における検察官の役割(一)」, 81-83.; 小野清一郎, 「司法制度革新論」, 264.

중심으로 한 규문주의적 예심판사 사법에서 검찰관 중심의 규문주의적 검찰관사법이 된다.[24] 예심판사의 기능을 검사가 가짐으로써 검사가 일종의 사전 재판적 기능도 보유하게 된다. 그러면서도 검사는 재판관과는 기능적으로 분리된 포괄적 수사기관으로 정착된다. 또한 예심판사의 권한이 검찰관 등 수사기관으로 이관되면서 대체적 조치로서 헌법과 개정 형사소송법에 영장주의가 규정된다.

검찰과 재판관의 역할 분담으로 검찰은 사법관 영역이 아닌 수사의 주재자가 된다. 점령군의 초안으로부터 조문화된 헌법 제31조, 제35조에 등장한 영장발부권자인 '사법관헌司法官憲'에는 재판관 외에도 검찰관도 포함된다는 것이 정부의 답변이었을 정도로 검찰관은 사법관의 영역이라고 해석되었다. 그런데 '사법관헌은 검찰을 포함하지 않고 재판관만이다'라는 것으로 공권적 해석이 변경된다. 검찰관은 모든 임의·강제수사권을 지니고 경찰로부터 모든 사건을 송치받고 구속청구 권한도 지니고 기소·불기소 처분도 독점하는 수사의 주재자가 된다.[25]

전후에 검찰관은 '사법관'이 아닌 '행정관'이 된다. 수사관인지 공소관인지에 관한 종래의 논쟁을 넘어 법의 정당한 적용이라는 공익을 대표하는 직책이 된다.[26] 공익의 대표자로서의 검찰관의 위상은

---

24) 小田中聡樹,「わが国における刑事手続の史的展開」, 23.

25) 加藤康榮,「刑事司法における検察官の役割(二)」, 4.

26) 검찰이 공익의 대표자가 된 연원은 아래와 같다. 본래 민사소송은 로마법 이래 원고와 피고가 대립하는 당사자주의 소송구조였다. 그 소송제도에서 재판소는 소극적 지위로 당사자의 처분권에 따르고 당사자 중심의 입증과 변론이 된다. 그런데 형사소송은 달랐다. 중세에도 국가권력의 증대에 동반해 형사소송은 관권적 색채를 띤다. 그래서 규문주의가 필요했다. 1532년의 「카롤리나 형법전」에서 대표되듯 형사소송에서는 국가가 모든 권한과 책임을 가지는 규문주의적 소송구조를 규정했다. 이런 규문주의적 소송에서는 원고의 지위가 재판소에 흡수되어 피고는 조사와 신문의 객체가 된다. 형사소송은 재판소의 지배하에 있게 되고 모두 직권주의에 의해 수행된다. 거기서 재판소는 실체적 진실을 발견하고 법을 적용한다. 그런데 이런 규문주의적 소송에서는 진실 발견이 강조되면서 피고인의 이익은 보호되지 못한다. 그래서 규문주의

미국 등에서 검사가 국가의 대리인이라는 입장과 같다. 전전의 검찰관이 재판소에 소속해 재판관과 나란히 사법관이었다면 전후에는 행정관이지만 직책의 기본적 성격은 사건의 실체적 진상을 해명해 적정한 형벌권을 행사하는 것이다. 따라서 재판관의 직책과도 무관치 않은 준사법관적 행정관이 된다.[27]

4. 공판전담론의 교훈

메이지시대 이래 형사절차는 대륙법계 프랑스나 독일의 제도를 모방한 소송구조로 운영된다. 에도시대의 규문적糾問的 재판에서 근대적인 탄핵적彈劾的 재판이 된다. 형사재판의 개시와 심리가 재판기관의 직권으로 행해지는 재판에서 소추권자의 소추로 개시되는 재판이 된다. 판사와 검사는 사법성의 감독 아래 사법관으로서 탄핵적 역할은 검사가 맡고, 기소된 사건을 공판에 회부할지의 판단은 예심판사가 담당하고, 공판은 공판판사가 심리한다.

검사는 높은 '유죄율'로 돋보인다. 전전부터 전후까지 이어져 온 현상이다. 검사는 수사에 실질 관여하고 기소 기준을 엄격화해 유죄율을 높인다. 전후 GHQ의 지시에 의해 미국형사절차법의 '순수 당사자주의' 등이 도입된다. 그래도 일본은 그 해석을 유연하게 하면서

를 포기하는 방향으로 나아간다. 그 결과 대륙에서는 1808년 프랑스의 「치죄법」을 시작으로 당사자주의적 소송구조가 제도화된다. 민사소송과 마찬가지로 형사소송에서도 당사자주의적 소송구조를 규정하게 된다. 그런데 형사소송에서 원고의 지위에 서는 자는 피해자가 아니고 공익의 대표자인 검찰관이 된다. 그래서 국가소추주의가 된다. 거기서 검찰관은 국가기관으로서 독자적 입장에서 공소를 제기하고 소추를 유지한다. 즉 검찰관은 규문주의 하에서 재판소에 속했던 권한의 일부를 위양 받은 구조가 된 것이다(中村宗雄, 「裁判の理論構造」, 8-11.).

27) 加藤康榮, 「刑事司法における検察官の役割(二)」, 9.; 亀山繼夫, 「検察の機能」, 35-36.

독특한 형사절차를 유지한다. 실체적 진실주의의 이념 하에 '정밀사법'으로 세계에 유례 없는 유죄율을 이어간다.[28] 메이지시대 후반부터 관행화되고 다이쇼시대의 개정 형소법에 명문화된 기소편의주의도 일조한다. 경미한 범죄는 기소하지 않아 유죄율은 더 높아진다.

그런데 탄핵적 수사관을 통해 검찰개혁론이 등장한다. 전전에 검찰관은 공소유지뿐만 아니라 수사의 주재자로서 크고 강력한 권한을 지녔다. 전후에는 미국식 형사소송 제도개혁으로 공소기관과 수사기관을 분리하면서 당사자가 사실을 재판에서 다투는 탄핵적 수사관념이 등장한다. 그러나 분리는 쉽지 않다. 그래서 신 형소법은 검찰수사의 필요성과 경찰이 1차 수사를 할 권한을 함께 승인한다. 검찰관에게 수사권을 인정한 것은 경찰의 상황을 고려한 조치였다.[29]

종전 후 형사사법 시스템이 대륙형의 직권주의로부터 영미식의 당사자주의로 바뀌면서 구법시대 검사와 경찰관 사이의 지휘복종의 상하관계에서 1차적 수사기관은 경찰이 되고, 검찰은 2차적 수사기관이 되면서 양자는 별개의 독립된 기관으로서 대등협력관계가 된다. 그러나 경찰의 송치사건에 관해 진상규명이나 적정 처리를 위해 검사 스스로 수사할 필요가 있고, 전문적 법률지식을 요하거나 경찰이 의율하기 부적당한 사건 등은 검사가 일차적으로 수사할 필요도 있다. 그래서 검찰은 독자적 수사를 포함해 광범한 수사에 종사한다.[30]

현재도 검찰관의 마무리 수사 차원의 조사는 이루어지고 검찰작성 조서가 형사절차의 중심이다. 검찰에 비해 경찰이 인원이나 장비나 과학수사력 등에서 우위여서 기본적, 과학적 수사는 일반적으로

---

28) 加藤康榮, 「刑事司法における檢察官の役割(四・完)」, 47-48.

29) 日本刑法學會 編, 『改正刑事訴訟法』, 248.

30) 노명선, "검사의 준사법관으로서의 지위에 대한 이해", 56, 85.

경찰이 담당하고, 검찰관은 필요에 따른 보충적 수사를 하는 것이지만, 검찰관은 두텁게 신분보장이 되기에 정치인의 오직汚職이나 회사범죄 등에 관해서는 검찰이 기본적 수사를 할 필요도 있다. 일본에는 자백이 많은 점에서도 경찰과 검찰의 중복수사는 의미가 있다.

검찰관의 수사관으로서의 성격으로 인해 신문과 조서 작성도 경찰에서부터 이어져 검찰관이 최종적으로 주재하는 방식이 유지된다. 그래서 신문과 그에 기반한 조서調書중심주의는 일본형 형사사법의 큰 특징을 이룬다. 신문중심주의는 부동의 존재로 부각되어 왔다. 그 결과 심지어 '일본의 법문화 그 자체의 소산'이라거나 '오랜 세월에 걸친 전통의 소산'이라고 간주될 정도로 국민에게 받아들여진다.31)

그에 대한 반발이 「공판전담론公判專從論」이다. 검찰관으로부터 수사권을 배제하고 공소권만을 가지게 해 공판에 전념시키고 수사는 별개로 전문적 수사기관에 담당시켜야 한다는 것이다. 탄핵적 수사관 그리고 당사자주의의 관점에서 1960년대에 들어 유력하게 주장된다. 당사자주의와 공판중심주의 하에서 검사의 공판 활동의 중요성이 비약적으로 증대되었다는 관점에서 검사는 수사로부터는 손을 떼고 공소제기 및 공소유지에 전념해야 한다는 것이다.32)

공판전담론의 논거에는 공소권과 수사권을 분리하는 게 인권보장과도 연계된다는 사고방식도 있다. 수사의 주재자로서의 검찰의 지

---

31) 大澤 裕, 「「日本型」刑事司法と「新時代の刑事司法」」, 362.; 松尾浩也, 「刑事訴訟法の基礎理論」, 452.

32) 전후에 공판중심주의나 당사자주의를 관철하자는 주장이 높아지면서 1960년대부터 70년대에 걸쳐 공판전담론이 등장한다. 특히 검찰이 극히 많은 수사 지휘나 보충수사의 업무에 시달리면서 한때 논의가 비등했다. 현행법상 검찰관의 주요 임무는 공판절차에서 공소를 유지하는 것이라거나 검찰관의 수사기능으로 인해 형사소송의 기본적 무대인 공판에서 기능이 충분히 발휘되지 못한다는 비판도 그런 주장을 뒷받침한다. 佐々木史朗, 「刑事裁判の当面する課題」, 175쪽 이하.; 松尾浩也, 「司法と検察」, 146.

위가 유지되면 실체적 진실이 수사를 주재하는 검찰의 수중에 있어 공판중심주의가 부정된다는 것이다. 더욱이 재판소에 대해서도 검찰관의 심증을 이어받도록 요구하고 검찰작성 조서를 중시하도록 요구하는 것이어서 전후의 당사자주의 형사재판을 형해화한다고도 비판된다.[33]

전담론의 배경에는 수사권 문제가 있다. 구 형소법 제246조는 검사는 범죄라고 사료되면 수사해야 하는 수사의 주재자이고 경찰은 보조기관으로 검사의 활동을 공판보다 수사에 더 역점을 둔다. 반면 신 형소법 제189조 이하는 한편으로는 사법경찰을 일차적 수사기관으로 하고, 검사를 이차적, 보충적 수사기관으로 하고 양자는 독립적 수사기관인 상호협력 관계라고 하고, 다른 한편에서는 검사에게 사법경찰관에 대한 일반적 지시나 지휘, 구체적 지휘의 권리를 인정해 지휘권과 상호협력 간의 미묘한 관계를 만든다.[34] 그와 관련한 수사 주도권 문제가 공판전담론의 배경이다.

공판전담론에 대해서는 반박도 크다. 우선 검찰의 기능을 이원적인 것으로 보는 시각이 있다. 외국의 검찰관은 거의 직접 수사나 피의자 조사를 하지 않지만 일본의 검찰관은 피의자 조사 없이 기소하지는 않는데 이는 세계에서 유례를 찾기 어려운 관행이다. 치죄법에도 검찰관의 수사는 거의 없다. 그런데 1898년 무렵부터 1916년 무렵까지 사이에 기소 전 수사가 관행이 된다. 이유는 당시 무죄 및 예심면소 비율이 합쳐 50% 정도였기 때문이다. 결국 검찰수사는 무죄가 될 것 같은 사건을 기소하지 않기 위한 것이다. 그 결과 1916년

---

33) 佐々木史朗,「刑事裁判の当面する課題」, 2375-2383.
34) 松尾浩也,『刑事訴訟法(上) <新版>』, 79.; 노명선, "검사의 준사법관으로서의 지위에 대한 이해", 43-44.

통계로 예심 면소율은 7%, 공판 무죄율은 2.5%로 격감한다.

검찰관이 정치적 범죄나 뇌물·회사·선거 사건 등을 독자적으로 수사할 수 있는 능력이 성장한 점도 고려된다. 또한 수사, 공소, 재판, 교정 등을 포함한 형사절차에서 검찰의 수사는 합목적적 여과작용이라고 이해된다. 검찰관이 메이지시대 이래 독특한 발전을 이루면서 구미의 그것과는 다른 기능으로 성장한 것에 주목한다. 단순한 공소관에 머무르지 않고 스스로 또는 사법경찰을 지휘하는 범죄수사 권한을 가지면서 범죄수사와 공소제기 및 유지라는 두 측면을 지니게 되었다는 것이다.35) 실질적 수사를 하는 공소관이라는 것이다.36)

공판전담론은 1970년대 이후 공안·노동사건 등이 줄고 검찰이 극히 많은 업무에 시달리던 시대도 지나가고, 이전부터 있던 검찰의 '정밀사법'이 주목되면서 점차 자취를 감춘다. 정밀사법은 1955년대 초 무렵부터 이어진 몇몇 중대한 무죄판결들 즉 최고재에서 1963년에 무죄가 확정된 <사치우라幸浦 사건>, 1972년에 무죄 확정된 <니호仁保 사건> 등이 검찰실무에 큰 영향을 미치면서 강조된다. 경찰의 자백 강요 의심이 있어 신용성의 의문으로 무죄가 되어 기소 당시 경찰조서를 기초로 만연히 작성된 검찰조서에 대한 반성으로 강력한 수사기관으로서의 검찰상이 강조되면서 등장한다.37)

전후의 형사사법은 일부 '현상비판파'로부터 비판도 받지만 국민

---

35) 加藤康榮, 「刑事司法における檢察官の役割(三)」, 145-149.; 出射義夫, 「檢察の實踐的說得機能」, 10-15.

36) 검찰관의 성격은 수사관이자 공소관의 성격을 지닌 것으로 전후에는 검찰관의 수사권은 보충적, 후견적인 권한이 되면서 행사하는 공소권은 전전의 유죄판결 청구권과는 다른 의미에서 적정한 판결을 청구하는 청구권이 되었다. 결국 이는 새로운 형사소송법의 조문으로 비춰보는 검찰의 역할과는 상당히 다른 의미를 지니는 것으로, 실질적 수사를 하는 공소관임이 인정되고 있다는 것이다. 亀山継夫, 「刑事司法システムの再構築に向けて」, 5-12.

37) 藤永幸治, 「戰後檢察制度の形成と今後の檢察像」, 3-4.

성이나 정밀사법의 요청에 부응하여 독자적 형사절차로 정착된다. 그것이 국민의 지지를 얻자 실무나 학계도 긍정 내지 추인한다. 현상비판파의 주장은 유죄율이 극히 높고 이는 공판중심주의의 형해화라는 것이다. 그러나 형사절차에서 유죄율이 극히 높은 것 자체가 나쁜 것만도 아니다. 면밀하고 적정한 수사에 의해 기소된 상태에서 세밀한 심리를 거친 결과라면 기본적으로 원죄도 나오지 않고 성역 없는 수사도 가능하고 국민적 지지도 얻는다.[38]

그것은 실체적 진실에 접근하기 위한 노력의 의미다. 일본형 형사사법은 절차 적정보다도 진상 해명에 더 기울어져 있다.[39] 상대적으로 절차 적정이 중시되지 않는다는 지적도 있지만 진상 해명은 무시되지 못한다. 그래서 검찰관제도를 민영화하자는 논의, 폐지하고 사인私人소추로 한다든가 기소배심 혹은 예비심문이나 새로운 예심제도를 도입하자는 등 검찰관제도에 대한 대안적 논의들이 호응을 얻지 못하는 것이다.

히라노 류이치 등 순수한 당사자주의의 관철과 탄핵적 수사관의 추진을 말하는 학자들도 현재의 검찰관제도 자체의 개폐를 주장하는 건 아니었다. 히라노도 현행 검찰관제도를 전제로 했다. 다만 정밀사법을 이루는 검찰관의 엄밀한 기소 운용이야말로 소송 특히 수사를 규문화하고 있는 큰 원인이라고 지적할 뿐이다. 검찰제도에 대한 현상비판자들도 대개는 검찰관제도 자체의 존폐론은 아니고 운용상의 문제를 지적하는 수준에 머물고 있는 것이다.

재판소도 사법권이 독립되어 불고불리의 원칙을 관철하면서 소추

---

38) 加藤康榮, 「刑事司法における檢察官の役割(三)」, 170-171.

39) 松尾浩也, 『刑事訴訟法(上) <新版>』, 16.

된 사건과 강제수사의 영장발부에 관한 재판에 전념하는 형사사법 시스템에서의 역할 분담을 받아들이기에 전전 같은 예심제도나 예비심문의 제도화를 바라지는 않는다. 검찰 통제인 '부심판 제도'는 재판관이 공판에 회부할지를 체크하는 일종의 예심판사적 역할이지만 이는 어디까지나 공무원의 직권남용 등 죄에 한해 예외적으로 수용되는 것이다. 재판소는 현재의 제도를 거부하지 않는다. 따라서 제도 자체의 개폐는 고찰 대상이 아니다.[40) 재판소와의 관계를 보더라도 공판전담론으로 갈 이유는 찾기 어렵다.

다만 오늘날 일본에서 공소관이지만 일차적인 수사의 책임을 진 경찰 수사에 관한 후견적이고 보충적인 역할을 하는 검찰의 기능은 공판전담에 보다 가까워진 것이라고는 평가된다. 형사소송법 제193조에 의해 검찰관은 사법경찰에 대한 일반적 지시와 지휘권을 가지고 독자적 수사권도 가지고 사법경찰에 대한 구체적 지휘권도 가진 독립적 수사기관이지만, 그러한 수사는 형소법 제191조 제1항이 말하듯이 필요한 때에 스스로 범죄를 수사할 수 있는 정도인 것이다.

일본의 공판전담론에 대한 찬반을 통해 비교법적으로 보면 한국의 최근 검찰수사권 박탈에 대해서는 두 가지 평가가 가능하다. 하나는 일본과는 달리 한국에서는 그런 과정의 논의와 절차에 따른 개폐가 아닌 정치적 결론에 따른 개폐만 보인 것이고, 다른 하나는 정치적 결론이 내건 개혁의 명분만으로도 수사권이 완전 박탈되는 일이 허용될 정도로 사법제도 개혁에 관한 저변의 논의구조가 거의 존재하지 않거나 그런 구조가 있더라도 완전히 무시되는 일에 대해 일말의 수치감조차 인식하지 못하는 수준이라는 점이다.

---

40) 加藤康榮, 「刑事司法における檢察官の役割(四・完)」, 22-25.

5. 기소편의주의의 무기

검찰관이 사법관적 및 행정관적 입장에서 지닌 가장 큰 무기의 하나는 형사소송법 제248조의「기소편의주의起訴便宜主義」다. 기소나 불기소의 결정은 검찰관의 완전한 자유재량이다. 범죄의 혐의가 있더라도 정상 등을 고려해 기소유예 처분하고 공소를 제기하지 않을 수 있다. 본래 검찰관의 공소권에 관해서는 치죄법 시대부터「기소법정法定주의」라고 해석된다. 현재의 독일형소법과 마찬가지다. 그런데도 기소편의주의가 관행적으로 정착된다. 메이지시대의 검찰 실무 속에서 착실하게 자리 잡아 왔다.

기소나 불기소 혹은 기소유예의 결정을 검찰관의 재량권으로 한 편의주의는 학설상으로는 인정되지 않았다. 그런데도 실무에서 받아들여진다. 일본처럼 기소편의주의를 광범하게 활용하는 나라는 대륙법계나 영미법계의 국가들에서 유례를 찾아볼 수 없다. 근대 형사소송제도를 담은 프랑스의 1808년의「치죄법」에도 검사의 기소유예권은 규정되지 않았다. 다만 1820년대에 들어 사법부장관의 훈령 등으로 경미범죄에 대한 불기소처분이 소송경제 등의 측면에서 인정되기 시작한다. 이후 판례로 정당화되거나 기소유예가 실무에서 받아들여진 수준이다.[41]

따라서 기소편의주의는 서구에서도 법적 근거가 불확실하다. 그래서 일본이 계수한 것인지도 의문이다. 그런데 실무에서는 자명한 이치처럼 취급된다. 학설상으로는 기소법정주의가 주류이지만 사법대신이나 검사총장의 훈령이나 훈시에서는 기소유예 활용이 장려된

---

41) 유주성, "프랑스 근대검찰의 형성에 관한 연구", 198.; 문준영, "검찰제도의 연혁과 현대적 의미", 678-679.

다. 기소편의주의 전통은 전전에 검찰관이 법의 해석자로서 재판관보다 우월한 지위에 있음을 시사하기도 한다.[42] 재판 전 단계에서 이미 재판과 마찬가지의 판단을 하는 권한을 해석으로 형성한 것은 검찰이 스스로를 재판관보다 우월한 지위로 받아들인 것이기 때문이다.

검찰이 해석을 통해 기소편의주의를 형성한 근거가 없지는 않다. 상당히 현실적인 이유다. 우선 형사사건 통계가 큰 역할을 했다. 1870년대 후반 이후 사법성은 「형사통계연보」를 만들어 사건 통계를 내는데 거기에는 형무소 수용인원까지 파악되어 있었다. 그래서 다이쇼시대 들어 경미한 사건에 대해서는 불검거도 이루어지고 공판을 구하지 않고 벌금형을 부과하는 「형사약식절차법」도 만들어진다.

재정적 고려도 기소편의주의 도입으로 연결된다. 1885년에는 형무소 정원이 과잉되어 예산 부족이 된다. 그래서 경미한 죄를 검거하지 않음으로써 기소에 예외를 두기 시작하고 그것이 확대되어 1908년 12월에는 사법대신 훈령으로 '기소유예 재량'이라는 것으로 발전한다. 당시 표현으로는 '기소임의주의'의 권한으로 관행화된다. 급기야는 다이쇼시대의 형사소송법 제279조에 기소편의주의를 명문화하고 오늘날에도 형소법 제248조에 남게 된 것이다.[43]

명문화의 계기를 제공한 사건이 있다. 1914-1915년에 걸쳐 제2차 오쿠마 시게노부大隈重信 내각의 농상무대신 오우라 가네타케大浦兼武와 중의원의원 사이의 수뢰 및 증뢰가 드러났음에도 오우라는 기소유예시킨 <오우라大浦 사건>이다. 오우라가 법안 성립을 위해 의원

---

42) 林 尙之, 「近代日本の思想司法」, 80.
43) 加藤康榮, 「刑事司法における檢察官の役割(一)」, 85, 98.

들을 매수한 사건의 처리를 둘러싸고 사법대신이 오우라가 증뢰와 관련해 일체의 공직을 사직하고 반성의 뜻을 표한 것을 고려해 관행인 기소유예 처분하도록 지휘하자 검찰은 수뢰자는 기소하면서 증뢰자는 기소유예한 것이다. 이 편파적 처분에 대한 사회적 비판은 기소편의주의를 겨냥한다.[44]

기소편의주의는 법제상 근거가 없어 해석론으로는 부정되는데도 단지 입법론, 정책론으로 인정되어 오다가 오우라 사건을 계기로 강한 비판을 맞은 것이다. 기소유예 사유는 그 행위가 정책실시를 수행하기에 급한 나머지 이루어진 것으로서 사리사욕을 위한 것이 아니고 이미 책임을 자각하고 모든 공직을 사퇴하고 깊은 근신의 뜻을 보인다는 것이었다. 따라서 기소유예 근거도 박약했다. 무엇보다 수뢰자에 대한 기소와의 형평을 고려하더라도 수긍하기 어려운 것이었다. 그래서 비판이 줄어들지 않았다.

그런데 검찰을 중심으로 한 사법성의 대응은 비판의 취지와는 사뭇 다른 방향으로 진행된다. 실무 관행인 기소편의주의를 차라리 입법으로 법문화시켜서 비판으로부터 자유롭게 만들자는 움직임이다. 결국 다이쇼 시기의 개정 형사소송법에 기소편의주의는 법문화되기에 이른다. 사법성 주도 하에 검찰실무 실태에 부합시킨다면서 형사소송의 원칙을 기소법정주의에서 기소편의주의로 전환한 것이다.[45]

명문화가 쉽게 된 것은 아니다. 법조계의 다른 직역에서 반발이 많았다. 대심원은 개정이 너무나 큰 권한을 검사에게 인정하는 것으로 세계에서 찾아볼 수 없는 것이고, 피해자의 고소권의 효력을 결

---

44) 三井 誠, 「「大浦事件」の投げかけた波紋」.

45) 林 尚之, 「近代日本の思想司法」, 81.; 노명선, "검사의 준사법관으로서의 지위에 대한 이해", 34-35.

과적으로 크게 감쇄시키는 것이 되고, 소추권의 행사나 불행사의 당부에 관해 정치적 문제도 초래하게 된다고 반대한다. 일부 변호사회도 국가 형벌권이 검사에 좌우되는 것이 되고, 명문화보다는 차라리 범죄가 있으면 반드시 기소해 재판소에서 집행유예 등으로 과형에서 참작하면 되는 것이라고 반대한다.46) 그러나 업무부담이나 재정적 고려 등의 현실적 이유가 반영되면서 명문화는 관철된다.47)

그렇게 명문화된 기소편의주의를 계수한 한국에서는 규정 당시 논의나 반성적 고려가 확인되지 않는다. 그것이 일본에서 자명한 이치로 취급되는 무리한 관행이 있었는지 상관할 필요 없이 일본 형사소송법의 의용이라는 형식으로 채용되었기 때문이다. 그러나 기소편의주의의 부작용은 한국도 마찬가지로 겪을 수밖에 없다. 수사와 기소에서 극히 우수하다고 평가되는 일본의 검찰이 기소편의주의로 인해 경미한 범죄를 방치하는 이율배반적인 모습으로 평가된다면 한국도 마찬가지로 그 점에서 자유롭지 못한 것이다.

다만 기소편의주의는 검찰관의 업무 부담의 관점에서 보면 오늘날도 현실에는 부합하는 것이라고 보인다. 실제로 일본의 검찰관도 재판관과 마찬가지로 격무다. 보통 1명의 검사가 100건 이상의 사건을 담당하는 실정이다. 게다가 대도시라면 공판검사가 따로 있겠지만 지방 소도시 등의 검찰관은 수사에서 공판담당까지 전부 한 사람

---

46) 加藤康榮, 「刑事司法における檢察官の役割(一)」, 86.; 三井 誠, 「檢察官の起訴猶予裁量」, 53.; 我妻 榮·団藤重光 他 編, 『日本政治裁判史録(大正)』, 106.

47) 실은 기소재량은 일본만의 현상은 아니다. 오늘날 서구에서조차 기소법정주의는 후퇴하고 있다. 이유는 검찰이 지닌 고도의 작업부담에 의한 형사사법 시스템의 압박이 형사절차의 간략화와 단축이라는 전략을 만들어내고 있기 때문이다. 그런 전략 중에는 경미한 범죄에 대한 비범죄화도 있거니와 기소편의주의적인 절차도 있다. 그래서 피의자나 피고인의 권리를 보장하고, 재판소의 판결에 의해 종결하는 법률상으로 규정된 완전한 형사절차는 오늘날 오히려 예외가 되어 버렸다(イェルク-マルティン・イェーレ, 葛原力三 訳, 「起訴法定主義の終焉」, 187.).

이 담당해야 한다. 그런 경우 기소편의주의는 격무 속에서도 업무의 연속성을 가능하게 하는 현실적 구제책인 것이다.

6. 기소의결이라는 견제

검찰은 스스로 사건을 인지하기도 하지만 경찰에서 송치받기도 한다. 범죄혐의가 의심되는 피의자에 대해 경찰 등 수사기관은 임의 출두를 요청하거나 체포·구류勾留해 신문할 수 있고, 수사한 경우에는 미죄微罪처분 등 외에는 형사소송법 제203조 제1항과 제246조에 의해 사건을 검찰관에 송치해야 한다. 검찰관은 송치된 사건에 대해 피의자를 기소 혹은 불기소한다. 기소되면 피고인이 되어 재판소에서 약식명령을 받거나 공판에 회부된다. 그러면 피고인은 약식명령을 받아들이지 않으면 불복해 다투거나 공판에서도 자백하지 않으면 다툴 수 있다.

그런데 검찰이 기소재량권에 의해 불기소처분하면 고소인 등이 불복하는 방식이 문제된다. 기소된 사건에 대해서는 재판소가 최종적으로 판단하게 된다지만, 검찰관의 불기소 처분의 적부를 규율하는 것은 일차적으로는 검찰의 자기체크 외에는 없다. 특히 전후에는 판사에 의한 예심제도도 폐지되어 검찰의 불기소처분에 대해서는 사전적이든 사후적이든 대책이 없게 된다. 그래서 마련된 통제장치가 「검찰심사회檢察審査会」에 의한 기소강제다. 「검찰심사회법」 제41조의6 이하 조항에 의한 기소의결 제도다.

불기소에 대한 다른 통제가 없지는 않다. 검찰의 부당한 불기소처분의 경우에 전전 재판소구성법 제140조에서부터 이어져 온 '항고'가 하나의 구제책이다. 또한 공무원의 직권남용죄에 대해서는 형사소송법 제262조 등에 의한 준기소절차인 '부심판付審判 제도'가 있다. 재판소가 불기소에 대해 체크해 심판에 붙이는 것이다. 검찰관의 기소재량권의 남용과 불합리한 불기소를 시정하기 위해 예외를 확대한 것이다.[48] 다만 「검찰심사회」의 기소강제가 대상에서도 포괄적이고 또한 가장 근본적인 대책이다.

전후의 개혁구상에서 실은 보다 근본적인 검찰 통제방식이 고려되었다. 점령군총사령부GHQ가 1947년에 사법성에 검찰의 민주화를 위한 입안을 명한다. 검찰관 '공선제公選制'와 기소배심 즉 '대배심大陪審'의 채용이 과제가 된다. GHQ와 일본 정부 모두 미국형 기소배심의 도입에는 신중한 자세를 보인다. 대신 등장한 것이 검찰심사회다. 즉 GHQ가 기소의 상당성 여부를 판단하는 대배심 도입을 제안하자 일본 측이 반발하면서 절충안으로 「검찰심사회법」이 1948년 7월 만들어진다. 결국 공선제 대신 「검찰관적격심사회」 제도가 성립되고 기소배심제 대신 「검찰심사회」 제도가 도입된다.[49]

알고 보면 기소배심제는 일본 정부가 GHQ의 개헌 압박 하에 설치한 헌법문제조사위원회 즉 마츠모토松本위원회의 개헌안에도 보인다. 일정한 범죄에 대한 기소배심제가 있었다.[50] 그러나 일본 정부

---

48) 加藤康榮, 「刑事司法における檢察官の役割(二)」, 6, 16.; '부심판 제도'는 공무원직권남용죄 등에 관해 고소인이나 고발인이 검찰관의 불기소 등 처분에 불복하는 경우 재판소에 심판에 붙일 것을 청구하는 준기소準起訴절차다. 이 제도도 한국에 보이는데 한국이 오히려 일본보다 범위가 넓게 인정된다. 즉 한국에서는 검사의 불기소처분에 불복하는 고소인이나 고발인이 검찰항고를 거쳐 해당 검사 소속 지검 소재지 관할 고등법원에 당부를 판단해 달라는 재정신청 제도가 형사소송법에 규정되어 있고, 특히 고소인의 재정신청은 공무원직권남용죄 뿐만 아니라 모든 죄를 대상으로 하기에 범위가 더 넓다.

49) 出口雄一, 「檢察審査会法制定の経緯」, 153.

50) 利谷信義, 「戰後改革と国民の司法参加」, 101-109.

는 수용할 수 없다는 입장이었다. 검찰권 행사 특히 불기소처분의 공정을 기하기 위해 민의를 반영해야 한다는 점은 수긍하더라도 기소배심제 방식은 수용하기 어려웠다. 그런데 GHQ 민정국 내부에서도 의견이 통일되지 않았다. 그래서 기소배심제 대신 검찰심사회의 방향으로 선회한 것이다.[51]

검찰관의 기소독점의 예외로서 부당한 불기소처분을 억제하기 위한 검찰심사회는 검찰심사회법 제2조에 의해 검찰관이 불기소나 기소유예한 처분에 대해 피해자나 고소인 등의 불복에 응해 타당성을 심사한다. 다만 출범한 이후 오랫동안 기소권유 제도에 불과했다. 이후 재판원 재판제도의 도입에 맞춘 법 개정에 의해 기소의결로 기소 강제가 된다. 개정법에서 심사회는 공직선거인명부에서 추첨된 임기 6개월의 심사원 11명이 검찰관의 불기소처분을 신청 혹은 직권으로 심사한다.

그래서 기소강제 결정이나 불기소 결정 등 중 하나의 결정을 내린다. 검찰관은 심사회의 '기소가 상당'하다는 결정이 있으면 공소제기 여부를 검토하는데, 검찰이 다시 불기소하거나 3개월 내 처분하지 않으면 검찰심사회가 재심사해 심사원 3분의 2 이상의 결정으로 기소가 상당하다고 또 인정하는 「기소의결」을 할 수 있다. 지재나 지부 소재지에 설치된 검찰심사회의 기소의결은 관할 지방재판소에 송부되어 기소가 진행된다.

심사회의 기소의결은 검찰의 불기소처분에 대한 실질적 통제장치로서 기능한다. 실제로 기소의결은 검찰을 굴복시킨 정치권을 겨냥해 일정한 성과를 거두기도 했다. 2021년 2월 오자와 이치로小沢一郎

---

51) 出口雄一, 「検察審査会法制定の経緯」, 155-162.

전 민주당民主黨 대표에 대한 정치자금규정법 위반사건에 대한 검찰의 두 차례에 걸친 무혐의 판단에 대해 검찰심사회가 기소가 상당하다고 기소의결을 함으로써 강제 기소된 사례가 대표적이다.

한국에는 일본을 참고해 출범한 「검찰시민위원회」가 있다. 2010년 도입된 검찰시민위는 검사의 공소제기, 불기소처분 등의 적정성을 심의한다. 다만 지재 및 지부 소재지에 설치되어 검찰로부터 독립되어 있고 심의도 고소인이나 고발인이나 피해자 등의 요청으로 개시되고 심의결과가 법적 구속력을 지니는 검찰심사회에 비해, 검찰시민위는 각 지검 및 지청 소속으로 운용되어 검찰로부터 독립되었다고 보기 어렵고, 검찰의 요청으로 심의가 개시되고 심의결과도 권고적 효력만 지닌다.52)

7. 당사자 지위와 현실

전전의 일본 사법은 '영미법계'와 '대륙법계'의 영향을 모두 받았다. 이는 근대 사법 도입기인 메이지시대에 민법 시행연기를 두고 '프랑스법학계'와 '영국법학계'가 찬반 다툼을 벌인 것에서도 확인된다. 그런데 프랑스의 영향이 후퇴하고 같은 대륙법계인 독일법학이 지배하기 시작한다. 헌법은 프로이센 모델이 결정적이지만 <민법전 논쟁> 당시까지는 독일 법학은 주도권 싸움에 참전하지도 못한 수준이었다. 그런데 '독일법계'가 지배적이 된다. 다만 행정법의 영역에서는 프랑스의 영향도 지속된다.

---

52) 김잔디, "공소권 통제를 위한 검찰시민위원회의 기능 강화 방안", 242-245.

전후 사법에는 영미법계의 당사자주의가 지배한다. 변화의 계기는 당사자주의 자체에 대한 희망보다는 기존의 규문糾問주의로 인한 부정적 현상에 대한 반성이다. 사법의 관료화나 그로 인한 재판독립의 침해 등은 물론이고, 재판이 형식화된 구두변론주의로 서면 중심으로 진행되는 실정, 소수의 재판관이 너무 많은 사건을 처리하면서 필요한 증인신문이나 검증 등을 잘 채용하지 않는다거나 채용하더라도 시간이 충분치 못하다거나 그래서 재판이 진실을 반영하지 못하는 점 등에 대한 반성이다.[53]

패전 이후 신헌법의 사법규정이나 그에 따라 새로 도입한 사법시스템 자체나 개정된 수많은 사법과 소송 관련 법제들에도 영미법주의가 반영된다. 거기에는 미점령군의 영향도 한몫했다. 사실 일본이 전전에 영미법체계를 몰랐던 것은 아니다. 당사자가 제기한 소에 대해서만 판단하는 처분권주의가 지배하고 당사자가 제출하는 소송자료를 가지고 이를 근거로 판단하고 당사자의 변론주의에 의해 진행한다는 의미의 당사자주의는 전전에도 마찬가지였다.

그러나 전후의 당사자주의에 따른 제도와 운용의 변화가 있다. 검사의 절차적 위상도 변화된다. 법정의 착석 위치부터 달라진다. 전전의 검찰관은 재판관과 같은 높이에 있었는데 내려온다. 즉 전전에는 재판관이나 검찰관과 비교했을 때 변호인이나 피고인은 그 아래에 있었는데, 전후에 검찰관은 단상에서 내려와 변호사와 같은 높이에서 대면한다. 형사재판이 국가소추를 인정하더라도 '무기 대등'의 싸움에서 민사소송의 원고 같은 입장이 되어야 한다고 보는 영미법의 사고방식이다.

---

53) 種村文孝,「專門職としての法曹養成の経緯と現代的課題」, 76.

복장도 바뀐다. 한국의 경우는 오늘날도 법복을 입는 사람이 판사, 검사 등이다. 일본도 전전에는 검찰관도 당연한 듯 법복을 입었다. 그런데 지금은 전전과 달리 검찰관도 사복을 입는다. 사복을 입기에 누가 검찰관인지 변호사인지 헷갈리기도 한다. 특히 검사의 위치가 좌우로 바뀌기도 하기 때문에 더욱 헷갈린다. 한국의 경우는 방청석에서 법정을 바라볼 때 왼쪽에 검사가 자리한다. 그와 달리 일본에서는 왼쪽이나 오른쪽이 정해진 게 아니고 법정 구조에 따라 위치가 바뀐다.54)

당사자주의는 법정 태도에서도 확인된다. 일본이나 한국 검사 모두 기소와 공소유지에 적극적이지만 한국의 공판검사는 법정 절차에서는 크게 적극적이지 않은 듯도 보인다. 그래서 검사가 증인이나 피고인을 신문할 때도 중대사건이 아닌 경우에는 거의 검사석에 앉아서 비교적 형식적으로 신문하다가 진술조서나 신문조서의 진정성립 확인 등을 위해서만 증인이나 피고인 앞에 가서 조서 등을 열람시키며 확인하는 정도라고 해도 과언이 아니다.

한국 검사는 수사단계에서는 열심이더라도 조서가 작성되면 조서의 증거능력이 부정되기 어렵기에 법정에서는 무오류를 자신하는 듯 보인다. 준사법관 집단의 소속으로서 판사와의 동류의식까지 느끼는 일종의 엘리트주의적 매너리즘에 지배되는 듯 보인다. 그에 비하면 일본 검사는 법정에서 덜 권위적이다. 검사가 변호사처럼 적극

---

54) 일본에서 검찰관의 법정 위치 결정은 피고인의 출입구와 관련된다. 우선 피고인은 한국의 경우는 보통 검사의 상대방 위치에 있고 변호인이 있는 경우에는 그 옆에서 검사를 마주 보면서 있게 된다. 그러다가 공범에 대한 증언이나 피고인신문을 하게 될 때만 중앙 등에 위치한 증언대로 가게 된다. 그런데 일본에서는 피고인은 변호인의 앞에 있거나 판사를 마주 보는 위치에 앉아 있다. 피고인이 드나들 때도 법대 뒤의 재판관 출입구나 보통 변호인이나 일반 방청인이 출입하는 출입구가 아닌 다른 출입구로 드나드는 것이 보통이다. 검찰관석은 그 피고인의 출입구와 가까운 쪽이 된다.

적으로 피고인을 신문하는 경우도 흔하다. 증인신문 등도 상세하게 신문하거니와 조서 등의 열람 외에도 증인 등에게 다가서 신문하는 경우가 적지 않다.

검사로서의 형식적 위상의 견고함 같은 것은 효율성 앞에서 언제든지 포기할 수 있다는 자세다. 영미법계의 당사자주의적 태도다. 점령군에 의해 강제된 신헌법도 그렇거니와 사법체계나 재판 진행에서도 영미법계의 제도와 이념의 비중이 커졌다. 재판 관련 법규와 절차는 영미법적 방식으로 대체된다.[55] 과거와 비교하면 더 분명히 드러난다. 돌이켜보건대 전전의 검찰제도는 대륙법계 프랑스에서 계수했다. 검찰이 국가기관으로서 독자적 입장에서 공소제기와 공소유지의 역할을 맡는 것 자체가 그렇다.[56]

프랑스 근대 검찰제도의 형사사법 제도가 규문주의다. 프랑스의 예심제도와 규문주의가 19세기 독일 형사소송법에도 계수되고 메이지 이후 일본에 계수된다. 그래서 전전 일본의 형소법의 기본원칙은 대륙법계에서 유래하는 규문주의와 직권주의로서 형사절차의 공판심리에서 재판소가 증거조사 등을 주도해 진상규명을 추구하는 것이 된다. 대륙법계를 계수함으로써 그 형사절차에 크게 의존한 것이다. 그런 전전과 비교할 때 전후의 검찰은 당사자주의적이다.

그런데 전후 검찰의 기본 입장이 영미법적인지는 의문이다. 대

---

55) 영국의 근세 이후의 당사자주의적 형사소송절차는 기소배심에 의해 소추되면서 형사절차가 개시되고 기소 후 절차도 심리배심에서 심리되고 증거에 의한 사실인정도 엄격하고 인신보호 영장제도로 대표되는 것인데, 일본은 그와 동일한 형태는 아니지만 상당한 영향을 받는다.

56) 근대적 검찰의 기원은 프랑스에 있고, 그것이 독일 등 다른 유럽제국으로 전파되고 그것이 일본으로 전파된 것이다. 프랑스적 연원은 형사사법이 고대 규문주의적 방식에서 게르만식의 탄핵주의적인 방식으로 이행하고 다시 규문주의적 측면이 강조되면서 결국 피해자가 해야 할 소추를 국가가 대신한다는 것으로서의 공익의 대변자로 자리 잡는 과정이었다. 그래서 검찰은 사법관의 역할이면서도 행정부에 소속한다(유주성, "프랑스 근대검찰의 형성에 관한 연구", 180-187.).

의에서는 영미법적이다. 전후에는 미국법의 기본이념을 구 형소법의 원형에 접목하는 방식이 되었다. 이 점에서 대륙법계를 모방한 메이지시대의 치죄법 이래의 근대적 형소법의 특징인 직권주의에서는 떨어져 나온 것이다. 전전의 검찰관은 피고인과 마찬가지의 당사자가 아니라 재판 감시역을 본질로 했다. 소추와 재판은 분리되었다지만 분리는 형식에 그쳤다. 반면 전후에는 당사자주의를 받아들여 재판관과 검찰관의 기능이 분리되고 형사소송은 탄핵주의가 된다.[57]

그럼에도 전후 검찰은 당사자주의나 탄핵주의와는 다른 면을 보여준다. 일단 미국과는 기능이 다르다. 미국에서 체포는 재판을 위한 신병확보 차원이고, 수사는 그 시점에서 거의 종결된다. 그리고 독일과도 다르다. 독일은 공판을 유지할 수 있다고 확신하기까지는 검찰이 수사를 종결하지 않는 것으로서 즉 공소제기 후에도 필요가 있다면 검찰이 수사할 수 있는 것이다. 그와 달리 일본은 공소제기 후의 수사에 대해서는 소극적이다.[58] 그 점에서 애매한 면이 있다.

다만 전후에 달라진 것은 분명하다. 패전 후 구시대의 수사구조를 비판한 히라노 류이치平野龍一의 표현에서도 확인된다. 히라노는 일본의 형사법적 상황을 말하면서 구법시대의 수사절차를 '규문적' 구조라고 표현한다.[59] 그리고 신 형소법 하에서는 영미법계의 절차를 모범으로 한 '탄핵적' 구조로 대치했다고 본다. 수사의 목적을 일방 당사자인 검사의 공소수행을 위한 공판준비활동에 두고 타방 당사

---

57) 加藤康榮,「刑事司法における檢察官の役割(一)」, 72-77, 92-95.

58) 土本武司,『刑事訴訟法要義』, 97.; 노명선, "검사의 준사법관으로서의 지위에 대한 이해", 10.

59) 권위주의 형법인가 자유주의 형법인가라는 문제제기 하에서「현상비판」이라는 확고한 신념 아래서 형법학을 연구한 히라노가 일본 형사법에서 차지하는 위치는 컸다. 그 연구성과는 학계와 실무계에 지대한 영향을 끼쳤다. 曾根威彦,「平野刑法学について」, 294.

자인 피의자는 장래의 공판준비와 주체에 상응한 방어권이 보장되어야 한다는 의미에서 탄핵적 수사관이라 한 것이다.[60]

그런데 전후에 탄핵적 수사의 입장이 되었다는 것이 탄핵적 수사구조가 되었다는 의미와는 다르다. 실질은 구시대의 수사구조가 남아 있다. 특히 조서 재판의 폐해는 여전하다.[61] 그동안 직접주의나 공판중심주의가 형해화된 이유는 형소법의 서증 동의 제도, 피해자, 목격자, 피고인의 진술조서 채용을 용이하게 하는 제도, 쟁점이 공판 최종단계가 되지 않으면 판명되지 않기에 쟁점을 모르는 검찰관이 모든 사실을 입증하기 위해 많은 진술조서를 법정에 제출하고, 그래서 변호인이 채용에 반대해도 진술조서가 적법 증거로 다수 채용되는 사태 등에 원인이 있다.

그렇게 수사기관이 작성한 진술조서를 중심으로 하는 형사재판 시스템이 전후에도 거의 60년 이상 계속되었다. 이런 조서재판 속에서 형사재판관은 증거 채용된 진술조서들 즉 진술자의 생생한 소리라기보다는 수사관에 의해 요약되어 수사관의 희망이나 확신이 반영된 것일 수밖에 없는 진술조서들을 법정에서 재판관실이나 집으로 가지고 가서 그 속에서 진실을 찾아내는 일상이 된다. 다만 재판원 재판을 통해 구두주의나 직접주의가 어느 정도 실질화하면서 재

---

60) 탄핵적 수사관에서는 수사를 공판과 별개로 논할 수 없다. 따라서 수사의 독자성을 부정한다. 이는 수사의 목적을 기소 혹은 불기소의 결정에 있다고 하는 입장에서 피의자를 조사객체로 보고 직권주의적인 수사가 지배하게 되는 규문적 수사관에 대립한다. 히라노는 수사란 공판절차의 준비단계에 지나지 않고 독자적인 수사단계는 없으며 수사절차도 공판절차와 같이 당사자주의를 취해야 한다고 본다(平野龍一, 『刑事訴訟法』, 83쪽 이하.).

61) 특히 절차의 갱신이 항상적인 일본의 형사재판에서 그 폐해는 더 심각하다. 무죄를 다투는 사건에서 처음부터 끝까지 동일한 재판관에 의해 재판되는 사건은 드물고, 거의 대부분은 절차의 갱신이 이루어진다. 결국 절차 갱신에 의해 새롭게 관여하는 재판관은 그 때까지의 증거조사 결과를 조서로 읽음으로써 평가할 수밖에 없다(佐藤博史, 「わが国の刑事司法の特色と弁護の機能」, 374-375.).

판관들이 증거서류에 과도하게 의존하던 모습이 조금은 달라지기는 한다.62)

재판원 재판에서 구두주의나 직접주의의 모습이 보인다. 어느 사법 기자는 재판원 재판을 방청하고는 '아아, 처음으로 법정에서 일본어로 말하는구나'라고 느꼈다고 하는 것이 그런 표현이다.63) 전후의 형사소송법이 이상으로 삼고 있는 입장 즉 증인, 피고인이 법정에서 하는 말이나 그때의 거동 등으로부터 직접 심증을 얻는다고 하는 직접주의, 공판중심주의가 회복된다는 의미다. 그동안 그런 직접주의, 공판중심주의를 가로막은 최대의 원인이 조서 재판이었다.

그런데 일본 형사재판의 현실은 여전히 조서 재판이다. 크게는 개선되지 않았다. 그에 대해 법제도 도입에서 '화혼양재和魂洋才'로 표현되는 입장 즉 법제도는 가져와도 그 사상은 가져오지 않는다는 일본적 태도의 폐해라고 보기도 한다.64) 그러나 그 이유는 오히려 현실에서 찾을 수도 있다. 조서 재판에서 무죄율이 극히 적은 것에서도 보이듯이 유죄 확신에 이르기까지 증거를 엄선해 이를 근거로 기소 여부를 결정한다는 것은 어떤 면에서는 인권을 배려하고 재판의 효율화에도 기여하는 것이라고 평가될 수도 있기 때문이다.65)

---

62) 安原 浩, 「裁判員裁判が日本の刑事裁判を変えた」, 204-205, 216.; 물론 조서재판의 폐해가 재판원 제도에 의해서만 시정되는 것은 아니다. 진술조서에 의존하는 재판이 지닌 문제점을 해결하기 위한 여러 시도가 이뤄지고 있다. 피의자 신문에서의 가시·가청화를 위한 논의도 늘고 있다. 그래서 재판원 제도의 대상이 되는 사건에 관해서는 검찰관의 재량에 의해 피의자 신문에서의 녹음이나 녹화가 실시되기도 하고, 그 외 특수부 사건 등에서도 그런 시도가 늘고 있다. 결국 이들은 공판에서 진술조서의 임의성과 신용성을 입증하게 되고, 재판소가 이를 제대로 판단하는 데도 유용하게 된다(検察の在り方検討会議, 「検察の再生に向けて」, 24-25.).

63) 笹倉香奈·上口達夫 他, 「裁判員制度の現状と課題」, 92.; 安原 浩, 「裁判員裁判が日本の刑事裁判を変えた」, 199.

64) 형사법제가 미국과 같은 것이더라도 운용상의 차이가 근본적으로 존재한다. 그 점에서 형사소송을 지탱하는 권리나 제도를 운용하는 사상까지 받아들이지는 못한 것이다. 다시 말하면 사상은 배제하고 기술적인 여러 제도만을 도입한 것이라는 지적이 있다. 山本晶樹, 「弁護人の任務における課題」, 92.

8. 정밀사법의 반론

「정밀사법精密司法」은 사건의 상세한 진상을 해명하고자 대량의 증거자료에 기초해 상세한 사실인정을 행하는 정밀하고 신중한 형사사법을 말한다. 마쓰오 고야松尾浩也의 표현 이래 형사법 연구자들에 의해그 용어는 일본적 형사사법을 상징하고 있다.[66] 당위나 지향의 표현이아니고 현실의 모습이라는 것이다. 1980년대에 형사실무가 해석과 운용의 안정기에 들게 되면서 검찰실무가 및 형사재판 실무가들이 평가한 것이다. 그들의 기본 인식은 일본처럼 효율적으로 형사사법을 실현해 양호한 치안 상태를 자랑하는 나라는 없다는 것이다.

정밀사법은 주로 검찰의 기능적 성과에 대한 표현이다. 형사사법의 성공은 정밀하게 이루어지는 수사기관의 진실발견 능력 특히 검찰관의 탁월한 능력의 덕택이라 본 것이다. 그런데 그 성과가 전후에 정착되는 당사자주의적 변화에 부합하는 것인지는 의문인 듯 보였다. 거기에서 형사소송법 분야의 태두인 히라노의 비판이 등장한다. 수사 내지 공소제기의 정밀함으로 인해 잘못된 기소가 되더라도잘못을 시정해 무죄판결에 이르는 게 쉽지 않다는 것이다.[67]

히라노는 정밀사법이 의미하는 높은 유죄율과 당사자주의 사이의고민을 지적한다. 이미 히라노는 1961년에 검찰관이 확실한 것만 즉자신 있는 것만 기소하는 것은 치안유지에 도움이 되지 않는다고 했다. 증거가 충분치 않아 기소유예되는 것은 기소된다면 일부는 유죄가 될 수 있다. 따라서 검찰관은 무죄판결을 받아서 면목을 잃을 우

---

65) 加藤康榮, 「刑事司法における検察官の役割(二)」, 15.

66) 松尾浩也, 『刑事訴訟法(上) <補正第二版>』, 16.

67) 加藤康榮, 「刑事司法における検察官の役割(二)」, 24.

려로 인해 유죄가 되는 것을 기소하지 않은 게 된다. 그래서 극히 낮은 무죄율을 조금 더 높이게 되더라도 수사가 조금 더 '대범한' 형태로 이루어질 수 있다고 했다.[68]

히라노는 1985년에는 나아가 형사소송법이 구미 형소법의 문화적 수준과는 상당히 다른 모습으로 병적이라고 본다. '일본의 형사재판은 상당히 절망적이다'라는 충격적 진단도 내린다. 공판중심주의에서는 유죄 혹은 무죄는 재판에서 가려져야 하는 것이고, 구미의 형사재판은 그런 형태인 데 비해 일본 재판소는 '유죄인 것을 확인하는 장소라고 해도 좋을' 그런 재판이라는 것이다. 미국에서 검찰관은 일응 증거가 있으면 기소하는데 일본은 다르다는 것이다.

일본에서 기소에 필요한 혐의는 체포, 구속에 필요한 상당한 혐의보다도 높은 정도다. 수사 결과 혐의가 충분할 때다. 그 경우 공판에서 무죄가 되면 검찰관의 잘못이 된다. 국민 다수도 그렇게 생각한다. 그런데 기소에 고도의 혐의가 요구된다면 소송의 실질이 수사절차에 옮겨진다. 그래서 재판소는 검찰관이 유죄라고 확신한 것을 '만일을 위해 확인하는' 것이 된다. 결국 1심은 '검찰관에 대한 항소심에 불과한' 것처럼 되어 '검찰관 사법'처럼 된다. 그래서 일본의 형사재판은 상당히 '절망적'이라는 것이다.[69]

히라노의 '절망'은 형식주의적 서면중심주의의 재판 혹은 조서에서 심증을 얻어 사실인정을 하고 결론을 내는 '조서 재판'에 대한 비판이다.[70] 검찰에 의한 그리고 법원에 연계되는 정밀사법에 대한 비판론에는 조서중심주의에 대한 지적이 큰 부분을 차지한다. 절차

---

68) 平野龍一, 「刑事訴訟促進の二つの方法」, 8.

69) 平野龍一, 「現行刑事訴訟の診断」, 407.

70) 平野龍一, 「現行刑事訴訟の診断」, 1985.; 浅見宣義, 「現職が語る裁判官の魅力」, 60.

적으로 정밀사법에서는 증거로서의 조서화가 이루어진다. 공판은 실제상 조서중심주의인데 수사 단계의 조서의 기재 내지 조서 사이의 정합성에 관한 정밀한 심리가 된다.

실무의 조서 중시는 신 형사소송의 본래의 지향과는 상당히 다른 형태다. 형소법이 공판중심주의를 채용하면서도 경죄든 중죄든 혹은 자백 사건이든 부인 사건이든 구별 없이 공판에서는 엄격한 증거가 추구되기 때문에 기소를 엄선해서 수사단계에서는 모든 사건에 대해 공판에서의 증거조사에 문제가 없도록 정밀한 수사, 조서화를 하지 않으면 안 된다고 하는 소송구조 자체가 정밀사법을 만드는 원인이 된다.[71]

검찰관은 피고인이 어느 정도 다투는지 모르는 채 증거를 준비하다 보니 공소사실에 대해 상세한 입증을 시도하고, 대량의 조서가 공판에 증거로 신청되어 피고인과 변호인이 증거능력에 동의한 것은 제출되고 부동의하면 증인신청이 된다. 증인신문 뒤에 부동의된 조서가 증거로 채용되기도 하므로, 대량의 조서가 현출된다. 결국 조서의 합리성을 고려해 재판관실에서 사실을 인정해 가는 '조서 재판'은 시간도 많이 걸린다. 재판관이 확신에 이르는 경위도 불분명하다. 무엇보다 법정에서 심증을 얻는 방식과는 거리가 멀다.[72]

그래도 히라노의 제언은 실무에서 지지되지 못한다. 실무 운용에 변경을 가져오지도 못한다. 학계도 탄핵적 수사관을 지지하면서도 기소를 위해 혐의 기준을 낮추자는 주장에는 따르지 않는다. 형소법 제정 과정에서 점령군총사령부가 '예심 폐지'를 지침으로 하면서 기

---

71) 加藤康榮, 「刑事司法における檢察官の役割(二)」, 26-27.

72) 淺見宣義, 「現職が語る裁判官の魅力」, 61.

록을 일별한 정도에서 혐의 여부가 판명되는 정도를 기소 기준으로 하는 법 개정을 제안하지만, 법조삼자는 일치하여 거의 100%에 가까운 유죄율을 지닌 엄격한 기소 실무를 전제로 한 개정을 주장한다. 그래서 느슨한 기소 기준 제안은 철회된다. 그 점에서 볼 때도 히라노의 기소 기준은 문제가 있다.[73]

히라노의 비판과 논거는 다르지만 당사자주의의 실무에서의 왜곡을 지적하는 유사한 주장도 있다. 전후 형사사법의 탄핵적 수사, 소추구조가 실제로 실무에서는 받아들여지지 않는다는 것이다. 특히 변호사들 사이에서는 검찰만이 승승장구하는 분위기에서는 어떻게 변호를 해봐도 결국 마찬가지이고, 그래서 형사변호는 하고 싶지 않다는 분위기가 커졌다. 현행 형소법이 시행되고부터 헌법과 형소법의 영미법적 이념에 충실한 '신형소파新刑訴派'에 의해 집중심리와 철저한 공판중심 심증 형성이 주장되고 실무에서 실천되기도 하지만, 결국 정착되지는 못했다는 것이다.

이들은 신 형사소송이 이런 식이면 차라리 구 형사소송이 낫겠다는 자포자기적 불만을 드러낸다. 이전에는 수사와 공판이 연속하는 구조가 채용되어 수사서류가 일건기록으로 재판소에 넘어갔다. 그래서 혐의가 인계될 위험성도 있기에, 현행법은 '공소장일본주의' 등을 채용해 수사와 공판을 단절시켜, 공판에서는 당사자가 소송을 수행하도록 만든다. 그 결과 공판에 제출되는 증거를 선택하는 것은 검찰관에게 사실상 맡겨진다. 그것이 피고인, 변호인에게는 상대방인 검찰과의 압도적인 물량의 차이를 실감시킨다는 것이다.[74]

---

73) 渡辺咲子, 「刑事訴訟法制定時における公訴提起に必要な嫌疑の程度」, 57쪽 이하.
74) 青木孝之, 「刑事司法改革の現状と展望」, 141-142, 167-169.

그래도 '정밀사법'이라는 검찰의 자부심은 여전히 통한다. 거기에는 국민감정에 토대를 둔 지지도 있다. 경찰이나 검찰이 범죄의 의심 여부를 수사해 대범하게 기소하는 태도는 일본 국민의 정의감정이나 사법에 대한 기대에 반한다는 것이다. 일본에서 높은 유죄율은 기소의 엄선이 전제가 되고, 국민은 권리의식보다도 지위가 높은 자에 대한 기대의식이 높아서 사법관헌의 진실에 접근하는 열의와 성설성에 기대하며 거기서 정의감의 만족을 찾는다. 일본에는 자백이 특히 많고 범인으로 검거되고 기소되는 자는 거의 유죄라고 생각하는 게 국민감정이라는 것이다.[75]

검찰실무도 정밀사법을 지지한다. 검찰실무가들의 공통적 인식은 검찰관은 수사, 공소제기, 공판수행, 형 집행까지 관계하고, 경찰에서 송치된 모든 사건을 처리하는 입장이기에 형사사법을 사회통제 시스템으로서 기능 면에서 고찰할 수밖에 없다는 것이다.[76] 전후 혼란기에 수많은 사건에 대해 수사기능을 적정하게 하고 신속하게 처리하기 위해서는 즉 정밀한 수사를 한 뒤에 엄격한 기소를 하고 공소를 유지하기 위해서는 조서에 의존하는 게 여러 조건에 비추어 볼 때 거의 유일한 방법이기에 서증 중심 운용도 필연적이라는 것이다.

전후의 '신 형사소송'은 직접주의, 구두주의의 진실발견 기능을 중시하지만, 그것을 과신하기에 기능을 담보하고 강화해야 하는 장치에 대한 배려에 부족한 점이 있다. 그래서 수많은 사건을 신속하고 적정하게 처리한다고 하는 시스템 본래의 목적에서 오는 요청의 압박으로 스스로 변질되지 않을 수 없었다. 히라노는 형사소송 실무

---

75) 土本武司, 「刑事訴訟雜感: 国民性の視点から」, 43쪽 이하.
76) 青木孝之, 「刑事司法改革の現状と展望」, 37-38.

의 실태를 병리현상이라고 평하지만 이는 거의 필연적인 추이이기에 '병리현상'이라기보다는 '생리현상'이라고 말해야 할 것이다.77)

그도 그럴 것이 '현상비판'이라는 확고한 신념 하에서 연구한 히라노조차도 결국은 상당 부분에서 현상을 긍정하고 추수하는 것으로 끝나고 만다.78) 따라서 「정밀사법」은 일본의 실정에서 상당히 적합한 입장으로 받아들여지는 것이 입증된 셈이다. 다만 재판원 재판제도 도입 이후에는 그러한 상황에 변화가 있다고는 보인다. 그것은 「핵심사법」79)이라고 불려지는 변화인데, 아직 제도의 초창기임을 감안하면 평가하기에는 시기상조라고 볼 수 있다.

---

77) 亀山継夫, 「刑事司法システムの再構築に向けて」, 11-12.

78) 曽根威彦, 「平野刑法学について」, 294.

79) 공판 전에 쟁점이나 증거를 좁혀 단기간에 공소사실을 입증하는 형사재판 기법을 말한다. 흔히 재판원 재판 절차가 이에 해당한다고 본다. 정밀사법과 대비되는 의미로 사용된다.

일본형 변호사

1. 전근대의 기능적 기원

「변호사弁護士」는 오늘날 재판관이나 검찰관과 같이 법조삼자에 속해 있지만 '재야在野 법조'라고 일컬어진다. 공적인 권력으로부터 국민의 권리를 보호하기 위해 권력에 대항해야 한다는 차원에서 '재야'다. 그리고 재판관과 검찰관과 마찬가지로 법률의 적정할 적용을 구하는 법률전문 직역이라는 의미에서 '법조'다. 결국 재조 법조와 동료의식이나 일체감이 있기도 하지만 동시에 재판관이나 검찰관으로부터 국민의 권리를 지킨다는 의미에서는 거리를 둔 재야 법조다.[1]

재야는 비관료성이다. 이는 변호사의 직업적 성격에서는 물론이고 전근대적 기원에서부터 확인된다. 변호사의 기능적 전신으로는 메이지시대의 「대언인代言人」이 있지만, 더 거슬러 올라가면 근세 에도시대의 「구지시公事師」 및 「구지야도公事宿」가 있다. 구지시는 '데이리시出入師'라고도 불리는데 소송대행업자로서 일종의 대리인이다.[2] 구지야도는 일종의 소송대행업체다. 민사재판의 대리인을 의미

---

1) 香川公一, 「弁護士・弁護士会活動と国民的立場」, 137-140.

2) 梅田康夫, 「前近代日本の法曹」, 349.

한 데이리시라는 별칭에서 보듯이 구지시는 민사에만 관여한다. 구지야도도 마찬가지다. 형사재판은 국가 치안에 관계되기에 대리인을 허용하지 않았다.3) 대리인은 민간업자로 본 것이다.

에도시대의 민사소송 절차인 데이리스지出入筋에는 본인이 소송에 출석하는 게 원칙이다. 다만 노인이나 아이 혹은 병자 등에 한해서는 예외적으로 친족이나 사용인이나 지역관계자가 대신 나오는 것이 인정된다. 그러나 이들은 대리 기능은 없다. 변론을 할 수 있는 것은 아니고 본인이 출석할 수 없는 사정을 진정하는 등의 단순 부조자 성격이다.4) 그와 달리 구지시는 의뢰를 받으면 필요한 절차나 소송 기술을 가르쳐주거나 필요한 서류작성을 대행하는 등의 전통적인 대필적 업무였다. 따라서 소송대리인 역할을 했다.

구지시는 에도시대에 흔했던 오늘날의 화해와 유사한 '내제內濟'에서 알선 등도 하지만 업의 상당 부분은 불법이었다. 구지시는 본인인 양 가장해서 법정인 시라스白洲5)에 나오거나 때로는 친족이나 관리 행세로 법정에서 소송을 보조하기도 했다. 그 과정에서 입증서류를 위조하거나 상대를 부당하게 압박하는 등의 불법행위가 적지 않았다. 대금 사건을 싸게 양수받아 제소해 이익을 얻기도 했다. 오늘날의 허위 채권양수나 허용되지 않는 소송신탁이다. 그래서 에도 바쿠후는 구지시를 불법한 존재로 규정하고 단속하기도 한다.6)

조선에도 유사한 업이 있다. 16세기까지 관행상으로 존재하던 속

---

3) 菊山正明,「明治初年の司法改革: 司法省創設前史」, 174.
4) 日本弁護士連合会,『日本弁護士沿革史』, 3.
5) 에도시대 관청인 부교쇼奉行所 등의 법정이다. 마당에 자갈을 깔아 채웠다는 것에서 유래한 명칭이다. 신분에 따라 앉는 위치가 달랐다. 시라스의 상단에 오늘날의 서기가 그리고 가장 상단에 재판관인 부교奉行가 자리했다.
6) 瀧川政次郎,『公事師・公事宿の研究』, 112.

칭 「외지부外知部」라 불리던 자들이다. 외지부는 관사 주변을 서성이면서 민사소송 기술을 가르쳐 주거나 소장을 작성해 주거나 당사자에 고용되어 소송대리를 했다. 이들은 승소하기 위해 사술을 쓰기에 재판 당국의 판단을 어렵게 하고 곤란에 처하게 만드는 경우가 많아 단속 대상이 된 점에서도 유사하다. 외지부도 오늘날의 변호사의 전신처럼 보일 수 있다.[7] 혹은 일종의 법조브로커로도 보이는데 기능은 구지시와 유사하다고 볼 수 있다.

'고야도郷宿'로도 불린 구지야도는 소송으로 인해 여러 차례[8] 재판관청에 가야 하는 당사자 편의를 위해 관청 부근에 만든 숙소다. 에도江戶 등 각지에 있었는데 소송당사자에게 숙박을 제공하면서 법적 조언, 대서 등의 사적 서비스를 제공하고, 대기소의 역할, 소환장 송달 등의 공적 기능도 일부 담당한다.[9] 즉 소장인 메야스目安의 작성 등에서부터 제출 그리고 상대방에 대한 소환장 송달 등의 업무를 담당하면서 소장 등 작성 비용인 필묵 값 등을 수입으로 했다.[10] 그렇게 직무는 대체로 소장 대필 등 소송 기술의 전수인데, 실제 기능은 구지시와 비슷했다.

구지시가 단속 대상이 될 정도로 불법적인 데 반해 구지야도는 달랐다. 그것은 부교쇼奉行所가 공인한 영업이기도 했다. 바쿠후는 구지야도에 영업허가증을 주면서 공인함으로써 그 주인 등이 소송을

---

7) 박병호, 『한국법제사』, 164-165.

8) 당시에도 소송은 오래 걸리기도 했다. 오늘날에도 통용되는 '구지公事 3년'이라는 속담은 에도시대에 나타난 것이다. 지방에서 온 소송인이 연 단위로 구지야도에 체재하는 일도 흔했다. 그래서 구지야도는 마치부교쇼町奉行所에 가까운 지역을 중심으로 에도에만 200곳 정도가 있었다. 瀧川政次郎, 『公事師・公事宿の研究』, 148-149.

9) 橋本誠一, 「郷宿・代人・代言人」, 92.

10) 中田 薫, 「德川時代の民事裁判実録」, 53頁 以下.; 梅田康夫, 「前近代日本の法曹」, 346.

도와주는 업무를 하는 것을 인정했다. 그 결과 구지야도는 단순한 소송당사자의 숙소 기능을 넘어 재판기관인 효조쇼評定所나 부교쇼에서의 소송을 돕는 다분히 행정적인 성격까지 지닌 것이 된다. 그 점에서는 변호사의 전신적 역할을 합법적으로 한 것이라고 볼 수도 있다.

구지야도가 변호사의 전근대적 형태 혹은 전신으로 볼 여지가 크다는 것은 근대 초기의 대언인과 업무 내용에서 유사하다는 것뿐만이 아니고, 실제로도 대언인과 무관치 않은 점에서도 그렇다. 1872년에 『사법직무정제』가 제정되어 대언인 제도가 만들어지자 에도 바쿠후가 공인했던 종래의 구지야도의 주인이나 그 상업사용인에 해당하는 반토番頭가 대체로 대언인이 되는 경우가 많았던 것이다.[11] 물론 대언인이 면허제가 되는 1876년 이후에는 그런 경우가 줄어들게 되지만 이전에는 대언인과의 인적 중복성도 있었던 것이다.

다만 전신적인 성격이나 과도기의 인적 중복성이 있다고 해서 구지시에서 대언인을 거쳐 변호사로 발전한 것이라고 쉽게 말할 수 있는 것은 아니다. 오늘날도 변호사를 일반적으로 '구지시'라고 부르는 경우가 일본에서 있기는 하지만, 구지시는 공인된 제도도 아니었거니와 성격도 오늘날 법조브로커와 유사한 것이기도 했기에, 구지시를 변호사의 선조 격으로 보기는 어렵다. 그 점에서는 변호사는 구지시와는 인연이 없는 존재로서 발달한 것이고, 오히려 서구 제도에서 유래한 것이라 보는 것이 맞다.

그럼에도 엄밀하게 근대적 의미의 변호사 개념이 아니라 전근대와 근대를 하나의 역사적 과정으로서 연속적이고 포괄적으로 파악

---

11) 瀧川政次郎, 『公事師・公事宿の研究』, 99, 112, 149-150.; 梅田康夫, 「前近代日本の法曹」, 345.

하기 위해서는 '역사적 범주에 있어서의 변호사' 즉 변호사의 의미를 '소송의 보조자 내지 법률의 조언자'라는 의미로 해석할 수 있는데, 그러한 변호사 개념에서는 구지시와 같은 전근대의 활동도 오늘날 변호사와 역사적으로 연속적이고 포괄적인 것으로 볼 수 있을 것이다.12)

2. 소송대리로서의 대언인

일본에서 근대적 변호사의 성립은 사법관 즉 재판관이나 검찰관과는 다른 경로로 이루어진다. 즉 변호사는 기원이나 형성과정이 사법관과 달랐다. 그것은 다양한 법적 규정 형태를 거친다. 초기에는 자격이 필요하지도 않았거니와 자격이 법정되고 나서도 그것은 그저 일정한 요건을 구비하게 한 정도에 불과했다. 그래서 사법관과 대등한 자격으로 인정되지 못했다. 그러다가 자격적으로 대등하다고 인정되면서 '법조삼자'의 일원이 된다. 변호사가 법조에 속하게 되는 것은 대체로 사법관과 공통의 시험을 통해 자격을 얻게 되는 시기와 비슷하다고 볼 수 있다.

즉 근대적 사법 도입기에 변호사는 사법관과 대등한 수준은 아니었지만, 점차로 사법관과 동등한 시험을 통해 대등한 자격을 부여받게 된다. 애초에 대등한 자격은 불가능했다. 돌이켜 보건대 일본의 전근대 법정에는 변호제도가 없었고 에도시대에도 본인이 질병 등의 이유로 법정에 나가기 어려울 때에 한해 친족이나 제자나 가솔들

---

12) 瀧川政次郎, 『公事師・公事宿の研究』, 59.; 橋本誠一, 「郷宿・代人・代言人」, 89-90.

이 대신 진행하는 '대인代人'이 될 수 있는 정도였다. 대인이 서서히 하나의 소송대리인 직업처럼 자리 잡지만 그 평은 극히 부정적이고 대부분은 비합법이었다. 그러다가 1872년 8월 대언인제도가 만들어진다.

1870년부터 1873년경에 걸쳐 인민의 권리를 신장시키기 위한 법률들이 태정관 포고 등의 형태로 만들어진다. 1872년 4월에는 에토 신페이가 사법경에 취임하고 「재판소구성법」의 전신인 『사법직무정제司法職務定制』가 공포된다. 거기에 재판소와 판사 및 검사는 물론이고 증서인, 대서인 그리고 「대언인代言人」 직제가 규정된다. 대언인은 프랑스의 「대언인advocat」을 모방한 것이다. 대언인은 민사소송에서만 소송대리를 인정받는다. 아직 형사 대언인은 1880년 7월의 「치죄법」 규정이 등장할 때까지 기다려야 했다.

서구제도를 모방하고 명칭을 번역 형태로 빌린 「대언인」은 일본의 환경에 정착해 간다. 「명법료明法寮」 등 관립법률학교도 그렇지만 사립법률학교 설립이 대언인 제도의 정착과 무관치 않다. 1867년까지는 영어 등 외국어를 가르치는 사립학교가 많았지만 1870년대 들어 법률전문학교가 차례차례 생겨난다. <자유민권운동>의 고양으로 정치적 열기가 높아진 탓도 있지만, <조약개정 교섭>이 근대적 법률의 도입을 통해 해결되어야 하는 문제로 법제정이 추진되면서 법률지식 수요가 높아진 탓도 있다. 그로 인해 연이어 설립된 사립 법률전문학교가 대언인 배출의 큰 기반이 된다.

대언인은 특정 자격을 요하지 않고 지위도 낮았다. 법령이나 절차를 잘 몰라도 의뢰받으면 법정에 나올 수 있었다. 대부분의 대언인은 무지한 백성을 부추겨 소송을 만드는 자들로 취급되었다. 그런데 대언인은 자유민권운동 결사와 연결된다. 민권운동단체인 도사土佐지역 '릿시샤立志社'의 부속기관으로 「법률연구소法律研究所」가 만들어져 지역민의 법률 지식을 넓혀주고 대언사무를 담당한다. 민권운동을 중심으로 전국적 대언단체로 창설된 「혹슈샤北洲舍」는 도쿄에 본사, 각 대도시에 분사를 둔다. 혹슈샤는 법률연구회를 설립해 자주적 규칙을 만들고 자격도 설정해 대언인에 대한 신뢰를 높이고 지위도 고양시켜 대언업의 모범을 보여준다.13)

다만 대언업의 정착은 회원단체의 노력보다는 주로 법적 규정형태에 의해 좌우된다. 일련의 규정을 거쳐 대언인은 법정에서 소장, 답변서 및 주고받는 문서의 취지를 설명하고 재판관이 묻는 것에 답하는 업이 된다. 사법직무정제는 각 구에 대언인을 두고, 원고든 피고든 본인 소송이 불가능한 자를 위해 대신 소송 사정의 진술 등을 할 수 있게 한다. 1873년 7월의 태정관 포고인 「소답문례訴答文例」는 민사소송의 소장, 답변서의 작성방식, 소송절차에 관한 사항을 포함한 대언인 규정을 둔다. 1876년 2월에는 소답문례의 대언인 규정은 폐지되고, 대신 사법성의 「면허제」를 규정한 「대언인규칙」이 공포된다.

돌이켜 보면 초기 대언인의 지위는 높은 것이 아니었다. 제대로 된 자격제도가 없고 악질적인 자들도 있어 경멸받기도 했다. 그러다가 사법관과는 별도의 시험이지만 대언인 시험을 치르게 된다. 그리고 1876년의 대언인규칙에 의해 면허제가 되어 부·현의 지방관이 행하는 시험의 합격자에게 면허가 부여된 것이다. 희망자는 대언하려는 재판소를 특정해 원서를 소관 지방관에게 내면 지방관은 시행한 시험결과를 사법성에 상신해 사법경이 면허를 부여할지를 판단해 면허

---

13) 中村雄二郎, 『近代日本における制度と思想』, 313-319.; 奧平昌洪, 『日本弁護士史』, 49-50.

장을 주었다. 면허는 1년 한도로 갱신해야 했다. 1회 시험 합격자는 34명인데, 시험은 극히 간단해서 출원자 대부분이 합격했다.[14]

면허제는 장기적으로는 대언인의 지위를 높이게 된다. 그런데 면허제가 되어 대언인이 되려면 검사를 받아야 했던 초기에는 기존의 대언인들도 거의 검사를 받기 위한 원서를 내지 못하고 주저했다. 도쿄부에서도 대언인이 되기 위한 출원서를 낸 자가 고작 30명이 되지 못했다. 그나마 대부분은 혹슈샤 등에 소속되어 대언업을 하던 자들이었다. 이는 대언인규칙이 검사를 통한 면허제를 규정하면서 대언인의 지위를 높였더라도, 한편으로는 그로 인해 응시에 주저했음을 보여준다. 게다가 대언인규칙이 규칙으로서 불명료한 부분이 많은 탓도 있었다.[15]

면허제 이후에도 대언인만이 법정에서 소송대리를 할 수 있다는 직무상의 독점은 성립하지 않는다. 면허받은 대언인에게 인정되는 것은 「대언인」이라는 '호칭'을 사용할 수 있고 법정에서의 대리를 '업'으로 할 수 있다는 것뿐이었다. 1872년부터 그래왔듯이 면허제 이후인 1893년까지도 비록 일정한 제한은 있더라도 면허 없이도 법정에서 소송대리를 할 수 있었다. 메이지 초기에서 1889년까지 재판관 수가 대언인 수보다 많았던 것에서 알 수 있듯이 대언인 수가 절대적으로 부족했기 때문이다. 그래서 일정 기간 대언인과 무면허 소송대리가 공존했다.[16]

즉 대언인규칙의 시행 이후에도 면허받은 대언인이 아니더라도 「대

---

14) 新井 勉・蕪山 嚴・小柳春一郎, 『近代日本司法制度史』, 51-52, 66-67.

15) 中村雄二郎, 『近代日本における制度と思想』, 320-322.; 奧平昌洪, 『日本弁護士史』, 182.

16) 橋本誠一, 「大審院法廷における代言人・代人: 一八七五年~一八八〇年」.; 林真貴子, "近代法시스템 繼受期 日本의 裁判所에서의 紛爭解決實踐", 90-91.

인규칙」에 의해 질병 등의 일정 조건 하에서 친족 등에게 소송대리를 허용하는 것인 '대인代人'의 자격으로서 소송대리를 하는 것이 가능했다. 심지어 부득이한 경우에 제한적으로 대리가 허용되는 취지를 넘어 대인들이 반복적 계속적으로 즉 업으로서 소송대리를 하고 의뢰인으로부터 보수를 얻는 경우도 적지 않았다. 이런 상황은 대언인 및 이후의 변호사에 의해 소송대리 업무의 원칙적인 독점이 확립되기까지 계속된다.

대언인규칙에 의해 면허제가 된 취지로 보면 소송대리는 원칙적으로는 면허 대언인의 독점적 업무가 되어야 할 듯한데 실제로는 규칙 이후에도 대인에 의한 사실상의 소송대리업이 공존한다. 심지어 어떤 지방에서는 규칙 시행 이후 대언인에게 의뢰하는 건수가 오히려 크게 줄어들었을 정도였다. 그렇듯 실제로 대인 중에는 면허 대언인과 어깨를 견줄 정도로 활발히 소송대리업을 하는 자도 있었다. 그래서 사법성은 1880년에는 「사송대인 유의사항詞訟代人心得方」을 내서 대인이 소송대리를 업으로 하는 것을 배제시키려 했다.[17]

1883년에 간행된 『대언인평판기評判記』에도 시즈오카 지역 대언인으로 거론된 인물이 실은 면허 대언인이 아님에도 소송대리업의 세계에서는 도쿄에까지 이름이 알려질 정도로 유명한 인물로 게재된 것을 볼 때, 소송대리업으로서의 명성은 면허 여부와는 무관했던 것이라 보여진다. 실제로 1878년에 시즈오카에 설립된 대언인결사의 하나인 「가신샤可進舍」를 보더라도 면허 대언인들과 무면허 대언인들 양측에 의해 조직된 것을 알 수 있다. 그 무렵 그런 예들은 오사

---

17) 橋本誠一, 『在野 「法曹」と地域社会』, 167-191.; 橋本誠一, 「明治前期における代理法の展開」, 206, 216, 230.

카 등의 다른 지역에서도 볼 수 있다.[18]

면허 대언인 시기에도 대언은 면허와는 다른 차원에서 소송대리업을 의미했다. 따라서 면허 자체로 곧바로 지위 상승을 의미하는 것은 아니었다. 그런 이미지는 오래 지속된다. 그래서 1887년에조차도 당시로서는 드물게 대학을 졸업한 대언인인 경우에도 대언인이라는 것이 알려지면서 임대한 집 주인이 해약하려 했다고 할 정도였다. 대언인에 대한 나쁜 이미지가 있어서 대언인이 변호사라는 명칭으로 바뀐 이후에도 여관의 숙박부에조차 가능하면 변호사라는 직업을 표시하길 꺼려 할 정도였다고 한다.[19]

그러나 제도적 보완과 함께 대언인 제도는 점차 제자리를 잡는다. 우선 시험 실시에 관해 불명료한 부분에 대해서는 1878년 2월 대언인규칙에 대언인 면허시험은 적당한 시기에 사법성이 직접 행한다는 취지를 추가함으로써 보완된다. 1879년 5월에는 「도쿄대학 법학부」에서 법률학을 배우고 졸업한 자는 대언인 면허를 받는 데 있어 시험과목 중 법령 및 재판절차 등의 검사를 면제받는 것으로 한다. 대언인 수도 점차 증가한다. 아직 민사에 관해서만 참여할 수 있음에도 이 시기 대언인 총수는 전국을 합쳐 1876년에 174명, 1977년에 457명, 1878년에 577명, 1879년에 677명이 된다.[20]

1880년 7월에는 「형법刑法」이 개정되고, 「치죄법治罪法」이 제정되어 형사사건의 공소는 검사가 하고 피고인은 대언인을 이용할 수 있게 된다. 민사에 한정되던 대언인 제도가 형사에까지 확장된 것이다. 치죄법이 공포될 때 대언인규칙도 개정되어 대언인을 지방 검사檢事

---

18) 橋本誠一, 「郷宿・代人・代言人」, 107-114.

19) 砂川雄峻, 『法曹紙屑籠』, 6-8.

20) 新井 勉・蕪山 嚴・小柳春一郎, 『近代日本司法制度史』, 70.

310   일본형 사법과 법조의 정착

의 감독 하에 둔다. 대언인시험은 사법성의 전국적 통일시험이 된다. 사법성이 문제를 검사에게 송부해 출원자가 시험하게 한다. 시험내용도 민사·형사에 관한 법률, 소송절차, 재판규칙으로 정비된다. 이후 시험은 극히 어려워져 합격률은 5% 정도로 내려간다. 1880년의 시험내용 변경 전 합격자는 972명, 변경 후 1892년까지의 합격자는 1,112명이다.

개정된 대언인규칙은 대언인으로 하여금 지방재판소의 본청이나 지청마다 조합을 결성하여 회칙을 정하고 의무적으로 가입하게 하고, 「대언인 조합」은 검사의 감독을 받게 한다. 조합 이외에 별도로 사적으로 모임을 만들어 모임의 이름을 빌어 영업하는 것은 금했다. 그래서 혹슈샤 등은 해체하게 된다. 대언인의 영업구역 제한도 철폐된다. 즉 면허장의 종류 및 영업구역을 없앤 것이다. 그 결과 면허장으로 대심원 이하 모든 재판소에서 대언할 수 있게 된다.[21]

1880년의 대언인규칙 개정 이후에도 전국적으로 대인에 의한 소송대리가 일반적으로 행해진다. 따라서 면허 대언인의 업무독점이 확립된 것은 아니나 점차 대인은 법정에서 사라진다. 법정 내 활동은 대언인이나 이후 변호사의 독점적 업무영역으로 확립되어 간다. 다만 법정 외에서는 대인들의 활동 여지가 여전히 넓게 남아 업을 이어간다. 법정 외에서의 활동은 대언인규칙이나 변호사법에 의해 제대로 규율되기 어렵기 때문이다. 그런 사회적 실태를 배경으로 비변호사들은 이른바 법조브로커 성격인 「삼백야三百屋」 등으로 불려지게 된다.[22]

---

21) 中村雄二郎, 『近代日本における制度と思想』, 320-322.; 奧平昌洪, 『日本弁護士史』, 182.

22) 橋本誠一, 「鄕宿·代人·代言人」, 120.

이들의 활동은 이어진다. 나중에 출간된 『법조백년사法曹百年史』를 보면 교토의 변호사회가 설립된 1893년 이후의 60여 년간의 추이를 보건대 최초의 시기 단계를 '삼백대언 정리시대'라고 설명한다. 그러면서 면허대언인, 변호사와 시험제도가 정비되어 무면허자들이 소송대리를 법정에서는 할 수 없게 되었으나, 변호사출장사무소의 주임으로서 혹은 금융, 중개 등의 업무의 이름으로 사건을 다루고 있는데 그들의 손을 거치는 사건이 무척 많다고 표현한다.

이후 다이쇼 중기의 도쿄 상황을 보더라도 어떤 변호사는 「삼백대언三百代言」이라는 것이 도쿄에 약 6천여 곳 있고, 그에 부속해서 일을 하는 자들까지 합치면 수가 더욱 많아져, 우리들 일의 태반은 그들에게 빼앗기고 있다고 말할 정도다.[23] 삼백대언은 그 자체로도 악명이지만 그들을 출장사무소 등으로 사용하는 변호사로 인해 변호사업계의 신용이 실추되는 것도 문제였다. 삼백대언을 경계하라는 조언은 이후 현대에 들어와서도 오랫동안 지속된다.[24] 그것은 한국에서 법조브로커의 폐해를 지적하는 것과 흡사하다.

3. 근대적 변호사의 등장

1890년에는 치죄법이 폐지되고 변호사에 관한 규정이 담긴 「형사소송법刑事訴訟法」이 공포된다. 1893년에는 근대적인 「변호사법弁護士法」이 제정되어 '변호사'라는 명칭이 사용된다. 이로써 대언인에서 변호사 시대로 이행한다. 변호사라는 명칭은 1893년의 변호사법과

---

23) 法曹百年史編纂委員会 編, 『法曹百年史』, 701.; 橋本誠一, 「「三百屋」と弁護士」, 207-210.

24) 砂川雄峻, 『法曹紙屑籠』, 36, 55.

함께 처음 등장한 것이 아니라 이전부터 사용되던 것이다. 다만 그 이전에 그 명칭은 대언인이 오늘날의 민사 소송대리인을 의미하는 데 반해 형사변호인의 의미로 이해된 듯했다.

즉 1875년의 유명한 <히로사와 사네오미広沢真臣참의 암살 사건>의 심판을 위해 마련한 특별규칙에도 피고인 '변호'를 맡은 자를 '변호관辯護官'이라고 하는 것을 보더라도 그렇다.25) 1881년의 사적 헌법초안인 우에키 에모리의 「일본국국헌안日本国国憲按」에는 사법권에 관한 제8편의 제4장이 '재판裁判'인데 그 중 제191조는 '민사재판은 대언代言을 허한다', 제192조는 '형사재판배심을 두고 변호인辯護人을 허한다'라고26) 하듯이, 변호사가 제도로서 허용되기 이전에 그 명칭이 사용되었더라도 그 경우 형사변호인을 의미하는 듯했다.

1890년에 혼다 준本多潤이 편역한 『각국 변호사법: 도쿄 양 조합 대언인 참고各國辯護士法: 東京兩組合代言人參考』라는 책에도 변호사와 대언인이라는 말이 같이 사용되는 것을 보더라도 변호사라는 용어는 이미 1893년 이전에 사용된 사실 그리고 대언인이라는 말과 함께 공존하며 사용된 것을 알 수 있다.27) 그러던 것이 1893년의 「변호사법」에 의해 오늘날과 같은 직역에 부합하는 명칭으로서 공식적으로 등장한 듯하다. 이제 1893년의 「변호사시험규칙」에 기초해 실시되는 변호사시험에 합격한 자가 변호사가 된다. 시험은 1893년에서 1922년까지 실시된다.

합격하면 변호사 시보試補 등의 수습을 거치지 않고 변호사로 개업할 수 있다. 변호사제도 이후에는 기존 대언인은 변호사 등록 신

---

25) 尾佐竹猛, 『明治警察裁判史』, 123-124.

26) 植木枝盛, 『植木枝盛選集』, 106-107.

27) 本多 潤 編訳, 『各國辯護士法』.

청에 의해 변호사자격이 인정된다. 지방재판소마다 설치되는 「변호사회」에의 가입은 의무화되고 변호사회는 소속 지방검찰청 검사정檢事正의 감독을 받는다. 따라서 변호사 자치는 이루어지지 못한다. 독점적 업무도 법정활동에 한정된다. 다만 개혁 움직임도 시작된다. 1897년에는 사법제도 개선을 지향하는 임의단체인 「일본변호사협회 日本弁護士協会」가 설립되고, 1900년에는 「법률신문」이 발행된다. 사법제도개선, 형사절차의 탄핵주의화와 당사자주의화를 위한 주장들도 등장한다.28)

그럼에도 상황은 크게 달라지지 않는다. 1936년까지 변호사의 법정 외에서의 법률사무 독점은 인정되지 않는다. 변호사는 재판관이나 검찰관보다 격이 낮거니와 시험제도 자체도 아직은 다른 상태였다. 1923년 이후에야 변호사가 되기 위한 시험도 「고등문관시험高等文官試驗 사법과司法科」로서 판사 및 검사와 동일한 자격시험으로 통일된다. 변호사자격은 변호사시험 합격자 외에 판사검사 자격보유자, 제국대학 법과대학 졸업생이나 판사검사 등용시험에 합격해 사법관 시보 자격을 취득한 자에게도 시험 없이 부여된다.

재판소구성법 제65조 제1항에 의해 3년간 변호사였던 자는 판사또는 검사에 임용하는 게 가능해진다. 이는 달리 해석하면 법조자격이 사법관과 변호사의 이원적 제도임을 의미한다. 그런데도 사법관과 변호사 모두 고등문관시험을 거치게 되고 또한 전후에는 사법시험 제도를 통해 재판관, 검찰관, 변호사 모두를 통일적으로 채용하게 됨에 따라 법조일원화는 아님에도 변호사를 포함해 '법조삼자法曹三者'라고는 부르게 된다. 한국의 '법조삼륜法曹三輪'과 같은 의미다.

---

28) 小田中聡樹, 「わが国における刑事手続の史的展開」, 21.

전전의 고등문관시험이나 전후 사법시험이라는 동일한 관문을 거치게 됨으로써 본래 공직을 의미하던 '법조'가 변호사를 포함한 '삼자'로 된 것은 획기적 변화다. 사법관과 동일한 위상까지는 아니더라도 과거와 비교하면 변호사 위상도 사법관과 대등한 수준으로 받아들여지고 업무의 독점성도 인정된 것이기 때문이다. 돌아보면 1876년의 대언인규칙에 의해 대언인이 면허제가 된 이후에도 그렇거니와 1880년의 치죄법 공포와 대언인규칙 개정으로 대언인시험이 사법성에 의한 전국적 통일시험이 되고, 시험이 극히 어려워져 합격률도 극히 낮아졌어도 대언인은 학식 측면에서 낮은 수준이었다.

사법관과 변호사를 비교하면 '관존민비官尊民卑'의 상황이었다. 그 말은 그저 지위의 차이만을 말하는 것이 아니라 실력의 차이도 표상하는 것이었다. 변호사에 의한 폐해도 적지 않았기에 그런 인식은 오랫동안 지배했다. 그런데 변호사를 사법관과 대등한 수준으로 달리 바라보게 된 것이다. 학식이 높아져 변호사들 스스로도 재조든 재야이든 그 우열을 말해서는 안 된다는 자신감을 갖게 된다.[29] 그런 과정을 거치면서 변호사는 사법관인 판사나 검사와는 다르지만 변호사 나름의 공공성도 지니게 된다.

공공성은 일본식의 변호사 강제주의에서도 확인된다. 변호사 강제주의는 일본에서 시행되지 않는다고 말하지만 오늘날의 제도는 그것을 전제로 한다. 민사소송법 제54조는 간이재판소에서는 재판소의 허가를 얻으면 변호사 아닌 자도 소송대리인이 될 수 있게 한다. 따라서 반드시 변호사만이 소송대리인이 될 수 있는 독일식 변호사 직접강제주의는 아니다. 법령에 의해 재판상 행위를 할 수 있

---

29) 岸井辰雄, 『余の歩んた弁護士の道』, 93.

제8장 일본형 변호사 315

는 소송대리인이 반드시 변호사여야 하는 것이 아니다. 다만 달리 해석하면 최소한 지재 이상급 재판소에서 소송대리를 하려면 변호사여야 한다는 것이다. 그렇기에 「변호사 간접강제주의」다.

독법을 계수한 일본은 독일식의 변호사 직접강제주의를 채택하려 했다. 1877년의 「독일 민사소송법ZPO」의 영향을 받은 1890년의 구 민사소송법이 성립하기 전의 초안 단계에서 직접강제주의를 채택하려 했다. 그에 대해 찬성과 반발이 교차한다. 반대론은 당시의 법률에 직권주의도 도입되고 재판소의 관여도 있으니 반드시 변호사 강제주의를 취하지 않아도 된다고 했다. 아직 변호사에 대한 신뢰도 적고 무엇보다 변호사 수도 절대적으로 부족하다고 했다.

게다가 변호사의 지역적 편재로 어떤 지역에는 없거나 적어 지역에 따라서는 강제주의가 적용되면 불이익을 당하거나 소송 지연이 격화될 우려가 있다는 등의 논거를 들었다. 반면 찬성하는 쪽에서는 법률 지식을 갖춘 전문가의 소송수행이 없으면 본인에게 불리하고, 재판소에 있어서도 심리의 충실과 원활한 소송운영을 위해 바람직하다고 한다. 그렇게 논쟁이 이어져 결국 본인소송을 취하자는 쪽이 우세해져 강제주의는 채택이 좌절된 것이다.30)

그렇게 형식적으로는 변호사 강제주의가 불발된 것이지만 실질은 간재가 1심인 경우에는 지재가 2심이 되고, 간재 이외에는 변호사만 소송대리를 할 수 있다는 것은 지재 이상급에서의 변호사 강제주의나 마찬가지다. 즉 변호사 간접강제주의다. 비교법적으로도 민사 소액이나 단독사건의 1심에서 비변호사에 의한 소송대리가 허용되는 한국과 비교해 보면 즉 지재급의 단독사건에서도 비변호사 소송대

---

30) 塩見俊隆, 「日本の司法制度改革」, 3-7.

리가 허용되는 한국 보다는 변호사 강제주의에 가깝다. 변호사가 강제주의로 상징되는 공공성을 인정받은 것이다.

4. 변호사 증원과 한계

전후 1949년에 새로운 변호사법이 제정된다. 사법시험 및 사법수습에 의해 재판관, 검찰관, 변호사의 자격시험 및 수습제도도 일원화된다. 법조일원화의 토대가 마련된 셈이지만 변호사 직역은 여전히 사법관과는 다른 이원적인 영역에 머문다. 그래도 제한된 법조의 영역 안에 있다는 이미지는 변호사에게도 주어진다. 사법관과 마찬가지로 변호사의 수도 제한되었기 때문이다. 그러한 제한은 1884년의「민사소송인지규칙」에 의해 남소방지 등을 이유로 뒷받침되어왔다. 그렇게 제한된 수로 유지된 것이 변호사를 전문직업으로 인식시켜 왔다.

그러나 전문 직역으로서의 변호사도 어느덧 한계에 부딪힌다. 변호사의 법조적 전문성에 비례하던 위상에 근거한 인기는 오늘날 시들해졌다. 1990년 이전의 <버블경제 시대>까지도 변호사의 인기는 상대적으로 높았다. 당시에도 사법시험 합격자 수는 늘어났지만 그래도 우수한 사법 수습생의 70-80%는 변호사를 희망했다. 상대적으로 재판관의 인기는 적었다. 최근에도 여전히 우수한 수습생의 상당수는 변호사를 지망한다. 그럼에도 변호사의 인기가 시들해진 것도 사실이다.

주원인은 사법시험 합격자의 지속적 증가다. 물론 변호사 수 확대는 오늘날의 일만은 아니다. 다이쇼시대에도 사법성의 정책으로 법조인구 증대가 진행된 바 있다. 1920년까지 연 1회 실시된 변호사시험 합격자 수는, 1912년에는 38명, 13년에는 45명, 14년에는 66명, 15년에는 58명, 16년에는 76명, 17년에는 120명, 18년에는 81명, 19년에는 93명, 20년에는 184명이 된다. 이로써도 부족하다고 판단해 21년과 22년에 한해서는 연 2회 실시해 21년에는 370명, 22년에는 1,104명을 합격시킨다. 이에 따라 1912년까지는 약 2천 명 전후인 변호사 수가 18년경에는 3천 명 정도에 달하고, 24년에는 5천 명에 육박한다. 그래서 경쟁이 격화되고 변호사들이 경제적으로 곤란을 겪기도 한다.[31]

그런데 오늘날 변호사 수의 확대는 한계를 넘어선다. 2002년 3월 정부의 사법제도개혁추진계획에서 사법시험 합격자 수는 2010년 무렵에 연 3,000명 정도로 계획된다. 실제로는 가장 많은 2008년에도 신·구 사법시험을 합쳐 2,209명이 합격된다. 변호사회가 전력을 기울여 합격자 수 감소 운동을 계속한 결과 2,000명이 되었다가 다시 1,500명이 된다. 즉 2015년 6월에는 정부의 「법조양성제도개혁추진회의」가 일변련이 오랫동안 주장해 온 1,500명이라는 숫자를 인정해 합격자 수를 연 1,500명 정도로 한다고 결정한 것이다.

합격자 수의 일시적 후퇴는 이전부터 어느 정도 예상된 것이었다. 법조인구가 급격히 늘어나고 그래서 사법수습 수료자들이 취직자리를 구하기도 어렵게 되었기 때문이다. 그래서 수료 후 법률사무소 등에 취업하지 않고 곧바로 독립해서 개업하는 「소쿠도쿠即独」나 기존 법률사무소의 일부를 빌려 영업을 시작하는 「노키벤軒弁」[32] 같은

---

31) 司法省 編, 『司法沿革誌』, 278頁 以下.; 橋本誠一, 「「三百屋」と弁護士」, 232-234.

현상이 늘어나는 등의 문제가 지적되었다. 그래서 당초 예정한 합격자 수 증가에 제동을 걸어 수를 낮출 수밖에 없다고 이미 정계 등 여러 루트에서 충분히 제언되고 있었다.33)

그럼에도 이후 다시 합격자 수가 증가함에 따라 변호사 수도 급증한다. 그 결과 법조의 인기가 떨어지면서 법과대학원 입학자나 사법시험 응시자 자체가 적어지고 있다. 인기 저하의 영향을 가장 많이 겪는 것도 변호사 직역이다. 최근 사정은 더욱 악화된 것으로 보인다. 재판관이나 검찰관이 되는 임용의 문도 극히 좁고 사건 수도 늘어나지 않는 상황이다. 변호사의 진출영역도 확대되지 못한다. 변호사를 채용해 주는 법률사무소도 점차로 감소해 가고 있다.

구 사법시험 시대에도 한국의 사법시험 시절의 「연수원출신 변호사」에 해당하는 이른바 「소쿠도쿠」가 없었던 것은 아니다. 그래도 당시에는 「근무변호사」 즉 한국의 표현으로는 「고용변호사」인 어소시에이트를 경험한 사람들이 상당히 많았다. 그런데 지금은 등록변호사의 7할이 일인사무소로서 존재한다. 그나마 변호사 수 확대와 그로 인한 취업의 어려움으로 취직을 할 수 없기에 등록도 하지 않는 변호사도 늘고 있다.34)

노키벤이나 소쿠도쿠가 늘고 있는 이유는 변호사 수 증가가 급격한 탓이다. 사법연수소 출신 변호사의 취직난의 원인도 마찬가지다. 변호사의 고용 형태는 물론이고 수입도 불안정해졌다. 그러자 이제까지는 변호사 직역을 둘러싼 법조계의 개혁에 관한 이념의 명분 아

---

32) 법률사무소에 고용되어 근무하는 변호사인 '이소벤イソ弁'과 달리, '노키벤軒弁'은 명목상으로는 법률사무소에 소속하지만 실질은 법률사무소의 일정 공간을 빌린 독립채산제의 변호사를 가리킨다. 사법제도 개혁으로 변호사가 급증하면서 변호사계의 실정을 반영해 등장한 말이다.

33) 自由民主党 政務調査会 司法制度調査会, 「法曹養成制度についての中間提言」, 1-3.

34) 井垣敏生, 「ロースクールから生まれたあなたに寄り添う弁護士たち」, 158, 164-165.

래에서 침묵을 강요당하고 있던 변호사 집단도 과거로 돌아가자는 속내를 드러내기 시작한다.35) 법조 개혁에 저항하면 집단이기주의로 몰리기에 침묵했는데, 이제는 그런 강요를 수인할 수 없을 정도로 절박한 것이다.

변호사들의 최초의 근무처나 근무방식에 관한 최근의 조사에 의하면 곧바로 개인법률사무소로 시작하는 경우가 10%를 넘는다.36) 1인 변호사 체제의 현실이 부정적인 것은 소쿠도쿠 등 자체가 부정적이라서가 아니라 그들의 상황이 열악하기 때문이다. 1인 변호사의 경우 1인 사무원만 두는 경우도 있다. 이런 최소 단위인 경우 변호사가 소송은 물론이고 공탁, 등기, 납세, 복사, 우편물작성 등도 직접하게 되는 경우도 없지 않다.37) 거기서 자신감을 찾기는 쉽지 않다.

원인은 다시 말하거니와 수의 지속적인 급증이다. 과거에도 변호사 수의 증가에 대한 우려는 없지 않았다. 그들은 법과대학원 제도에도 반대하고 사법시험 합격자 수도 제한하자는 입장이었다. 변호사가 과당경쟁에 노출되면서 수입도 저하하고, 질도 낮아지고 그래서 악덕 변호사도 횡행하게 되고, 결국은 국민이 피해를 받게 된다는 논리였다. 변호사 입장에서 주된 영역이 송무訟務인데 법률사무소에의 취직이 곤란할 정도로 증원해서는 안 된다는 것이었다.

그들은 미국을 기준으로 삼아 인구 비례로 변호사 수를 늘려야 한다는 주장에도 반대했다. 미국은 집단소송이나 징벌적 손해배상 등이 도입되어 있지만 그런 제도도 없는 일본에서는 사건 수도 늘어나

---

35) 馬場健一, 「弁護士増は訴訟増をもたらすか」, 164.

36) 中村真由美, 「『弁護士の仕事と生活に関する調査』のご報告」.

37) 보통 일본에서 변호사사무실 사무원 중에는 한국의 경향과는 달리 사법시험 수험생 즉 「패러리걸」인 경우가 적지 않다. 山浦善樹, 「最高裁判所判事になったマチ弁の随想」, 215.

지 않기에 미국형 로스쿨에 의해 법조인력만을 늘리는 것은 한계가 있다는 것을 인정해야 한다는 것이다. 사건 수도 증가하지 않는 일본을 미국과 단순 비교하면 안 된다는 것이다.[38] 그런 입장이 최소한 변호사의 현실에서 결과적으로는 타당하다고 수긍되는 것이다.

5. 직업으로서의 변호사

변호사들이 최근 들어 겪는 현상의 하나는 1인당 대리사건의 감소다. 변호사 숫자는 전전에도 그렇거니와 전후에도 점증하거나 급증했다. 그래서 아직 변호사 수가 대폭 늘기 전인 1970년대를 보더라도 변호사 1인당 대리사건 수는 감소하고 있었다. 변호사 인구가 점증할 때도 대리사건 수는 감소한 것이다. 그러나 당시에는 일을 서로 빼앗는다거나 그로 인해 수입도 줄어드는 등의 사태는 없었다. 오히려 반대로 변호사의 사회적 지위도 높아지고 수입도 높아졌다.[39]

변호사들은 전전부터의 「마치벤町弁」[40]적인 존재에서 엘리트적인 도시형 전문직업인으로 총체적으로 변모해 왔다. 그래서 오히려 대도시 집중이 진행된 것도 변호사 수가 점증하던 1970년대부터였다. 그렇게 보면 당시 변호사 1인당 대리건수 감소라는 것도 알고 보면 사건당 보수가 상승한 것과 그로 인해 그때까지는 수임해 왔던 소액

---

38) 遠藤直哉, 「法科大学院制度の漸進的改革」, 221.
39) 宮川光治, 「あすの弁護士」, 3-14.; 馬場健一, 「弁護士増は訴訟増をもたらすか」, 176.
40) 지역 내의 기업이나 지역주민의 사건을 주로 다루는 지역밀착형의 변호사로서 보통은 소규모의 개업변호사 형태다.

사건이나 지방사건을 버리고 수입이 좋은 사건만을 선택적으로 수임했기 때문에 나타난 현상이라고 볼 수도 있다.[41] 그 점에서 2000년대 이후의 변호사 수 급증이나 1인당 대리사건 수 감소와는 차원이 다른 것이다.

그렇기에 오늘날의 변호사 시장에서 변호사가 사업적으로 자신감을 가지기는 쉽지 않다. 자부심이야 없지 않더라도 드라마에서 등장하듯이 사업적으로도 성공하고 자신감에 넘치는 모습은 흔치 않을 것이다. 2010년대 초반 일본에서 최고의 시청률을 보인 법정드라마「리갈 하이リーガル・ハイ」의 잘나가는 독설 변호사가 말하는 "판례에 의존하지 마, 판례를 만들어!"라는 식의 자신감은 그저 드라마 속 일로 치부될 것이다. 현실에서는 사업적 성공과 멀어질수록 그런 자신감과도 거리가 먼 상황과 마주하게 되기 때문이다.

변호사의 또 다른 직업적 측면으로서 시장의 어려움과 그로 인한 사건 수임과도 관련된 현상이 지역적 불균형이다. 일본에서도 한국과 마찬가지로 변호사는 대체로 대도시에 편재된다. 변호사에게는 예전이나 지금이나 친척이나 지인 소개가 유력한 자산이기는 하다.[42] 그렇다면 고향이나 출신 지역이 보다 안정적일 수도 있다. 그러나 개업지 선택에는 더 큰 유인이 있다. 대도시 재판소 규모에 따른 큰 폭의 수임 가능성, 생활의 편의, 자녀의 학업 등이다. 그래서 대부분 대도시에 개업한다. 1993년을 보면 전국 지방재판소 지부 약 200곳 중에서 관할지역에 변호사사무소가 없는 지역이 49곳, 1곳 있는 지역이 25곳이다. 반면 도쿄는 6,800명 이상이다.[43]

---

41) 棚瀬孝雄, 『現代社会と弁護士』, 20-30.; 馬場健一, 「弁護士増は訴訟増をもたらすか」, 176.

42) 岸井辰雄, 『余の歩んた弁護士の道』, 7.

43) 吉岡良治, 「弁護士偏在の現状と課題」, 5.; 三枝 有, 「司法改革と法曹養成教育」, 34.

로스쿨제도와 신 사법시험 제도 도입 이후의 조사에 의하더라도, 새로운 상황이 반영된 변호사들이 일하는 지역은 도쿄, 오사카, 요코하마, 나고야 등 4대 도시에 60% 이상이 집중된다.44) 2017년 11월 1일 현재 일변련 자료에 의하더라도 등록 변호사 수는 38,843명인데, 그중에 도쿄 변호사회인 「도쿄변호사회」・「제일도쿄변호사회」・「제이도쿄변호사회」의 세 변호사회를 합쳐 도쿄에 적을 둔 변호사는 18,164인이다. 오사카 변호사회는 4,442인, 나고야시가 속한 아이치현 변호사회는 1,903명으로 3대 도시권에 전국 변호사 수의 60% 이상이 집중되어 있다.

반대로 소도시에는 변호사가 적거나 아예 없는 경우도 있다. 그런 경우는 과거에도 많았다. 그러다가 달라지기는 했지만 현재도 소도시에 따라서는 변호사가 있다가 다시 없어지기도 한다. 지재 본청 혹은 지부는 전국에 203개소인데 과거에는 변호사가 1명이거나 없는 경우가 그중 3분의 1 정도에 달했다. 2011년에는 일시적으로 변호사가 1명이거나 없는 지역이 해소되었는데, 이후 다시 생긴다. 간재는 더 그렇다. 438개 중에서 본청이나 지부와 병설되지 않고 독립된 간재에는 변호사가 1명도 없는 지역이 많다. 재판소가 없는 지역은 시지역이라도 1명도 없는 경우가 물론 많다.45)

변호사의 대도시 편재는 사법제도의 채택이나 변경의 중요한 근거가 된다. 일본에서 독일 민사소송법을 계수한 1890년의 구 민소법 초안에서 변호사 직접강제주의를 채택하려다 좌절된 큰 이유 중의 하나도 변호사 수의 절대적 부족과 지역적 편재 현상이었다. 어떤

---

44) 中村真由美, 「『弁護士の仕事と生活に関する調査』のご報告」.
45) 井垣敏生, 「ロースクールから生まれたあなたに寄り添う弁護士たち」, 143.

지역에는 변호사가 없거나 적어 강제주의가 적용되면 불이익을 당하거나 소송 지연의 우려가 있다는 것이다. 오늘날도 강제주의를 반대하는 측의 논거로 여전히 이용된다.[46] 그만큼 지역적 편재는 사법제도개혁의 큰 변수가 된다.

변호사 수 증가로 취업난이 가중되고 수익이 줄면서 확인되는 현상 중의 하나는 국가나 지방자치단체의 공무원이 되거나 공공법인이나 민간단체 등에 적을 두는 경우가 늘고 있다는 것이다.[47] 이것도 오늘날만의 현상은 아니다. 전전에도 변호사 수 증가로 변호사 시장은 녹록치만은 않았던 적이 있다. 그래서 국가나 공공단체 안에 변호 기관을 두어서 변호사가 공무원으로서 종사하게 하는 방법이 혁신론으로 제시되기도 했다. 관청도 법적 도움을 받고 궁박한 변호사들도 구제받을 수 있다는 차원이었다.[48] 하물며 오늘날에야 그런 시도는 반대할 이유가 없다.

그런데 그런 진출은 문제점도 있다. 변호사가 직무의 독립성에 영향을 받는다. 변호사 직무는 일반적 고용관계처럼 법적인 상하관계나 주종관계가 되어서는 안 된다. 기업이나 관청에 고용되면 직무의 독립이 손상된다. 그래서 구 변호사법 제30조가 변호사의 공무원 취임을 원칙적으로 금하고 기업에의 고용도 소속 변호사회의 허가를 요한 것이다. 그러나 1990년대 후반 들어 법조개혁이 요구되고 2000년대 중반 들어 사법시험 합격자가 3천 명으로 결정되고 로스쿨도 창설되면서 「공무원취임금지」와 「영업허가제」는 폐지된다.[49]

---

46) 다만 또 다른 입장에서 보면 편재하고 있으니까 차라리 강제주의를 택하면 편재가 시정될 가능성도 있다는 견해도 있다. 塩見俊隆, 「日本の司法制度改革」, 12-14.

47) 中村真由美, 「『弁護士の仕事と生活に関する調査』のご報告」.

48) 横田眞一, 『司法制度革新論』, 18-21.

그래도 변호사의 법적 판단이 관청 등의 단순한 필요에 부응하는 수
단으로 전락하는 것은 바람직하지 않다.

6. 일본변호사연합회

전후 1949년에 새로운 「변호사법」이 제정된다. 그로써 변호사회 소
속 지방검찰청의 통제를 받던 전전과는 달리 변호사는 국가권력으로
부터의 독립성이 인정됨으로써 '변호사 자치'가 보장된다. 같은 해에
변호사들 가입이 의무화되는 「일본변호사연합회日本弁護士連合会」가 결
성된다. 이는 강제가입 단체의 탄생을 의미하면서 동시에 변호사들이
비록 개별적으로는 이해관계를 달리하더라도 통일적인 목소리를 낼
수 있는 조직적 통로가 법적으로 확보되었다는 것을 의미한다. 그도
그럴 것이 아직 변호사들 단체가 일본에서 성립하기 이전에 각 변호
사들은 이해관계를 달리하는 각 집단영역을 통해 대변되었을 뿐이다.

<민법전 논쟁>에서의 모습이 그러했다. 영국 법학계와 프랑스 법
학계가 이념적으로 다툰 1889-1892년에 걸친 민법전 논쟁은 법학계
내에서의 우위 점유를 위한 밥그릇 싸움 성격이기도 했지만, 변호사
들 간의 집단적 이해관계 갈등도 보여준다. 민법전의 시행 연기를
주장하는 세력과 시행 단행을 주장하는 세력 간 갈등은 정치적 다툼
이자 학계의 다툼임을 넘어 법조사회 내에서의 다툼이었다. 영국 법

---

49) 그와 달리 영미법계의 사고방식에서는 변호사의 직무의 독립성이라는 것은 그저 직업으로서의
독립성을 의미하므로 주종관계나 상하관계에 들어가더라도 법적 판단에 있어서 법과 양심에 따
라 판단하는 게 가능하면 문제 되지 않는다고 본다. 게다가 최근에는 대륙법계 국가들조차도
관청이나 민간기업에서 변호사를 전문적인 법률실무가로 고용하는 경우가 흔해졌다. 전후 미국
식 사법제도의 영향을 받게 된 일본도 마찬가지다. 梅田康宏, 「労働者としての弁護士」, 22-23.

학계와 프랑스 법학계를 대표하는 일본 내의 각 법률학교와 그 출신자인 법조인들 간의 다툼이기도 했다.[50]

그 다툼이 변호사 직역 내부 갈등이 중심은 아니었더라도 변호사들 단체가 결집되었다면 최소한 변호사 사회에서는 그런 분열은 보이지 않았을 수 있다. 그 점에서 일변련의 결성은 변호사들의 상징적인 단합을 보여준다. 이후 일변련은 법조를 둘러싼 사법제도 운영에 관계하는 행위자로서 사법제도 추세에 강한 영향을 미쳐 왔다. 일변련의 반대로 개혁이 좌절되기도 했기에 일변련으로부터 합의를 끌어내는 것이 필요하다는 인식이 법조계에 등장한다.[51]

「일변련日弁連」을 지배한 이념은 재야정신이다. 그런 정신은 비록 일부더라도 전전에도 확인된다. 전전에도 재야와 재조의 차이는 있었다. 변호사가 재야 법조를 대표했다. 그래서 넓게는 국가 등의 권력에 맞서고 좁게는 재조와 대립하면서 약자의 권익을 옹호하고 대변한다는 의미의 재야의 정체성이 일부에서 확인되었다. 1921년에 창립되어 대규모의 노동쟁의나 소작쟁의 등에서 권력에 대항하면서 변호활동을 펼친 「자유법조단自由法曹団」 같은 변호사단체의 활동이 대표적인 예다.[52] 그런 단체가 식민지 조선에서도 활동한 것은 유명한 후세 다쓰지布施辰治 변호사 등의 일화로도 잘 알려져 있다.

자유법조단의 조직과 활동은 오늘날 한국에도 영향을 주었다. 한국에서는 1986년 5월에 수재사건 등 사회적 약자인 피해자들이나 노동운동 사건 등에 대한 공동변론을 계기로 「정의실현법조인회」가 결

---

50) 法律經濟新報社 編, 『近世法曹界逸話』, 61-63.

51) 小倉慶久, 「司法制度改革とアイディアの政治(1)」, 104.

52) 자유법조단은 1921년에 고베神戸의 노동쟁의 탄압에 대한 조사단이 계기가 되어 결성된 재야 변호사단체로서 소속 변호사 수가 약 2,100명에 이를 정도로 규모가 있었다. 松井康浩, 『日本弁護士論』, 181.

성되고, 그것이 1988년에 결성된「청년변호사회」와 통합되어 1988년 5월에「민주사회를 위한 변호사모임」이 출범한다.53) 그런 모습은 활동의 이념이나 대상이나 양상 등을 비추어 보면「자유법조단」같은 일본 초창기의 형태로부터 모티브를 얻었거나 선구적인 형태로서 참고한 것이라고 보아도 무리는 아닐 것이다.

그런 전전의 권력에 대한 변호사들 대항의식으로서의 재야정신이 전후에는 일변련을 통해 일정부분 확인된다. 다만 그 형태는 자유법조단과 같은 투쟁적인 모습만은 아니다. 그것은 최고재나 법무성을 비롯한 검찰도 포함한 국가권력이나 대기업 등 경제권력에서 자율성을 추구하는 것이기도 하다. 변호사단체는 재야정신론 하에서 국민의 이익을 지키는 재야 법조로서 최고재 등의 재조 법조와 대치하면서 단순한 사법 담당자의 일익이라는 측면을 넘어 기본적 인권의 수호역할로 강조되고 있다.

재야정신은 관료적 사법권력이나 그런 지향성을 대변하는 세력과의 대립에서 주로 확인된다. 그 점에서 일변련의 재야정신이 강화되는 결정적인 계기를 이룬 것은 1960년대의「임시사법제도조사회」의 의견서였다. 당시 일변련 등의 변호사단체가 희망한「법조일원제」에 대한 '임사'의 부정적인 의견이 일변련의 이후 재야적 입장을 촉발시킨다. 의견서가 발표된 후 일변련은 재조에 강하게 대립하기 시작한다. 변호사단체의 법조일원 요구로 임사가 설치되었다고 보아 법조일원 실현을 낙관했기에 반발은 컸다. 그래서 재야정신론이 일변련 내에서 확산된다.54)

---

53) 문준영, "4·19 혁명과 법률가집단의 정치", 106-107.
54) 小倉慶久,「司法制度改革とアイディアの政治(1)」, 118, 133.

일변련의 행동이 집단이기주의로 보이기도 하지만 일변련이 변호사 집단의 집단적 이익만을 대변하는 것만은 아니다. 법조일원제만 해도 관료적 사법에 대한 대안이라고 보았기 때문에 추진한 것이다. 사법시험 합격자 수 증원 같은 문제도 그렇다. 변호사들이 합격자 증원에 적극적이리라고 보기는 어렵다. 그래서 일변련도 그런 문제에 소극적이기도 했던 시기도 있다. 그러나 그 시기조차도 적극적으로 반대하지는 않았다. 그래서 사법시험 합격자 수의 점진적인 증가에 대하여 일변련과의 합의도 가능했던 것이다.

나아가 재야 법조를 대표하는 변호사협회는 재조 법조와 대치하는 법률가집단으로서 재조 법조의 구성에 관한 큰 목소리를 내면서 권력적으로 성장한다. 그래서 정치적으로도 목소리를 낸다. 이런 모습은 한국에서도 해방 후에 비슷하게 확인된다.[55] 이후에도 대법원장과 대법관을 선거로 선발하자고 하는 구상이 있었고 이것이 1960년의 제3차 개정헌법의 제78조 제1항에 "대법원장과 대법관은 법관의 자격이 있는 자로서 조직되는 선거인단이 이를 선거하고 대통령이 확인한다"라고 담긴 것은 그런 법조 집단의 영향력의 결과였다고 평가된다.

비록 5.16쿠데타로 그 결실을 보지는 못했지만 대법원장, 대법관 선거제도가 법적으로 성립한 것 자체는 놀라운 것이다. 무엇보다 그렇게 대법관 선거제로의 개헌이 이루어진 것은 여러 자료로 볼 때 재야의 변호사회 측의 적극적인 제안과 로비 결과로 평가된다. 즉 그것은 대법원의 강력한 반대에도 불구하고 사법권 독립과 사법부

---

55) 물론 이는 법률가집단이 한국 같은 자유민주주의에서 특권적인 세력으로 성장했기에 가능할 것이다. 자유민주주의 자체가 사법권독립과 같은 헌법적 교의를 기초로 해서 법률가집단의 정치적 우위를 인정하고 있고, 한국도 해방공간에서 특권적인 법률가들에 의한 지배가 확인되었고 1987년의 민주화 이후에도 그런 지배가 복원되어 그 범위와 영향력이 확대되고 있다고 인정될 수 있다. 이국운, "법률가정치 연구", 188.; 문준영, "4 · 19 혁명과 법률가집단의 정치", 51-52.

의 민주화를 도모하자면서 도입을 주장한 당시 대한변호사협회 등의 입장이 강하게 참작된 것이었다.[56]

다만 한국 당시의 재야 법조는 재야가 상징하는 노선과 활동으로서의 정체성과는 거리가 있었다. 재야 법조를 구성하는 법률가 대부분이 판사나 검사 등 재조에 있다가 퇴직한 자들로서, 재조의 법률가들과 별로 이질성이 없는 집단이었고 그런 성격에서 보듯이 특별한 재야로서의 정체성이나 일체성도 없었다고 보이기 때문이다. 그도 그럴 것이 재야라도 재조 활동을 하다가 재야로 물러서는 것이 일반적이었기에 재야는 전 재조와 같은 것이어서 오늘날의 재야 법조와는 의미가 조금 달랐다. 그렇듯 해방 이후 형성된 한국의 재야 법조는 권력에 저항하는 재야성을 갖춘 집단은 아니다.

그 점은 일본과는 다르다. 이는 서울과 도쿄에서 기존의 변호사회와 다른 변호사회가 복수로 탄생한 계기의 차이에서도 확인된다. 지금은 사라지고 없지만 「서울변호사회」가 분열해 1960년에 복수로 성립한 「서울제일변호사회」 창립은 재야성의 차이로 인한 갈등이 아니라 새로운 변호사들이 대거 유입되면서 기존 주류 법조계 내부의 위계를 유지하고 기득권 질서를 유지하려는 것이 계기였다. 반면 도쿄에서의 「제일도쿄변호사회」라는 복수 변호사회 창립은 소장파 재야 변호사들의 성장과 이로 인해 기득권을 상실한 장로파의 도전에서 비롯되었다고 한다.[57] 한국에 비하면 오늘날 일본 변호사들의 재야성은 특정한 급진적 변호사 단체를 통해서라기보다는 변호사 직역의 성격 자체를 통해 확인되는 것이라고 볼 수 있다.

---

56) 문준영, "4·19 혁명과 법률가집단의 정치", 56-80.

57) 문준영, "4·19 혁명과 법률가집단의 정치", 100, 127-131.

제9장

사법과 법조의 과제

1. 법조일원제라는 숙제

가. 경력 법관제의 장애

사법은 법을 적용해 법적 분쟁을 재정하는 체계다. 법조는 사법제도 안에서 법적 분쟁 해결을 위해 각자의 방식으로 법적용을 구하는 법관, 검사, 변호사 등 법률전문 직역의 총체 혹은 그들이 소속한 사회다. 사법은 국가체계로 주로 이해되고 법조는 직역으로서의 인적 측면으로 조명된다. 다만 사법제도를 운용해 법을 실현하는 과정은 법률가들 사이의 역할적 상호작용이다. 그래서 사법이 제도적으로 형성되고 변천하면 법조도 성립되고 변화한다. 직역으로서의 법조는 사법체계에서 각 역할을 통해 사법운용이나 과제설정의 주체가 되기도 하고 정책이나 과제의 대상이 되기도 된다.

시민의 권리증진을 위한 재판의 제도적 저해요인을 제거하는 제도적인 면에서의 개량은 법조 직역들의 상호적 업무수행의 변화와 그에 따른 조화 그리고 성과를 통해서만 가능하다. 재판제도는 운용자로서의 법조 직무를 통해 작동하는 체제이기 때문이다. 따라서 그렇게 만든 법조 직역의 사정이 사법의 절차적 개선을 추동하고 있다. 그렇기에 근대적 재판제도 도입 후 개선에 따른 누적된 시행착오와 성과의 집적 결과로서의 오늘날 사법은 법조의 현실이 새롭게 규정해 낸 결과라고도 볼 수 있다.

그 점은 법조 중심의 개혁을 추진하는 일본 사법의 미완성 과제인 「법조일원제法曹一元制」 논의를 통해서 잘 확인된다. 법조일원제는 흔히 변호사 자격자로서 재판관 이외의 법률업무에 종사한 자 중에서 재판관을 임명하는 제도라고 설명된다. 제도의 차원에서 법조일원은 영·미법계 국가들이 운용하는 영·미의 제도로 알려져 있다. 영국에서는 14세기에 변호사에서 재판관을 임명하는 것이 관행화된다. 「배리스터barrister」라고 불리는 법정bar변호사로부터 재판관이나 검찰관이 임용된다. 영국법을 계수한 미국에서도 변호사로서 실무경험을 쌓은 자가 재판관, 검찰관이 된다.

반면 일본은 전전 시대의 유산으로서 법조일원제와는 다른 캐리어 시스템에 속한다. 대륙법계에는 경력재판관·검찰관으로서 변호사시험을 필요로 하지 않고 곧바로 재판관이나 검찰관에 임용되는 「캐리어사법career judiciary」이 지배한다. 일본도 그렇다. 일본에서 '캬리아キャリア'는 오늘날 국가공무원시험의 종합직시험, 상급 갑종시험 또는 Ⅰ종시험 등에 합격해 간부후보생으로서 중앙 성·청省庁에 채용된 국가공무원을 말한다.

1887년 제정된 「문관시험시보 및 견습규칙」에서 출발해 1893년의 「문관임용령」에 따른 개혁으로 「문관고등시험」이 시행되다가 패전 후인 1948년에 폐지되고 대신 인사원人事院이 실시하는 국가공무원시험과 법무성이 실시하는 「사법시험」으로 인계되는데, 그 국가공무원시험 종합직 시험의 합격자가 흔히 고급관료로 가는 '캬리아'다.

'캐리어사법'은 그런 사법시험 합격자에 의한 사법체계다. 그 캐리어 시스템이 법조일원제와는 다른 특성 혹은 법조일원제를 가로 막는 요소다.

대륙법계 일본과 달리 영미의 경우에는 출발부터 법조일원이다. 미국의 경우에는 법조인이 되는 길이 로스쿨을 수료하고 각 주에서 시행하는 변호사시험에 합격하는 것이고, 모두 변호사가 된 뒤에 그중에서 검찰관이나 재판관이 된다. 법조인이 되는 출발부터 법조일원이다. 영국의 경우도 전통적으로 「법조원法曹院Inns of Court」 등을 통해 변호사가 된 이후에 그중에서 재판관 등의 사법관이 선발되는 것이므로 역시 출발부터 법조일원이다.

그와 달리 대륙법계는 법조일원이 아니다. 프랑스의 법조양성을 보면 재판관과 검찰관 및 변호사가 되는 길이 다르다. 재판관과 검찰관은 같은 사법관으로서 모두 「국립사법관학교ENM」라는 단일 교육기관에서 양성되고, 이는 변호사가 되는 과정과는 다른 코스다. 그래서 재판관과 검찰관 사이의 이동은 단순한 임무 변경에 지나지 않고 그것을 지위 변동이라고 생각하지 않을 정도다.[1] 프랑스는 애초에 변호사 되는 길과 사법관 되는 길이 전혀 다르고 이를 다르게 선택하는 것에서 출발한다는 점에서 법조일원이 아니다.

대륙법계라도 법조일원적인 경우도 있다. 독일은 법조인이 되기 위한 대학 교육과정과 국가시험과정이 연계되어 1차 시험 합격자에게 재판소나 변호사사사무소 등에서의 실무연수를 하게 하고 다시 2차 국가시험을 거쳐 최종적으로 법조자격을 부여하는 것에서는 법조양성과정이 공통적이다. 다만 그 후의 사법관으로 선발되어 진출

---

1) 前田智彦, 「裁判官の判断過程の相互作用論的分析」, 357, 脚注30.

하는 길이 변호사가 되는 길과 다르다는 점에서는 법조일원과 거리가 있다. 하지만 일정한 부분까지는 법조일원적이다.

즉 2차 대전 이후 법조양성을 개혁한 독일에서「법관법Richterrecht」은 법조인 양성의 기본을 규율하고, 각 지방Land이 법조인양성법을 통해 법학교육, 사법시험 및 사법연수 과정을 규율한다.[2] 법학교육은 법조양성 목적의 전문적 직업교육의 한 부분이 된다. 즉 대학 법학부를 수료하고, 1차 국가시험에 합격한 후 실무수습을 받고 2차 시험에 합격해야 하기에 법학교육이 법조양성의 부분이 된다. 또한 최종합격자의 재판관 자격은 동시에 검찰관, 변호사 등 법률직에의 자격으로도 된다. 그 점에서 일원적이다.[3]

일본의 전전은 그와 달랐다. 판사와 검사 그리고 변호사가 되는 길은 달랐다. 시험도 다르고 수습과정도 별개였다. 그 점에서 프랑스형이었다. 그런데 전후에는 길이 같아져서 동일한 시험과 동일한 연수를 거친다. 따라서 전후 일본의 제도 그리고 그와 거의 같은 사법연수를 거치던 한국의 종전 제도는 독일 방식의 대륙법적 법조양성에 가까운 것이라고 볼 수 있다.[4] 그것은 동일한 루트를 통한 법조인 양성이라는 점에서만 보면 법조일원 성격을 보인다.

게다가 일본은 전후에 미국법의 영향까지 받았다. 그래서 재판관은 임기 10년이고 재임할 수 있다. 임기 10년은 신헌법「맥아더초안」의

---

2) 독일에서 사법시험 1차 시험은 각 대학의 평가와 국가가 평가하는 필수과목 점수 합산으로 평가된다. 1차에 합격하면「사법연수생Rechtsreferendar」이 되어 법관, 검사, 변호사 등이 수행하는 법조직역에 들어간다. 2년간 연수생들은 각 지방 고등법원 관할의 지방법원에 배치되며, 민사·형사법원, 변호사사무실 등에서 연수한다. 마치고 각 지방 시행의 2차 서술·구술시험에 응시해 합격하면 동등하게 법관직 지원자격이 주어진다. 사법정책연구원 편,『독일 법관법에 관한 연구』, 19, 21-23, 37.

3) 石部雅亮,「法曹養成制度のドイツ型」, 111-112.

4) 中村 武,「これからの弁護士」, 15-16.

하급재판소 판사의 임기 규정에서부터 등장한다.[5] 그렇게 미국법의 영향을 받은 부분은 법조일원제적이다. 왜냐하면 그를 전제로 일본의 재판소법 제42조 제1항은 판사 자격을 10년 이상의 법조·법률 학자로서의 경험이 필요하다고 규정했기 때문이다.

사법시험이라는 동일한 자격시험을 치르고 동일한 사법수습을 거치는 점이나 10년 이상의 법조 등 경험을 판사의 임용요건으로 한 것은 법조일원적인 것이다. 그런데 실제 재판관이 되는 경로가 법조일원과는 멀게 된다. 재판소법 제43조는 사법수습을 종료한 자 중에서 곧바로 판사보를 채용할 수 있다고 하고, 10년을 판사보로서 경험을 쌓은 자도 판사 자격을 가지는 것으로 되어 있다.

결국 1955년경부터는 거의가 이런 경로에서 판사가 되는 캐리어재판관이 대부분이 되면서 캐리어제도를 채용한 것처럼 운용된다. 패전 이후 사법제도는 점령군의 직접적인 영향으로 인해 영미법적인 사법제도를 지니는 것이나, 현실에서 재판소의 모습은 오히려 전전의 대륙법적인 캐리어 시스템의 각인이 강하게 계속 유지되고 있는 것이라고 말할 수 있다.[6] 그래서 법조일원제라 말하기 어렵게 된다.

판사보는 재판관으로 임관해서 혹은 변호사 및 검사 경험자는 이를 통산해 10년 미만인 자가 판사로 임용되기 전의 관명이다. 재판소법에 의해 보통은 사법수습 수료자 중에서 임명되는데 지재·가재에 배속되고 임기는 10년으로, 10년간 판사보로 근무한 뒤 판사로 임명된다. 한국도 마찬가지다. 판사 임용자격이 현재 법조경력 10년

---

5) 그렇게 헌법에 규정되고 이후 한국에까지 영향을 준다. 한국의 건국 무렵의 일부 우파적 헌법 초안에 등장해 결국 헌법조항 안에서 제도화되는 것이다. 신우철, "해방기(1945-1948) 헌법초안의 사법조항 분석", 45-47.

6) 馬場健一, 「司法の位置づけと立憲主義の日本的位相」, 36.

이기 때문이다. 한국에서는 판사의 업무량이 과다하다는 이유 등으로 법조경력 5년으로 하향하는 법원조직법 개정을 추진했으나 2021년에 국회에서 근소한 차이로 부결된다.

결국 일본의 현행 사법체계 하에서 법조의 길을 가려면 판사 경력이 아닌 경우로서 정치적으로 임명되는 최고재 판사의 극히 일부와 재판소법이 정한 대학의 법률학 교수와 준교수를 제외하고는, 사법연수소에서의 1년 반의 수습과 종료시험에 합격해 판사, 검사, 변호사의 길을 선택하게 된다. 최고재 내지 법무성에 의해 판사보, 검사로 채용되지 않으면 안 된다.[7] 그런 모습은 캐리어 시스템이라고 부를 만한 것이기에 법조일원제와는 거리가 먼 것이다.

나. 관료적 이념의 장애

법조일원제를 가로막는 다른 요소는 관료적 이념이다. 이는 법조일원의 판단기준을 사법 민주화라는 요소와 결부시키는 경우의 장애요소다. 캐리어 시스템 자체도 사법관료제와 관련되지만 그것이 법조일원을 가로막는 요소인 사실과 관료사법에 의한 사법의 비민주화가 법조일원에의 도달을 막고 있다는 관점은 다르다. 사법의 민주화라는 관점은 법조일원의 연혁이나 기능이나 목적과 관련된 설명을 충족시키는 부분이기에 필요하다. 그런 관점에서 보면 아직 일본은 관료적 사법이 지배하고 그래서 법조일원제에 도달하지 못한 것이다.

---

7) 판사보로서 임관된 자는 견습으로서 각지의 재판소에서 소송실무를 경험해 간다. 단 통상은 판사보 임관 6년째에 「판사보의 직권의 특례에 관한 법률」에 기초해 특례판사보가 되어 판사와 동등한 직무를 행할 수 있다. 즉 특례판사보로서 판사와 마찬가지로 보통의 재판이 가능하게 된다.

전후에 일변련 등이 지속적으로 요구하는 법조일원제의 명분이 주로 사법제도의 민주화인 것도 그런 차원이다. 그 경우 민주화의 의미에는 변호사가 풍부한 인생 상식을 지녔고 소송의 당사자적 경험을 통해 분쟁의 진상을 이해하는 통찰력을 체득했다는 이해가 기반에 있다. 법조일원제는 사법의 민주화라는 이상 하에서 뛰어난 재판관 적격자를 선발하는 것이고 그렇게 하면 관료사법제도상의 결함들도 치유된다는 기대가 반영된 관점인 것이다.[8]

그 관점에서 법조일원이란 관료사법에 반대하는 입장이다. 따라서 변호사 경험자로부터 재판관을 선임하는 시스템 이상의 의미가 된다.[9] 전전부터 사법관을 변호사에서 선발하는 제도를 말한 것은 적어도 사법부의 관료적인 성격에 대한 대책이었다.[10] 법조일원 논의가 상당한 시기에 걸쳐 진행될 때도 관료사법에 상반되는 민주적 사법의 입장으로 논의된 것이다. 법조일원제는 재판관을 어디에서 뽑을 것인가라는 '선출모태'의 문제이면서 캐리어 시스템보다 '민주적인' 재판관 산출방법 즉 관료적 사법의 문제를 해결하는 문제로 이해된 것이다.

그런데 실현 형태상으로는 마찬가지로 법조인 양성제도를 통해 이루어진다. 그것은 법관자격이 사법시험이든 무엇이든 동일한 과정을 거치고 따라서 법관만이 별도의 추가 교육을 받는 등 없이 법조 영역에서 동등 수준으로 활동할 수 있는 법조체계다. 흔히 변호사 경험을 쌓은 자 중에서 선출하는 것을 염두에 두기에 변호사 집단에 의한 법조일원제 주장이 큰 부분을 차지한다. 변호사 집단의 법조일

---

8) 我妻 榮 他, 「司法制度改革の基本問題」, 8-9.

9) 戒能通厚, 「法曹一元論の原点」, 43.

10) 横田眞一, 『司法制度改革新論』, 17.

원 주장은 이미 1898년 국가학회国家学会에서의 우에무라 슌페이植村俊平의 연설에서도 보인다. 또 1938년에는 관련 법안도 제출된다.[11]

전후에도 법조일원제 주장의 유력한 논거인 '사법의 민주화'는 변호사 출신의 선발이 필요하다는 관점과 결합되면서 법조인 선출 방법에 집중한다. 선출 방법에 관해 여러 주장이 나온다. 변호사회가 임명에 책임을 맡아 최고재에 추천하는 방식 예로 일변련의 추천에 기초해 판사는 최고재, 검사는 법무대신이 지명하고, 내각에서 임명 절차를 취하는 방식이 주장된다. 추천 주체로서는 일변련 하의 '재판관추천위원회'도 구상된다. 추천위원은 변호사, 재판관, 검찰관 및 학식 경험자 중에서 일변련 회장이 위촉하는 방식도 거론된다.

이런 관점에 기반해 전후에 재야 차원의 법조일원제 대책 활동은 이어진다. 1947년에 법조자격은 일원화되고, 그에 따른 일원적 사법 수습 제도가 만들어지지만 제도적 법조일원은 아니다. 그래서 1953년에 일변련이 「법조일원대책위원회」를 설치하고 변호사가 사법관에 임관될 수 있는 제도의 실현을 목적으로 1954년에 「법조일원요강」을 채택한다.[12] 판사와 검사는 모두 상당 기간의 변호사 경험자 중에서 선임하고 검사로부터의 판사 선임도 가능하다는 내용이다. 대책위는 1969년까지 존속한다.

「일본법률가협회」도 1961년에 재판관은 변호사, 검찰관 그 외 법조자격자로서 극히 풍부한 법률직무 경험을 지닌 자 중에서 가장 우수한 자를 선임해야 한다는 내용의 「법조일원을 실현하는 구체적 요강」을 발표한다. 일변련의 것과는 다른 그 제안은 재판관의 공급원

---

11) 東京弁護士会百年史編纂刊行特別委員会 編, 『東京弁護士会百年史』, 530-544.
12) 牧原 出, 「政治化と行政化のはざまの司法権」, 24.

으로서 변호사 이외에 검찰관 등의 법조자격자도 상정해 법조삼자의 협력으로 법조일원을 실현하려고 하는 보다 온건한 것이었다.[13]

그러나 결실은 없었다. 1962년 출범한 사법제도개혁을 위한「임시사법제도조사회臨時司法制度調査会」가 제도 도입 여부를 공론 장에 올리지만 1964년에 낸 '임사'의「의견서」에는 아직 제 조건이 정비되어 있지 않다는 이유로 보류한다는 입장이 담긴다. 바람직한 제도이지만 법조일원제를 실현할 기반이 되는 여러 조건이 아직 정비되어 있지 않다는 것이다. 법조일원제 도입의 전제조건으로서 공급원이 되어야 할 변호사 수의 부족, 변호사의 대도시 편재나 변호사 간 질적 격차를 지적하는 의견을 낸 것이다.[14]

의견서의 부정적 기류로 이후 법조일원 실현 운동은 설 마당을 잃는다. 다른 과제에 밀려 거의 논의 대상이 되지 못하고, 변호사를 주체로 하는 선임구상도 약화된다.[15] 임사가 법조일원제를 검토하게 된 데는 이유가 있다. 일변련의 요구도 있었지만 1965년경 재판관 희망자가 점점 줄고 있던 상황과도 결부되었다. 당시 연수소 수료자 중 재판관 희망자는 3분의 1에도 달하지 못했다. 7할은 변호사를 지망하고 재판관과 검찰관은 합쳐도 3할이 되지 못했다. 그 몇 년 전까지만 해도 50% 이상은 재판관이나 검찰관을 희망했는데 일변했다.

여러 원인이 있다. 임지를 자주 바꾸어야 해서 불안정하다든지, 변호사와 비교해 수입이 적다든지, 자유로운 활동이 불가능하다든지 등이다. 희망자가 적어진 결과 재판 지연 및 그에 따른 국민의 비판에 직면한다. 그럼에도 재판관 증원이 쉽지 않았다. 그래서 임사가

---

13) 下村幸雄,「法曹一元制について」, 192.

14) 臨時司法制度調査会,「臨時司法制度調査会意見書」.

15) 野中俊彦・中村睦男 他『憲法I』, 252.; 馬場健一,「裁判官選任過程と司法の民主的正当性」, 159-165.

법조일원제 도입을 검토한 것이다. 일변련 등의 사법제도 민주화 요구에 따른 '법조일원제 결의' 등과 정부에 대한 강한 '요청'도 임사 출범의 계기였지만 그 이면에는 재판 지연과 재판관 증원이 쉽지 않은 상황도 있었던 것이다.

그런데 임사는 관료적 사법이념의 장벽을 넘을 수 없어 법조일원제를 제안하지 못한다. 임사의 부정적 의견은 관료적 사법이념으로 인한 한계를 확인한 결과이거나 혹은 심지어 관료적 사법이념을 대변한 것으로 보였다. 임사 당시 아직 낯선 법조일원제는 "재판관이 변호사 자격보유자로서 재판관으로서의 직무 이외의 법률에 관한 직무에 종사한 자 중에서 임명되는 것을 원칙으로 하는 제도"라고 이해된다. 그 경우 재판관으로서의 직무 이외의 법률에 관한 직무에 종사하는 자는 실무에 종사하는 변호사와 정부의 법률직이라 했다.

당시 사법시험을 거쳐 연수소에서 2년을 마치고 재판관, 검찰관 혹은 변호사로서 각각의 길을 가는 시스템에서는 재판관이 되려면 먼저 판사보를 거쳐야 한다. 그렇기에 법조일원제는 그러한 제도를 없애고 연수소 수료자는 우선 변호사나 검찰관이 되고 이후에 그 경험자 중에서 재판관이 나오는 제도를 의미했다. 그래서 법조일원 제도는 영국이나 미국에서 존재하는 현실의 제도를 염두에 둘 수밖에 없었다.16)

그런데 이에 대해 부정적이었다. 즉 임사의 논의에서 채택이 불발된 데에는 일본에는 민주적 법조일원제가 아니라 캐리어사법이 더 적합하다고 보는 정서가 큰 몫을 했다. 가와시마 다케요시川島武宜의 말처럼 법조일원제는 베버M. Weber가 말한 '명망가지배Honoratiore

---

16) 我妻 栄 他,「司法制度改革の基本問題」, 6-8.; 利谷信義,「司法修習における裁判官像」, 31, 48.

nherrschaft'의 한 형태인데 지위가 특히 높고 재산도 가지고 사회에서 높은 존경을 받는 변호사로서 활동하는 이들이 재판관이 된다면 시민들은 재판의 정당성에 대해 신념을 가지게 되고 그러면 사회통제 내지 정치지배의 수단으로서의 재판제도도 안정화될 것이라는 기대에서 그들이 재판권의 주요 담당자가 된다는 것이다.

특히 영국의 그들은 귀족층에 해당할뿐더러, 미국의 경우에도 비록 변호사가 귀족 출신은 아니라지만 사회 상층부로서 법률가적 교양이나 미국적인 역사적 배경과도 결합되어 있어 상당히 높은 지위를 향유하므로 그런 사회적 지위를 지닌 변호사들이 재판관이 되는 제도가 받아들여진다. 그런데 일본에서는 변호사가 사회적 상층부라는 계층 관념도 확고하지 않고 전통적으로 볼 때도 명망가라 보기 어렵기에 법조일원제가 성립되지 못한 것도 이상하지 않다. 결국 일본은 법조일원제를 성립시킬 만한 실정이 아니라는 것이다.

게다가 민간에서 온 자이면 민주적이라는 식으로 간단히 볼 수만도 없는 게, 베버가 말하듯 유럽대륙 사법제도의 '관료제'는 실은 민주주의의 성립과정 중에 필요에 의해 서서히 형성된 측면도 있다. 근대법의 법률체제의 전체 속에서 보면 관료제적 사법의 하나로서의 캐리어재판관 제도에는 높은 합리성이 있어 이를 단순히 비민주적이라고 치부할 건 아니고 오히려 캐리어제도에 민주적 측면이 있다는 것이다. 전전의 관료적 사법 하에서는 재판관이 '천황의 이름으로' 재판했지만 이제 그런 것은 없기에 관료적 사법이 비민주적이라고 보기도 어렵다는 것이다.[17] 그렇게 관료적 사법이념이 법조일원제 도입에 장벽이 된 것이다.

---

17) 我妻 栄 他, 「司法制度改革の基本問題」, 37-41.

다. 개선과 미흡한 결과

결과적으로 법조일원 도입 움직임에 찬물을 끼얹은 것처럼 만들었지만 임사가 공식적으로 부정적 의견을 낸 이유는 일면 수긍되기도 한다. 그 의견은 이렇다. 법조일원제는 바람직한 제도이지만 일본에서는 실현할 기반이 되는 여러 조건이 아직 정비되어 있지 않다. 도입의 전제 조건으로 공급원이 되어야 할 변호사 수 부족, 변호사의 대도시 편재나 변호사 간 질적 격차가 지적된다. 결국 재판관의 공급원이 되기 위한 뛰어난 법조를 확보하기 위한 법조 인구의 비약적 증대가 선행되어야 한다는 것이다.[18]

실제로 임사 의견서가 나온 1964년에 사법시험 합격자가 처음 500명을 넘지만 그 후 매년 500명 전후로 이어지다 35년이 지난 1999년이 되어서야 1천 명이 된다. 그렇게 법조 인구는 외국보다 크게 적었다. 2000년에도 마찬가지다. 법조삼자 인구는 미국이 약 968,000명, 영국이 약 83,000명, 독일이 약 111,000명, 프랑스가 약 36,000명인데 비해 일본은 약 2만 명에 불과하고, 특히 재판관 수가 극히 적다. 그래서 재판 장기화로 대도시의 지재 민사 재판관은 연간 250건 전후의 사건에 매달린다.[19]

그래서 임사가 재조 법조계를 대변하는 듯한 의견서를 낸 것이다. 일변련이 기대하던 법조일원제에 다가설 수 없었던 것이다. 그러자 일변련도 임사의 의견서를 비판하고 2년 후인 1966년의 정기총회에서 임사 의견서를 비판한다는 결의까지 한다. 그리고 일변련은 재판소나 법무성과 대항관계에 서면서 사법문제를 스스로 다루는 방향

---

18) 臨時司法制度調査会, 「臨時司法制度調査会意見書」.

19) 石田榮仁郎, 「司法改革」, 22-23.

으로 선회한다.[20] 그런데 이후 법조일원에 다가서는 움직임은 재조 법조계를 중심으로도 나타난다. 사법부도 변화를 보인 것이다.

그 결과 일정한 결실도 낳는다. 1988년에 일정 경력의 변호사를 판사로 채용하는 변호사임관제도가 도입된다. 최고재는 「판사채용 전형요령」을 통해 경력 15년 이상, 연령 55세 미만 변호사 중에서 매년 20명 정도를 판사로 임용한다. 1991년에는 일변련과 협의해 경력 5년 이상 변호사 가운데 적어도 5년 정도는 재판관으로 근무 할 수 있는 연령 55세까지를 선발 대상으로 바꾼다. 그러나 결과는 실망스러웠다. 그런 판사 임관 숫자는 1988년부터 2003년까지 15년 간 60명에 불과했다.

2003년 이후 임관자는 2004년 8명이다가 2005년에는 4명이 되고, 2005년부터 2016년까지 12년간 임관자 총수는 49명으로 평균 약 4 명이다. 제도가 바뀐 1992년부터로 보더라도 변호사로서 판사에 임 관한 수는 2018년까지 119명에 불과하고, 그중 2017년 9월 현재 판 사 재직자는 62명에 불과하다.[21] 변호사임관제도는 법조일원적 변 화의 길에서 별반 기능을 하지 못한 것이다. 원인은 최고재 사무총 국이 젊은 사법수습생을 채용하는 현행 판사보 제도를 고집하기 때 문이다.[22]

애초에 사법부의 의지가 있었는지도 의문이다. 진급 면에서 보더 라도, 재판관 출신 변호사 등의 말을 빌리면 변호사 출신 재판관 임 관자의 경우는 고등재판소의 부총괄판사나 소규모의 지방·가정재

---

20) 飯 考行, 「司法政策決定過程における日弁連のスタンスとその特徴」, 133.

21) LIBRA, 「弁護士任官制度: あなたも裁判官に」.; 日本弁護士連合会, 「弁護士任官等の実績状況」, 2018.

22) 本多勝一·高見澤昭治, 『「司法改革」で日本の裁判は本当によくなるのか』(3).

판소 소장에 임명된 예는 있지만 최고재 재판관이나 고재 장관에 임명된 예는 없다. 변호사임관제도만으로는 출신의 동일성을 통해 법조 자체를 일원적이고 동등한 체계로 만든다는 법조일원제의 형식성에조차 접근하지 못하는 것이다.

최고재와 일변련은 2001년에 변호사 신분을 유지한 채로 민사나 가사의 조정사건에 한해 재판관과 동등한 권한을 가지고 조정절차를 진행하는「비상근재판관제도」를 도입하는 것에 협의한다. 변호사가 법관 업무에 종사하는 비상근재판관제도는 영국이나 미국에서 쉽게 찾아볼 수 있는 것으로 법관의 전문성 확보나 과중한 업무부담 해소 등에서도 의미 있다.23) 2005년부터는 반대로「판사보 및 검사의 변호사직무경험에 관한 법률」도 시행된다.24)

그러나 변호사를 상근재판관으로 선발하는 변호사임관제도도 의미 있는 결과를 만들지 못한 것처럼, 조정사건 담당의 비상근재판관 임용도 결과적으로는 제도형식 이상의 의미를 보여주지 못한다. 임관자가 적고 적용하는 곳도 적다. 2016년 10월 현재 비상근재판관 제도를 실시하는 재판소는 지재 2곳, 간재 16곳, 가재 12곳이고, 제도가 시행된 2004년부터 2017년 4월까지 총 484명이 임용되고 그 시기에 전국에 118명이 배치되어 있는 수준이다.25)

따라서 비상근재판관제도는 성과 여부와는 별개로 이를 법조일원제의 부분적 실현의 관점으로 보기도 어려운 상태다. 결국 변호사임관 제도나 유사한 제도를 통한 부분적 제도화는 달성되지 못한다.

---

23) 정종섭, 『한국의 사법제도와 발전 모델』, 164, 186.

24) 2016년에 상근의 변호사출신 재판관은 116명, 비상근재판관 경험자는 484명, 판사보·검사의 변호사직무 경험자는 189명이 된다(日本弁護士連合会, 「弁護士任官等の実績状況」. 2016.).

25) 조종현, "일본의 법관임용제도에 관한 실증적 연구", 506.

이후 일본은 한국보다 먼저 로스쿨이 도입됨으로써 법조일원의 관점에서 주목할 만한 제도적 변화를 보인다. 사법제도개혁심의회에서도 법조일원 문제가 논의된다. 그러나 재판원 제도 같은 가시적인 성과는 법조일원에서는 현실화되지 못한다.

이 모습은 법조충원 방식에서 일본과 아주 유사했기에 마찬가지로 법조일원화를 요구하는 목소리가 적지 않았던 한국에 비교될 수 있다. 한국도 사법시험 시절에는 사법연수원을 마치면 모두 변호사 자격을 주되 판사는 사법연수원 수료 무렵의 선발 즉 판사 지망자 중 연수원 성적우수자들을 선발해 일정한 예비단계를 거쳐 판사로 임용하는 경력법관 시스템이었기 때문이다. 사법연수소 수료 직후 법관 희망자 중에서 성적에 따라 법관을 임용하는 모습은 두 나라에 공통적이었다.

양국의 법조환경은 여러 면에서 유사하다. 사법시험 및 사법연수원 시절에는 수료자가 변호사자격 취득과 동시에 판사로 임용된 것인데, 그런 출발에서의 형식성 동일성이 법조일원의 실질을 판단하는 데는 의미가 없는 점도 그렇다. 변호사임관제도 등 일부 법조일원화로의 단계적 변화의 성과도 비슷하다. 로스쿨제도 이후 수료생은 일단 자격시험에 합격하면 모두 변호사가 되는 것도 마찬가지다. 알고 보면 로스쿨 이후의 모습도 과거와 크게 다르지 않은 것이다.

다만 한국에서 이제 판사는 변호사 중에 선발된 재판연구원 등 일정 경력을 쌓으면 지원할 수 있다. 미국식 로클럭 시스템에 가까워진다. 그래서 일본에서는 자신들이 법조일원제로의 개선 움직임에서 한국보다 못하다고 자평되기도 한다. 한국이 종래 다른 분야와 마찬가지로 법학이나 사법제도에 관해서도 일본을 모범으로 뒤따라오는 경향이 있었지만, 로스쿨 이후에는 제도를 일본보다 성공시켰다는 평도 있다. 법조일원에서도 그런 것이 아닌지라고 평가한다.26)

그러나 한국도 법조일원제는 아직 멀기에 그런 평가는 실질 확인에 기반한 것이라 보기는 어렵다. 그 점에서 타이완과 비교될 수도 있다. 타이완도 한국과 마찬가지로 일본의 식민지였고 일본 사법을 계수했다. 그래서 타이완에서는 사법시험, 법조양성의 통합화 등 일본의 법조제도가 개혁 방향에도 큰 영향을 부여했다. 그런데도 법조일원 제도는 일본보다 먼저 실현된 것이라고 평가되기도 하기 때문이다.27)

2. 재판 지연의 문제

오늘날 일본의 재판소는 심리나 변론에 소요되는 시간 등을 한국에 비해 합리적으로 안배한다. 한국 법조계의 변호사는 '기다리는 게 일'이라는 자조적 표현이 있다. 재판부가 사건 별 시간을 세분화하지 않고 대략적 예측으로 동일 시간대에 여러 사건을 동시적으로 지정해 동 시간대 앞 사건이 늘어지면 순차적으로 뒷 사건은 기다리는 일은 일상이다. 일본에서는 상대적으로 그런 일이 드물다. 재판부의 배정 사건 자체가 한국보다 적은 면도 있지만, 해당 법정에서 진행할 사건은 진행 내용을 고려해 시간적으로 가능한 한 세분해 지정하기 때문이다.

증인신문 등 사건 별 진행 예정에 따라 다르게 안배된다. 20분,

---

26) 瀬木比呂志, 『絶望の裁判所』, 228.

27) 広渡清吾 編, 『法曹の比較法社会学』, 230, 253.

10분, 2시간 이런 식으로 사건별 시간대가 세분화된다. 증인신문이 1시간으로 예정되어도 시간표상으로 세분화되지 않고 앞 사건도 그런 식이어서 밀리면 무작정 기다리고, 행여 자리를 비우면 그 사이에 진행될까 봐 퇴정했다가 다시 들어오기도 어려운 한국 실정과 다르다. 그런데 일본의 그것은 경험에 따른 변화의 산물이다. 근대 초기의 일본은 그렇지 않았다. 당시에는 재판소에 따라서는 아침 8시에 출정해도 오후 4시에 재판을 시작하기도 할 정도로, 도대체 재판소에 시간관념이 있는가 생각할 정도였다고 한다.28)

그런 운용이 재판 지연이라는 문제로 이어지면 사법제도를 위태롭게 하는 것이 된다. 일본도 한국과 마찬가지로 재판 지연은 사법부의 최대 난제였다. 대책은 오래전부터 추진된다. 최고재의 재판지연으로 인해 1953년 3월에 「법제심의회」의 사법제도부회가 출발해 최고재 기구개편 문제를 논의한다. 1962년에는 재판 지체 등으로 인한 대책 마련을 위해 내각에 사법 심의기관으로 「임시사법제도조사회」를 출범시켜 2년간 사법제도 개혁을 논의한다.

그럼에도 진전은 없었다. 그래서 소송절차의 기술적 효율화에 나선다. 최고재는 1980년 무렵부터 민사사건의 재판 지연 대책으로 변론과 화해를 합체한 '변론 겸 화해'라는 운용을 제창하고 전국으로 확대한다. 장기 미제사건 대책이자 심리기간 단축 방책이었다. 그에 대해 본래 법정에서 할 변론을 화해와 겸하기에 위법성 여지가 있다는 학계나 재판소 내부 비판과 우려도 있지만, 심리 촉진에 도움이 되자 점차 전국적으로 확산된다. 한국에도 변론 겸 화해라는 용어가 도입된 것은 그렇게 효율적 제도로 알려진 실정과 무관치 않다.

---

28) 砂川雄峻, 『法曹紙屑籠』, 9-10.

그럼에도 소송 신속화는 큰 진전을 보지 못한다. 민사 1심의 증인신문 있는 보통 사건의 평균 심리기간은 1980년 24.1개월인데, 1990년에는 23.6개월이 된다. 전체 사건의 평균도 두 시기 모두 12.8개월이다.29) 1998년에는 신 민사소송법 시행으로 보완한다.30) 그 결과 큰 시기 간격에서 보면 지연은 일정부분 해소된 듯 보였다. 지재 1심의 통상적 민사소송의 평균 심리기간을 1989-2008년의 20년을 통해 보면, 사건당 평균 12개월 이상 걸리던 게 7개월 이하로 거의 반감된다. 인증조사 사건도 평균 23개월 이상에서 13개월 정도로 감소한다.31) 그런데도 크게 바뀌었다는 인상을 주지는 못한다.

특히 민사재판에서 경험하는 지연은 적지 않다. 민사재판에 '3분간 변론, 사미다레五月雨식 증거조사'라는 말이 있다. 구두변론은 짧고 증인신문 등은 끊어졌다가 이어지는 식으로 여러 기일에 걸쳐 계속되는 비집중적 증거조사의 실정을 비꼰 말이다. 재판관과 변호사 간의 논의는 거의 없이 준비서면 진술과 기일지정만으로 변론이 끝나고, 증인·본인신문은 1기일에 1명인 데다가 주신문, 반대신문도 각 다른 날 이루어진다. 주신문 뒤 작성된 신문조서의 사본을 기초로 행해지는 반대신문은 보통 다른 날이다. 다음 증인신문은 이전 증인신문 뒤에 하므로 간단한 사건도 1년 정도 걸린다.

재판관이 담당하는 사건의 부담도 맞물려 있다. 일본의 재판관은 2015년 기준으로 대략 1인당 200건 정도를 담당한다. 300건 넘던

---

29) 日本裁判官ネットワーク 編, 『希望の裁判所』, 235-238.

30) 서증도 제소단계에서 제출하는 경우가 많아지고 1회 기일부터 소송 내용에 대해 심도 있게 논의하는 게 가능해진다. 2회 기일 이후에는 변론준비절차 기일로서 충분한 시간을 잡아 주장과 증거의 내용을 확인해 다툼 없는 사실과 다투는 사실을 확정해 쟁점을 좁혀갈 수 있게 된다. 浅見宣義, 「現職が語る裁判官の魅力」, 46.

31) 竹下守夫, 「司法制度改革と民事司法」, 6.

시대와 비교하면 적어졌다지만 아직 많다. 이런 실정에 병행이나 비집중적 심리가 되면 주 3회 개정, 각 기일 2개월마다로 할 경우 하루 10건 정도 다룰 수 있어 1건의 평균시간은 30분 정도가 된다. 증거조사 사건은 1건에 1시간 반에서 2시간까지 소요되므로 그런 사건을 하루 2-3건 하면 변론만으로 마치는 사건은 3분 변론밖에 못하는 경우가 허다하다.[32)]

민사소송이 지나치게 늘어지자 이를 포함한 사법제도 전반의 개혁을 논의하기 위한 심의회가 구성된다. 심의회가 2001년 6월에 낸 의견서는 재판 신속화 계획추진 등을 과제로 명시한다. 그 결과 2003년 「재판신속화에 관한 법률」이 제정된다. 동법 제2조 제1항에 의해 모든 재판은 원칙적으로 2년 이내 가능한 한 짧은 기간 내 처리하도록 하고, 각 재판관에게는 매월 처리 건수의 실적과 동시에 2년 초과 장기미제 사건 수가 제시되어 원인과 이유를 분석보고하게 한다. 신속처리 압력이 커진 것이다.[33)]

재판신속화법 제8조 제1항은 2년마다 재판 신속화 검증 결과를 국민에게 공표토록 한다. 최고재는 신속화 추진을 위한 필요사항을 명확하게 하기 위해 법원에서 사건 처리절차에 필요한 기간의 상황, 사건처리 장기화 원인 등에 대한 조사분석을 실시해 재판 신속화에 관련된 종합적 객관적 검증을 하고, 검증 결과는 2년마다 공표한다. 2005년 7월 1차 검증결과 발표를 시작으로 2019년까지 총 8회에 걸쳐 검증보고서를 작성해 홈페이지 등에 공개한다.

보고에 의하면 법 제정 이후 최단 6.5개월까지로 줄었던 민사 1심

---

32) 日本裁判官ネットワーク 編, 『希望の裁判所』, iii, 45, 226.

33) 工藤涼二, 「弁護士が裁判官になってみた」, 104.

평균 심리기간이 최근 다시 늘어난 게 확인된다. 최고재는 홈페이지에 매년 발간하는 「재판소 데이터북」과 기본적인 재판 통계 보고인 사법통계도 공개한다. 사법통계는 구두변론 사건 수와 구두변론 실시 횟수, 변호사 선임 상황, 재판 출석 대리인 수, 민사소송에서 시민 중 선발되어 꾸려져 소송절차에 참여하는 사법위원회가 관여한 사건 수, 1심 형사사건 평균 개정 횟수 등 다양한 통계자료를 제공한다.

한국도 매년 사법연감을 발간하지만 이는 기본적인 민사, 형사, 행정 등 사건의 접수, 처리, 결과에만 치중된다. 더 구체적인 통계지표는 공개하지 않는다. 그래서 한국에는 일본 같은 구체적 통계지표를 벤치마킹하자는 견해도 있다. 특히 법원행정처의 「2020 사법연감」에 따르면 2019년 전국 법원 민사합의부 1심에서 선고까지는 평균 9.9개월 걸리는데, 이는 10년 전 7.6개월보다 2개월가량 늘어난 것이다. 이 상황을 타개하기 위해 일본의 최근 재판 신속화 제도를 참조할 필요가 있다는 것이다.[34]

일본의 재판 신속화에는 간이재판소 역할도 있다. 2019년 7월 기준 전국 438개 간재는 소액이나 경미한 사건의 1심을 맡는다.[35] 민사에서는 제소 전 화해·민사조정·지급명령 사건, 일반 민사사건 중 140만 엔 이하 소액사건, 형사에서는 벌금 이하의 법정형에 해당하거나 선택형에 벌금형이 있는 죄, 혹은 도박이나 횡령, 장물죄 등

---

34) 법률신문, "재판 신속화 위해 일본사법제도 벤치마킹해야", 2020년 12월 21일자 1-2면.

35) 간재는 애초에는 수사기관의 강제처분을 위한 영장이 필요한데도 경찰서 가까운 곳에 재판관이 없으면 긴급한 필요에 응할 수 없기에 전국 경찰서 단위로 둔 것인데, 오늘날은 소액이나 경미한 소송사건의 1심을 맡는다. 간재의 판사는 변호사 자격을 요하지 않기에 재판소 조사관이나 사무관 출신자들이 많아 실제로도 80% 이상은 재판소 직원 출신이, 나머지는 정년을 앞둔 60세 전후의 일반 재판소 판사 출신이 특채로 선발된다. 백광균·안좌진 외, "일본의 법관 업무부담 결정요인에 관한 연구", 408-409.

사건을 관할한다. 간재는 민사에서도 신속한 처리를 가능하게 하지만 특히 형사소송에서 한국과는 달리 검찰관이 100만 엔 이하의 벌금이나 과료를 부과하는 약식기소를 관할 간재에 하기에 재판신속화에 기여한다.

1심 자체의 효율적 운영도 신속화에 도움을 준다. 일본에서는 1심 민사사건은 단독심리가 원칙이고 필요에 따라 유연하게 합의에 부칠 수 있는 구조다. 한국과는 달리 재판부 구성 자체부터 합의부와 단독을 따로 구별하지 않고 일반적으로는 재판관 1명, 우배석 2명, 좌배석 1명의 총 4명 재판관으로 이루어진 부 1개 안에서 모두 심리해 재판한다. 부에서 배당받으면 합의사건은 재판장, 우·좌배석 1명씩의 합의체를 구성해 담당하고, 단독사건은 단독계 5개를 재판장이 1개, 우배석 2명이 각 2개를 분담해 심리한다.

그래서 합의에 부칠지 여부는 소송접수 단계에서 좌배석과 주임 서기관이 재판장, 우배석과 상담해 검토한다. 처음부터 합의에 부친 사건의 주심은 좌배석이 담당하고 우배석이 단독으로 진행하던 사건도 복잡성, 장기화 등의 사정에 따라 합의에 부치기도 한다. 합의 처리율은 한국보다는 상당히 낮은 편이다. 즉 일본의 전국 지재 1심 민사 합의 처리율은 2018년에 5.54%이다. 그에 비해 한국의 지법 1심 민사 합의 처리율은 16.98%로서 일본의 3배 남짓이다.

항소심의 사후심적 운영도 신속화에 기여한다. 일본 민사소송법은 제298조 제1항에서 '1심에서 한 소송행위는 항소심에서도 효력이 있다'라고 하고, 제296조 제2항에서 '당사자는 1심 구술변론의 결과를 진술하여야 한다'라고 해서 속심주의를 채용한다. 1심 심리에서 문제가 된 부분을 다시 심리하는 입장이다. 그럼에도 현실의 항소심은 1심의 결론에 이른 이유에 의문이 있어도 재심리해 실제로는 복심같이 수십 년간 운영되었다.

그런데 도쿄나 오사카 등 대도시를 중심으로 항소심의 사후심적 운용이 확산된다. 인증조사 없이 대다수는 1회 결심하고 예외적으로만 속행하는 서면심리 위주로 쟁점만 재판단한다. 그래서 최근 민사 항소심에서 1회 결심 사건이 약 80%다. 이를 위해서는 1심에서 충분한 심리가 되고 항소심에서도 충분한 기록 숙지로 쟁점 파악이 되고 쟁점에 관한 사전 협의 등이 되어야 하는데, 그런 방향으로 가고 있다. 1998년 신 민사소송법으로 1심에서 쟁점정리와 집중증거조사로 쟁점 중심 심리가 이루어져 항소심은 항소 이유에서 지적된 쟁점 중심의 심리가 가능한 것이다.

즉 전후에는 복심적으로 운영되어 왔다가 1980년대 후반부터 항소인이 불복하는 쟁점 중심으로 심리를 집중해 속심제 아래에서 실질적인 사후심적 운용이 된다. 항소심은 1회 변론기일 전에 1심 판결의 타당성을 검토하고, 1회 변론기일에 항소인 대리인으로부터 불복하는 점을 충분히 논의해 증거조사 필요 유무, 조사를 구하는 인증 유무, 조사 필요성 등을 검토해 1회 변론기일의 결심도 납득시키는 식이 된다. 그 결과 1961년에 전국 항소심에서 판결로 종국된 민사 일반 항소사건 100건당 신문증인 수는 약 200명이던 것이 1989년에는 약 40명, 2001년에는 약 10명으로 감소한다.

항소인이 항소심에서 최초로 제출하는 준비서면이 늦어지는 것도 심리 지연 원인인데 그것도 개선된다. 신 민소법 시행 전에 그것은 항소이유서라고 불리면서도 제출은 의무도 아니고 기한의 정함도 없었다. 반면 신 민소법 이후 민사소송규칙 제182조에서 항소장에 항소이유가 없으면 항소제기 후 50일 이내에는 항소이유서를 제출토록 해 항소심 쟁점을 빨리 명확히 하고 그에 따라 심리방침을 조기에 정할 수 있게 한다. 신 민소법은 공격방어방법 적시제출주의도 채용한다. 그 결과 민사 항소심에서 1980년에는 1년 이내 종결 사건이 48.9%였으나 1996년에는 81.5%, 2006년에는 92.1%가 된다.[36]

형사재판도 지연되기는 마찬가지였다. <다카다高田 사건>처럼 재판이 사건 발생으로부터 20년 가까이 지연되어, 부득이 공소시효가 완성된 경우에 준해서 결국 면소 판결을 내리기도 할 정도였다.[37] 그런 우여곡절을 겪었기에 형사사건도 신속화 작업이 진행되었다. 사법제도개혁심의회의 2001년 의견서에는 형사재판의 충실화와 신속화를 위해 준비절차를 창설하고 연일 재판을 열고 직접주의와 구술주의를 실질화하도록 촉구했다.

그래서 형사소송법 제316조의 2 이하 부분을 통해 공판 전 정리절차 등이 도입된다. 민사의 쟁점정리 절차와 마찬가지로 미리 쟁점과 증거 일체를 정리해 공판절차를 계획적이고 신속하게 진행할 수 있게 하기 위한 것이다. 2009년부터는 재판원 재판제도가 도입되면

---

36) 백광균·안좌진 외, "일본의 법관 업무부담 결정요인에 관한 연구", 409-421, 457-471.

37) 1952년 5월 나고야시에서 발생한 북조선계 재일조선인에 의한 파출소 습격 공안사건으로, 피고인들이 같은 나고야시에서 발생한 다른 사건의 피고인들이기도 하자 사건 심리가 관련 사건의 결심을 보기 위해 중단되고 기다린다. 관련 사건 결심을 기다려 재개되기까지 15년 이상 방치되다가 피고인 중 1명은 사망해서 공소기각 되고, 세월이 너무 흘러 사실 확정 자체도 어렵게 된다. 그래서 1심은 공소시효가 완성된 경우에 준해 형소법 제337조 제4호에 의해 면소 판결한다. 항소심은 헌법 제37조 제1항의 신속한 재판을 받을 권리규정은 프로그램 규정에 불과하고, 형소법에는 소송지연이 면소사유가 아니라며 1심을 파기하지만, 1972년 12월 최고재는 1심의 면소 판단이 옳다고 본다. 심리가 현저히 지연되어 신속한 재판을 보장하는 조항에 의해 헌법이 지키려고 하는 피고인의 이익이 현저히 침해된다고 보이는 비정상적 사태의 경우에는 다시 심리를 계속해도 진실 발견이 너무나 곤란하고 공정한 재판을 기대하는 것도 불가능해 피고인들의 개인적 사회적 불이익을 증대시킬 뿐이어서 더 이상 실체적 심리를 진행하는 것은 적당치 않아 절차 종료라는 비상 구제수단을 이용하는 게 헌법적 요청이라는 것이다. 最大判昭和47年12月20日 刑集26卷10号631頁.

서 공판 전 정리절차를 도입하는 경우가 늘어 쟁점 및 증거정리 후 집중적 구술변론 및 인증조사가 이루어지게 된다.[38] 이로써 형사재판도 재판 지연의 개선 여지를 만든다.

3. 난해한 법률용어와 문체

가. 한자문어체 번역어

<페리 내항>에 따른 개국 후 미국 등 서구열강과 체결한 불평등 조약의 부당성을 자각한 일본은 조약개정을 국가적 과제로 삼으면서, 서구와 대등한 입장에서 <조약개정 교섭>에 임하고자 서구 수준에 맞는 근대적 법제화를 유신 초기부터 서두른다. 정부는 영사재판 제도 철폐와 관세 자주권 회복을 조약개정의 핵심과제로 하는데, 영·미·독·불 등 교섭상대국의 동의를 얻으려면 일본의 사법상태를 신뢰하게 만들 필요가 있고, 그를 위해서는 그들 국가의 사법과 최소한의 기준을 공유할 필요가 있었다. 그래서 형법, 민법, 상법, 소송법 등의 '법전'을 편찬해야 했다.[39]

근대적 법을 서둘러 만들어야 할 다른 필요성도 있었다. 서구적 법제가 정책수행의 유력한 도구로 이해되었기 때문이다. 당초부터 그렇게 본 것은 아니다. 유신 초기에는 율령사상을 근저에 둔 유신기의 수많은 입법에서 보듯이 서구화의 의도가 법제와 제대로 결합되지 않은 채 직설적 형태로 표출되어 무리수를 두기도 했다. 곧 그

---

38) 백광균·안좌진 외, "일본의 법관 업무부담 결정요인에 관한 연구", 424-425.
39) 久岡康成, 「刑訴法198条と明治憲法期における被疑者の任意取調」, 114-115.

것은 신시대의 수요에 부응하지 못하는 것임이 판명되어 근대적 법전 편찬이 요구된다. 그 결과 법제화 이전에도 관이든 민간이든 수많은 서구 법학서적이 번역되어 소개되고 제정 공포에 이르지 못한 법전의 초안, 해설서가 간행 유포되어 재판소 및 대언인, 즉 조야朝野의 법조에 큰 권위를 가지게 된다.[40]

근대적 법제를 급조하는 데 있어 당장 급선무는 서구 계수에 필요한 서구 법률용어의 번역이다. 그 작업은 미쓰쿠리 린쇼箕作麟祥 같은 선구적 법학자에 의해 시작되면서 한학자漢学者의 도움을 빌어 한자어로 번역해 내는 작업이 된다. 그 번역어들이 그대로 혹은 변형이나 취사선택의 과정을 통해 오늘날 일본은 물론이고 한국 그리고 중국이나 대만 등 한자문화권에서 사용하는 상당수의 용어들 즉 '권리權利', '의무義務', '동산動産', '부동산不動産' 등의 법률용어로 등장해 법률과 사법의 영역에서 사용되기 시작한다.[41]

법제를 위한 번역은 알고 보면 이미 일본에서 상당한 성과를 거둔, 서구 문물제도를 표상하는 서구어에 대한 번역의 연장선상 작업이다. 그것은 에도 말기부터 시작된 것이고 또한 메이지시대에 들어서면서 세계에서 유래를 찾을 수 없는 방대한 규모로 그리고 기간적으로도 그리 길지 않은 시기에 집중적으로 이루어진 것이다. 근대 이전부터 개인에 의해 혹은 바쿠후의 지원 아래 적지 않은 규모로 이루어진 백과사전적 저작에서 문물에 대한 서구어 번역이 이루어졌다. 그렇게 만들어져 선구적으로 사용된 수많은 번역어가 오늘날 그대로 사용된다.

---

40) 福島正男,「明治初年における西歐法の繼受と日本の法および法學」, 171-172.; 山中永之佑,「明治期日本の西欧法繼受に関する研究」, 166.

41) 利谷信義, 『日本の法を考える』, 150-156.

메이지 초기 이래 일본은 물론이고 한국에서 사용되는 그리고 중국 등에서도 일부 통용되는 학술적 개념적 용어들은 상당수가 일본에서 한자를 통해 번역되어 만들어진다. 다만 그것은 중국의 앞선 번역 선례 그리고 중국 한자를 통한 번역이라는 것 자체에서 큰 모티브를 얻는다. 이미 선교 등의 목적으로 중국에 들어와 있던 서양인이 만든 영어-중국어 사전들이 있었는데 그중 일부 특히 롭샤이드W. Lobscheid가 1866년에 만든 『영화자전英華字典English and Chinese Dictiobary』 같은 것은 근대 중국어는 물론이고 근대 일본어 형성에도 큰 영향을 준다.

이들은 많은 한역어漢訳語를 만들어 냈다. liberty · freedom을 '자유自由', people을 '인민人民', behavior를 '행위行為 · 행동行動', actor를 '배우俳優', compare를 '비교比較', judge를 '판단判断', critique을 '비평批評', literature를 '문학文学', mankind를 '인류人類', mathematics를 '수학数学', electricity를 '전기電気', jealousy를 '질투嫉妬', knowledge를 '지식知識', imagination을 '상상想像'이라고 번역하는 등이다. 따라서 서양어 나아가 서양어가 표상하는 문물에 대한 개념화도 포함한 한자어 번역작업은 이미 중국에서 서양인에 의해 시작된 것이다. 일본은 서양인이 만든 한역어를 그대로 사용하기도 했다.

그런데 서양어 번역을 위해 일본은 중국에서의 작업보다 더 많은 상당수 번역어를 독창적으로 만든다. 즉 서양인의 기존 번역어를 그대로 사용하는 이상으로 번역어를 한자로 새롭게 창작한다. 혹은 중국의 전적典籍들에서 말을 찾거나 혹은 그 말을 변용해서 번역어로 사용하기도 한다. 그렇게 한자어가 기준이 된 이유는 에도시대의 학자와 지식인들은 중국어를 외국어라고 생각하지 않고, 한자야말로 진정한 문자라고 생각했기 때문이다. 결국 바쿠후 말기 이후 메이지 초기 지식인에게도 그 의식이 남아 있어 서양어를 번역하는 경우에 가능한 한 한자에서 언어를 취한 것이다.42)

그중에는 번역은 아니지만, '재판소裁判所'처럼 일본의 전통적 제도를 그에 상응하는 서양의 문물이나 제도에 대응시켜 마치 번역어의 형태처럼 사용하는 경우도 있고, '헌법憲法'처럼 이미 일본에 고대부터 있던 용어를 그와 유사하거나 의미 연관된 서구적 개념에 사용하는 경우도 있고, '사회社會'처럼 기존의 중국에서 사용하던 말을 사용하기는 하되 그를 변형시키거나 다른 의미로서 번역어처럼 사용하게 되는 등의 경우도 있다. 그야말로 형태나 기원에 구애받지 않는 방대한 번역작업이 이루어진 것이다.

메이지 이후에도 일본의 필요에 따른 급격한 서양문화와 지식 수입에 따라 번역 열기는 거의 유례가 없는 높은 수준이 된다. 그래서 권리, 의무, 동산, 부동산 등의 사법이나 법률의 용어뿐만 아니라 개인個人, 근대近代, 자유自由, 존재存在, 연애戀愛 등 거의 모든 학문예술적 및 문화적 용어들 특히 근대 이후의 문물제도와 관련되거나 이념적 추상적 형태를 지칭하는 대부분의 용어가 메이지 시기 이래 일본에서 번역어로 만들어지게 된다.

그런 번역작업은 정부의 지원 하에 이루어지는데 미쓰쿠리도 정부 지원 하의 대규모 백과사전 편찬 작업의 책임자가 된 것이다. 미쓰쿠리는 프랑스의 법률제도를 배워 신시대의 민법전 편찬에도 참여하고, 그 문하에서 나카에 죠민中江兆民 같은 걸출한 인물이 배출되기도 한다.43) 그런데 그 번역어는 학자들에 의해 이루어진 것이고

---

42) 高島俊男, 『漢字と日本語』, 86-88, 117-118.

한자어이고 대개는 문어체였다. 따라서 민중들에게는 쉽지 않거니와 개념적으로도 파악하기 쉽지 않은 표현이기도 했다.

그렇지 않아도 법률용어는 어려운 것이 근대 문명국가의 보편적 사정인데 일본에서도 법률용어가 일상 용어보다 난해한 것이다. 그래서 용어와 개념 이해 사이에 갭이 발생한다. 법적 문장이 문어체인 점에서도 그렇다. '...을 하는 것을 요한다をすることを要する'는 표현은 구어체인 '...해야 한다しなければならない'에 비해 문어체이고 한자어로서 어렵다. 그럼에도 문어체이고 한자어인 이유는 서구의 문화, 지식, 사상에 관해 대거 번역이 이루어진 점에 있다. 종래 일본에는 그것을 표현할 말이 없거나 적당치 않아 주로 한자어를 차용해 번역한 때문이다.

그런 한자어는 민중에게는 익숙하지 않다. 일본의 지배계층은 주로 한자를 사용했지만 전체적으로는 한자와 일본식 구어체의 표현이 혼용되었는데, 그렇게 서민의 구어체와 한문의 혼용이 이루어지는 중에 근대 이후 서구문물 번역어 특히 사법이나 법률과 관련된 번역어는 한자어를 빌린 번역이 대부분이 된 것이다. 그것이 법률용어의 문어체화와 난해함이 나타난 이유다. 그래서 심지어 법학도에게조차도 쉽지 않은 용어가 되었다.

법문이나 법률용어 자체의 난해함과 결부되어 판결문도 못지않게 난해한 것이 된다. 근본적으로 전전에는 법률은 모두 문어체로 쓰여졌고, 판결도 전부 문어체였다. 그래서 법문을 평이하게 하려고 노력하기도 하고, 전전에도 형사나 민사판결문을 전통적인 문어체가 아닌 구어체로 쓰려는 시도가 간혹 있기는 했다.44) 주류적 움직임이

---

43) 오스미 가즈오, 『사전, 시대를 엮다』, 211-212.

라고 볼 수는 없지만 근대적 사법이 도입된 메이지시대 후기에 이르러서부터 판결문을 구어체로 바꾸는 움직임이 있어 왔다.

이는 메이지시대 이후 근대화에 동반한 <언문일치言文一致 운동>과 결부되어 있는 것이기도 하다. 법조계는 일반사회의 움직임보다 뒤늦기는 하지만 시도가 계속된다. 1907년에는 타이완의 일이기는 하지만 일본인 판사에 의해 최초의 구어체 판결이 나온다. 일본 국내에서는 1912-1925년 사이에 간사이関西 지방 판사들이 구어체 판결을 내기도 한다. 1929년에는 나고야 공소원의 부장 미야케 마사타로三宅正太郎 판사가 시종일관 구어체로 작성한 판결문을 낸다. 치쿠사 다쓰오千種達夫판사가 구어체이자 보다 민중적인 히라가나平仮名로 쓴 판결문도 등장한다.

이후 1930년대에는 그런 시도들에 대한 지지가 증가한다. 국어애호동맹에 법률부가 발족하고, 동맹이 국어협회国語協会로 합동하여 국어협회 법률부는 판결의 '구어화'를 위한 서적을 출판하기도 한다. 그럼에도 주류적 흐름은 되지 못한다. 결국 전후 1946년 이후에야 관청의 공용문에 구어체가 채용되면서 그 흐름 속에서 하급재판소는 물론이고 대심원에서도 구어체 판결이 작성되게 된다. 그래서 변호사에 의한 소장도 거의 구어체가 된다.

판결문에서의 구어체 채용 과정은 쉬운 일만은 아니었다. 사법부의 보수적인 성격이나 획일적이고 통제적인 관료적 경향 그리고 판결의 위엄 등이 그런 작업을 방해하는 요소들이었기 때문이다. 그런 사실에서 알 수 있듯이 문어체는 실은 사법의 특권적 의식의 횡포였던 것이다. 따라서 말하는 듯한 문투나 말을 그대로 인용하는 듯한 구어체

---

44) 利谷信義, 『日本の法を考える』, 160-161.

판결문의 작성은 단순히 말을 구어체로 바꾸는 것을 넘어 판결을 민중들이 알기 쉽게 하는 탈관료주의적 시도였다고도 볼 수 있다.[45)]

나. 직수입한 한국의 무감각

한국도 일본과 마찬가지로 법률용어의 난해 혹은 몰이해의 문제를 안고 있다. 일본의 번역어를 한자어 차용 형식으로 사용하기 때문이다. 일본의 한자어를 차용한 한국의 법률용어는 대부분 메이지 시대 이후 서양어의 번역어로 만든 일본식 한자어다. 물론 이미 중국에서 서양인 등에 의해 먼저 번역된 것을 일본이 차용한 것도 있고, 중국의 자전을 참조해 차용하거나 자전의 한자를 다른 의미로 전용한 것도 있지만, 한국은 그 대부분을 일본을 계수하면서 일본에서 도입한다. 중국에서 서양인이 만든 일부 번역어조차도 중국을 경로로 수입한 것이 아니라 그것을 사용하던 일본을 통해 도입한다.

그런 번역어들은 법률용어에만 한정된 것은 아니다. 조선 말기와 대한제국 등의 개화기를 거치면서 일본의 번역어가 대거 들어온다. 문법도 그러했다. 서울의 관보나 각 도의 문서는 모두 한자와 한글을 섞어 자구를 만들어 쓰게 되는데 이는 일본의 문법을 본뜬 것이다. '국한문國漢文 혼용'이 그것이다. 과거의 '언문諺文'이란 표현을 대체하여 당시 사용되던 한글에 대한 통칭인 국문이 한자와 혼용되는 대세는 일본의 문체를 본뜬 것이다. '국문國文'이라는 표현 자체부터가 일본 표현이다. 그래서 그것은 일본적인 것이라고 비판받기도 했던 것이다.[46)]

---

45) 永澤　済,「近代民事判決文書の口語化」, 156-159.

46) 서형범, 『개화기 서사양식과 전통지식인의 성찰적 여정』, 94.

한국의 경우 주요한 개념어들은 19세기 말에서 20세기 초에 수용되어 정착되어 가는데 그런 개념어 사용은 서구적인 개념과의 직접적 혹은 간접적 접촉을 통해 이루어진 게 아니다. 대부분은 일본에서 번역된 번역어를 통해 이루어졌다. 당시 일본이 만든 번역어는 한국에 신속하게 수용되었다. 그 이유에는 일본의 근대화모델 자체에 대한 동경도 있다. 다만 이는 번역어의 출처를 알려주는 대목일 뿐이다. 무엇보다 중요한 그 수용의 핵심 원인은 번역어가 일본어로 된 것이 아니라 동아시아 공유적인 한자어로 된 점에 있었다.

한자에 기초한 기존의 의미망으로부터 단절되지 않은 방식이기에 별다른 저항 없이 번역어가 수용된다. 한자는 지역적 보편언어로서 존재했다. 한국에서는 일본에서 번역된 한자어 개념이 직수입 형태로 들어와 이를 통해 서구사상과 접하게 된 것이고, 그 번역어들이 오랫동안 친숙한 한자어이기에 지식인들이 수용하는데도 어려움이 없고, 의미 전달에도 어려움이 없었던 것이다. 번역어로서 받아들인다기보다는 그저 새로운 현상을 소개하는 한자문명권의 새로운 요소를 받아들인다는 정도로만 의식되었다.[47]

'공기空気', '온도温度', '산소酸素', '정부政府', '경제経済', '대통령大統領', '국회国会', '수입輸入', '수출輸出', '지폐紙幣', '가격価格', '농업農業' 등 대부분의 용어들이 일본이 서양어를 번역하면서 중국의 자전에서 모티브를 얻거나 그야말로 창조해서 만든 한역어다. 한자 표기는 같은데 일본에서는 일본식 한자 독음인 '구키', '온도', '산소', '세후', '게자이', '다이토료', '곳카이', '유뉴', '유슈쓰', '시헤이', '가카쿠', '노교'로 읽힌다. 한자 문화권인 한국은 이질감을 느끼지

---

47) 박명규, 『국민·인민·시민』, 39-45, 264-265.

않고 한자의 신조어에 불과한 양 사용한다.

그 이면에는 일종의 무감각이 있다. 우선 일본의 한역어라는 출처 자체를 잘 모르는 것이다. 둘째 공유되는 한자 표기를 두고 단지 일본과 한국 간의 독음의 차이 문제만 있는 것이 아니라 일본이 서양어의 번역어로서 대부분 만든 한역어를 수입하여 한국에서 차용한 것이라는 이해가 없다는 것이다. 셋째는 개념어 같은 경우에 창작에 반영된 사상이나 이념에 대한 이해가 생략된 채 수입되어 그저 자명한 이치인 양 사용됨으로 인한 제한적 이해가 보이기도 한다는 것이다.

한국도 한자문화권인 데다가 일본이 만든 한자 번역어는 차용되더라도 한자독음이 다르다 보니, 번역어인 한자어가 실은 일본이 번역해 낸 것을 우리가 차용하는 것이라고 생각하기에는 어려운 상황이 된다. 즉 차용어라는 자각이 힘들다. 헤아릴 수 없이 많은 한자식 용어들인 일본 번역어들이 자각되지 못한다. 그런데 알고 보면 일본의 번역도 어쩌면 마찬가지의 무감각에서 출발한 것이다. 일본이 당초 한자를 통해 번역어를 만들 때 한자를 외국어로 생각지 않았기에 이질감이나 저항감 없이 그렇게 할 수 있었기 때문이다.

즉 한국도 실은 일본을 통하여 용어들을 수입한 것인데도 그것이 한자이기에 마치 신문물을 받아들이는 정도로만 이해하고, 일본의 번역작업의 결실임에는 굳이 이해에 이르지 못했던 것이나, 한자를 이용한 번역어를 양산하던 메이지시대의 일본은 조금은 비슷한 인식을 지녔던 것이라 볼 수 있다. 그럼에도 일본이 한 창조적 번역과 번역어의 국적을 보지 못하고 단지 한자권의 신조어라고만 보는 것은 명백히 다른 문제인 것도 사실이다. 그것은 한국의 일종의 무감각의 한 형태인 것이다.

그런데 중요한 것은 일본에서는 오래전부터 표기된 한자어를 일본식 독음인 '소리흠'로 읽기도 하지만 '뜻訓'으로 읽는 경우도 많아 그 경우 뜻을 이해하고 있는 경우가 많지만, 한국에서는 한자의 독음만 알면 아는 것처럼 치부되는 경향이 없지 않아 제대로 의미를 이해하지 못하는 경우가 적지 않다는 것이다. 즉 일본의 한역어를 차용한 한국에서는 한자 독음으로서만 읽게 되기에 개념을 이해하기 어려운 경우가 많다는 것이다. 결국 난해한 법률용어 문제는 한국에서 더 심각한 것일 수 있다.

　그런데 해결은 어렵다. 그저 식민 잔재인 일본식이라고만 치부되기에 차용어로 인한 난해성의 실체도 읽혀지지 못하기 때문이다. 해방 이후의 일본에 대한 태도와 정책적 입장이 사실에 다가서 확인하기 어렵게 만든다. 그 결과 일본의 번역어에 관한 무감각이 되레 심화된다. 해방 이후 세대는 그런 사실을 짐작하기조차도 어렵기 때문이다. 이는 결과적으로 언어적 무임승차다. 이용의 학문적 대가조차도 지불하지 않는 것이다. 만든 자는 그 개념에 의문을 가지지만 차용하면서도 차용의 경위를 모르는 자는 이미 검증이 끝난 물건을 사용한 듯 무감각한 것이다.

　법률 영역에서의 난해함은 그런 현상과 무관치 않다. 한국의 법률용어는 일본의 한자어를 그대로 사용하거니와 법률 자체도 해방 이후에도 오랫동안 일본의 그것을 의용儀用한 상태였다. 현재까지도 민법, 형법, 형사소송법 등 주요한 법률에서는 근본적으로는 달라진 것이 없다. 돌이켜 보건대 건국 이후에도 기본 법률마저 어려운 여건 속에서 제정되는 탓에 그 용어는 일본식 용어의 직역 수준에 머물렀다. 따라서 법전과 법정에서는 일본식 용어와 국문법에도 맞지 않는 난해한 표현들이 난무했다.

그래서 정부는 법제처를 중심으로 법령용어 순화사업을 지속적으로 전개했다. 「법률용어순화기준」을 세우고 1985년부터 1996년까지 『법령용어순화편람』을 제6집까지 발간하고, 2002년부터는 『법령용어순화정비편람』이라는 제목으로 계속 발간한다. 특히 기본 6법의 하나인 민사소송법은 2002년 전면 개정에서 국민이 알기 쉽게 용어를 순화시킴으로서 일정한 가시적 성과도 보인다.[48] 그런데 이런 성과가 법조 현장에서 크게 체감되지 않는 것도 사실이다.

법률 용어에서는 한역어라고 보기도 힘든 일본적 용어까지도 여전히 버젓이 쓰인다. 예로 '일응'이 있다. 일본어 '이치오우—応'로서 '일단', '충분하다고 말할 수는 없지만' 정도의 의미다. 일상에서 흔히 쓰이는 표현이다. 그런데 한국에서는 거의 쓰지 않는 말이다. 그럼에도 한국의 법정에서 판사나 변호사 등에게는 익숙하고 편리한 말이다. 일단 그렇다든가라는 식으로 거리낌 없이 쓰인다. 최소한 법조계에서는 난무한다.

일반 국민은 잘 모르는 용어다. 그런데도 그대로 유지되는 데 대한 저항감이 확인되지 못한다. 저항감은 고사하고 심지어 그런 말을 쓰면서 법조인으로서 전문용어를 쓰는 듯한 묘한 동류의식까지 경험한다. 그 결과 법률용어는 일본보다 오히려 한국에서 국민들에게 더욱 생경하고 의미불명인 경우도 허다하다. 사법과 법조의 운용자들과 그 이용자들인 국민 사이에 법률적 언어사용에서의 거리도 좁히지 못하고 있는 것이다.

---

48) 임상혁, "사법부에서 일제시기 관행의 잔재와 극복", 173.

4. 원죄의 실태와 관심

'한 사람의 억울한 죄인이 생기느니 열 사람의 범인을 놓치는 게 낫다'라는 법언이 있다. 무고한 자에 대한 처벌이 법치국가의 수치라는 그런 법의식 배경에는 억울한 죄인이 언제든 있을 수 있다는 전제가 있다. 일본에서는 그런 「원죄冤罪」에 대한 사회적 관심이 적지 않다. 흔히 죄 없는 자가 유죄가 된다는 의미인 '원죄'는 법령상의 표현은 아니다. 그래서인지 원죄가 규명되는 현실 문제에 접근하면 그 정의조차도 쉽지 않다.

원죄는 죄가 없다거나 무고함이 공적으로 판정되어야 한다. 형사재판의 관점에서 보면 죄 없는 죄로서 유죄판결을 받은 무고한 자가 상급심이나 재심에서 무고함이 밝혀지는 것이다. 원죄가 사회적 관심을 얻은 것도 1970-80년대에 재심 원죄 문제에 대한 관심이 높아지면서부터다. 그렇다면 원죄를 만드는 것도 재판기관이고 원죄라고 판명시키는 것도 재판기관이다. 재판소에는 고통스러운 일이다. 원죄란 앞선 재판이 오판임을 인정하는 게 되기 때문이다.

원죄의 원인은 여러 가지다. 과거에는 주로 고문이나 강압수사에 의해 발생했다. 일본도 고대부터 자백이 최대의 유죄 근거였기에 자백시키기 위한 고문이 지배적이었다. 그러다가 1879년 10월 태정관 포고로 고문에 관한 법령이 제도적으로는 모두 폐지된다. 1880년 재판소기구 개혁 때도 강제나 고문에 의해 자백을 얻는 게 금지된다. 그러나 실제로는 이후에도 수사과정에서 고문이 모든 사건에서는 아니고 노골적으로는 아니지만 행해져 왔음은 부인할 수 없다.

재판관이 한국의 구속영장에 해당하는 구류장을 검찰관의 뜻에 부응하는 듯 너무 쉽게 발부해 주는 현상도 원죄의 한 원인이다. 그런 현상은 한국에도 없지 않지만 일본에서는 '인질사법'으로 표현될 정도로 더 심각하다. 근본적으로 형사 재판관은 검찰관과의 심리적 거리가 없어지기 쉬워서 점차 예단을 가질 수 있는데, 재판관이 피의자나 피고인에 대한 편견이 강해지기 쉬운 그런 상황이 원죄의 한 원인이라는 것이다.

현실에서 재판관은 검찰관을 일상적으로 대하면서 신뢰감이나 친근감을 가지기에 수사 결과도 신뢰하는 경향이 있다. 특히 형사소송법이 기소편의주의를 택하는 이상 애매한 사건은 무죄를 싫어하는 검찰에서 이미 걸러졌을 것이라고 보고 결국 기소된 사건은 유죄일 것이라는 믿음에 이르게 된다. 그래서 기소된 사건은 판사 앞에서 마치 '유죄추정' 같은 상태가 된다. 이런 상황은 재판관을 경험한 변호사조차 실제로 고백하는 엄연한 현실이다.[49)

수사와 재판 과정도 원인이다. 수사에서는 초동수사의 잘못, 자백 편중의 수사방식 등의 사정이 있다. 법의학적 감정의 잘못도 있고 날조된 증거가 사용된 경우도 있다. '치한痴漢 원죄'의 경우에는 피해자에 의한 범인의 착오나 범죄 유무에 대한 착오는 물론이고 자칭 피해자의 금전 목적이나 원한 등에 의한 허위신고 등의 '치한 만들기'도 있다. 직접적으로 가장 큰 원인의 하나는 재판에서의 증거 평가와 판단의 한계다.

형사절차에서 허위자백을 하게 되는 상황에도 원인이 있다. 결백함에도 허위자백을 하는 경우가 실제로 없지 않다. 부인한 경우에는 '개전改悛의 정情' 즉 반성하는 마음가짐도 없는 것으로 평가되어 형

---

49) 木谷 明, 「冤罪原因としてのバイアスはどうして生まれるのか」, 16-17.

이 가중될 수 있다는 우려에 의해 허위자백을 할 수 있다. 강요된 것도 아니고 내심의 결정으로 허위자백을 하게 만드는 절차적 상황인 것이다. 그런 자백을 공판에 와서 부인하기 시작해도 그 때는 번복하기 어렵다.

원죄임이 밝혀진 '재심 무죄' 사건에 관해 분석해 보면, 원죄를 만드는 오판의 주요한 원인으로는 감정의 잘못, 동일성에 관한 확인의 잘못, 자백의 신용성에 대한 잘못된 평가, 공범자의 자백, 그리고 수사기관에 의한 불공정 등이 있다. 특히 수사기관의 불공정이 문제인데, 주로 예상에 의한 수사나 피의자를 진범으로 단정 짓는 그런 수사가 자백 중심의 수사를 한층 더 왜곡시킨다는 것이다.[50]

원죄의 부작용은 주로 사형의 선고나 집행에서 부각된다. 원죄가 주로 사형을 선고받은 사건에서 주목되는 이유는, 사형이 집행되기 전에 재심 등에 의해 무고함이 밝혀지는 것이 원죄로 판명되는 것의 대부분이기 때문이다. 바꾸어 말하면 사형이 집행된 경우에는 원죄는 밝혀지기 어렵다는 것이다. 결국 사형이 집행되면 돌이킬 수 없기에 사형에 해당하는 원죄는 법치국가적 수치도 큰 것이다.

일본에서 원죄에 대한 국민적 관심이 높아진 것은 1970년대 이전에 사형을 선고받은 사건 4건이 집행 전에 재심을 통해 원죄임이 밝혀진 것이 계기가 된다. 1948년의 살인 사건인 <멘다免田 사건>, 1950년의 강도살인 사건인 <사이타가와財田川 사건>, 1954년의 여야 유괴살인 및 사체유기 사건인 <시마다島田 사건>, 1955년의 방화살인 사건인 <마쓰야마松山 사건> 등 중대 형사사건에서 재심무죄가 줄이어 나온 게 계기다.

---

50) 光藤景皎, 「再審から見た事実誤認」, 22.

이들 사건들은 거의 공통적으로 소년이나 청년이 용의자이고 별 건 체포되어 살인 등을 자백한 경우다. 피고인들은 재판에서 거의 공통적으로 고문이나 무리한 강요 등에 의한 자백임을 호소하지만 재판부에 의해 받아들여지지 않은 것도 공통적이다. 또한 사건 후 30년 전후의 오랜 세월이 지난 뒤 재심절차에서 원죄임이 밝혀진 것도 공통적이다. 그런 공통점은 원죄에 일정한 패턴이 있고 그에 해당하는 경우 원죄 발생 가능성은 여전하다는 교훈을 준다.

보통은 재심에 의해 원죄가 밝혀진다. 사이타가와 사건에서는 야 노 이키치矢野伊吉라는 재판관이 재심을 추진한다. 최고재에서 사형 이 확정된 소년은 결백을 호소하는 편지를 1심 재판장 앞으로 보내 는데, 재판장이 새로 부임해도 계속 재판을 다시 하고 싶다는 편지 를 보낸다. 그러다가 후임 야노 재판장이 편지에 주목해 개인적으로 사건을 재조사하고 원죄라고 확신한다. 사형수의 편지는 정식 재심 신청서라 볼 수 없음에도 법적으로 유효한 재심청구라고 간주해 수 리하고 재심개시 결정을 하려 한다.

그런데 두 배석재판관의 반대로 재심결정을 할 수 없었다. 재판장 이라도 2인의 배석이 반대하면 재심개시 합의에 이르지 못한 것이 되어 재심결정을 낼 수 없다. 결국 야노는 재심개시를 위해 재판관 을 사직하고 사형수의 변호인이 된다. 그 후 10년을 노력해 재심 무 죄가 된다. 34년 만인 1984년 3월 무죄가 선고되지만 야노는 1년 전 인 1983년 3월 사망해 무죄선고를 듣지 못한다. 원죄를 밝혀내는 길 이 얼마나 지난한 여정인지 알려주는 일화다.

상소에서 밝혀진 경우도 적지 않다. 1949년 8월 국철国鉄에서 일 어난 <마쓰카와松川 사건>은 전후 최대의 원죄사건이다. <시모야마

下山 사건>, <미타카三鷹 사건>과 함께 전후 '국철 3대 미스테리 사건'의 하나다. 미타카 사건 발생 약 1개월 뒤 객차 등 모두 6량이 운행 중 탈선 전복되어 승무원 3명이 사망한다. 시모야마 사건 등 이어지는 철도사건으로 주목되면서 수사당국은 정리해고에 반대해 노조원이 공동모의한 범행으로 본다. 그 결과 용의자 20명이 체포되어 기소된다.[51]

무혐의를 밝혀 줄 알리바이 등 중요증거는 수사기관에 의해 은폐된다. 수사기관은 노조원의 범행이라는 시나리오를 만들고 주변의 소년을 별건 체포한 뒤 협박이나 고문 등으로 자백을 강요하고 그에 기초해 20명을 체포해 기소한 것이다. 진범 목격 증언도 다수 있지만 경찰은 오히려 진범이 안전하게 도망할 수 있게 협력한 게 아닌가라고 의심받을 만한 행동도 한다. 1950년 후쿠시마 지재 1심 판결은 사형 5인 등 전원 유죄고, 1953년 센다이 고재 2심 판결은 사형 4인 등 17인 유죄다. 그리고 사건 14년 만에 역전무죄逆転無罪가 된다.

재판이 계속되면서 피고인들의 무혐의도 명백해지면서 작가인 히로쓰 가즈오広津和郎가 잡지에 무죄론을 편다. 우노 코지宇野浩二, 가와바타 야스나리川端康成, 마쓰모토 세이쵸松本清張 등의 작가 및 지식인의 지원운동이 일어나고 여론의 관심이 높아진다. 재판 비판도 심각한 수준에 이른다. 당시 다른 사건들에 대한 재판 비판과 맞물려 서적과 잡지를 통해 많은 논쟁을 부른다. 그 결과 상당한 사회적 파

---

51) 현장검증 결과 전복지점 부근 노선 계목부의 볼트와 너트가 풀어지고 목판이 떨어져 나가고 레일침목 위에 고정된 여러 개의 못이 빠지고 레일 하나가 빠져 13미터나 이동되어 있고, 주변 수색 결과 부근 논에서 쇠지레 1개와 스패너 1개가 발견된다. 사건 발생 후 24일 뒤 전 국철 노선공 소년이 상해죄로 별건 체포되어 조사받고 체포 후 9일째에 범행을 자백하고, 자백에 기초해 공범자가 검거된다. 그 자백에 기초해 합계 20명이 줄줄이 체포, 기소된다.

장으로 이어진다.52)

1959년 8월 최고재는 2심 판결을 파기하고 사건을 원심에 환송한다. 검찰 측이 감춘 피고인들의 알리바이를 증명하는 노사교섭 출석자 발언에 관한 메모가 있고, 증거로 채택된 스패너는 볼트를 풀 수도 없다는 게 판명되어 1961년 8월 파기환송심인 센다이 고재는 전원 무죄를 선고하고, 1963년 9월에는 최고재가 검찰의 재상고를 기각해 전원 무죄 확정된다. 피고인들의 청구로 1970년에 국가의 배상책임도 인정된다.

<가고시마鹿児島 부부살인 사건>처럼 원죄가 밝혀져 국가배상 면에서 특별히 조명된 경우도 있다. 1969년 사건인데 1 · 2심에서는 피고인에게 징역 12년이 선고되지만 최고재는 1982년에 법령위반 및 중대한 사실오인을 이유로 파기한다. 1986년 환송심의 무죄 선고로 국가배상이 청구된다. 경찰관의 위법수사를 적극적으로 제지하지 않은 검찰관의 위법이 인정되어 국가 등 배상책임이 인정되면서 원죄를 만드는 수사관행에 경종을 울린다.53)

1915년의 <스즈가모리鈴ヶ森 살인 사건>처럼 진범이 사실을 밝혀 원죄가 확인된 경우도 있다.54) 진범은 발견하지 못했지만 과학적 규

---

52) 橫川敏雄, 「司法権の独立と司法権のあり方」, 50, 53.

53) 1993년의 국가배상소송 1심에서 별건체포, 구치 중 수사가 임의수사의 한계를 넘은 점 등 경찰수사관의 위법이 인정되고 자백조서에 증거능력이 없는 점, 그리고 알리바이도 성립한 점 등이 인정된다. 담당검찰관이 경찰관의 위법수사에 대해 적극적으로 수사지휘권을 발동해 저지하지 않은 부작위를 위법으로 인정해 가고시마현과 국가에 배상을 명한다. 2심도 1997년 국가와 현의 항소를 기각하고 배상액을 증액해 인용하고 이는 확정된다. 最判昭和57年1月28日 刑集36卷1号67頁.

54) 이 사건은 피해자인 여성의 애인이 체포되는데 무리한 수사로 자백한 애인은 물증도 없이 기소됐고 법정에서 부인하는 상황이었다. 그런 중에 다른 죄로 체포된 진범이 자신이 진범이라고 한다. 침묵하면 죄 없는 자가 사형되는 게 안타까워서라고 했다. 자칭 진범은 1916년에 증거불충분으로 무죄판결을 받는데도 유죄를 주장하며 항소한다. 그래서 1918년 도쿄공소원에서 진범에게 유죄로 사형이 선고되면서 애인은 무죄가 선고된다.

명에 의해 원죄임이 밝혀진 사건도 적지 않다. 1990년의 <아시카가足利 여아살인 사건>의 경우가 대표적이다. 아시카가 사건은 특히 사건 발생 19년 만에 재감정으로 DNA 불일치로 원죄임이 확인된 점에서[55] 한국의 화성연쇄살인 사건의 일부 원죄가 밝혀진 경우와 비교될 만한 사건이다.

원죄임은 밝혀지지 못하지만 원죄라는 사회적 공감을 얻은 경우도 있다. 1966년의 <하카마다袴田 사건>에 관해 1968년 당시 1심 합의부의 배석으로 판결문을 작성한 주심판사 구마모토 노리미치熊本典道가 사건을 계기로 사직하고 변호사가 되어 거의 활동도 하지 않다가 40년 이상 지난 2007년에 '무죄라는 확증을 했지만 재판장의 반대로 사형판결을 할 수밖에 없었다'라고 고백한 것이다. 중의원 의원회관 기자회견에서도 거의 무죄라고 생각하면서도 사형판결문을 쓴 것이고 지금은 원죄라고 생각하며 40년간 괴로웠다고 고백한다.

원죄에 대한 범죄 취급은 원죄임이 밝혀진 이후에도 남는다. 밝혀져도 그저 수사나 감정에서의 실수가 밝혀진 정도라든가 강력한 변호인단이나 후원회의 덕에 구제받은 것이라 보는 시선이 있기 때문이다. 즉 원죄임이 밝혀져도 여전히 범인 취급하는 정서가 남고 경찰이나 매스미디어에 대한 국민적 비판도 제대로 형성되지 않는다. 범인에 대한 선입관을 가진 국민이 갑자기 원죄임을 알게 되었을 때 무죄판결에 대해 혼란스러워하는 것이다.[56]

---

55) 파친코점 주차장에서 행방불명된 여아가 다음날 하천부지에서 사체로 발견된 살인 및 사체유기 사건이다. 1991년 사건과 무관한 자가 체포되고 결국 기소되어 무기징역이 확정되는데, 2009년의 재감정 결과 유류물의 DNA형의 불일치로 원죄임이 판명되고 재심에서 무죄가 된다. 진범은 밝혀지지 않고 공소시효가 만료되지만 원죄임은 확인된 것이다.

56) 德田靖之, 「冤罪事件と国民とのかかわり」, 39-40.

그래도 일본에서는 원죄 문제에 대한 상당한 사회적 반응이 확인된다. 원죄는 수많은 영화나 드라마나 소설이나 만화의 소재다. 살인 누명을 쓰고 사형을 당하거나 도망하거나 혹은 전차 안에서 용돈을 벌려는 어린 학생들의 음모에 빠져 강제추행범으로 전락하고 밝혀낼 방법도 없어 자칭 피해자가 요구하는 '합의금示談金'을 울며 겨자 먹기로 내야 하는 등의 원죄들이 그려진다. 실재할 개연성이 높기에 사회문제라는 공감이 형성된 것이다.

원죄의 가해자나 피해자는 보통의 시민일 수 있다. 어떤 사건을 계기로 일상의 원죄가 사회적 문제시된다. 2005년 JR요코하마선의 전차 안에서 여성에게 치한행위를 했다고 해서 도쿄도민폐방지조례 위반으로 한 남성이 체포되어 기소된다. 나중에 공소사실이 변경되어 '강제추행죄'로 격상된다. 무죄를 주장하지만 2007년 1심에서 징역 1년 6개월의 실형 판결을 선고받고 항소, 상고하지만 2008년 최고재에서 상고도 기각되어 실형이 확정된다.

그로 인해 평범한 일상에서 누구나 원죄의 피해자가 될 수 있는 '치한 원죄'의 문제가 영화화 되면서 세간의 주목을 받는다. 2007년 스오 마사유키周防正行 감독의 「그래도 나는 하지 않았다それでもボクはやってない」다.[57] 또한 테레비아사히 방송에서 2009년 다큐멘터리 「그래도 아빠는 하지 않았다」도 방송된다. 치한원죄 사건을 계기로 일상적인 원죄의 우려에 사회적 경종을 울린 것이다.

---

57) 영화의 스토리를 보면, 변변한 직업이 없이 아르바이트를 이어가는 이른바 '프리타'인 주인공이 혼잡한 아침 통근 통학 전차로 취직 면접에 가던 중 여자 중학생으로부터 무고하게 치한으로 몰려 역무원실에 연행되어 와 합의로 끝내자는 타협안을 제안받게 되지만, 이를 거부하고 누명을 벗어보자고 다짐했지만 곧 경찰에 체포되고 기소되는 처지가 된다. 피해 소녀에게 사실 확인도 할 수 없었다. 결국 가족과 지인들의 노력에도 불구하고 징역 3개월의 판결을 받는다는 것이다.

'치한 원죄' 우려가 확산되자 2009년 경찰청장관이 '극히 적지만 치한피해를 위장하는 여성이 존재한다'라고 인정한다. 실제로 주범인 남성과 공모해 고의로 치한을 만든, 2008년 오사카 지하철 치한 날조 사건에서는 여성이 오사카 지재에서 징역 3년에 집행유예 5년을 선고받고, 교사자로서 목격자 신고한 교제 남성에게는 징역 5년 6개월의 실형이 선고된다.58) 그렇듯 지하철 등에서 치한 피해를 날조해 허위고소하는 사례도 적지 않다.

　그래서 치한 사법도 변하고 있다. 치한은 물적 증거가 거의 남지 않아 피해자의 호소가 중시되는데 피해자 의복에 남은 지문, 피의자 손가락에 부착된 의복의 섬유나 피해자의 체액이나 피부 조직 등의 DNA감정 등의 결과 현재에는 피해자 의복에 부착된 피지나 땀에 포함된 DNA 조사로 만져진 것인지 만진 것인지의 판별까지 가능해졌다. 2015년에는 치한 사건발생 후 48시간 이내 변호사비용을 보상하는 어떤 보험상품이 개시되자 가입자가 급증했다고 한다.

　원죄에 대한 사회적 반응은 원죄 전문잡지의 존재로도 확인된다. 2008년 3월부터 연 2회 발행되는 『엔자이화이루冤罪File』는 창간 이래 원죄사건이나 원죄 의심 사건들을 다룬다. 재심무죄 판결되거나 재심 개시 결정된 <도쿄전력 여직원살인 사건>, <후카와布川 강도살인 사건>, <아시카가足利 여아살인 사건>, <후쿠이福井 여중생살인 사건> 등 많은 사건이 원죄로 사회적으로 주목되기도 전에 잡지에서 원죄로 조명하면서 관심을 제고시켜 왔다.

　한국에서도 박준영 변호사 등의 노력으로 재심 무죄가 이어지면서 원죄에 대한 관심이 커졌다. 한국에서는 억울하게 뒤집어쓴 죄라

---

58) 大阪地裁平成20年10月24日平成20(わ)1710虚偽告訴, 強盗未遂, 窃盗, 詐欺.

는 의미의 원죄가 아니라 흔히 '재심 무죄' 사건이라 불린다. 원죄라는 표현은 간혹 사용하지만 거의 외래어에 가깝다. 최근의 인식 변화에도 불구하고 일본에 비하면 한국에서 원죄 문제에 대한 대중적 관심도는 적다. 아마도 그런 관심이 사법시스템에 관한 신뢰 추락으로 이어지는 것을 경계하는 정서가 반작용하기 때문일 것이다.

관심을 가지더라도 원죄가 사법과정에서 이루어지는 구조적 문제의 하나로 받아들여져 심각하게 반응 혹은 대응하는 분위기는 확인되지 않는다. 일부 밝혀진 재심 무죄 사건들은 당시 수사한 일부 수사관들의 일탈적 독직이나 사법관의 잘못된 판단의 결과로 치부되는 경향이 적지 않다. 사회적 주목을 받는 일부 재심 무죄 사건에도 불구하고, 억울한 경우가 그 외에도 더 많이 감추어져 있을 수 있다는 사회적 공명이나 반응은 아직 확장되지 못하는 듯하다.

5. 후진적 인질사법

일본의 형사절차를 특징짓는 「인질사법人質司法」이라는 표현이 있다. 인신구속에 관한 형사소송의 법규 및 실태에 대한 평가다. 한국과 마찬가지로 일본에서도 혐의가 인정되는 피고인은 신병처리 상태에 따라 구속 혹은 불구속으로 기소되어 재판을 받는다. 한국의 수사단계에서 이제는 경찰이 불송치하는 것도 가능하지만 이전까지는 경찰조사 사건은 기소이든 불기소이든 모두 처리할 권한과 책임을 지닌 기관인 검찰에 송치送致되었다. 그 경우 구속은 송치와는 별개의 문제다.

그런데 일본에서 검찰에 보내는 송검送檢은 마치 구속 여부를 통해 표현이 구분되는 것처럼 보인다. 송검은 형사소송법 제246조 본문에 의해 사법경찰원이 범죄를 수사했으면 신속하게 서류 및 증거물과 함께 사건을 검찰관에게 보내는 절차다. 다만 미죄微罪처분된 사건은 송치하지 않아도 된다. 검찰에 보내는 절차로서 일반적으로 사법경찰원이 피의자를 체포하지 않은 경우의 송치를 '재택在宅송치', 체포한 경우의 송치를 '신병송검身柄送檢'이라 한다.

그런데 사법경찰원에 의한 '서류송검'이란 표현이 사용되기도 함으로써 마치 구속 여부에 따라 송검이 구별되는 듯 보인다. 다만 이는 주로 보도 등에서 사용되는 표현이다. 사법경찰원이 피의자를 체포나 구속하지 않은 채 혹은 체포 후 석방 뒤 구속하지 않은 채 사건을 송검한다는 의미로 주로 보도 등에서 사용되는 용어다. 흔히 '서류송검', '서류송부', '수사서류송부' 등의 표현을 사용한다.

거기서는 마치 인신구속이 일반적이라고 읽혀진다. 한국도 과거에는 구속수사가 원칙인 듯했다. 그래서 지역에 따라서는 구치소가 미결구금으로 넘쳐나고 경찰서의 대용감방도 그야말로 포화상태였던 적이 적지 않았다. 그러나 오늘날에는 불구속수사가 원칙일뿐더러 실제로도 불구속수사가 정착되어 수사단계에서의 구속은 흔치 않은 것이 되었다. 그런데 일본은 수사단계에서의 신병 처리에 관해서는 과거나 지금이나 크게 달라진 것이 없다.

과거의 한국과 같은 모습이 여전히 남아 있다. 일단 일본에서는 경죄를 제외하고는 구속수사가 원칙인 것처럼 보인다. 그래서 체포영장이 발부되고 한국의 구속에 해당하는 구류勾留영장이 청구되는 경우가 대부분이다. 게다가 구속영장청구에 대해 법원의 영장발부율

도 한국보다 높다. 한국도 발부율이 80% 초반대로 높은 편이기는
하지만[59] 일본에서는 체포영장이나 구류영장이나 모두 발부율이
99%를 넘는다.

구속기간 제한도 양국은 차이를 보인다. 한국에서 연장 가능한 구
속기간은 19개월이다.[60] 반면 일본은 사실상 제한이 없다. 형소법
제208조를 보면 피의자 구류기간은 청구일로부터 10일이고 재판관
은 검찰관의 청구로 10일 연장할 수 있다. 피고인 단계에서 구속기
간은 한계가 없는 듯하다. 형소법 제60조 제2항, 제89조를 보면 피
의자 구류에서 피고인 구류로 이행하는 경우에는 구류기간이 기소
일로부터 2개월이고, 재판관 직권 구류는 구류일로부터 2개월인데,
다만 구류 계속이 필요하면 1개월마다 갱신할 수 있다.

갱신 횟수는 원칙은 1회지만 피고인이 사형, 무기 혹은 단기 1년
이상 징역·금고 해당 죄나 상습으로 장기 3년 이상 징역·금고 해
당 죄를 범한 때나 죄증 인멸이 의심되는 때는 1개월마다 갱신하는

---

59) 한국의 2016-2020년의 5년간 구속영장 발부율 평균은 81.4%이고, 2020년만 보면 82%다(법원
행정처, "2021 사법연감". 753.).

60) 한국에서는 긴급체포나 영장에 의한 체포 등 이후에 피의자를 구속시키려면 48시간 이내에
구속영장을 청구하는데, 경찰 수사단계에서의 구속영장에 의한 구속수사 기간은 원칙적으로
10일이고, 검찰 단계에서는 원칙적으로 10일이되, 10일 내에서 1차로 연장할 수 있다. 결국
피의자에 대한 구속은 30일까지 가능한 셈이다. 그리고 기소되어 재판에 회부된 피고인에 대
한 구속기간은 일단 1심 법원에서 2개월의 구속기간이 인정된다.
그리고 1심 법원에서 1차로 2개월, 2차로 또 2개월이 연장 가능하므로 1심에서 합계 6개월까
지 구속할 수 있다. 항소심에서는 각 2개월씩 총 3번에 걸쳐 연장할 수 있으므로 여기서도 합
계 6개월까지 구속할 수 있다. 상고심에서도 항소심과 마찬가지로 각 2개월씩 총 3번에 걸쳐
연장할 수 있기에 역시 합계 6개월까지 구속할 수 있다. 따라서 상고심까지로 본다면 피고인
에 대한 구속기간은 18개월까지 연장할 수 있다.
그리고 예로 1심에서 실형 선고로 법정구속이 된다면 항소심에서는 1심의 법정구속에 의한 2
개월과 항소심에서의 각 2개월씩 연장 가능한 총 3번의 6개월까지로 항소심에서만 8개월까지
구속기간을 연장할 수 있는 것이 되기는 한다. 그러나 그 경우에는 1심에서 구속되어 있지 않
았던 경우이기에 그런 것이고, 여하튼 피고인에 대한 총 구속기간의 연장기간 합계인 18개월
은 1심에서의 6개월 구속 기간까지 모두 고려했을 때 그런 것이므로 총 18개월을 넘지는 못한
다. 따라서 피의자 단계의 30일까지 합치면 총 연장 가능한 구속기간은 19개월이 한계다.

구류기간의 횟수에 제한이 없다. 그 경우에는 판결 확정 때까지 무제한 구속이 가능하다. 그래서 지하철에서 사린가스를 살포해 다수의 사람을 사상시킨 <옴진리교 사건>의 경우 수십 년에 걸쳐 계속 구속상태에서 재판이 이루어지기도 했다.

그래서 '인질사법'이라고 비판된다. 장기구금, 보석신청 각하 등에 의해 피고인이 방어권을 박탈당하는 실정의 비유다.61) 피의자나 피고인에 대한 구속상태의 장기화에서 수사가 이루어져 그를 통한 자백이 유도되거나 수사기관의 의도에 부합하는 진술이 이루어지기 쉽고 그에 따라 재판도 이루어지는 현실 또한 경죄에 의한 체포, 별건체포, 대용형사시설, 접견교통권 제한, 기소 전 보석이 없는 등의 현실에 대한 지적이다.

이는 수사실태와 관련 있다. 법률상 수사기관은 동일 혐의에 관해 체포영장에 의한 72시간과 그 후 구류영장에 기초한 20일의 합계 23일 간의 조사만 허용된다. 그럼에도 실제 운용에서는 원칙과 예외가 역전된다. 경미한 사건에서 장기간의 구류가 필요한 것처럼 된다. 일본의 '구류勾留'는 미결 구금절차다. 범죄 혐의자가 형소법 제60조 제1항의 사유 즉 한국과 마찬가지로 주거부정, 죄증 인멸의 우려, 도망의 우려 등이 있다고 판단될 때 이루어진다.

즉 구속 요건이 한국과 같다. 그런데 현실에서 피의자로 구류 10일에다가 부인하여 연장되면 20일까지 구류된다. 구류는 체포에 이어 신병구속 여부에 관한 결정으로 10일간의 구속이지만 1회 연장해 20일간으로 하는 게 가능하다. 그렇듯 기소 후에 구속은 계속된다. 체포로부터 구류까지 3일에다가 20일이 더해져 23일간 구금 상

---

61) 青木孝之, 「刑事司法改革の現狀と展望」, 112.

태인데다, 그것도 구치소가 아니라 경찰서 내 대용형사시설 즉 대용감옥에 구금된다.

시간에 상관없이 언제든 조사가 행해지고, 변호사와 접견할 수 있는 시간도 극히 제한된다. 체포영장은 제대로 심사가 된다고 보이지만 구류영장의 구류 필요성 심사에서는 거의 발부되는 경향이 있다. 체포되어 부인하면 결국 장기간의 구류를 면하기 어렵다. 이렇게 신병구속에 의한 정신적 압박을 이용해 자백을 얻기 쉬운 방식이 인질사법이고, 그것이 일본 형사사법의 특징으로서 원죄의 온상도 되는 것이다.62)

피의자나 피고인이 피의사실이나 공소사실을 자백하는 경우에 비해 부인하는 경우에는 구속이 장기화하고 석방이나 보석이 되지 않는 경향이 있다. 그런 장기구속에 의해 자백 혹은 경찰이나 검찰의 뜻에 부합하는 진술을 얻어내려 하는 것이 형사절차의 실태라고 꼬집는 말이 인질사법이다. 따라서 인질사법은 자백을 강요하거나 원죄를 유발시킨다는 비판적 표현이다. 그래서 일본의 형사재판 유죄율도 높다는 것이다.

일본의 형사재판 유죄율은 99% 혹은 99.9%다. 무죄율은 극히 낮다. 물론 1% 혹은 0.1%의 낮은 무죄율은 '자백 사건'이 많은 일본의 현실을 고려하면 달리 평가될 수도 있다. '부인 사건'은 지재에서 7-8%이고, 간재에서 3-4%임을 감안하면 실질 무죄율은 2.5% 전후라는 것이다.63) 자백사건이 대부분이고 그 경우는 당연히 유죄가 되기에, 그를 제외한 부인 사건만 기준으로 보면 무죄율이 낮은 것만

---

62) 瀬木比呂志, 『絶望の裁判所』, 145-146.
63) 亀山継夫, 「刑事司法システムの再構築に向けて」, 23.

도 아니라는 취지다. 그래도 서구에 비하면 크게 낮다.

실제로 높은 유죄율은 일본 형사사법의 특징으로 해외의 학자들이 반드시 언급하는 부분이다. 그래서 형사사건의 높디높은 유죄율 속에서 무죄를 받아내려 분투하는 이야기를 그린 「99.9, 형사전문변호사」라는 제목의 드라마도 있을 정도다. 0.1% 무죄율의 벽을 넘어 무죄를 받아낸다는 설정이다. 높은 유죄율은 재판원 제도 이후에도 마찬가지다. 다만 낮은 무죄율은 검찰이 주도하는 '정밀사법'의 면밀한 수사와 신중한 공소의 결과라고 보기도 한다.[64]

그러나 그런 평가는 검찰 중심적이다. 구속률이 높은 상태에서 높은 유죄율이 나온다면 높은 유죄율을 검찰의 성과로 보는 것은 본질에서 멀다. 높은 구속률 탓으로 보아야 한다. 재판 전 신병에 관한 구류결정의 비율도 99%를 넘는다는 것은 특별한 모습이기 때문이다.[65] 한국의 형사재판 유죄율도 일본과 버금가지만 그보다는 낮다.[66] 구속 전 피의자심문의 영장발부율도 일본의 99%보다 훨씬 낮은 80% 초반 정도다. 그렇다면 일본의 모습이 특별한 것이다.

일본도 한국과 마찬가지로 재판관은 검찰관으로부터의 구류청구가 있으면 그에 첨부된 수사기록을 보고 검토하고 피의자를 직접 심문한 뒤에 구류 혹은 각하결정을 한다. 그런데 검찰이 청구하더라도 재판관이 심리를 통해 요건에 해당되지 않으면 가능한 한 구류를 하지 말라는 취지의 억제장치로서의 구류심문은 현실에서 발부율이 99%를 넘는 것이 되면서 거의 의미가 없는 것처럼 여겨진다.

---

64) 加藤康榮, 「刑事司法における検察官の役割(一)」, 66.

65) 森 炎, 『司法権力の内幕』, 124.

66) 한국의 형사재판 무죄율 판단에서 항소심과 상고심은 대부분이 항소나 상고의 기각이어서 판단의 기준으로 삼기가 쉽지 않아, 1심만 기준으로 본다면 무죄율이 2020년에 2.75%이므로 유죄율은 97.25%다(법원행정처, "2021 사법연감". 733-734.)

인질사법이 원죄와 관련 있는 이유는 결백을 주장하면 불이익을 받는다는 게 사법기관에서 확고한 실무 태도로 자리 잡고 있기 때문이다. 구류나 보석의 판단에 있어 부인하면 인정하는 경우보다 불이익하게 취급된다. 보석률은 15% 정도인데 거기서도 부인하면 죄증인멸 우려로 판단되곤 한다. 결국 인정 쪽이 유리하다고 생각하게 된다. 부인하다가 유죄가 되면 양형도 무겁게 된다. 부인했으니 '반성의 정'도 없다고 평가된다. 그 결과 원죄가 되는 것이다.

인질사법에서 「대용감옥代用監獄」 제도도 큰 문제다. 「형사수용시설법」에는 구류 장소가 구치소 대신 경찰서 유치장으로 대용이 가능하다고 규정되어 있다. 이를 근거로 재판소가 거의 항상 구류재판에서 구류장소를 대용감옥인 경찰서로 지정한다. 경찰서 유치장은 경찰 소관 하의 장소라서 자의적 취급이 쉽다. 조사 대상을 감시하고 자백 강요나 허위자백의 온상이 될 수 있다. 유치장은 수사의 지장을 이유로 접견교통에 경찰서장의 허가를 요하는 등 접견교통도 쉽지 않다.

본래는 경찰의 조사 기간에도 신병은 구치소에 두어야 한다. 용의자의 신병을 경찰이 관리하는 것은 근대사법의 터부다. 한국도 과거에는 일본과 유사했지만 오늘날은 미결구금의 대부분은 구치소에서 보낸다. 반면 일본의 현실은 그렇지 못하다. 국제사회는 그런 현상이 국제인권규약 위반이라고 규탄한다. 그런데도 대부분 경찰서 유치장에 둔다. 대용감옥을 부정하지 못하는 이유는 구치소의 수감상황이 정원수를 현저하게 초과하기 때문이다. 실정을 아는 영장담당판사는 구류장소를 경찰서로 하는 영장을 발령할 수밖에 없는 것이다.[67]

---

67) 工藤涼二, 「弁護士が裁判官になってみた」, 101.

6. 사형집행 찬반론

잘 알려진 바와 같이 일본은 사형을 집행한다. 사형판결이 확정되면 집행받을 때까지 형장이 있는 도쿄·오사카 구치소 등 전국 7곳 중 하나에 구치된다. 형소법 제475조 제1항에 따라 사형집행 명령권을 가진 '법무대신'의 집행명령서가 작성되면 5일 이내에 집행한다. 하루에 한 형사시설에서 집행되는 경우 1인 집행이 기본이지만 2-3인이 시간을 두고 집행되기도 한다. 한국이 수십 년 동안 사형집행을 하지 않는 것과 대조적이다.

유엔총회 결의 등 사형 집행정지나 사형제도 폐지 압박에도 불구하고 집행한다. 그래서 국제적 압박은 상당하다. 사형을 집행하면 유럽 국가들은 항의한다. 유엔인권이사회 등이 일본의 인권상황에 대한 정기심사를 한다. 유럽을 중심으로 한 여러 국가가 일본 정부에 사형집행 정지나 사형제도 폐지를 촉구한다. 국제인권단체 엠네스티 인터내셔널 같은 곳도 국제법 위반을 들먹이며 공격한다.

그러나 일본 정부는 국민 여론의 다수가 극히 악질적 범죄에 대해서는 사형도 불가피하다고 생각한다는 이유 등을 들며 유엔총회 결의 채택을 받아들여 사형의 집행유예나 사형을 폐지할 생각은 없다는 입장을 표한다. 그렇듯 사형집행을 유지하는 가장 큰 근거는 여론의 지지다. 일본의 내각부內閣府가 5년마다 실시하는 사형제도 여론조사를 보더라도 사형폐지 의견은 10%도 안 되고, 존치 불가피론이 80% 이상이나 된다.

설문이 사형존치론에 유리한 애매한 문구로 되어 있다는 비판도 있었다. 그래서 문구를 간단명료하게 '사형도 부득이하다'와 '사형은 폐지되어야 한다'로 바꾸어도 결과는 역시 마찬가지로 존치론이 80% 이상이다.[68] 그러면 유엔의 자유권규약인권위원회 같은 곳은 일본에 대한 심사를 통해 최종견해로서 여론이 여하튼 간에 일본 정부는 국민에게 폐지가 바람직함을 알려줘야만 한다고 하거나, 여론조사와 상관없이 사형제 폐지를 검토해야 한다고 권고한다.

권고하는 측은 여론조사에 의미를 두지 않는다. 이미 사형이 법률상 폐지되거나 혹은 10년 이상 계속 집행되지 않는 나라가 2019년에만 140개 국 이상인데 이들 국가 중 국민 대다수 여론으로 그렇게 된 나라는 없다는 것이다. 그들 국가에서도 국민은 사형을 지지하지만 정치적 리더십에 의해 폐지나 정지되었다는 것이다. 한국이나 대만의 집행정지도 사형존치 쪽인 대다수 여론과는 관계없이 이루어진 것이고 정치적 결정에 따른 것이라고 설명한다.

권고는 '사형존치론'은 복수나 속죄의 감정에서 온 것이기에 이성적으로 호소해도 사형지지 여론을 변화시킬 수는 없다고 말한다. 그래서 사형에 관한 여론을 변화시키는 것은 곤란하거니와 불가능하기에 여론에 구애받지 않는 폐지정책을 요구한다.[69] 그래도 일본은 집행한다. 2018년만 해도 옴진리교 사건 사형수 13인을 포함한 15인이 집행되고, 2019년도에도 3인의 사형이 집행되었다. 1993-2019년까지만 해도 총 130명이 집행되었다.[70]

사형은 일본에서 터부도 아니고 공공연한 뉴스다. 사형의 풍경이 매스컴에 주기적으로 오른다. 다만 매스컴에 사형집행이 알려진 시각에는 이미 사형이 집행된 뒤다. 과거에는 사형집행 전에 사형수에

---

68) 「死刑制度'容認80%超 否定派を大幅に上回る 内閣府世論調査」, 産経新聞 2015年1月24日.

69) デイビッド・T・ジョンソン, 『アメリカ人のみた日本の死刑』, 143-144.

70) ウィキペディア, 「死刑囚収容施設毎の年別死刑執行の一覧」, 「日本における被死刑執行者の一覧」.

게 집행사실을 통지하였는데, 1975년 10월에 후쿠오카 구치소에서 사형집행 당일 아침에 전날 사형집행을 통지받은 사형수가 왼손 손목을 면도날로 그어 자살하는 사건이 발생해 그 이후에는 집행을 전날 통지하지 않게 되었다.

집행은 당일 아침에 사형수에게 알려준다. 집행한 뒤 오전 11시경에 법무대신이 기자회견을 한다. 집행 사실과 집행된 사형수의 이름을 공표한다. 뉴스가 일본 국내 그리고 사형제도를 폐지했거나 한국 등 집행을 미루는 많은 국가에 전달된다. 동조와 항의가 교차된다. 동조는 대체로 내심에 머물지만 항의는 비판성명 등으로 표현된다. 그럼에도 정부 입장이 조만간 바뀔 것이라고 보이지는 않는다. 진보 정당이 집권해도 바뀌지 않을 듯하다. 여론이 사형제와 사형집행을 압도적으로 지지하기에 반대하면 집권에 지장을 받는다고 판단할 것이기 때문이다.

제10장

일본형 법문화

1. 권력 추수적 사법

1974년의 조사에 의하면 '아무것도 하지 않았는데도 경찰관이 동행을 요구한다면 어떻게 하나'라는 질문에, '우선 이유를 묻고 이유에 따라 동행하겠다'라고 답한 응답자가 76.3%로 압도적으로 많다. 아무 짓도 하지 않았다면 체포영장 등이 없는 경우 따라갈 이유가 없겠지만, 위 질문에 대해 '체포영장을 보여주지 않으면 절대로 동행하지 않겠다'라는 응답은 10.4%에 불과했다.[1] 임의동행이 어떤 나라에서보다 효율적인 수사 방식이 되고 있는 일본의 모습이다.

그 근저에는 권력의 요청에 대해 합리적 저항을 꺼리는 순종적 태도가 있다. 권력 순종의 대표적 예는 국민이 황실의 존재를 받아들인 일이다. 신화시대의 허구는 말할 것도 없고 고대의 실증 가능한 시기나 중세 이래의 천황은 유력 실권자들에 의해 존립과 운명이 좌우되는 명목상의 군주였다. 에도시대의 백성들에게조차 교토의 천황은 잊혀진 존재였다. 그런데 왕정복고를 앞세운 메이지유신 세력이 천황을 전면에 내세우자 천황이 갑자기 실재적 지배의 정점인 양 호

---

1) 大阪弁護士会 編, 『法・裁判・弁護士』, 62.; 豊川正明, 「刑事裁判と国民の法意識」, 92.

도된다. 전부터 그랬던 것처럼 받아들인다.

천황의 실재적 지배관념은 거의 수긍된다. 급진적인 일부 세력을 제외하고는 거의 부정하지 않는다. 입헌주의가 도입되던 근대 초기 자유민권운동의 시기에도 마찬가지다. 천황의 지배는 도전받지 않는다. 심지어 일본의 정체성처럼 이해된다. 정치가 잘못되면 정부나 관료들을 욕할 뿐 천황은 무책임의 영역이 된다. 권력의 화신인 천황이라는 존재에 대해 부정하지 못한다. 거기서 타국에서는 보기 힘든 권력 순종적 태도가 확인된다.

사법에서도 권력 순종적 태도가 보인다. 정치권력은 사법에도 순종을 강요한다. 불만스러운 판결에 압력을 가하고 재판관을 인신공격하기도 한다. 헌법 시행 뒤 반년 정도 지난 1891년 5월 방일 중인 러시아 황태자가 시가현에서 현직 경찰관 쓰다 산조津田三藏에게 피습당한 <오쓰大津 사건>은 '러시아공포증恐露病'에 사로잡힌 정부에게 충격을 준다. 대국 러시아는 에도 말기부터 일본 북쪽 해안에 위협적으로 출몰했다. 경계와 두려움의 대상이었다. 그래서 당일 심야에 이토가 천황에게 불려가 지시를 받고 다음 날 아침 일찍 천황이 직접 황태자 병문안을 갈 정도였다.

러시아의 분노를 가라앉히기 위해 쓰다를 납치 사살하자는 의견도 나온다. 형사재판에 올려 극형에 처하자는 정부 방침이 정해진다. 그런데 형법 제116조 '황실에 대한 죄'는 황태자에게 위해를 가한 자를 사형에 처하게 하는데 외국 황족은 대상이 아니다. 고지마 고레카타児島惟謙 대심원장 등은 일반인 모살미수죄를 적용할 수밖에 없다고 본다. 그 경우 최고형은 무기형이다. 정부는 재판에 간섭해 억지 해석으로라도 사형을 관철시키려고 한다.

제116조에는 일본이라는 문자가 없다거나 러시아 황태자가 천황의 큰 손님이라는 등의 무리한 근거를 댄다. 대심원은 정부가 그렇게 억지로 극형에 처하려 한다면 차라리 긴급칙령을 발동하라고 요구한다. 정부는 계속 극형이 불가피함을 주장한다. 러시아와의 관계를 고려하면 극형이냐 무기형이냐는 중대한 차이가 있다고 한다.[2] 결국 대심원장이 반대해 무기형이 선고된다.[3] 그래서 근대적 사법제도 형성기에 사법의 독립을 지켜낸 레전드급 판례가 된다.

그런데 다른 해석이 있다. 천황이 비밀리에 대심원장 및 판사들에게 사형판결을 명하는 칙어를 내리자 고지마가 그러려면 외국 황족을 일본 황족에 포함한다는 긴급칙령을 발령해야 한다고 요청한 건 맞다. 그런데 추밀원, 법제국 등이 반대해 정부가 받아들이지 않자 부득이 무기형밖에 할 수 없었다는 것이다. 여기서 대심원장의 긴급칙령 발령요청은 그 자체로 정부의 압력에 굴복해 법률을 부당하게 적용하려고 한 시도이기에, 사법권독립 의지와는 거리가 멀고 오히려 정부에 종속적인 사법을 보여준 사건이라는 것이다. 그런데도 결과적으로 정부가 바라던 사형은 되지 않아 '신화'가 되었다는 것이다.[4]

그 신화는 대심원의 의지가 아니라 대심원이 정부의 의지에 따르기 쉽지 않은 상황이 만든 결과다. 우선 범인에 대한 여론도 바뀌었다. 사건 직후에는 대역죄인 취급하는 정서였지만 얼마 뒤 우국지사 취급하는 분위기가 된다. 변론에서도 외국 황태자에게 제116조를 적용하는 것이 부당하며, 법률의 불비의 경우 부당하게 법률을 적용

---

2) 尾佐竹猛, 『大津事件』, 19, 156-164.

3) 官報 第2373号(1891年05月30日) 6面.

4) 新井 勉・蕪山 嚴・小柳春一郎, 『近代日本司法制度史』, 169-171.

해 불비를 보충하려 해서는 안 된다고 재판에서 치열하게 다투었다. 따라서 재판부가 정부 뜻을 따르기가 현실적으로 어려웠다.5) 그렇게 보면 결과만을 들어 신화 취급한 것이 된다.

그 과정에서 확인된 정치권력의 압박에 저항한 것은 오히려 정치권력 내부다. 사형 불가피론이 지배한 정부 안에서 제헌주도 세력 이노우에 고와시가 반대의견을 낸다. 이노우에는 이토에게 편지를 보낸다. 비상사태이지만 '일시적 사정'으로 인해 법해석의 착오를 만들면 웃음거리밖에 되지 않고, 후세 역사에도 오점을 남기는 것이니 모살미수죄로 재판할 수밖에 없다고 한다. 불과 2년 전 메이지헌법 제헌에서 직접적 배후 역할을 한 뢰슬러도 같은 의견을 낸다. 결국 신문 등에도 같은 의견이 게재된다.

이노우에는 정치권력에서 초연한 사법적 결론의 필요성을 강조한 것이다. 물론 무기형 선고는 재판관이 내린 결론이기에 그것이 이노우에가 이토를 납득시킨 결과인지는 의문이다. 다만 정부가 사법에 적극적으로 강요하지는 못했던 결과라고는 추측된다. 여하튼 이노우에는 행정의 일방적 독주가 사법에 강요하는 상황을 본 것이다. 그래서 '막 탄생한 메이지 입헌제도에서 이른바 강한 국가성 요구에 대항해서라도 관철시켜야만 하는 규범성과 법치성의 요청'을 말한 것이다.6)

그러나 이노우에가 관철시키려 한 법치성은 정치권력 앞에서 곧바로 흔들린다. <오쓰 사건>의 후일담은 권력에 대한 순종을 재확인시킨다. 정치권력은 사법 길들이기에 나선다. 곧바로 현직 최고위

5) 尾佐竹猛, 『大津事件』, 198-199, 214-215.
6) 大石 眞, 『日本憲法史』, 306.

재판관인 대심원판사들이 금전을 걸고 위법한 하나후다花札 도박을 했다는 충격적인 <사법관 로카弄花 사건>이 폭로된다. 소문을 들은 대심원 소속 검사에 의해 1892년 4월 30일에 신문에 보도된 것이다. 용의자에는 여러 명의 대심원판사와 함께 고지마 대심원장도 포함된다.

정부는 고레카타의 자발적 퇴직을 원했다. 고레카타는 화투를 한 것은 인정하지만 금전을 건 도박행위는 아니었다면서 사직을 거부한다. 그래서 대심원에 특설된 재판관징계재판소에 징계재판이 신청된다. 고레카타가 금전을 걸고 화투를 했다는 증거는 없어 증거 없음으로 면소 판결된다. 이 사건은 사법계 내부의 파벌싸움에 기인한 음모 사건의 성격을 띠기도 하지만 정치권력의 사후 보복적 성격도 있다.[7]

1892년의 사법관로카 사건은 오쓰 사건 판결 이후 정부가 의도에 따르지 않는 재판관을 공격해 사법부의 행정부에 대한 종속성을 확고하게 하는 행동의 시발이었다. 1893-1894년 사이의 '노후老朽 판사' 도태를 명목으로 한 <대량퇴직 처분> 같은 숙청 인사를 통해 정부의 공격은 더 극명해진다. 그 결과 사법성 관리에 의한 재판관 인사권의 장악, 재판내용의 감시 및 지시 제도, 재판관의 계층구조에서의 상명하복 관계의 구축 등 사법부 내부의 통제시스템이 실질적으로 확립된다.[8] 사법의 권력 종속이 확인된 것이다.

정치권력의 압력은 사법의 정치 추수적 태도를 가져오기도 했다. 사법은 정치 부문의 눈에 거슬리는 판단을 꺼렸다. <야하타八幡제철

---

7) 小田中聡樹, 「司法官弄花事件」, 176.

8) 久保田穣, 「明治司法制度の形成・確立と司法官僚制」, 154-156.; 楠精一郎, 『明治立憲制と司法官』.

사건> 판결에서 권력에 대한 순종이 보인다. 회사에 의한 정치헌금이 적법한지를 다툰 소송이었다. 야하타제철 대표 2인이 1960년 3월 회사 이름으로 자민당自民党에 350만 엔의 정치헌금을 내자 주주인 어떤 변호사가 그 정치헌금은 '철강의 제조, 판매 및 그에 부수적인 사업'을 한다는 야하타제철 정관 소정의 목적을 일탈한 정관위반 행위로서 상법 위반이라며 손해배상을 구하는 주주대표소송을 낸다.

1심 도쿄 지재는 원고의 손을 들어준다. 그런데 제철이 항소한 2심에서 도쿄 고재는 1966년에 대표가 회사를 대표해 행하는 정치헌금은 액이 과다한 등의 사정이 없는 한 원칙적으로 정관이나 법령 위반이 되지 않아 배상책임이 없다면서 1심을 취소하고 원고청구를 기각한다. 원고가 상고하지만 최고재는 1970년 상고를 기각하고 회사에 의한 정치헌금을 인정한다. 정치헌금은 회사의 행위로서 기대되는 것이라 했다. 또 회사는 납세자 입장에서 정치적 의견을 표명할 수 있고 회사에게 헌법상의 정치적 행위의 자유도 인정된다고 했다.[9]

판결 이유 중에 정당정치를 찬미하는 점과 납세와 참정권을 관련지우는 점은 큰 비판을 받는다. 모든 법인이 자유로운 정치활동을 인정받을 수도 없거니와 특히 <미나미규슈南九州 세무사회 사건>에서 세무사회의 정치헌금 행위가 회의 목적 범위 밖이라고 인정된 점을 보더라도 부당하다는 것이다. 즉 1996년 최고재는 세무사회에 의한 정치헌금은 동회의 목적 범위 밖이라고 보았기 때문이다.[10]

---

9) 1심은 회사는 영리추구를 본질적 목적으로 하는 이상 주주의 동의가 없는 무상 지출행위는 목적 범위 밖이어서 정치헌금도 목적 범위 밖의 행위라 했다. 따라서 대표들은 정관위반 및 충실의무 위반이 있으므로 헌금액을 회사에 배상해야 한다고 판결한다. 最大判昭和45年6月24日 民集24巻6号625頁.

10) 最判平成8年3月19日 民集50巻3号615頁.

현실에서도 1974년 다나카 가쿠에이田中角栄 총리의 돈줄 문제를 계기로 1975년「정치자금규정법」이 전면 개정되어 기부 제한이 도입되고 정치단체의 수입·지출 공개도 강화되고, 마침내 1994년에는 동법 개정으로 기업·단체로부터 기부받을 수 있는 대상이 정당과 선거후보자의 자금관리단체에 한정된 점을 보더라도 회사의 정치헌금에 대한 부정적 기류가 강했고 그에 따라 법 개정까지 된 것이 확인된다. 따라서 최고재의 판단은 그런 흐름도 거슬러 정치권력의 요청에 부합한 맞춤형 판결로 정치추수적이라는 비판을 면하기 어렵다.

　사법의 권력 추수는 국가권력으로서의 검찰 기소를 신뢰하는 태도에서도 확인된다. 재판관이 검찰의 기소를 신뢰하는 경향은 잘 알려져 있다. 기소에 의한 형사사건의 유죄율은 거의 '99.9%'다. 1심 무죄에 대해 혹은 유죄라도 양형이 적다고 검찰이 항소한 경우에 검찰항소 인용 비율도 한국에 비하면 상당히 높다. 1심 지재 판결에 대한 검찰의 항소로 2심 고재에서 파기된 비율은 전국 평균 약 3분의 2 정도이고, 도쿄는 약 4분의 3이다.[11] 검찰 항소가 인용되는 경우가 적은 한국에 비교하면 크게 높은 비율이다.

　전후의 형사법학을 리드한 히라노 류이치平野龍一가 일본의 재판소는 '유죄인지 무죄인지를 판단하는 곳'이 아니라 '유죄인 것을 확인하는 곳'에 지나지 않아 '일본의 형사재판은 상당히 절망적絶望的이다'라고 했던 것도[12] 재판관이 검찰의 기소를 신뢰한다는 표현과 다름아니다. 사법부의 재판관이 검찰이라는 국가권력의 행위에 대해 가능한 한 신뢰하는 권력추수의 모습이 읽혀지는 것이다.

---

11) 森 炎,『司法権力の内幕』, 58.

12) 平野龍一,「現行刑事訴訟の診断」.

정치문제 재판에서는 사법의 정치추수적 태도가 검찰의 기소를 도로로 만드는 모습도 확인된다. 독일 지멘스가 순양함 발주와 관련해 일본해군 고관에게 뇌물을 주었다가 발각되어 1914년 내각총사직으로까지 몰아간 전전의 대표적 비리인 <지멘스 사건>은 물론이고 전후의 여러 정치적 사건의 재판에서 검찰의 도전은 실패한다. 거물 정치인들이 체포되어 기소되고 재판을 받지만 결국 거의 대부분의 재판소에서 무죄판결이 내려졌기 때문이다.

전후에도 1948년 정계를 뒤흔든 뇌물수수 의혹인 <쇼와덴코昭和電工 사건>에서 아시다 히토시芦田均 전 총리와 니시오 스에히로西尾末広 전 부총리 그리고 후쿠다 다케오福田赳夫 등이 무죄가 되는 등 수뢰 측 정치인은 거의 무죄가 된다. 1947-48년에 중의원의원 등의 뇌물 의혹인 <단코콧칸炭鉱国管 사건>에서도 다케다 기이치竹田儀一 전 후생상, 다나카 만이쓰田中万逸 전 중의원부의장, 다나카 가쿠에이 의원이 무죄가 된다. 모두 돈을 받은 것은 인정되지만 직무권한이나 뇌물성 인식 등의 법률론에 의해 무죄가 된다.

근본적으로 「사법심사judicial review」에서 사법의 정치추수적 태도가 여실히 확인된다. 전후 신헌법에 의해 최고재에 위헌심사가 맡겨지지만 오늘날까지 사법심사가 있기는 한 것인가라는 의문이 제기된다. 전 최고재 재판관 다키이 시게오滝井繁男는 '넓은 범위에 걸쳐 영향력 있는 위헌판결은 나오지 않는다.', '집권당에 큰 타격을 줄 것 같은 판결은 나오지 않았다'라고 최고재 시절을 회상할 정도다. 최고재의 위헌판결은 수십 건에 불과하고 그 중 법령 위헌판결은 더 적은 수인 것에서 보듯 최고재는 정치권력으로부터 자유롭지 못하다.[13]

---

13) 滝井繁男, 『最高裁判所は変わったか』.; 山田隆司, 『最高裁の違憲判決』, 24.

자위대의 위헌성 여부 판단 같은 민감한 정치적 헌법문제에 관한 사법심사를 다루게 되는 경우의 최고재판소나 하급재판소의 태도는 정부 측의 결론을 거의 벗어나지 못한다. 정부 측은 재판소의 결론은 이미 내려진 것이라고 보는 듯 행동하는데, 실제로 나중에 재판소의 결론을 보면 그에 부응하고 있다는 것이다. 따라서 사법의 권력추수는 사법심사에서 가장 노골적으로 드러나는 것이라고 말할 수 있다.

　최고재의 위헌심사는 인권 분야에서는 나름의 성과도 거둔다. 미국의 연방대법원 같은 정도는 아니더라도 다른 분야에 비해 상대적으로 성과를 보인다. 반면 정치적 헌법 문제에서는 회피적이다. 그런데 오늘날 한국 등 상당수 국가의 헌법재판은 기본권보장 기관을 넘어 최종적 정치문제 판단기관의 성격으로 더욱 부각되는 게 현실이다. 정치적 최종 심판자 기능이 된다. 그렇다면 정치 부문의 행위에 대해 회피하는 것만이 능사라 볼 수는 없기에 사법심사기관으로서의 최고재는 상당히 현실에 역행하는 형태라고 평가될 수 있다.

　일본의 위헌심사는 판단 수준에서도 낙후성을 보여준다. 전 최고재 재판관 이즈미 도쿠지泉德治가 지적하듯 최고재 발족 이래 반세기 이상이 경과해도 기본적 인권을 제약하는 법령이 위헌인지 아닌지를 판단하는 '심사기준'이 확립되었다고 보기 어렵다. 미국 등에서는 합헌성을 심사할 때 기본적 인권의 중요도에 상응해 심사기준을 달리함으로써 위헌 판단에서의 자의성을 피한다. 반면 최고재는 기준을 어떤 사건에서는 적용하다가도 다른 사건에서는 곧 잊어버린다. 결국 기준 적용은 편의적일 때에 한해 특별히 임시변통 식으로 적용하는 수준이라는 것이다.[14]

---

14) 미국에서는 '완화된 합리성의 기준', 조금 엄격한 '엄격한 합리성의 기준', 그리고 보다 강화된

2. 법률과 도덕의 혼동

일본은 '선'과 '악'에 관한 이분법적 사고에 친하지 않다. 여타 세계의 선악이원관二元觀에 비하면 고대 신화에서부터 일원관에 가깝다. 악이란 선에 대립하는 악으로서 이름 붙이기에는 취약한 존재다. 그렇다고 선과 악의 대립을 예상한 선 일원관이 있는 게 아니라 본래 선악이라는 모순 대립의 관념 자체가 결여된 듯 보인다.15) 그래서 일본인은 서구에서와 같이 사물의 본질을 구분하는 것에 의해 파악하는 이해방식 특히 선과 악 혹은 생과 사와 같은 식의 이분법적, 양자택일적 사고법에 익숙하지 않다.16)

베네딕트R. Benedict가 일본문화를 말한『국화와 칼The Chrysanthemum and the Sword』에도 유사한 표현이 있다. 일본인은 육체와 정신이라는 두 개의 힘이 각인의 생활에서 패권을 차지하기 위해 끊임없이 투쟁한다고 생각하는 서구 철학을 근저에서부터 뒤엎는다. 일본인의 철학에서 정신과 육체는 우주의 대립하는 양대 세력이 아니다. 세계는 선과 악의 싸움터가 아니다. 그래서 악의 문제를 정면에서 다루는 것을 피한다.17) 물론 일본인이 '악'을 '악'이라 부르지 않는 것은 아니다. 다만 그들의 악은 선과 대립하는 고정불변의 절대적 악이 아닐 뿐이다.

이는 드라마 등 많은 영역에서 엿보인다. 악을 그 자체로서 밝히고 부각하는 것을 주저하는 건 아니다. 오히려 악의 진면목을 가감

'엄격한 심사기준' 등과 같이 심사기준을 구분해 사안에 따라 각 다르게 적용하고 이런 체계를 정립함으로써 위헌 판단에서의 자의성을 피한다. 山田隆司,『最高裁の違憲判決』, 284-286.

15) 田中 元,『古代日本人の世界』, 228.

16) 矢口洪一,『最高裁判所とともに』, 124.

17) ルース・ベネディクト,『菊と刀』, 218.

없이 너무나 노골적으로 그린다. 심지어 보는 사람이 불편할 정도로 그려낸다. 악을 사실적으로 묘사할 수 있는 한계에 구애받지 않는 듯하다. 그런데 그 악은 우리의 관점에서만 악이다. 선과 대립하는 투쟁의 대상으로서의 악이라는 평가에 이르지 않는다. 마치 인간 세상에서 자연스럽게 존재하는 다른 한쪽의 모습이라는 식이다.

오히려 악에서 확인되는 것은 다른 차원이다. 대체로 숨겨진 진실이나 내심의 생각 같은 것이 강조된다. 가해자의 인간적인 면이 드러나기도 하고 역으로 피해자도 부정적이고 때로는 혐오스러운 존재로까지 부각된다. 결국 중요한 메시지는 내심이다. 내심이 알려지면서 오해로 점철된 삶을 살아가는 인간 군상의 어리석음도 읽혀진다. 악의 선명성이나 악에 대한 응징의 문제는 취약하거니와 있더라도 어느새 그저 지극히 부차적인 문제가 된다.

그래서 '죄罪'에 대한 인식도 특수하다. 종교와 정치와 법제가 밀접하게 결합되어 있던 고대 일본에서 죄에 대한 사고방식은 종교적 이해와 관련이 깊었다. 비세속적인 죄의 관념도 있었다. 근세의 대표적 학자 모토오리 노리나가本居宣長가 죄라는 것은 사람의 악행만을 가리키는 것이 아니라 병이나 하늘의 재앙 또는 불결한 것, 추한 것 등을 의미하는 것이라 했던 것도 그런 까닭이다. 죄는 불교적인 영향 하에 더러움 불결함까지 포괄된 의미였다.[18]

이런 사고방식은 근세까지 상당히 보편적이다. 그것은 고대 이래 종교적이면서 정치사회적인 이데올로기이자 신분적 차별의 근거도 되었다. 거기서 죄라는 것은 인간의 자유의지의 결정에 따른 책임의 문제 이상의 개념이다. 그렇게 선악이원론과의 거리 그리고 죄를 보

18) 이에나가 사부로, 『일본문화사』, 44-45.

는 비세속적이고 탈책임론적인 사고방식이 있다. 그런 관념 하에서 신분적 질서와 그에 따른 차별을 감수하는 것을 당연시했다. 그렇기에 법률과 도덕의 혼동은 어쩌면 당연했다.

일본은 법률과 도덕의 혼동으로 법률적 삶에 친하지 않다. 헌법이나 법률에서도 법률과 도덕이 혼재된다. 냉정한 법률적 삶에 친숙하지 않다. 교토제국대학 교수 다키가와 유키토키瀧川幸辰의『형법독본 刑法読本』을 1932년에 발매금지시킨 정부의 발상도 그러했다. 그 책에는 톨스토이의 무정부주의가 담겨 있지만 처의 간통죄를 폐지하자는 주장도 발매금지 원인이었다. 근대적 남녀평등 사상 하에서 처의 간통죄만 처벌하는 건 이상하다며 폐지를 주장한 것인데 큰 반발에 부딪힌다. 법률론을 떠나 도덕적으로 용납되지 못한다.

재판관에게도 도덕적 입장이 있고 정치적 입장이 있다. 법이 도덕을 반영한다는 관점에서는 법 해석에 따른 기계적인 법의 준수는 올바른 것이 아닐 수도 있다. 그래도 법과 도덕은 구분된다. 재판관이 정치적 입장을 가질 수밖에 없다고 이해하는 영미법계 국가에서조차 법과 도덕은 구분된다. 법이란 역사적 사실의 문제이며 도덕에 의존하지 않는다.19) 대부분의 근대적 법치국가에서 법은 궁극적으로 도덕에 의존하지 않는 형태로 나타난다. 따라서 일본의 모습은 비법적이다.

일본에서는 그런 현상이 광범위하다. 형사재판 법정에서 간혹 피고인이 재판관에게 '저를 사형시켜 주세요'라면서 흐느낀다. 참회의 깊이에 따라 그렇게 말할 수 없는 건 아니지만 진정 사형을 원하는 건 아니다. 법을 넘어 도덕의 기준에 부합하지 못한 자신의 부덕함

19) 로널드 드워킨, 『법의 제국』, 23-24.

을 호소할 뿐이다. 그들은 이러한 방식에 익숙하다. 속내는 도덕적 사고를 보여줌으로써 재판관이 피고인의 인간적 측면을 두루 살피고 불쌍히 여겨 경한 형으로 선처하도록 애원하는 것이다.

일본은 그런 논리가 받아들여질 여지가 있는 곳이다. 도덕적 자학이 너그러이 이해되고 인간에 대한 평가에 긍정적으로 작용한다. 그래서 양형에 유리하면 했지 절대로 형이 가중될 리는 없다. 도이 다케오土居健郎가 말한 일본사회의 '아마에甘え' 즉 어리광의 문화 비슷한 것인지도 모른다. 일본인의 인간관계와 사회구조의 기본이 된 아마에는 타인이 자신의 심정을 알아차리고 받아들이고 보호해 줄 것을 요구하는 심성이다. 그렇게 관용을 구한다.[20]

이런 모습은 전전의 국가주의자나 군부파시스트에 의한 테러 사건에 대한 이해에서도 보인다. 거사의 동기가 '마코토誠'나 '마고코로真心' 같은 진정함 혹은 '애국', '대의', '충정'에 기반한 것이라고 보이면 대부분 관대한 처분을 하려고 하고 국민들도 동정하는 분위기가 된다. 이기주의나 사익을 주목적으로 하는 것이 아니라 도덕적 사고의 기반 위에서 행위한 일종의 양심범이면 법의 잣대만 들이대서는 안 된다는 사고다. 도덕적 잣대 안에서 법적 처벌은 부수적인 것처럼 보였다.

1954년 발행된 『조정독본調停読本』에는 나중에 도쿄 가정재판소장이 된 일본조정협회 연합회장의 서문이 있다. 그는 조정의 기본이념은 '화和'로서 쇼토쿠聖徳태자가 1350년 전에 제정한 「17조 헌법憲法」에 그 정신이 있다면서 화를 소중히 하는 게 국민성이기에 일본에서 조정제도가 발달하는 것은 당연하다고 했다.[21] 법적 해결의 기본이 화

---

20) 大久保喬樹, 『일본문화론의 계보』, 237-247.

가 의미하는 도덕 기준과는 다른 것임을 구분하지 못한 것이다. 오히려 그것을 구분하지 않는 것이 법적으로도 올바른 태도라고 말한 것이다.

법적 다툼에서조차도 법과 도덕을 혼동하게 만드는 태도는 자신의 지위나 신분 혹은 직업 등에 걸맞는 삶과 행동에 대한 사회적 요청인 '분한分限사상'[22])에 의해 강화된다. 분한사상은 지배와 통제를 정당화시키고 지배와 피지배 사이의 계급적 구성을 고정시켜 사회적 생활권을 협소하게 함으로써 포기와 숙명관 그리고 인종忍從 같은 태도에 연결된다.[23]) 그렇게 형성된 포기와 인종은 법적 다툼이 생겼을 때 도덕을 개입시켜 다툼을 푸는 방식을 받아들이게 만든다.

법과 도덕의 혼동은 사상 탄압에서도 확인된다. 체제의 정체성을 지키기 위한 전전의 치안유지법은 주로 공산주의나 무정부주의를 단속했다. 이는 파시즘에 대한 탄압보다 더 근본적이고 적대적이었다. 공산주의 등을 더욱 비합법이라 본 이유는 합법의 기준이 천황주의에 관한 도덕적 인식과 결부되었기 때문이다. 파시즘과 비교하면 공산주의 등은 천황주의 체제에 대한 도덕적 대립물임이 보다 명백했기 때문이다. 합법과 비합법의 판단기준이 도덕관념일 정도로 법과 도덕이 혼재한 것이다.[24])

그런 모습은 번역에서도 확인된다. 일본이 서구적 법 관념을 취할

---

21) 川島武宜, 『日本人の法意識』, 182.

22) 분한사상은 봉건사회의 계급적 질서의 안정을 위한 것이다. 지배계급의 입장에서는 각 지위나 신분의 성원이 신분에 안주하고 신분적 이동을 꾀하지 않고 자신의 처한 위치에 만족하며 살기를 바란다(櫻井庄太郎, 『日本封建社會意識論』, 119-121.). 따라서 분한 사상은 지배계급에 의한 지배와 통제를 도와주는 작용을 하도록 피지배계급에 강요된다. 그래서 피지배계급의 인생관이나 사회관을 구성한다. 서민들은 지배계급의 분한사상을 무비판적으로 받아들이는 소극적 태도를 보였다(野村兼太郎, 『德川時代の社会経済思想概論』, 114, 167-172.).

23) 櫻井庄太郎, 『日本封建社會意識論』, 135-136.

24) 林 尚之, 「近代日本の思想司法」, 67.

때 그나마 전통적 가치 의식과의 마찰이 크게 없었던 이유의 하나는 번역에도 있다. 예로 서구의 「법law, loi, droit, Recht」 관념은 「법法」이라는 한자어로 번역된다. 서구의 법 관념이 중국에서의 법法이 내포하는 관념과 친근성이 있는 것으로 이해된다. 마치 서양의 법이 유교적인 「도道」나 「법法」과 동일시되는 듯했다. 그런 동일시가 큰 의문 없이 받아들여진 것이다.25)

법과 도덕의 동일시는 법을 통치 도구로 보는 관념과도 결부된다. 근대 일본에서는 법이 국민을 위해 창출된 것이라는 사고방식이 약했다. 법을 수단적 허구로서의 절차적 형식이라 보는 서구적 사고방식은 법전문가조차도 지니지 못했다. 메이지헌법이 천황의 흠정이듯 법은 주어지는 것이었다.26) 일본은 외국법을 배우더라도 그 민주적 기본정신은 접하지 못하고 '화혼양재和魂洋才'의 입장에서 법 기술만 배운다.27) 그렇게 법을 통치의 도구로 보기에 도덕이 법의 영역에 침범하는 것이다.

법과 도덕의 혼재는 정당방위에 관한 소극적 입장에서도 읽혀진다. 정당방위 행위는 범죄의 구성요건에 해당하더라도 위법성 조각의 사유가 된다. 급박하고 부당한 침해에 대해 생명이나 신체나 재산을 보호하기 위한 정당한 반격은 부득이하기에 위법성이 없어 무죄에 이를 수 있다. 물론 반격이 정당한 방위의 정도를 넘는 과잉방위라든지 급박하고 부당한 침해가 실은 없는데도 있다고 잘못 판단한 오상방위도 있지만 그 경우에도 형 감면 등이 고려된다.

---

25) 石田 雄, 「日本における『合法性』成立過程の一特質」, 138-141.; 山中永之佑, 「明治期日本の西歐法継受に関する研究」, 163.

26) 石田 雄, 「日本における『合法性』成立過程の一特質」, 155-156.

27) 福島正男, 「明治初年における西歐法の継受と日本の法および法學」, 184.

그런데 일본의 수많은 범죄물이나 형사 드라마에서 정당방위는 극히 소극적으로 읽혀진다. 마침내 진실이 폭로되는 혐의자의 자백 장면에서 묘한 이질감이 느껴진다. 일반적으로 정당방위라고 볼 수 있는 행위인데 자백의 무게 중심이 잘못 두어진 것이 아닌가 하는 위화감이다. 근대적 문명 세계에서는 보통 자신이 정당방위임을 우선 강조한다. 과잉방위나 오상방위라고 판단될지언정 일단 정당방위였다고 주장하는 게 제대로 된 법적 대응이다.

그럼에도 일본의 형사물에서 혐의자는 정당방위 상황에 대한 인식이 현저하게 약한 듯 보인다. 분명히 정당방위를 말할 수 있는 살인이거나 기껏해야 과실치사나 폭행치사에 불과한 것이 분명해 보이는데도 일단 '죽였다'에 초점이 맞춰진다. 혐의자가 정당방위에 해당하는지 같은 것엔 관심이 없다. 정당방위든 과잉방위든 혹은 과실치사인지는 거의 중시되지 않는다. 일본 사회에서 정당방위 주장에 대한 관심 자체가 덜한 것은 분명해 보인다.

여기서도 법과 도덕을 잘 구분하지 못하는 태도가 보인다. 법은 도덕적인 당부당과 구별된다는 것이 서구의 법과 도덕에 관한 이원적 사고다. 사망에 이르렀더라도 정당방위 행위자는 법적으로 위법성이 조각되어 처벌할 필요가 없는 게 되므로 방어적인 가해행위 자체만 따로 떼어 평가하는 것은 바른 것이 아니다. 자신이 유발한 것도 아니라면 더 그렇다. 법적으로는 그렇다. 그러나 일본의 도덕적 사고에서는 결과가 지닌 비도덕적 결말이 법적 평가를 압도한다. 도덕이 법의 영역을 축소시킨다.

실무 상황도 그렇다. 일본 형법도 제36조에서 급박·부정한 침해에 대해 자기나 타인의 권리를 방위하기 위해 부득이하게 한 행위는 처벌하지 않고 과잉방위일 때도 형을 감면할 수 있다고 규정한다. 그럼에도 수사나 재판의 실무에서 정당방위 성립을 인정하는 것은 과거에도 상당히 제한적이었고 지금도 여전히 제한적이라고 평가된다. 심지어 폭력 피해 여성들이 가해자를 살해한 경우에도 실무에서 정당방위가 인정되는 경우가 거의 없는 지경이다.

원인은 법의식의 도덕적 성격에서 찾아볼 수 있다. 부당한 공격에 대해 개인의 방위행위를 폭넓게 인정하는 문화가 아니다. 그런 문화가 법의식에서도 정당방위를 폭넓게 인정하지 못하는 실무의 태도로 이어진 것이다. 그래서 미국이나 독일에 비해 정당방위를 인정하는 범위가 협소하다.[28] 위법성조각이라는 법적 판단이 살인이라는 도덕적 판단 앞에서 부수적인 것으로 치부되고, 심지어 도덕적 관점의 상대적 우위까지 확인되는 것이다.

3. 비법적 호소의 마력

법적 해결이 필요하다고 보이는 분쟁이나 문제가 발생한 경우의 처리 행동에서 일본이 미국이나 영국 등 타국과 비교되는 뚜렷한 특징이 있다. 변호사나 재판소를 이용하는 것이 적다.[29] 법률에 가깝지 않고 법에 호소하는 경향이 약하다. 비법적 해결로 귀결된다는 결과적 측면만을 말하는 것이 아니라 법적 사고와도 친하지 않다. 서양사회도 법적 해결만 있는 건 아니다. 재판의 귀추가 예상되면 법정 외에서 해결되는 사건도 적지 않다. 다만 그것은 법적 추론이

---

28) 하민경·서용성·김성화, "일본의 정당방위", 191-197, 224.
29) 村山眞維, 「わが国における弁護士利用パターンの特徴」, 26.

작용한 뒤의 결론이다.[30] 반면 일본에서는 해결방식은 물론이고 그에 이르는 사고도 비법적이다.

근대에 들어와서도 비법적 사고가 흔하다. 법률을 모른다는 말이 부끄러운 말이 아니다. 상당한 식자층이나 신사계층에서도 평온하게 법을 모른다는 말이 오르내릴 정도다.[31] 그렇게 법에 의존하지 않는 문제해결 방식이 제도적 혹은 비제도적으로 자리 잡고 있다. 물론 법 외적 해결은 긍정적일 수 있다. 오늘날 '재판 외 분쟁 해결 절차'는 법적 해결 방식을 알면서도 다툼을 보다 간명하고 궁극적이고 저비용으로 해결하는 태도로 각국에서 채택된다. 그런데 일본의 비법적 호소는 이념이 그와 다르다.

법외의 권력적 혹은 도덕적 해결방식에 의존한다. 분쟁 해결의 수단을 비법적으로 구하는 태도는 '융통성' 같은 것이다. 융통성이 받아들여진다는 것은 법을 그대로 강요하기 어려운 문화다. 미국인이 법률, 규칙을 잘 지키고 그것을 이용하는 국민이라면, 일본인은 법관념이 명료하지 않고 정상, 의리, 인정, 우정, 진심 등을 중시하고 그에 의존한다.[32] 법 적용에서도 융통성이 존중된다. 법을 유연하게 적용하는 것이야말로 융통성 있는 태도로 높게 평가된다.[33]

일본의 법규정이 비교적 간단한 것도 법의 문언을 융통성 있게 해석하는 경향에 맞춘 것이다. 프랑스민법이나 독일민법은 규정이 상세하다. 프랑스민법은 2,281조다. 메이지민법은 1,146조로 간단한 편에 속한다. 법문의 개괄화는 국민을 규제하는 국가 측에서 형편에

---

30) 碧海純一, 「裁判における論理の機能」, 37.

31) 尾佐竹猛, 『判事と検事と警察』, 146.

32) 川島武宜, 『日本人の法意識』, 98.

33) 千葉正士, 『法社会学』, 148.

적당한 조치를 취하기 위한 여러 융통성의 여지를 두었다는 숨은 의미를 지닌다. 법에 얽매이지 않는 비법적 호소의 경향은 국민적 태도이면서 국가적 정책 방향이기도 한 것이다.

법문의 개괄화는 법이 정책적 필요에 의해 만들어졌기에 국민 생활과 거리가 있기 때문이다. 법과 현실과의 갭에 따른 불가피한 정책적 방향이 법문의 개괄화다. 일본은 서구적 법제도와 전통적 도덕 및 관습과의 이원성을 승인하되 그 위에서 가능한 한 법제도가 도덕이나 관습에 반하지 않게 만들었다. 그래서 근대적 법제도는 국민과의 사이에 불가피한 간극을 만들어 국민 생활과 유리된다. 그러다 보니 법문을 경직되지 않게 개괄적인 것으로 해서 유연한 해석을 무리 없이 할 수 있게 했다.

유연한 해석의 결과 법문이 개정될 필요에 이르기까지의 시간도 길다. 그런데 유연한 해석을 가능하게 만든 개괄적 법문이 법률 불신도 만든다. 법문이란 융통성 있게 해석해서 잘 운용하면 된다거나 법률은 일상생활을 영위하기 위한 도구 혹은 윤활유 같은 것이라거나 혹은 법문은 상황에 맞춰 적당히 가감하거나 융통성 있게 이해하면 된다거나 때로는 무시해도 상관없지 않느냐는 식으로 받아들인다.34) 그렇듯 비법적 호소 경향은 정책적 측면과 결합된다.

패전 후의 정치적 사회적 이데올로기적 변혁은 거대한 것이지만 퍼스낼러티 속에 내면화된 법의식은 급격히 변화하지 않았다.35) 내면화된 법의식은 도덕적 의식에 의해 희석되어 있다. 그 도덕적 의식은 예로 베네딕트R. Benedict가 일본문화의 한 모습이라고 지칭한

---

34) 利谷信義, 『日本の法を考える』, 157-159, 179.

35) 川島武宜, 『日本人の法意識』, 182.

세간에 대한 '부끄러움' 같은 것이다. 부끄러움이 행동의 표준인 사회라는 의미의 '수치의 문화' 같은 것이 법의식을 희석한다.

그것은 법적인 수치가 아니다. 법을 중시하는 사회에서 법을 위반할 때의 죄의식과는 다른 세간의 이목이다. 법보다도 세간의 이목에 더 신경 쓰는 사회다. 수치의 문화가 분쟁을 법 이외의 방법으로 해결하도록 이끈다. 그런 문화에서는 법에 호소하는 것은 싸움을 좋아하는 것에 불과한 일종의 수치이기 때문이다. 그런 법문화로 인해 전근대에서부터 분쟁이 되더라도 조정이나 화해가 효율적인 해결 수단이 되었다.

거기에는 공동체적 고려가 있다. 전근대 일본에는 산이나 하천부지의 초지의 이용 즉 풀베기나 농사용 소 사육을 위한 이용 그리고 용수 이용을 둘러싼 분쟁이 많았다. 중세에는 다이묘나 바쿠후 등에게 호소하거나 농촌 거주 사무라이地侍의 조정에 의존했다. 농촌의 사무라이는 촌락의 지도자였기 때문이다. 에도시대에는 점차로 지방 관청이나 지방공무원으로서의 부교奉行나 다이칸代官에 제소한다. 그런데 그 경우에도 지역과 관련된 유력 가문들이 조정안을 만들어 제시함으로써 사실상 해결되곤 했다.36)

---

36) 水本邦彦,『村: 百姓たちの近世』, 45-61.; 그와 달리 조선은 분쟁의 내용이나 소송물의 성격부터 달랐다. 또한 쟁송을 다투는 것을 궁극적인 해결방식으로 이해하는지에 관한 입장에서도 달랐다. 조선에서는 분묘 및 분묘 주변의 산지를 대상으로 하는 이른바 「산송山訟」 즉 묘지소송 그리고 노비나 전답에 관한 소송이 당시의 민사소송이라고 할 수 있는 「사송詞訟」의 주류를 이루었다. 특히 산송은 심각했다. 조선에서는 묏자리에 따라 후손들의 길흉이 좌우된다고 믿었기 때문에 그런 행동은 당연한 것이었다. 그러나 이런 이유를 정확히 이해하지 못하는, 구한말 조선을 방문한 외국인들의 눈에는 이런 현상은 크게 기이한 모습으로 비춰지기도 했다. 한편 초지의 이용이 조선과는 달리 일본에서는 심각한 분쟁의 목적이 된 것은 농사용 퇴비와 관련된 것이다. 즉 조선이나 일본이나 소를 방목하기 위한 초지의 필요성에서는 동일하지만, 퇴비의 면에서는 조선에서는 농사용 거름에 주로 인분 등을 사용했기에 초지가 퇴비에 크게 필요한 것은 아니었던 반면 일본에서는 인분을 거름으로 사용하는 경우가 적고 상대적으로 초지가 퇴비용으로도 크게 필요했기 때문이다. 그래서 일본에서는 아직도 초지의 이용 등에 대해 개방적이지 않은 측면이 있다. 즉 마을 뒷산 등의 특정 구간 등에 울타리 등으로 출입을 금지시키는 경우가 적지 않은데 이는 전근대에 적지 않았던 초지 분쟁 등에 따라 소유권을 분명히 하는 과정에서 나타난 산물로 보인다.

전근대에는 촌락공동체 사이의 분쟁 말고도 개인 간 분쟁도 적지 않았다. 주로 금전이나 쌀의 대차貸借로 인한 소송이나 토지소유권 다툼이었다. 그런 경우 대체로 해당 지역 유지나 관청 관리 등의 중개로 해결하는 '내제內済'가 장려된다. 내제는 화해의 의미에 방점이 있기보다는 판결에 이르지 않는 해결이라는 차원에서 주로 권유된다. 그것이 불가능해 판결에 이르는 '재허裁許'는 극히 드물었다. 비법적인 종결 방식이 대다수를 차지한 것이다.

오늘날의 법 외적 호소로는 '합의'가 큰 몫을 한다. 합의를 의미하는 '지단示談'은 형사사건이나 교통사고 등에 많다. '지단'은 민법상의 화해계약과 비슷하지만 화해계약이 상호 양보를 전제로 하는 것임에 비해 지단은 범죄나 사고 등의 가해자가 일방적으로 제시한 조건에 응하는 경우까지 포함한 개념이기에 조금 차이가 있다. 흔히는 위자료나 치료비 혹은 수리비 등 명목의 금전을 내고 대신 재판에 가지 않거나 고소나 피해 신고를 하지 않거나 가족 등에게 알리지 않는 등의 조건을 제시하고 응하는 형태다.

'지단'은 손해배상에 의한 피해 회복 목적도 있지만 금전으로 사죄를 표해 용서를 구하고 형사처분을 면제 혹은 감형되도록 하는 의미, 제3자에게 사실이 알려지지 않도록 하는 입막음용의 의미, 재판에서 다투는 데 드는 시간이나 비용 부담을 줄이고 싶다는 등의 복합적 의미가 포함되어 있다. 따라서 일반적으로는 재판에서 인정될 것으로 예상되는 배상금액보다 고액인 경우가 많다. 그럼에도 이를 감수하는 사실에서 보듯 법 외적 해결방식을 긍정적으로 보는 사고 방식이 큰 것이다.

4. 재판 혐오의 신화

비법적 호소의 문화는 재판 혐오로 이어진다. 일본인이 재판을 싫어한다는 것은 잘 알려져 있다. 사인 간의 분쟁을 소송으로 해결하는 것을 주저하거나 싫어하는 경향이다. 전통사회에서도 그랬지만 오늘날도 마찬가지다. 비교 대상이 미국같이 재판을 분쟁 해결의 흔한 수단으로 고려하는 나라일 때뿐만이 아니라 한국과 비교하더라도 재판을 싫어하는 축에 속한다. 더욱이 조정 등을 권유하는 국가적 정책이나 입법의 측면도 그런 소송회피의 경향이 두드러지는 것과 무관하지 않다.[37]

재판을 싫어한다는 것이 정설이 된 데에는 1967년 가와시마 다케요시川島武宜의『일본인의 법의식日本人の法意識』발간 등이 영향을 미친다. 그 이후 고정관념처럼 되었기 때문이다. 가와시마는 근대적 법과 일본인의 법의식 간의 어긋남을 나타내는 중요지표의 하나로 재판을 싫어하는 점을 든다. 물론 반대 견해도 있다. 또 결론은 비슷하더라도 논점이 조금 다른 입장도 있다. 거기서는 재판을 싫어한다는 표현을 사용하지는 않지만, 근현대의 일본인이 분쟁 해결을 재판 외에서 행하는 것을 좋아한다고 표현한다.[38]

그런데 소송 기피는 일본만의 특성이라 보기 어렵다는 설도 있다. 가와시마의 주장을 이론적으로 검토해 한국의 1950-60년대를 평가하면서 법보다 예를 우선시하고 법을 형법이라 인식하고 있고, 소송을 기피하고 조정과 타협을 선호하는 점을 들어 한국도 전통적 법문화가 비법적이었다고 보는 이론이 있다.[39] 그런데 한국의 1910-20

---

37) 川島武宜,『日本人の法意識』, 127-132.
38) 水林 彪,「日本的法意識の歷史的基礎」, 41.; 熊谷開作,「日本的法意識形成の歷史過程の一例」, 25.

년대 민사사건 총수나 인구대비 사건 수는 1950-60년대를 능가했다. 70년대에 들어서야 강점기의 소송률에 근접했다. 따라서 한국의 '소송기피 문화론'은 소송이 적었던 1950-60년대의 현상에 터잡은 것에 불과하다.[40]

실제로도 조선시대의 소송법 연구 등을 통해 조선은 소송이 많은 사회였음을 실증한 연구도 있다. 소송접수 등 자료를 근거로 그와 같이 평가한다. 또 18-19세기의 묘지를 둘러싼 이른바 산송山訟 문서를 통해 역시 조선이 소송사회였음을 입증하는 연구도 있다. 그런 연구들은 조선이 '무송無訟 사회'가 아니라 소송이 빈번했던 사회였음을 보여준다.[41] 그렇다면 여전히 일본이 상대적으로 소송을 기피하는 사회라는 점은 의미를 지닌다고 볼 것이다.

재판을 싫어하는 점과 조정 등을 권유하는 국가정책 방향을 묶어서 이해하면 일본인은 법적 기준을 고수한 엄격한 분쟁 해결을 싫어하고 융통성을 좋아하고, 분쟁 해결을 시도하더라도 강한 권리주장을 필요로 하는 재판절차가 아니라 조정절차 같은 것이 사법정책적으로 더 발달되었다고 요약된다. 이는 실증된다. 1심 민사분쟁에서 소송 대 조정 비율은 1985년에는 거의 4 대 1이고, 민사조정에 가사조정까지 포함시키면 거의 2 대 1이다. 소송에 이르러도 화해가 더 주류가 되고, 절차상으로도 최근에는 화해 겸 변론 등이 실무에서 자리 잡기도 했다.[42]

---

39) 양건, "한국과 일본 간의 비교법문화론을 위한 서설".; 鄭肯植, 鄭鐘休,「韓国における法史学研究現況」, 147.

40) 문준영, "한말과 식민지시기 재판제도의 변화와 민사분쟁", 274.

41) 박병호,『근세의 법과 법사상』.; 鄭肯植, 鄭鐘休,「韓国における法史学研究現況」, 148.

42) 加藤雅信,「日本人の法意識」, 194.

다만 그런 의식은 정책적으로 형성되고 굴절된 측면이 있다. 특히 메이지시대 이후에 형성된 측면이 크다. 1883년에 시심재판소와 치안재판소가 신규 접수한 민사소송은 이전과 달리 급증해 24만 건 정도에 달한다. 권리의식을 고양시킨 자유민권운동이 활발하던 시기다. 그런데 1884년부터 급감해 1885년에는 전성기의 10분의 1 이하가 된다. 이 점에서 자유민권운동과 민사소송의 성행 사이의 인과관계가 읽혀진다. 1885년의 격감은 당시의 자유민권운동의 좌절 상황과 관계가 있다고 보이기 때문이다.

1881년에 재판소기구가 크게 변혁되면서 화해를 권장하는 권해勸解제도가 강행된 것도 그 변화와 연관된다. 부현재판소 시절에도 권해는 행해졌지만 당시는 당사자의 의사에 따르는 것이었다. 강제적 전치주의로 된 것이 1881년이다. 그렇게 보면 정부 정책이 민중을 재판에서 멀어지게 만든 것일 수 있다. 특히 치안재판소가 비교적 소가가 적은 민사소송의 1심을 담당하고, 게다가 소송사건을 권해로 해결하는 임무를 맡게 된 사정 등이 일반적인 소송을 싫어하게 된 데 영향을 준 것일 수 있다.[43]

그렇다면 비록 일본의 재판 특히 민사소송이 인구비례로 다른 국가들보다 현저하게 적은 것이 사실이더라도 그것이 재판 혐오라는 국민적 본질의 산물인지에 대해서는 의문이 있다. 특히 당시 통계를 자세히 살펴볼수록 그런 의문은 더욱 커진다. 일본에서는 1875년 이래 사법통계가 이루어지는데 당시 민권운동의 영향으로 사건 수가 급증했음이 확인된다. 민사소송의 경우 1874년의 건수보다 1875년이 되면 2배 이상이 되고, 다시 1876년이 되면 전해의 2배 이상이

---

43) 熊谷開作, 「日本的法意識形成の歷史過程の一例」, 26-31.

된다.44)

1875년의 1심 민사소송 수리 건수는 325,837건이다. 화해권고의 일종인 권해가 본격적으로 행해진 1976년에도 민사소송 수리 건수는 328,063건이고 권해가 181,561건에 이른다. 자유민권운동의 최성기인 1882년에는 1심이 188,517건, 권해가 875,659건이다. 1883년에는 1심이 239,675건, 권해는 1,094,659건에 달한다. 양자를 합계하면 130만 건을 넘어선다. 1990년대에 민사소송의 연간 신건 접수가 20만 건 정도인 것에 비하면 놀라운 사실이다. 이를 보면 일본인이 재판을 싫어한다고 말하는 것이 타당한지 의문이다.45)

그러나 그런 모습은 일시적이었다. 메이지시대의 일시적 현상을 제외하고는 타국에 비해 소송이 일관되게 적다. 시대의 경과에 따른 변화조차도 없을 정도로 민사소송 건수는 거의 증가되지 않았다. 1930년 무렵과 1985년 무렵을 비교하면 인구나 법인 수 증가, 변호사 수, 전후의 경제성장이라는 점에서 당연히 분쟁도 증가했을 것인데도, 소송사건 수는 두 기간 모두 약 26만 건으로 큰 변화가 없을 정도다.46)

1964년의 사법개혁을 위한 임시사법제도조사회의 심포지엄에서 나온 표현을 보더라도, 일본에서는 분쟁 상황이 되더라도 시간과 금전이 들고 어렵다는 이유로 소송으로 가는 경우는 많지 않다. 분쟁이 있더라도 위와 같은 이유들로 인해 재판소에 맡기지 않는 경우가 과반수를 넘는다는 것이다.47) 분쟁을 재판으로까지 몰고 가지 않는

---

44) 加藤 高, 「明治初年, 広島県聴訟課の家事裁判」, 126-129.

45) 利谷信義, 『日本の法を考える』, 12-13.

46) 日本裁判官ネットワーク 編, 『希望の裁判所』, 235.

47) 我妻 栄 他, 「司法制度改革の基本問題(シンポジウム)」, 51.

현상은 특히 한국의 경우와 통계로 비교해 보면 분명히 확인된다.[48) 재판 혐오가 통계로 실증되는 것이다.

그렇게 재판을 싫어하는 이유에는 여러 가지가 거론된다. 우선 사적 이익을 내세우는 것을 꺼리는 문화다. 일본에는 전통사회에서부터 지금까지도 향토나 국가나 집단 차원의 가치가 우선순위가 되고 사적 이익을 강조하는 것은 바람직하지 않다고 보는 사고가 있다. 사익의 강조는 전체적 가치의 일부로서 의미가 있을 때 용인되는 정도다. 그래서 진실을 밝히자든가 정의를 바로 세우자든가의 문제도 국가나 집단의 명분에 비하면 부차적인 것이 된다. 그래서 민사소송이 적을 수 있다.

또한 전통적 일본의 법의식은 권리나 의무라는 것이 명확히 확정적인 것으로 되는 것을 좋아하지 않는다. 권리나 의무가 명확하거나 확정적이 되지 않는 것에 의해 우호적 협동체적 관계가 성립 유지된다. 그래서 재판에 의해 권리나 의무가 명확해지고 확정적이 되는 것을 원치 않는다. 흑백을 명확히 함으로써 우호적 협동체적 관계의 기초를 파괴하는 소송은 곧 싸움을 거는 걸 의미한다.[49) 법의 영역에서조차도 흑백을 구태여 가리지 않는 것이 순리라고 평가받는다. 명확한 판단기준을 들어 주장을 내세우는 자는 이치를 모르는 단순

---

48) 2018년 기준으로 민사에서 소액사건이나 지급명령 그리고 민사조정 사건을 인구비례를 감안하여 비교하면 국민 1인당 사건 접수가 한국이 일본의 4.95배다. 또 같은 해를 기준으로 형사약식명령 사건 접수를 기준으로 비교하면 한국이 5.74배다. 같은 해 전국 지방법원 1심 형사소송사건 처리는 237,699건으로 일본의 55,978건의 4.24배이고, 인구비례를 감안해 보면 국민 1인당 형사사건 처리는 한국이 일본의 10.41배다(백광균·안좌진 외, "일본의 법관 업무부담 결정요인에 관한 연구", 413-414, 425.). 여기서 형사사건도 비교 대상이 될 수 있다. 형사사건은 범죄율의 문제와도 결부되기는 하나 수사의 단서가 인지 외에 고소나 고발에도 기인하고, 재판이나 다툼을 싫어하는 국민정서가 고소나 고발 등으로 많이 이어지지 않아 수사의 단서를 제공하지 않아 형사소송이 적게 된 것과도 무관한 것이 아니라서 형사소송도 비교의 대상일 수 있기 때문이다.

49) 川島武宜, 『日本人の法意識』, 139-140.

한 자로 취급당할 뿐이다.50)

권리나 의무에 대한 관념과 관련해 보면 개인주의에 익숙하지 않은 점도 재판을 기피하는 요인이다. 일본은 전근대부터 개인주의에 익숙하지 않다.51) 그래서 개인주의에 기반을 둘 수밖에 없는 재판이라는 제도가 썩 내키는 제도가 아니다. 그래서 소송에 친하지 않다. 자립적인 개인 개념이 약하기에 개인이 자유와 권리를 남에게 내세우는 것에도 익숙하지 않거니와 개인의 책임이나 의무에 관한 의식도 희박해서 개인을 소송 상대방으로 위치지우는 것에도 익숙하지 않기 때문이다.

달리 볼 수도 있다. 일본에서 소송이 많아졌던 시기가 민권운동 시기만은 아니다. 에도시대에도 소송은 적지 않았다. 당시에는 권리나 의무라는 용어조차 없었다. 그럼에도 동산이나 부동산의 매매나 임대차, 인적·물적 담보, 어음 등의 거래법 분야에서는 권리관계는 상당히 인정되고 있었다.52) 그래서 1718년에 에도의 마치부교가 취급한 소송 건수는 47,731건이라고 한다. 그리고 근세 후기에도 그런 경향은 더 커져서 전국 각지에서 소송 건수가 방대해졌다고 한다.

50) 나쓰메 소세키夏目漱石의 소설 『도련님坊っちゃん』의 주인공 '도련님'은 '한 것은 한 것이고 안 한 것은 분명히 안 한 것이다'라는 식으로, 정직이나 진솔이라고 표현되는 명확한 판단기준에 따라 행동한다. 그런데 일본에서는 그런 자는 단순한 자로서 그저 세상에서 비웃음을 사는 자로 비춰진다. 그런 자에 대한 비웃음은 재판을 즐기는 자에 대한 비웃음과 같은 종류다. 또한 소세키의 『나는 고양이로소이다吾輩は猫である』의 한 대목에서도 재판을 싫어하는 정서가 읽혀진다. 서양의 적극적인 사고방식처럼 마음에 들지 않으면 싸움을 하고 상대가 손을 들지 않으면 법정에 호소하고 이기면 결말이 난다고 생각하는 것은 잘못이라고 한다. 일본식 사고방식은 있었던 그대로의 관계에서 안정을 찾을 수 있는 수단을 강구하는 것이라 했다. 재판이 궁극적 해결책이 아니고 설사 재판에 의해 일도양단의 해결이 되더라도 편해지기는커녕 오히려 마음이 불편하기만 한 것이라고 생각하는 사고방식이다.

51) 근세 이후 특히 메이지시대에도 서구의 개인주의가 자유주의, 민주주의, 입헌주의의 원리들과 함께 유입되었지만, 메이지 정부는 개인주의를 전통적인 '가家' 개념을 중심으로 한 천황 중심의 가부장적 국가원리 즉 '국체'의 근본에 배치되는 원리로서 배척하였고, 특히 '쇼와유신'이 지배하고 태평양전쟁에 이르게 되는 시기에는 '개인주의 배격'의 풍토가 극심해졌다.

52) 牧 英正·藤原明久 編, 『日本法制史』, 245.

그래서 남소가 사회문제시 될 정도였다. 그만큼 오늘날의 권리에 상당하는 것을 강렬하게 주장하고 있었고, 상대방에게 의무에 해당하는 행위의 이행을 요구하는 의식도 적지 않았다.53) 이를 보면 권리나 의무에 대한 의식이 희미해서 소송을 기피한다는 해석이 부정될 여지도 있다. 그런데 이와 관련해 주목할 만한 견해가 있다. 일본에서 소송 특히 민사소송이 근대 이후에도 늘지 않고 있는 것은 권리주장이 취약하다든가 하는 전통적이고 문화적인 것이 아닌 다른 요인에 기인한다는 것이다.

실은 합리적 선택의 결과라는 것이다. 비교적 근래에 나타난 이러한 견해는 재판 등을 이용하지 않는 것은 사법제도나 그를 둘러싼 환경의 비효율성 때문이라고 한다. 변호사비용의 예측 곤란, 재판에 시간이 걸리는 점, 변호사에의 접근의 어려움 등이 원인이라는 것이다. 결국 낮은 제소율은 소송을 좋아하는지 여부나 권리의식이 약한지 여부 등의 문화적 요인에 귀결시켜야 하는 것이 아니고 사법제도나 그를 둘러싼 제 환경을 전제로 비용 대 효과를 고려한 합리적 행동의 결과로 보아야 한다는 것이다.54)

특히 민사소송에의 접근을 저해하는 가장 큰 요인은 비용이다. 소송 이용자 조사를 통한 2006년의 어떤 견해에서는 민사소송을 주저하는 이유 중에 비용문제로 주저한다는 응답이 무려 67.2%로 가장 많고 그 다음이 시간이 많이 걸린다는 것이다. 비용으로 인한 장애의 최대 원인은 말할 것도 없이 변호사보수 부담이다. 재판을 이용하지 않는 이유의 가장 큰 요인은 비용이고, 비용이란 대부분 변호

---

53) 大木雅夫, 『日本人の法観念』, 194, 197.
54) 佐々木吉男, 『民事調停の研究』, 113-123.; 大木雅夫, 『日本人の法観念』, 237-244.; 加藤雅信, 「日本人の法意識」, 192.

사보수 부담인 것이다.55) 그 외에도 「문화적 요인론」과 「합리적 행동론」을 통합한 견해도 있다.56)

그런 설명들은 결국 일본에서 사법 역할이 상대적으로 작다는 것으로 귀결된다. 실제로 일본변호사연합회의 전 회장 나카보 고헤이 中坊公平는 일본 사법의 실정을 「2할 사법」이라고 평했다. 말하자면 분쟁을 해결하는 데 있어 사법은 자신이 발휘할 수 있는 기능의 20%밖에 발휘하지 못하고 있다는 것이다.57) 이는 재판 혐오라는 실정을 사법의 기능 부전이라는 시각에서 이해한 것이기에 보다 객관적인 관점이 될 수 있을 것이다.

5. 재판 외적 분쟁 해결

소송을 싫어하는 경향이나 비법적 해결방식에 의존하는 법문화와 무관치 않은 것이 조정이나 화해의 강조다. 조정은 제3자가 화해의

---

55) 佐藤岩夫・菅原郁夫・山本和彦, 『利用者から見た民事訴訟: 司法制度改革審議会 「民事訴訟利用者調査」の2次分析』, 6.; 竹下守夫, 「司法制度改革と民事司法」, 9, 14.

56) 어떤 국민이든 결국 사회적 환경과 기존 제도를 전제로 하면서 비용 대 효과 문제를 고려하면서 합리적인 행동을 하고 있는 것에 불과하다는 것이다. 즉 이 견해는 왜 일본인이 그런 비효율적인 사법제도를 개혁하려고 하지 않는가 하는 문제의식에서 출발한다. 즉 왜 다른 면에서는 상당히 효율적임에도 불구하고 왜 사법제도는 비효율적인 상태로 만족하느냐 하는 것이다. 그래서 보건대 일본에서는 사적 분쟁 해결이 지니는 역할과 행정적인 개입이 지닌 사회적인 비중이 미국보다 압도적으로 크다는 것이다. 그 경우 사법제도가 비효율적이기 때문에 재판에 호소하지 않는다는 것은 그 자체로 맞는 말일 수 있지만 그런 사회조직 자체는 일본이 만든 것이라는 것이다. 즉 미국이 사법제도를 정비할 사회적인 필요성이 강했다면 일본은 그렇지 않았다는 것이다. 일본에서는 분쟁 해결을 위한 사회적인 필요성이 다른 경로에 의해 충족될 수 있었기 때문이다. 그렇게 보면 사회 전체의 제도설계 근저에 다시 문화적인 요인이 얽혀 있어서 그것이 동시에 사람들의 행동양식을 결정하고 있다는 것이다. 다시 말하면 구미에 비해 일본에 있어서 법과 법률가의 사회적인 역할이 상대적으로 작은 것은 사법부를 포함한 사회적인 제도설계를 직접 반영하고 있는 사회현상임과 동시에 그 근제에 있어서 문화적인 요인에 의해서도 규정되고 있다는 것이다(加藤雅信, 「日本人の法意識」, 192-193.).

57) 石田榮仁郞, 「司法改革」, 21.

조건이나 내용을 분쟁당사자에게 제시해 합의로 해결하는 절차이고, 화해는 서로 양보해 분쟁을 끝내는 절차다. 일본에서는 조정이나 화해가 활성화되어 있다. 그래서 재판의 심리가 어느 정도 진행되면 재판관이 화해를 권하는 분위기가 적지 않다. 재판관 입장에서도 빨리 사건을 처리함으로써 판결문을 쓰는 힘든 작업을 생략할 수 있기 때문이다.[58]

그런데 제소자는 애초에 재판을 원한 것이다. 강권된 조정이나 화해를 받아들이더라도 서로 만족하지 못하는 경우도 허다하다. 그런데도 조정이나 화해가 활성화되는 이유에서도 비교적 법적 다툼을 좋아하지 않는다고 알려진 사고방식이 등장한다. 분쟁이 심각해서 각오하고 제소했지만 그래도 조정이나 화해를 받아들이기도 쉽다는 것이다. 게다가 국가 권력적으로 강요하는 그런 강권은 일본인이 상당히 권력에 순종적이라는 사실에도 의존한다.[59]

실은 조정이나 중재의 전통은 일본만의 모습은 아니다. 같은 동아시아인 중국도 전근대 왕조사회에서 마찬가지였다. 중국의 재판관은 본질적으로 중재자나 조정자에 가까웠다. 조화를 중시하는 유학적 사고방식은 법의 기능을 사회적 안정성을 만드는 것이라고 보았다. 행정과 사법의 미분화 측면도 이를 부추겼다. 결국 법적 시비를 가려 승자독식의 판결을 만드는 것은 회피되었다.[60] 즉 전근대에서부터 중국은 소송을 천박한 풍속이라고 보았고 다툼이 있더라도 '무송

---

58) 瀨木比呂志, 『絶望の裁判所』, 135-136.

59) 와츠지 데츠로에 의하면, 토지의 기후, 기상, 지질 등의 풍토는 사회적 존재의 구조로 역사성과 분리될 수 없다. 즉 풍토는 역사적 풍토인데, 일본은 풍토적으로 몬순 지역에 속한다. 여름에 덥고 습한 몬순 계절풍은 대항을 단념시킬 정도의 거대한 홍수, 폭풍, 가뭄으로 인간을 공격해 참고 순종하게 만든다. 그래서 일본 같은 몬순 지역의 인간은 수용적, 인종적이라고 파악된다고 한다(和辻哲郎, 『風土』, 9, 20-31, 161).

60) Shapiro, Martin, *Courts*, 157-192.

無訟'을 이상적인 형태로 보았다.

분쟁이 발생해도 소송에 의한 승패보다는 조화를 중시하는 무송의 문화를 지향했기에 민간에서 발생하는 분쟁은 민간에서 스스로 화해로 종결짓는 것을 상책이라 보았다. 그런 이념은 조선사회에도 영향을 미쳐 조선도 무송이 궁극적으로 바람직하다고 보았다. 그렇게 보면 법적 다툼을 싫어하고 그것이 제기되어도 법적으로 판결하기보다는 화해나 조정으로 해결하는 일본의 태도는 전통적인 동양사상 특히 유교적인 이념의 영향을 크게 받은 것이다.

그래서 일본도 전근대부터 법적 분쟁에서 화해나 조정을 강요하는 문화가 있는 것이다. 전통적 법의식이 지배한 전근대에는 법정에서 국가가 가르치려 들었다. 백성은 국가에 대해 탄원하고 지배층의 선처를 바랐다. 재판은 도리를 아는 지배층이 이익만을 좇는 서민을 가르치면서 분쟁을 해결한다는 의미였다. 에도시대에는 금전대차 문제든 촌락 간의 분쟁이든 재판상의 화해나 조정과 유사한 제도인 내제가 법정 외적 해결방식으로 권고된다. 내제가 되지 않더라도 법정에서 조정을 시도한다. 그런 정책에 길들여져 재판 외적 분쟁 해결에 거부감이 적은 것이다.61)

전통사회의 공동체적 질서 속에서 행해진 '내제'는『율령요략律令要略』에서 말하는 '스스로 마음속에서 깨달아 문제를 해결한다内証にて済す'62)라는 뜻에서 보듯 당사자 간의 자주적 해결의 의미를 담는다. 그런데 실질은 조정 등을 통해 당사자를 화해시키는 것이다. 내제는 근세의 상당히 보편적인 분쟁 해결 방식이다. 산의 이용, 나무

---

61) 水林 彪,「日本的法意識の歴史的基礎」, 40-41.
62) 福富恭礼 編,『徳川政府律令要略』, 8.

벌채, 경지 영유권 등을 둘러싸고 마을 백성끼리의 다툼이 적지 않아 무력적 충돌이 흔했다. 그런 경우 영주들끼리 교섭을 하기도 하고 다이묘에게 직접 소송을 하는 것도 가능했다. 그러나 가까운 이웃 가문의 유력자가 중재하는 경우가 많았다.

바쿠후는 소송이 가능한 한 내제로 종결되기를 바랐기에 이를 장려했다. 많은 경우에 촌락의 유력자 등 조정자에 의한 해결에 의존했다. 그렇게 내제는 국가권력질서 속에 분명히 자리 잡는다. 그것은 국가가 재판 체계에 명백히 개입하고 관리하는 것이다. 제소한 법정에서 원고와 피고가 구두변론을 하고, 재판소는 조정자를 선정하고 그에 의해 내제를 할 것을 명한다. 성공하지 않으면 다시 바쿠후 직할령을 다스리는 지방관청의 다이칸代官 등에 의한 관리 차원의 내제를 명한다. 그래도 해결되지 않은 경우에만 법정에서 재판이 개시되도록 했다.[63]

실제로 내제로 해결되는 경우가 많았다. 이는 크게 두 가지 의미를 보여준다. 하나는 소송에 의한 일도양단의 해결에만 기대지는 않는다는 것이다. 내제는 국가의 정책적 방향이다. 근세 국가가 집요하게 내제를 권고하면서 보여준 분쟁 해결 방식은 재판을 통해 옳고 그름을 판정하는 게 아니라 그저 극히 정서적인 방식으로 쌍방이 서로 양보해 다가서게 함으로써 화목하게 분쟁을 해결한다는 이념이다.[64] 다른 하나는 그로 인해 결과된 당사자들 태도와 관련된 것인데, 분쟁 해결에 있어 상당히 권력적이고 가부장적인 방식에 의존한다는 것이다. 즉 전통사회 질서에 기반한 재판 외적 해결인 것이다.

---

63) 小早川欣吾, 『近世民事訴訟制度の研究』, 450頁 以下.; 大平祐一, "토쿠가와(德川) 일본의 민사재판", 58-65.

64) 水林 彪, 「近世的秩序と規範意識」, 131.

메이지시대 이후에는 그런 해결방식이 민사 사법에서 제도화한다. 일본에서는 이미 1875년에 민사사건에 있어 재판관이 제소 전에 화해를 권고하는「권해勸解」를 실시하는 '권해 전치주의'가 채용된다. 그러한 권해를 구하는 경우에는 소장을 작성할 필요도 없고 증거서류를 지참해서 신청서만 내면 되도록 했다. 권해의 우선적 특징은 절차적 간편성이었다. 재판청구와는 달리 간편한 신청이 가능하기에 문맹이라도 쉽게 신청할 수 있는 것이다.65)

권해는 메이지 초기에 프랑스법의 '조정Conciliation'을 도입한 것이다. 프랑스법의 조정이 독일 등에서 받아들여지고 일본으로 건너온 것이다. 제도가 사법성에 의해 번역되고 채용되는데, 그 번역어 자체가 '권해勸解'였다. 그런데 내용은 서구와 조금 달랐다. 서구의 조정은 당사자 간 합의 결과를 공권력의 강제력으로 담보하는 제도는 아니다. 반면 권해는 수입되고 나서 상당히 이른 단계에서부터 합의 조항을 집행권원으로 하여 공권력에 의한 강제를 중시하는 방향이 된다.66) 그 점에서 권해는 전근대 내제의 요소도 담고 있다.

권해는 1875년에 도쿄재판소에 도입되어 이듬해에 전국의 지방재판소와 구区재판소에 확대된다. 당초 유신정부는 1875년 5월 태정관 포고 제91호로「부현재판소구청府県裁判所区庁」을 설치해 민사에 관해서는 금액 100엔 한도 내의 소송사건을 취급하게 하면서도 권해만은 금액 불문하고 다룰 수 있게 한다. 그러다가 권해는 부현재판소가 1876년에 지방재판소로 바뀔 때, 그 아래 구재판소로 업무가 인계된다. 그리고 1881년에는 구재판소를 개칭한 치안재판소가 권해

---

65) 橋本誠一,「明治前期における代理法の展開」, 229.

66) 川口由彦,「「民事司法過程の法社会学」へのコメント」, 77.

기관이 된다.

즉 1881년 12월에 「치안재판소 및 시심재판소의 권한」이라는 태정관 포고에 의해 그들 재판소가 행사하는 민사재판권의 방식이 규정되는데, 거기서 치안재판소는 관청을 상대로 하는 사건이나 상사사건으로서 급속을 요하는 사건을 제외한 나머지 소송사건은 권해한다고 정한다. 일정 사건을 제외하고는 분쟁에서 권해의 전치를 강제하는 운용을 한다고 밝힌 것이다. 그래서 1883년경부터는 전국적으로 권해전치가 행해진다.[67]

1884년에는 사법성이 「권해약칙」으로 권해의 제도적 방식을 정비한다. 치안재판소의 판사보 2명을 권해 담당으로 임명하고 치안재판소 소장이나 지역 명망가가 권해를 할 수 있게 한다. 권해계 2명에는 현직 재판관 중 지식과 경험이 있는 노련한 자 그리고 각지 주민 중 상당한 자산이 있고 풍속 습관을 숙지한 덕망 있는 자가 임명된다. 당시 치안재판소 수는 전국을 합쳐 185개였고 권해의 연간 수리 건수는 1만 건 이상일 정도로 많이 이용된다. 권해는 재판관과 지방 명망가의 설득이 사실상 강력한 심리적 압박으로 작용한다.[68]

즉 쌍방의 개별적 사정을 참작하고 당사자 본인에 대해 설득을 가함으로써 화해시킨다. 권해는 관존민비官尊民卑의 분위기가 강해 소송당사자가 권위 있는 재판관 등의 설득을 거부하기 어려운 분위기를 이용한다. 재판에서 바로 다툴 수 없고 권해를 먼저 거쳐야 하거니와 권해를 거부하기 어려운 정서가 있었다. 권해는 1890년 4월의 「민사소송법民事訴訟法」 제정으로 화해 규정이 생기면서 폐지되고 아

---

67) 新井 勉·蕪山 嚴·小柳春一郎, 『近代日本司法制度史』, 77-78.
68) 川島武宜, 『日本人の法意識』, 163-166.

울러 조정제도의 제정으로 대체될 때까지 유지된다.[69]

1890년에 민소법 제정으로 재판소는 흑백을 가리는 재판의 장소가 되지만, 정부는 다시 조정을 제도화한다. 조정 역시 전근대적 뿌리가 있었다. 에도시대부터 분쟁은 가능한 한 해당 지역사회의 유지有志들의 중재적 조정으로 해결시키고자 한 정책이 근대에까지 이어진 소산이다. 근대 이전에는 조정을 거치지 않고 소송에 이르면 소를 제기한 자는 물론이고 유지들도 처벌하는 식으로 일종의 조정전치주의를 취하면서 이를 위반하기 어렵게 만들었다. 그에 비해 근대의 조정은 강력한 압박을 동반하는 것은 아니다.

6. 조정과 화해의 지배

전근대와 마찬가지로 현대에 들어서도 화해나 조정은 여전히 강조된다. 특히 「조정調停」은 적극적으로 법제화된다. 민사분쟁의 해결수단으로서의 조정을 재판소의 절차상 제도로 만드는 입법은 서구에서는 흔치 않은 일이다. 그와 달리 일본에서는 조정 자체를 위한 개별 입법이 다양하게 만들어진다. 조정은 민사소송 해결을 위한 법률상의 제도로서 소송과 나란히 입법화되는 것이다.

즉 각종의 조정특별법이 제정된다. 1차 대전 이후 급격한 공업화를 수반한 자본주의화에 따른 인구의 도시 유입이나 그에 따른 심각한 주택난 등에 의해 소작인이나 노동자 조합이 형성되어 집단적 쟁의가 크게 늘어난다. 그래서 관련 분쟁도 급증하자 정부는 1922-30

---

69) 江藤价泰, 「勸解」.

년대에 걸쳐「차지·차가借地借家조정법」,「소작小作조정법」,「노동쟁의조정법」 등 일련의 조정법을 만든다. 그 결과 관련 분쟁에 관해 상당수의 조정이 재판소에 신청되어 소송까지 가지 않는 경우가 많아져 소송은 거의 증가되지 않는다.[70]

이러한 현상은 통상의 재판을 제대로 된 권리구제 절차라고 인식하지 못하게 만들어 결국 소송 경시 풍토를 조장한다. 사회의 급격한 변화가 관련 사건을 급증시키고 내용도 복잡하게 함으로 인해 소송절차가 현저하게 지연되는 상태가 될수록 간편한 조정 등에 더 의존하게 된다. 재판소 입장에서도 재판의 부담을 줄이고자 조정에 의존한다. 국민은 통상의 재판절차에 대한 기대로부터 더욱더 멀어진다.[71]

전후 1951년에는 널리 모든 민사분쟁의 해결수단으로서 조정제도를 규정하는 조정의 일반법인「민사조정법」이 제정된다. 이로써 이제까지 재산상의 조정제도를 규정하던 개별 조정법들은 폐지된다. 이후 조정은 모든 민사분쟁에서 폭넓게 실시될 수 있는 게 된다. 그 결과 오늘날까지도 일본은 타국에 비해 상대적으로 조정에 치중하는 국가가 된다. 흔히 조정에 친한 이혼사건 등은 물론이거니와 일반적인 재판에서도 조정이 다른 나라에 비해 비중이 높다.

전후에도 조정과 더불어 화해도 강조된다. 그 결과 1952-1964년까지의 13년간 지재에 수리된 소송 중에 50% 이상이 화해로 종료된다. 간재에서는 그 비율이 더 높다.[72] 1958년부터 1994년까지의 민사 통상재판의 처리결과를 사법통계연보로 보더라도 흔히 '소송외 화해'에 의한 것이라고 볼 수 있는 취하까지 감안해 보면 화해는

---

70) 川島武宜, 『日本人の法意識』, 127-132.

71) 中村英郎, 「近代的司法制度の成立と外国法の影響」, 300.

72) 川島武宜, 『日本人の法意識』, 150-151.

전후에 거의 50-55%의 추이를 보인다. 소송상 화해 및 소송 외 화해를 합친 실질적 화해에 의한 분쟁 처리율은 전후에 거의 변화 없이 일관된다.[73]

오늘날 화해나 조정은 소송실무에서 광범하게 자리 잡고 있고 결합적으로 이용되기도 한다. 소송 진행 정도를 불문하고 기일마다 화해를 시도하고, 더 깊은 논의가 필요할 경우 조정전담부로 회부한다. 그 결과 2018년 전국 지재 1심 민사소송 처리 138,682건 중 화해는 51,445건으로 37.10%를 점했다. 그중 다툰 사건이 84,934건에 불과함을 감안하면 실질 화해율은 60.57%다. 한국의 2018년도 전국 지방법원의 소액 제외 1심 민사소송 처리 239,576건 중 조정 및 화해로 종결된 사건이 38,456건으로서 16.05%인 것에 비교해도 상당히 높다.[74]

다만 오늘날 화해는 일본만의 특징은 아니다. 한국도 화해를 권유한다. 민사사건에 익숙하지 않은 체제인 중국도 화해를 권유한다.[75] 한국이나 일본에서 화해가 제도화된 것은 영미법의 영향이기도 하다. 특히 미국의 「대체적 분쟁 해결 절차Alternative Dispute Resolution」에 영향을 받은 바 크다. 영미법계 국가에서 재판절차 외의 대안적 절차를 법원 외적 절차로 이용하던 것이 법원의 소송절차의 하나로 된 1938년 미국의 연방민사소송규칙Federal Rules of Civil Procedure

---

73) 太田勝造, 「和解と裁判」, 15.

74) 백광균 · 안좌진 외, "일본의 법관 업무부담 결정요인에 관한 연구", 423-424.

75) 이종길, 『중국법문화론연구서설』, 97-98, 228-244.; 중국은 제3자의 주재 하에 사실관계 조사 등에 기반한 상호 양해로 분쟁을 해결하는 「조해調解」를 권장한다. 중국 민사소송법 제85조는 인민법원의 민사사건 심리에서의 조해원칙을 밝힌다. 조해는 재판관이나 인민조해위원회가 수행한다. 그 외 분쟁당사자나 친지 등이 초빙한 신망 있는 자가 주관하는 민간조해도 있고, 공안기관이나 인민정부가 행하는 행정조해도 있다. 조해가 불성립하거나 조해서 송달 전에 번복하면 판결로 간다. 조해가 법제도화되고 권장된 결과 중국의 1990년부터 1996년까지에 대한 법률연감 통계자료로 보면 민사 1심 중 소송조해로 종결된 비율이 거의 60% 내외라고 한다.

이래 수차례 개정을 거쳐 정착된 것이 A.D.R.이다.[76]

따라서 일본이 오늘날 화해나 조정을 강조하고 중시하는 모습은 전통적인 인식의 산물이기보다는 근대적인 서구제도의 수용에 가깝다. 실제로 화해나 조정은 이제 인식적으로 받아들이는 의미로서보다는 제도화되거나 규칙화된 방식으로 진행된다. 그것은 영미법 국가의 방식이다. 2007년부터 시행되는 「재판 외 분쟁 해결절차의 이용촉진에 관한 법률」도 재판 외적인 분쟁 해결로서의 중재, 조정, 알선 등을 법제화한 것이다.

그런데 재판의 일부처럼 되어 있는 조정이나 화해에 대한 우려의 목소리도 적지 않다. 일본에서도 조정 등은 한국과 마찬가지로 보통은 특정 요일에 몰아서 하는 경우가 흔하다. 그렇게 해서 재판관들은 보유사건을 줄여나간다. 그런데 일방적인 설득도 공존한다. 화해 방식도 흔히 당사자가 상호적으로 재판관과 면접하고, 상당한 시간이나 기일에 걸쳐 재판관이 당사자를 설득하는 방식이다. 화해의 경우 반드시 당사자의 대석 하에 진행하고 일방적으로 설득하지는 않는 미국과 다르다. 일본은 일방적 설득이 불합리한 것으로 인식되지 않는 것이다.[77]

게다가 조정에 대한 당사자의 만족도를 고려하면 더욱 의문이다. 당사자 서로 간의 주장 중간쯤 선에서 합의하자는 '절반 조정'이나 충분하지는 않더라도 이 정도 선에서 합의하면 어떻겠느냐는 식으로 권유하는 '그럭저럭 조정' 같은 것들이 엄연한 현실의 모습이다.

---

76) 미국은 변론 전의 회합에서부터 재판 외적 분쟁 해결 절차를 촉진시키는 방향이 되어 왔다. 그래서 중립적 조정자가 화해를 돕기 위해 협상을 주선하는 「조정調停mediation」, 중재인이 비구속적 판정을 하는 「중재仲裁arbitration」, 판사 등이 주재하는 「화해기일和解期日settlement conferences」 등이 다양하게 이용된다.

77) 瀬木比呂志, 『絶望の裁判所』, 133-134.

이런 조정은 합리적이지도 않거니와 당사자 누군가에게는 억울한 것이고 강요당한다는 느낌도 지울 수 없을 것이다. 그래서 결국 조정 이후에도 만족스럽지 못할 수 있다.

화해도 마찬가지다. 권리자에게 양보를 요구하는 것이어서 국민의 권리의식이나 준법의식을 명확하게 만드는 데 방해요소가 될 위험이 있고, 양보를 요구하다 보니 화해 내용은 법적으로 올바른 것이 아니라 힘이 있는 것에 유리하게 될 수 있다. 소송에 들인 금전적·정신적·시간적 비용이 크기 때문에 화해로 몰아붙이면 결국 불공정한 해결이 될 수 있다. 변호사가 당사자 의사를 무시하면서 압력을 가하고 재판소가 무리하게 권유하는 것이 될 수도 있다.78)

7. 위증 없는 은닉 사회

한국에서는 형사소송법 제157조에 의해 법정에서 증인이 선서할 때 "양심에 따라 숨김과 보탬이 없이 사실 그대로 말하고 만일 거짓말이 있으면 위증의 벌을 받기로 맹세합니다"라고 기재한 선서서를 낭독하고 서명 날인한다. 일본도 증인은 증언하기 전에 선서서를 낭독하는데 내용은 각 법원마다 다르다. 흔히 보편적인 것은 '양심에 따라 진실을 말하고, 아무것도 숨기지 않고 거짓을 말하지 않을 것을 선서합니다'라는 것이다. 그렇게 법률에 의해 선서한 증인의「위증偽証」은 양국 모두에서 중대 범죄다. 무고와 마찬가지로 형량이 무겁다.

그런데 일본에서 위증은 크게 부각되지 못하는 범죄다. 이는 선뜻

---

78) 太田勝造,「和解と裁判」, 16-17.

이해하기 쉽지 않은 사실일 수 있다. 그도 그럴 것이 일본은 진상을 명확히 밝히는 것을 좋아하지 않는 문화다. 감출 것이 많다는 것이기에 위증죄가 많아야 한다. 그래서 1871-73년에 걸친 <이와쿠라 사절단岩倉使節団>의 미국과 유럽 방문기로서 귀국 후에 쓴 『특명전권대사 미구회람실기特命全権大使米欧回覧実記』에 나온 구미 재판소에 대한 평가에서도, 구미처럼 사실관계에 대한 증언을 들어 판단에 반영하는 제도를 일본에 도입하면 증인이 사실을 말하지 않을 것이라 걱정했던 것이다.

구미 재판소를 보고 일본에의 제도 도입을 상상했을 때의 감상이 위증에 대한 걱정이었다. 일본에서는 피고인의 죄과가 가벼운 경우라도 증인이 사실을 말하면 이제까지 친했던 사람의 미움을 사게 되고, 죄과가 무거운 경우에는 저승에서까지 원망받게 될 것이라고 생각하기 때문이라고 했다. 서양인은 '십계十戒'에 위증하지 말라고 되어 있어 이를 따르겠지만 일본인은 인정으로 인해 타인의 잘못을 밝히는 것을 싫어하고 오히려 그 잘못을 감추려고 하기 때문이라는 것이다.[79]

그런데 우려와는 달리 일본은 위증죄의 기소 자체가 극히 적다. 이는 한국과 비교하면 상당한 법적 혹은 형사정책적 차이 그리고 그 이상으로 국민성의 차이로까지 받아들여진다. 실제로 한국 재판에서는 위증 사례를 비교적 쉽게 접한다. 그래서 소송대리인으로서 사건을 진행하다가 상대방 측 증인의 위증을 확신하고 위증죄 고소 여부를 신중히 검토하는 경우도 적지 않다. 재판부도 증인의 증언이 허위증언이 될 수 있다는 가능성을 늘 염두에 두는 경향이 있다.

---

79) 久米邦武 編, 『現代語訳 特命全権大使 米欧回覧実記 第3巻 ヨーロッパ大陸編 上』, 152-153.

판사들 중에는 증언에 대한 불신을 토로하는 경우도 없지 않다. 많은 법조인들은 한국인은 법정에서 위증을 많이 하는 경우가 흔하다고 인정한다. 실제로 2007년을 예로 들면 한국의 위증죄 유죄 건수는 1,544명인데 비해 일본은 9명에 불과해 한국이 압도적으로 위증이 많다. 그래도 한편으로는 그런 통계가 일본의 검찰이 위증죄 기소를 열심히 하지 않는 탓에서 비롯된 것이 아닌가라고 지적하기도 한다.[80]

실제로 위증죄에 소극적인 일본 검찰의 태도가 지적되기도 하고, 그런 측면이 형사소송에서 진실 규명에 바람직하지 않다고도 비판된다. 그래서 재판원 제도 도입에 맞춰 검찰은 위증죄의 적극 적용을 추진했다. 직업재판관과 달리 재판원은 거짓 증언을 간파하는 게 쉽지 않아 위증에 휘둘리다가는 재판원 제도의 근간도 흔들릴 수 있기 때문이다. 그런 반성적 고려가 나온 이유에서도 짐작되듯이 위증죄의 적용은 적었다. 위증은 객관적 증거도 적은 데다가 수사하는데 일손도 많이 들기 때문이다.[81]

그렇듯 일본에서 위증이 적은 원인의 하나는 수사기관의 소극적 취급 탓도 있다. 그런 안이한 대처는 형사정책적으로도 바람직하지 않다. 위증죄 기소를 적게 하면 위증이 넘쳐날 수 있다. 그런데 일본 수사기관의 소극적 태도에 대한 지적으로도 위증이 한국에서 넘쳐나는 현상에 대한 국민적 위로가 되지 못하는 듯하다. 상대적으로 한국에서 위증죄가 극히 많은 것이 적극적 수사의 탓으로만 보기도 어렵기 때문이다.

---

80) 原田國男, 『裁判の非情と人情』, 9-10.
81) 読売新聞社会部, 『ドキュメント検察官: 揺れ動く「正義」』, 中公新書, 2006, 175-176.

한국은 위증죄 기소가 많거니와 위증이 줄지도 않는다. 통계를 보면 그런 이해도 무리는 아니다. 2010년 직전 한국의 위증죄 기소 인수는 일본의 171배, 무고죄는 일본의 217배다. 일본 인구는 한국의 2.5배여서 인구비례로 따지면 한국은 일본보다 위증죄는 427배, 무고죄는 542배나 많은 셈이다. 그래서 한국 미디어에서도 '한국인은 왜 거짓말을 많이 하나' 등을 다룬다고 일본에서는 말한다.[82] 한국의 대검찰청에 의하면 위증죄가 선진국과 비교해도 가장 많다.

원인의 하나로 한국은 고소 자체도 많은 점이 지적된다. 2009년을 기준으로 고소된 인수는 일본의 67배, 인구 10만 명당 비율로 치면 171배다. 조선시대에도 그러했다기에 문화적 측면이라고도 보인다. 조선 초기 실록에는 소송 건수가 구체적으로 보이는데, 정종 2년인 1400년에는 666건, 태종 14년인 1414년에는 12,797건에 달한다. 15-16세기에 조선의 인구가 600-700만 명 정도라고 보면 그 건수는 상당히 많은 것이다. 그래서 여러 번 소송을 쉬지 않고 하는 사람에 대해서는 소송을 즐기는 사람이라 하여 가족을 변방으로 강제 이주시키는 형벌에 처하기도 했다고 할 정도다.[83]

형사정책 측면에서 범죄율이 특정 범죄에서 많은 것은 특수한 국가적 사정을 반영한 것일 수도 있다. 따라서 위증죄의 하나로 국가 간 형사정책적 비교를 하는 것은 적절하지 않을 것이다. 그것을 국가별 평가에서의 상대적인 요인으로만 취급해서 결론을 내리는 데는 여러 주의가 필요하다. 그 예로 위증이나 무고는 한국이 압도적으로 많더라도 반면 일본에는 절도가 상당히 많다. 오랫동안 그리고

82) 한국경제, "거짓말 잘하는 한국인", 2010. 10. 15. 자.
83) 한국고문서학회 편, 『조선의 일상, 법정에 서다』, 36-37.

최근에도 일본에서는 형법범 인지 건수 중 절도가 **70-80%**를 차지한다. 청년층이든 고령층이든 망라해서 많다.[84] 그런 범죄별 차이가 국가적 특성 확인의 한 계기는 될 것이다.

8. 방청의 자유와 제한

공개재판은 근대 입헌주의 헌법에서 헌법적 원리가 된다. 따라서 그에 따른 「방청傍聽」의 권리도 헌법적 권리로까지 인정된다. 일본도 재판공개는 헌법적으로 인정된다. 그래서 해당 재판에 이해관계가 없는 일반 시민도 자유롭게 방청할 수 있다. 방청에 흥미를 가진 사람들로서 자주 혹은 정기적으로 법정을 찾는 '재판방청 마니아'들도 있을 정도다. 재판방청을 주제로 한 블로그 등도 있다.

도쿄든 지방이든 일본 재판소들은 현관 홀에 시간별로 자세히 정리된 당일의 개정 재판 안내목록을 비치한다. 재판 당사자뿐만 아니라 방청인을 위한 것이다. 한국에서는 해당 법정 앞에 게시하거나 특정 층별로만 비치할 뿐이다. 그에 비해 일본은 재판소의 현관 입구에도 있고 해당법정 앞에도 있다. 방청에 대한 배려라고도 읽혀진다. 현관은 방청인이 법정을 찾아가기 이전에 손쉽게 확인하기 좋은 위치이기 때문이다.

전근대에서는 방청이 원칙적으로 인정되지 못했다. 이유는 여러 가지다. 사회적 풍속에 따른 우려 같은 것도 있거니와 피고인에 대한 동정여론에 의한 사회적 파장이나 그로 인한 재판비판의 우려도

---

84) 川出敏裕・金光旭, 『일본의 형사정책Ⅰ』, 21-28, 214-215.

있다. 방청 자체가 지닌 재판 진행에의 영향 문제도 있다. 법정에서의 항의 행동 등으로 인해 재판 진행이 방해받을 수도 있고 재판관이 판단을 내리는 데도 지장을 받을 수 있기 때문이다.

에도시대의 재판은 부교쇼의 '시라스白洲'에서 열렸다. 법정인 시라스는 흰 자갈이 깔린 것에서 유래한 말로 흰색은 재판의 공평함과 신성함을 상징했다. 다만 그런 공평이나 공정은 '공개'로 담보된 것은 아니다. 시라스에서의 재판은 비공개였기 때문이다.[85] 재판 공개와 그에 따른 방청은 재판의 공평이나 공정이 공개로 담보되는 것이라는 사고가 싹트는 근대까지 기다려야 했다.

방청은 유신 직후 허용되기 시작한다. 아직 제헌 전이기에 헌법적 권리로서 제도화된 것은 아니고 근대적 인권의식이나 정책적 배려 차원에서 용인된 것이다. 공개는 단계적으로 이루어진다. 사법직무정제에 의해 새로운 재판소가 설치되기 이전인 1872년 5월에 사법성은 사법성재판소 및 도쿄재판소에 있어서 민사절차의 전부 및 형사절차 중의 형의 선고를 신문지출판인에게 '방청'하는 것을 허가할 수 있게 해달라고 태정관 정원正院에 승인을 구한다. 그 결과 승인된다.

즉 사법경에 취임한 에토가 민사와 형사의 재판 방청에 관하여 문의했는데 태정관이 신문기자에 대해 방청이 허가된다고 지령한다. 그렇게 처음에는 신문기자에게 재판방청이 허가되는 수준으로 시작된다. 이것이 일본에서 근대적인 재판제도 상의 '재판공개' 시작으로 보인다. 이어서 1872년 11월에는 사법성이 일부 지방관리 등에게도 원하는 경우 재판방청을 할 수 있도록 한다. 다만 민사재판 방

---

85) 谷 正之, 「弁護士の誕生とその背景(1)」, 121.

청에 국한된다.

정부가 신문기자 등에게 방청을 허용하기 시작한 데는 이유가 있다. 기존의 전근대적인 형부성과 단죠다이를 폐지하고, 1871년 4월에 창설한 사법성司法省이 같은 해 9월에는 오쿠라성省으로부터 민사재판 사무까지 인계받자 사법의 권한 확대를 위해 의도적으로 재판공개를 추진한 것이다. 즉 신문기자 등에게 방청을 허용함으로써 신문 등을 통해 국민 사이에 재판의 공정함에 대한 신뢰를 확보해 가기 위한 측면이 있다.86)

그래서 1873년 2월에는 신문발행인에게 '단옥斷獄' 절차 즉 형사법정에서의 방청도 허용한다. 따라서 일반적인 허용은 아니다. 다만호장戶長 등은 방청을 청하면 허용했다. 또한 사법성 관원 및 명법료생도에게도 재판소의 민사재판인 청송과 형사재판인 단옥의 방청을인정한다.87) 즉 점차적으로 호장이나 부호장 그리고 부·현이나 사법성의 관리 그리고 명법료의 학생에게까지 단계적으로 확대한 것이다.

1874년 5월 「재판소단속규칙」은 재판방청을 허용받을 수 있음을전제로, 침묵해 경청하게 하고 소란 등으로 심문에 방해가 될 때는퇴정시킬 수 있게 한다. 1875년 2월에는 태정관포고로 민사재판은원칙적으로 일반인이 방청할 수 있게 한다. 국민 모두에 방청이 허용된 것이다. 다만 남녀관계에서 발생한 소송만은 제한을 둘 수 있게 했다. 미풍양속에의 악영향을 막자는 취지였다. 같은 해 4월에는사법성이 「각 재판소 방청규칙」을 만든다.88)

---

86) 菊山正明, 『明治国家の形成と司法制度』, 87-190.; 松永寛明, 「サンクションと観衆」, 27-29.

87) 福山道義, 「司法職務定制から大審院設置後までの刑事裁判制度と司法省」, 740-741.

88) 新井 勉·蕪山 嚴·小柳春一郎, 『近代日本司法制度史』, 46-47, 63.

1880년에는 재판소기구가 개혁될 때「공개재판」원칙이 인정된다. 1880년 7월에는 형사재판까지도 국민 일반에 방청이 허용된다.[89] 1882년 3월에 사법성은「치죄법」규정을 운용해 방청인은 관민 불문하고 모두 방청석에 앉게 한다. 1889년에는 메이지헌법 제59조에 재판공개가 명시됨으로써 방청은 헌법상의 원칙으로까지 고양된다. 더불어「재판소구성법」에도 재판공개 원칙이 규정된다.

중대 사건에서는 선별적으로 방청이 제한되기도 한다. 방일한 러시아 황태자 암살미수 사건인 <오쓰大津 사건>의 범인 쓰다 산조津田三蔵에 대한 재판인 1891년 5월의 오쓰 지방재판소 공판에 관해 대심원은 방청을 금지한다. 그러자 신문기자나 대언인들은 재판공개 원칙을 들어 반발한다. 대심원은 개정 무렵 약간 후퇴한다. 공개되면 안녕질서를 해할 우려가 있어 공개하지 않지만 특별히 공개할 필요가 있다고 인정되는 자만 입정시키겠다고 한다.

그래서 대심원장, 오사카 공소원장, 시가현 지사, 오쓰 지방재판소장 등 30여 명을 입정시킨다. 또한 법정 안의 모습을 신문 등에 알리지 않는다는 서약서를 받고 대언인 15명을 입정시키기로 한다. 그런데 상당수의 대언인이 서약서가 굴욕적이라면서 거부한다. 결국 서약서를 쓴 6명만 입정이 된다. 그래도 선고기일에는 일반시민 방청권 117매를 포함해 신문기자 등을 합쳐 모두 179인에게 방청권을 주어 입정시킨다.[90]

예외적 제한 외에는 방청은 사건의 경중을 가리지 않고 허용된다. 대역사건이라도 방청은 허용하되 방청인이 몰릴 것에 대비해 방청

---

89) 松永寛明,「サンクションと観衆」, 23-26.
90) 佐木隆三,『法廷のなかの人生』, 140-141.

권만 주는 오늘날과 같은 방식이 선보인다. 즉 재판소는 방청권을 발행해 선착순으로 배부하고, 특별방청권은 따로 만들어 수사기관 관계자 등에게 별도로 배부한다. 그래서 방청권을 받으려고 새벽부터 장사진을 이루어 일반방청권은 재판 시작 훨씬 전에 이미 동이 날 정도가 되곤 한다.

사회적 관심을 모은 유명 사건은 방청권 확보 경쟁이 치열했다. 1935년 8월에 황도파 계열 청년장교들이 쿠데타를 기도하다 검거된 <아이자와相沢 사건>은 일정한 공판기일에 공개금지가 이루어지면서 방청권이 일반에게는 불과 25매로 제한되어 희망자가 쇄도한다. 정부와 사법부는 그런 방청 분위기와 그로 인한 영향을 우려한다. 이로 인해 방청 정책이 바뀌기도 한다. 그래서 1936년의 <2.26 사건> 재판에서는 사회적 영향을 우려한 방청 금지가 이루어진다.

즉 육군은 긴급칙령에 의해 특설군법회의를 설치하고 엄벌 방침을 정하면서 민간인 기타 잇키北一輝 등도 함께 군법회의에 회부하는데, 재판은 비공개로 하고 일심제로 진행하면서 공판이 겨우 3개월 뒤에 마쳐지고 약 70%의 피고인에게 사형이 선고된다.[91] 속전속결 재판은 피고인들에 대한 동정 여론의 형성과 사형선고에 대한 비판을 차단하려는 것이었다. 따라서 이는 예외적 상황이기에 방청 허용의 퇴보였다고 보기는 어렵다.

그렇듯 방청은 허용이 원칙이었다. 심지어는 현재의 기준으로 보면 과도하게 허용되었다. 오늘날에는 재판진행 지장 등을 이유로 법정 촬영은 금지되고 피고인의 인격권 침해 우려로 피고인 촬영도 금지된다. 반면 과거에는 피고인에 대한 사진 촬영은 일부 허용된다.

---

91) 萩原 淳, 「昭和初期テロ事件の司法過程と軍部・社会」, 87.

한국도 유명 사건의 피고인이 수의를 입고 포승줄에 묶이거나 수갑을 찬 채 방청석에 앉아 있거나 서 있는 법정 사진이 보도되고 게재되는 것이 몇십 년 전까지도 가능했다.

그러나 피고인에 대한 정면 촬영은 오래전부터 불허된다. 1935년 6월 일제강점기의 매일신보每日申報에 일본전국변호사회의 건의를 받아 사법관회의가 피고인의 명예를 위해 법정 내 촬영을 엄금하기로 했다는 기사가 있다. 도쿄에서 사법관회의가 추후 피고인에 대한 사진 촬영을 엄금하기로 결정했는데 조선에서도 총독부 사법행정의 수장인 법무국장의 말을 빌어 이미 피고인의 얼굴을 정면 촬영하는 건 금해왔기에 정책적으로 크게 달라질 건 없다는 내용이다.[92]

이를 보면 일본이나 한국에서 피고인에 대한 법정 촬영은 당시에도 측면 사진 정도가 허용된 것임을 알 수 있다. 그래도 피고인에 대한 사진 촬영 자체는 정면만 아니라면 허용된 것이다. 반면 오늘날은 피고인은 물론이고 개정된 법정의 '사진 촬영'도 금지된다. 다만 법정을 개정 전에 잠시 촬영하는 정도나 법정스케치는 거의 허용한다. 재판에 지장이 없는 한 허용 여지가 있기 때문이다.

1989년 3월 최고재 판결로 일반 방청인의 '법정 메모'도 인정된다. 그 판결은 미국인 변호사 레페타L. Repeta의 제소에 의한 것이다. 방청하면서 메모를 하던 중 '허가를 얻지 못한 자는 금지되어 있다'라면서 제지당한 것이 계기다. 1986년 헌법의 '알 권리' 침해 등을 이유로 손해배상 소송을 제기하는데, 1심과 2심은 이유 없다고 배척한다. 증인이나 피고인이 심리적으로 압박을 받고 메모 내용이 편향적으로 전달될 수 있다는 등의 이유였다. 그래서 사법기자 외에

---

92) 每日申報 1935.6.23.자 2면.

는 메모가 인정되지 않는다는 것이었다.

그런데 최고재에서 법정 내 메모는 원칙적으로 자유라고 판단된다. 최고재는 방청인의 메모는 인식, 기억을 위한 것인 한 방해받아서는 안 된다고 했다. 재판의 공정과 원활한 운영을 방해하게 되는 경우에 방청인의 메모 행위를 재판장의 재량으로 금지할 수는 있지만, 그런 방해 우려가 없는 경우까지 방청인의 필기 행위를 금지하는 것은 합리적 근거를 결한 법정경찰권 행사라고 했다.[93] 판결 이후 실제로도 법정 내 메모에 대한 제재는 없어진다.

한편 방청 연장선상의 풍경으로 주목할 만한 세레모니도 있다. 한국에서는 아직 드문데, 일본의 뉴스나 드라마나 영화에서 적지 않게 보는 그 광경은 법원 문 밖에서 변호사나 소송당사자가 판결 결과에 따라 '승소', '일부승소', '무죄', '부당판결' 등이라고 적힌 종이 현수막 같은 것을 펼치는 모습이다. 일반인들도 정확히 그 명칭은 모르는데 정식명칭은 '판결 등 속보용 손깃발判決等速報用手持幡'이라고 한다.[94]

사회적으로 주목받는 사건의 선고일에 재판소 주위에 있는 기자단이나 이해관계인들에게 알리기 위해 혹은 TV 등 매스컴의 중계를 통해 국민적으로 알리기 위해 재판 결과를 빠르고 간명하게 알리는 것이다. 보통 판결 결과에 따라 있을 수 있는 문구가 적힌 여러 막을 미리 준비해 재판소에 지참해 가고, 방청석에서 재판 결과를 듣자마자 변호사가 막을 들고 달려가 재판소 앞에서 시위하듯 막을 펼친다.

---

93) 最大判平成元年3月8日 民集43巻2号89頁.

94) 좁고 긴 깃발이라는 뜻의 '하타ハタ', 혹은 늘어뜨린 막이라는 의미의 '다레마쿠垂れ幕', 두루마리라는 뜻의 '마키모노卷物'라고 불리기도 하고, 변호사업계에서는 의미 불명의 '비론びろ-ん'이라 속칭되기도 한다.

재판소 시설관리규칙 등에 의해 재판소 구내에서는 막을 걸어서는 안 되기에, 재판소 경비 등은 소송관계자가 막을 걸지도 모르는 상황을 예견해 구내에서는 펼치지 못하도록 경계한다. 그래서 소송관계자는 경비로부터 제지되지 않도록 주의하면서 재판소 문밖으로 서둘러 달려가 막을 펼친다고 한다. 그 일을 위해 통상은 원기 왕성한 젊은 변호사가 담당에 지명된다고 한다. 일본의 독특한 사법 문화 중 하나다.

재판소가 공적으로 내린 유권적 해석을 환영 혹은 비판의 관점에서 외부에 알림으로써 재판에 담겨 있는 문제의식을 사회적으로 공유하고자 하는 행위인데, 일종의 축제 혹은 항의의 행위와 같은 이 사법적 '세리머니'는 일정한 패턴의 의식적인 행위가 마치 관습처럼 자리 잡아 사회적으로 그 행위에 대한 기대를 형성하고 그 행위가 이루어지면 의식을 공유하는 장이 형성됨으로써 하나의 사법적 문화로 자리 잡은 것이다.

9. 재판 비판의 시대 흐름

재판에의 자유로운 접근은 재판 비판으로 이어진다. 법정이나 법정 밖에서의 항의는 물론이고 여론 형성을 위한 비평 활동도 등장한다. 그로 인해 재판 지연이나 마비는 물론이고 재판에 대한 신뢰 실추로 이어지기도 한다. 일본에서는 1950년대 이후 노동·공안사건을 중심으로 재판에 대한 항의가 심각하게 표출된다. 그 결과 「법정 등의 질서유지에 관한 법률」이 제정되지만 법정 상황은 크게 좋아지

지 않는다.95)

시국 사건 등에서는 '소란스러운 법정荒れた法廷'도 만들어진다. 이해관계인이나 이념적 동조자 혹은 피고인의 변호사에 의한 것이기도 했다. 재판관이나 검찰관의 행동도 그와 관련된 경우가 있다. 미국에서 법조인의 법정 활동에 관한 특별위원회가 소란스런 법정에 대처하기 위한 조사를 한 결과 일부 피고인이나 변호인뿐만이 아니라 검찰관의 대응이나 재판관의 소송지휘에도 원인이 있다고 본다. 다만 대체로 소란스런 법정은 변호인의 변호권 제재 등으로 문제된다.

변호사가 법정 행동으로 인해 처분받는 경우에는 변론 활동의 한계의 문제가 된다. 미국과 마찬가지로 일본의 재판소도 변호인이 자신의 부당한 요구를 관철시키기 위해 변론권을 남용해 출두 거부 등을 하면 변호인 없이 재판하는 것도 헌법이나 형소법의 정신에 반하지 않는다는 입장을 밝힌 적도 있다. 일변련조차도 소란스런 법정에서의 변호사의 변론권 제재를 부정하지 않는다. 변론권은 일정한 한계 내에서 유지되어야 한다는 것이다.96)

하물며 방청객인 이해관계인이나 동조자의 행동은 방청을 넘어 제재의 대상이 될 수 있다. 대체로 그런 일을 겪고 나면 유사한 사건 즉 그런 일이 있을 듯한 사건에서는 재판소 직원들이 대비하는 경향이 있다. 그래서 예상대로 그런 일이 발생하면 재판관도 즉각적인 퇴정명령 등으로 대처하게 된다. 또한 퇴정에 불응하면 강제적 퇴정 조치나 감치처분이나 과료 부과 등을 하게 된다.

---

95) 西川伸一, 「最高裁における 「信頼」の文脈」, 111-112.

96) 山本晶樹, 「弁護人の任務における課題」, 87, 90.; 中村 武, 「これからの弁護士」, 25.

그런 행동은 피켓과 현수막이 난무하는 재판소 밖에서의 항의성 시위가 되기도 한다. 한국과 마찬가지로 일본에도 재판소 입구 밖에서 진을 치고 불리한 판결을 선고한 재판부에 항의하거나 재판관의 실명을 들어 규탄하는 일이 적지 않게 있다. 피켓 등에 재판관에 대한 험담을 적고 스피커로 연설하기도 한다. '권력의 주구 악덕재판관 누구누구는 처음부터 대기업의 편을 들 의도로 사기 같은 방법으로 변론을 종결하여…'라는 식이다. 그 항의는 일정 기간 지속되기도 한다.97)

법정 밖에서의 항의 행동은 보통 개인적으로 이루어지지만 때로는 특정 단체나 이해관계인들이 집단적으로 항의하기도 한다. 대개 사회적 이목이 집중된 사건에서 그렇다. 규모가 큰 도쿄 지방·고등재판소나 때로는 최고재판소 앞에서 그런 항의 행동이 벌어진다. 애초에 여론 형성이 목적이기 때문이다. 피켓이나 현수막을 이용하여 어떤 항소나 상고가 기각되었는데 부당한 결정이라고 강조된다. 다만 부당하다고 판단한 이유는 제대로 확인하기 힘든 경우가 많다.

재판정 밖의 항의 행동보다 더 위험하고 파급력이 큰 것은 여론 형성을 위해 대중매체를 이용하는 비평이다. 전후에 그런 행동은 일정한 패턴으로 부각되어 왔다. 대표적인 것이 철도차량 전복사고인 1949년의 <마쓰카와松川 사건> 재판이다. 1949년 7-8월에 대규모 인원 정리에 나선 국철을 무대로 <시모야마下山 사건>, <미타카三鷹 사건> 등과 함께 발발해 재판이 된다. 거기서 사법부에 대한 여론의 대규모적 비판 행동이 시작된다.

1957년의 <스나가와砂川 사건> 등 대형 재판에서도 문필가나 연

<hr />

97) 森炎, 『司法権力の内幕』, 31.

극 등 사회운동 차원의 재판 비판이 크게 성행한다. 1959년 최고재에 의한 마쓰카와 사건 판단을 계기로도 원심 등에 대한 비판이 고조된다. 1심과 2심 재판에서 다수의 피고인이 사형 및 무기징역 판결을 받자 상고심에서 하급심 판단에 대한 비판 여론이 확산된다. 비판은 노조, 작가 등 지식인들에 의한 대규모 지원운동과 결합된다.

이로 인해 최고재 장관 다나카 고타로田中耕太郎가 1955년 5월 전국 고등·지방재판소장 회동 훈시에서 재판비판을 '세간의 잡음'이라 비판한다.[98] <재판간섭 사태>로 규정하고 적극적 방어에 나선다. 장관은 1959년 판결 직전의 훈시에서 '어떤 사건에 관해, 일부 관계자가 자신의 기대에 반하는 재판을 법정 외에서 비판 공격하고, 심지어 사건을 연극화해서 널리 국민에 호소해 재판에 대한 불신감을 심어주고 또한 외국의 동지에게까지 호소해서 재판소를 견제하려고 하는 운동을 전개한다'라고 강하게 비난한다.[99]

재판 비판은 정치추수적인 재판에 일정한 여론을 확인시키는 수단이 될 수 있다. 전전에는 그런 재판 비판이 실질적으로 불가능했던 것을 보면 그것은 전후 민주주의의 산물이다. <히라가 메모 사건>에서 보듯이 법원 내에서 가능한 상층부의 '조언'에 대해 크게 제재가 가해지지 않는 분위기에서 재판 비판은 그에 대한 반작용으로 기능하기도 했다.[100] 그런데 일본에서 사법과 재판에 대한 여론 조성을 지향하는 재판 비판은 이후 크게 확장되지는 않는다.

---

98) 野中俊彦·中村睦男 他,『憲法II(第4版)』, 233.

99) 牧原 出,「政治化と行政化のはざまの司法權」, 18-26.

100) 家永三郎,「戰後日本の裁判例に現われた法思想の動向」, 188-189.

제11장

맺음말

일본의 전근대 사법은 중국의 율령제 혹은 무가적 관습 그리고 고유법 사이의 시대에 따른 상대적 우위로 구별될 수 있다. 그럼에도 그런 시대들은 중국의 사법제도와 법제가 기반을 이룬 점에서는 중국에 대한 계수의 정도의 차이로 구분된다고 볼 수 있다. 근대 메이지시대 이후에는 영미법과 대륙법을 모두 계수받는다. 때로 두 요소는 갈등적으로 공존한다. 제정된 민법이 일본적인 요소들을 담아내지 못한다는 비판 속에서 시행 강행과 연기 문제를 두고 벌어진 1889년부터 1892년에 걸친 '민법전논쟁'은 영국법학계와 프랑스법학계가 일본적 전통을 놓고 벌인 대리전 성격이기도 하다.

　메이지헌법의 규정과 이념은 프로이센헌법의 강한 영향을 받는다. 그렇듯 독일법학을 적극적으로 수용한다. 그래서 전전에는 대륙법계 중에서도 독일법계의 전통이 우위를 점한다. 프랑스의 영향은 메이지 초기만큼은 못하지만 행정법의 영역에서는 여전히 적지 않다. 프랑스법의 계수는 사법관과 변호사를 구분하는 관료적 사법 토대를 제공한다. 그리고 독일법적 기초도 행정 사법에 대한 간섭을 통한 사법관료화의 틀을 형성한다. 그래서 흔히 경력법관 체제라고 불리는 캐리어 시스템이 지배함으로써 관료적 사법이 지속된다.

패전이 상황을 변화시킨다. 이후에 사법제도는 점령군의 직접적인 영향으로 인해 영미법적인 사법이 지배하는 것처럼 보였다. 헌법의 사법규정과 재판소구성법의 취지도 영미법적이었다. 최고재판소를 정점으로 한 사법부의 권력분립적 지위는 명실상부하고 법관은 사법성의 감독에서 벗어나고 사법시험과 사법연수소 체제를 통한 법조삼자의 통일적 선발과 양성교육을 통해 출범에서의 법조일원제도 보이는 듯했다. 재판관은 행정권으로부터 실질적으로 독립되고 재판관의 민주적 정당성 보완 장치도 고려되고 재판절차는 당사자주의와 탄핵주의적 입장에서 이루어지는 듯 보였다.

그러나 재판소의 모습은 달라지지 않았다. 전전의 대륙법적인 캐리어 시스템의 각인은 유지된다. 사법연수소 체제 하에서도 이원적인 구분을 전제로 한 법조 시스템만 만든다. 당사자주의를 말하면서도 서면심리와 조서재판이 여전히 중점적이다. 그런 현상은 일본적인 법문화라고도 지적된다. 법제도 탄생의 시기에 법제도를 운용하는 사상이 확립되지 못한 채 일단 제도부터 시행되는 일본의 전근대적인 양상과 다르지 않다고 평가된다. 법제는 미국과 같은 것이라고 볼 수 있지만 운용상의 차이가 근본적으로 존재한다.

사법제도를 운용하는 사상은 받아들이지 않았다. 사상은 배제하고 기술적인 제도들만 도입한 것이다. 그런데 그런 현실은 부정적으로만 이해되지도 않는다. 법학계의 지배적인 입장도 그런 현실을 수긍한다. 그러다 보니 패전 이후의 사법도 실질과 형식 혹은 현실과 이상의 차원처럼 대륙법계와 영미법계가 다시 공존하는 것 같다. 어느 쪽의 우세는 실무와 법이념의 우세냐 혹은 해석의 문제냐에 지나지 않는다. 그것이 일본형이다. 받아들인 대륙법계 혹은 영미법계의 문제가 아니라 현실의 공존이 일본형이다. 일본형은 전통적 사법과의 결합이 아니라 일본에 적합한 필요의 산물이다.

한국에 계수된 것은 그런 일본형이다. 그것은 조선 말기부터 시작해 구도가 거의 형성되고 일제강점기의 고착을 거쳐 해방 이후에도 온존하면서 지금까지도 뿌리가 남아 있는 한국 사법과 법조의 원형이다. 한국에서 그것은 제도 도입을 위한 논의나 반성적인 고려 같은 것이 개입되지 못한 이식과 같은 계수였다. 그렇게 도입된 일본형 사법이 식민지 지배로 이어지면서 고착화된다. 해방 이후에 오늘날까지 사법의 부정적인 측면은 실은 일본형의 문제다. 일본형 사법이 계수되었고 여전히 유지되기 때문이다.

그 결과 한국의 사법과 법조는 제도, 운용, 개혁과제에서 일본과 거의 유사하다. 게다가 개혁 논의의 기초나 공론장도 부족해 일본을 참고하다 보니 개혁방식 등에서도 일본과 닮은꼴이다. 사법과 법조 시스템은 말할 것도 없거니와 개혁 과제 자체도 마치 양국이 공유하는 듯한 수준에 있다. 그런데 그런 유사성을 한국에서는 달리 해석하고 있다. 한국에서는 일본과 유사하다고 평가되는 그 개혁과제의 대상들이 오히려 식민지 사법에 대한 미청산의 문제라고 보는 경향이 적지 않은 것이다.

그러나 일제강점기 이전인 조선 말기부터 제도화되고 자발적으로 계수되고 식민지 시기에는 사법관료화나 제도적 의용만 강화될 뿐 즉 식민지적 변형만 되었을 뿐 기반적 변화도 없고 더욱이 해방 이후 80년이 다 되어가는 오늘날 까지 실질적 의용이 잔존하고 구조와 과제의 유사성을 남긴다. 더욱이 해방 후에도 일본 제도와 실무 그리고 개혁 논의의 흐름을 따라가야 했다. 개혁논의를 뒷받침할 공론장도 없고 논의근거가 부족해 일본을 돌아봐야 했기 때문이다. 그런데도 식민지의 미청산의 문제로 보는 것은 본질에서 벗어난 접근이다.

그렇다면 그 과제는 계수에 따른 문제로 볼 필요가 있다. 한국에 조선 말기부터 수용되기 시작한 것이 다름 아닌 일본사법이고 그것이 계수라고 본다면 오늘날 사법의 정체성을 이해하고 따라서 과제해결에도 다가설 것이고 설사 그것이 식민지적 잔재이더라도 그것의 극복도 보다 현실적이 될 것이기 때문이다. 반면 과제를 식민지적 잔재로만 본다면 식민지적 사법의 부정적 측면을 되새기는 일만 반복될 것이다. 그렇게 문제의 원인을 보다 간접적인 관점에서 보게 되면 극복 대안도 발견되기 어렵게 될 것이다.

더욱 난감한 일은 사법개혁에서 식민지적 유산의 청산이라는 문제가 개혁 대상이나 과제로서보다는 사법부의 과제에 관한 미처리나 태만함에 대한 변명거리가 되기조차 한다는 것이다. 자기 개혁의 부재로 인한 부정적인 모습을 식민지의 제도적 유산이라고 치부해서 비판을 면하려고 하는 것이다. 이쯤 되면 식민지적 잔재 청산이라는 것이 실상 사법개혁의 최우선 과제인지조차도 의문이다. 오히려 변명거리를 위해 그 논리를 유지해 온 것일 수도 있는 자학적인 논리에 불과하다고 생각될 정도다.

그렇다면 식민지적 유산의 온존 혹은 미청산이라는 것은 이제 순수한 해결과제의 차원으로만 두고, 그 원인의 문제는 계수로서 살피는 것에서 출발할 필요가 있다. 계수는 근대 사법적 제도와 법제의 국가 혹은 사회적 보유 여부와 그에 따른 상호 간 필요의 문제다. 우열의 문제라기보다는 선행적으로 제도를 가진 국가 혹은 사회에서 그 기회가 나중에 온 국가 혹은 사회로 흐르는 물과 같은 자연스러운 현상이다. 그 흐름이 식민지적 상황과 결부되는 경우도 흔하다. 그 경우 식민지적 산물로만 보는 것은 영향의 존재와 효과를 부정하기 위한 일종의 왜곡이 될 수 있다. 그래서 그 극복도 어렵게 만든다.

사법의 과제 해결을 위해서 계수는 확인되어야 한다. 일본의 식민지였기에 일본 사법과 법제를 계수한 타이완에서는 사법시험, 법조 양성의 통합화 등 일본의 제도가 개혁의 방향 설정에도 큰 영향을 부여했다. 그런데 법조일원제에는 먼저 가까워졌다고도 한다. 그런 면에서는 타이완이 법조 제도에서는 선진적으로 평가될 수도 있다. 마찬가지로 일본의 법조일원제나 로스쿨이나 재판원 제도 등은 한국과 약간의 시차를 두고 공통의 과제가 되었다. 그런데 국민참여재판 같은 경우는 한국이 먼저 전격적으로 도입했다. 논의의 시작과 제도의 도입 간의 시간적 간격이 보다 짧은 것은 한국이었다.

그런데 한국에서는 과제를 다룰 공론장의 부족이 지적된다. 공론장의 부족은 본질에 대한 이해 부족에서 비롯된다. 또한 성과주의적 태도로 인해 궁극적인 목표에 대한 본질적 논의는 미룬 채 제도만이 먼저 도입되는 현상과도 결부된다. 그 경우 계수에 대한 이해가 공론장의 성립을 통한 본질적 논의에 도움을 줄 수 있다. 이런 인식 하에서 일본의 사법과 법조에 대한 한국의 계수는 몇 가지 의미로 이해되어야 한다. 우선 한국의 사법과 법조는 일본을 계수했다는 것이다. 즉 한국의 모습이 영미법적이거나 대륙법적이라고 강조됨으로서 일본으로부터의 계수가 부정될 수는 없다. 즉 한국의 사법과 법조의 기원과 역사가 마치 영미나 대륙인 듯한 오해는 없어야 한다는 것이다.

두 번째 일본이 서구로부터 계수하면서 보인 과도기적 독창성은 한국의 일본 계수에서는 확인되지 않는다는 점이다. 일본의 근대 이후의 사법과 재판제도는 대외적 필요와 대내적 요청에 부응하기 위한 서구화였기에 전근대와 의도적으로 단절한 것처럼 보인다. 그러나 일본의 사법적 용어와 명칭 등은 다분히 전통적이다. 또한 서구화의 목표에 이르는 과정에서 형식은 서구를 계수하더라도 최소한 과도기적 상태를 유지함으로써 현실에 부합하고자 했다. 이는 계수가 상당히 기획적으로 이루어진 것을 의미한다. 그에 비하면 한국은 일본으로부터의 유입에서 새로운 과제에 적합한 적응과 변화를 만들지는 못한 것이라고 평가된다.

세 번째는 계수는 사법과 법제만이 아니라 실무적 운영 면에까지 영향을 주었다는 점이다. 이는 계수의 범위에 대한 무감각과 관련된다. 즉 한국의 오늘날 사법도 일본처럼 당사자주의의 기치 아래 있으면서도 여전히 규문주의적 절차 진행이 우세한 것처럼 보인다. 실무에서 당사자주의의 수사는 법이념의 우세냐 혹은 해석의 문제냐에 지나지 않는 상황이라고 보이는 일본 전후의 모습에서 일종의 기시감이 느껴지는 것이다. 그런데도 이는 직접적인 계수 이후의 문제이기에 계수의 영향이라고 보이지 않는다. 그러나 이 부분도 계수의 영향에 포함될 수 있다는 것이다.

그 점은 법조양성에서도 확인된다. 전후 개혁에 의한 새로운 사법수습제도는 최고재판소가 관할하는 사법연수소에서 재판관, 검찰관, 변호사를 통일적으로 동시에 평등하게 양성한다. 그런데 출발점의 '법조일원'이라고 볼 만한 이런 사법수습 제도는 알고 보면 재판관, 검찰관의 공급원을 변호사로 하자고 하는 법조일원제의 채용을 주장한 변호사협회의 주장과 기존의 관료제적 사법구조를 가능한 한 유지하려는 최고재 입장 간의 일종의 타협이었다. 한국도 비록 그런 타협구조는 반영되지 않았지만 법조양성 실무 운영은 마찬가지로 답습한 것은 법조적 계수로 보아야 한다는 것이다.

그런 계수의 이해는 한국의 사법과 법조가 법조일원제에 공감하도록 도움을 줄 것이다. 즉 한국에 일본의 사법과 법조가 계수되어 그것이 사법체계와 법조는 물론이고 실무적 운영까지 지배하는 실정인데, 일본에서 사법과 법조의 캐리어 시스템에 기반한 관료사법적 구조가 법조일원제를 통해 해결될 수 있다면, 계수한 한국도 마찬가지 해결에 기대해야 한다는 공감을 만들 것이기 때문이다. 즉 계수의 이해는 법조일원제야말로 경력법관 시스템이나 관료적 이념이 만드는 장애를 통한 오늘날의 한국 사법의 부정적 측면의 개선 출발점이라고 이해시킬 것이기 때문이다.

또한 계수에 대한 이해는 한국사법이 스스로를 비교법적으로 돌아보게 만들 것이다. 오늘날 일본의 사법절차적 개선은 상당히 체감적이다. 재판절차의 이용자에 대한 배려가 늘었다. 사건별 재판 시간의 세부적이고 합리적인 안배도 확인된다. 재판절차의 집중적인 측면도 보여준다. 판사도 그야말로 심판자적 언행이나 태도를 보인다. 대체로 재판관이 말을 적게 한다. 사건을 예단하고 말을 가로막고 마치 자신이 당사자인 양 월권적으로 소송 지휘하는 느낌은 적다. 그 점에서 한국도 스스로를 돌아볼 필요가 있을 것이다.

한국의 사법체계는 절차적 개선에서 취약하다. 개선을 위한 확인도 드물고 개선책도 보여주기나 성과 이상의 의미가 되지 못하는 경우가 많다. 문제의 본질을 확인하고 그에 따른 논의를 거치고 개선책을 시간을 두고 준비하고 그 뒤에 운영을 통해 다시 평가하고 개선하는 일본적인 절차적 태도와는 멀다. 조금 더 나아가 보면 그런 부실한 논의 속에 밀어붙이기식의 정치적 사법개혁도 난무함을 볼 수 있다. 검찰개혁이라는 미명 아래 국민적 논의도 거치지 않은 입법적 난도질이 그 대표적인 사례다.

그저 정치적 이해관계나 정치적 일정에 따라 검찰개혁이라는 이름 아래 사법과 법조의 체계를 난도질하는 '검수완박'과 같은 부끄러운 퇴행은 문명국가의 수치다. 비교해 보건대 일본에서도 기소편의주의를 통해 성장한 검찰의 권력화가 늘 수사권에 대한 도전을 불렀다. 그것이 검찰 공판전담론을 가져오기도 했다. 그러나 그에 대해서는 정밀사법론과 같은 반론이 대항하면서 자연스럽게 찬반양론이 형성되고 그 속에서 여론이 확인되는 것이다. 그에 비하면 한국의 갈 길은 아직 멀기만 하다.

〈 참 고 문 헌 〉

<국내자료>

김병화,『한국재판사: 중세편』, 일조각, 1974.

대법원 편,『사법제도개혁백서(상)』, 대법원, 1994.

로널드 드워킨, 장영민 역,『법의 제국』, 아카넷, 2008.

박명규,『국민·인민·시민: 개념사로 본 한국의 정치주체』, 소화, 2014.

박병호,『근세의 법과 법사상』, 진원, 1996.

박병호,『한국법제사』, 민속원, 2019.

법원행정처,『한·독·일 민사소송법의 연혁』, 법원행정처, 1995.

사법정책연구원 편,『독일 법관법에 관한 연구: 직업법관의 신분과 법적 지위
　　　　를 중심으로』, 사법정책연구원, 2020.

사토 히로오, 성해준 외 역,『일본사상사』, 논형, 2009.

서형범,『개화기 서사양식과 전통지식인의 성찰적 여정』, 태학사, 2010.

신우철,『비교헌법사: 대한민국 입헌주의의 연원』, 법문사, 2008.

엄세영, 강혜종 역,『일본사법성시찰기 1·2』, 보고사, 2020.

엄세영, 이주해 역,『일본사법성시찰기 3』, 보고사, 2018.

오스미 가즈오, 임경택 역,『사전, 시대를 엮다』, 사계절, 2014.

이에나가 사부로, 이영 역,『일본문화사』, 까치, 1999.

이종길,『중국법문화론연구서설』, 동아대학교출판부, 2018.

정종섭,『한국의 사법제도와 발전 모델』, 집문당, 1998.

조홍식,『사법통치의 정당성과 한계』, 박영사, 2009.

하명호,『한국과 일본에서 행정소송법제의 형성과 발전』, 경인문화사, 2018.

한국고문서학회 편,『조선의 일상, 법정에 서다』, 역사비평사, 2013.

川出敏裕·金光旭, 장응혁·안성훈 역,『일본의 형사정책I』, 박영사, 2020.

大久保喬樹, 송석원 역,『일본문화론의 계보』, 소화, 2012.

곽창신, "한국 로스쿨제도 개선 및 예비시험제도 도입에 관한 연구", 단국대
　　　　학교 법학연구소,『법학논총』38권 4호(2014.12.).

곽창신·박영준, "한국 법조양성시험제도의 현황 및 개선방향에 관한 연구",
　　　　단국대학교 법학연구소,『법학논총』39권 4호(2015.12.).

권순남·이성균, "일본 법관의 공정성과 윤리성 제고 방안",『법관의 공정성
　　　　과 윤리성 제고 방안{외국사법제도연구(17)}』, 사법정책연구원, 2015.

김도현, "사법개혁과 법관인사제도: 정당한 사법권력의 창출을 위하여", 민주주의법학연구회, 『민주법학』 29호(2005.12.).

김잔디, "공소권 통제를 위한 검찰시민위원회의 기능 강화 방안", 법조협회, 『법조』 70권 3호(2021.6.).

노명선, "검사의 준사법관으로서의 지위에 대한 이해", 대검찰청 보고서(2012.12.).

노명선, "한·일 로스쿨 평가에 관한 비교·분석", 법조협회, 『법조』 67권 6호(2018.12.).

문준영, "1895년 재판소구성법의 '출현'과 일본의 역할", 한국법사학회, 『법사학연구』 39호(2009.4.).

문준영, "4·19 혁명과 법률가집단의 정치: 대법원장·대법관선거제 도입과 변호사회의 동향을 중심으로", 한국법사학회, 『법사학연구』 62호(2020.11.).

문준영, "검찰제도의 연혁과 현대적 의미", 한국비교형사법학회, 『비교형사법연구』 8권 1호(2006.7.).

문준영, "경성공소원 민사판결원본철을 통해 본 한말의 민사 분쟁과 재판", 『충남대학교 법학연구』 22권 1호(2011.6.).

문준영, "이토 히로부미의 한국사법정책과 그 귀결: 영사재판권 폐지 문제와의 관계를 중심으로", 부산대학교 법학연구소, 『법학연구』 49권 1호(2008.8.).

문준영, "한국의 형사사법과 민사분쟁형 고소사건: 구한말과 일제시대의 경험", 부산대학교 법학연구소, 『법학연구』 48권 1호(2007.8.).

문준영, "한말과 식민지시기 재판제도의 변화와 민사분쟁", 한국법사학회, 『법사학연구』 46호(2012.10.).

문준영, "한말 법무보좌관 제도하의 재판사무의 변화", 경북대학교 법학연구원, 『법학논고』 39집(2012.6.).

배항섭, "백성이 호소하고 국왕이 들어주다: '근세' 동아시아의 정치문화와 직소", 미야지마 히로시 외 편, 『19세기 동아시아를 읽는 눈』, 너머북스, 2017.

백광균·안좌진 외, "일본의 법관 업무부담 결정요인에 관한 연구", 『각국의 법관 업무부담 결정요인에 관한 연구{외국사법제도연구(26)}』, 사법정책연구원, 2021.

성경숙, "일제강점초기 조선의 형사사법구조: 조선형사령을 중심으로", 성균관대학교 법학연구원, 『성균관법학』 24권 2호(2012.6.).

손경찬, "한국 변호사제도의 기원과 의의: 구한말 민사판결집의 변호사를 중심으로", 경북대학교 법학연구원, 『법학논고』 53집(2016.2.).

신미나, "일본중세 귀족사회의 가격과 문인관료", 김경호・손병규 편, 『전근대 동아시아 역사상의 사』, 성균관대학교출판부, 2013.

신우철, "근대 사법제도 성립사 비교연구: 우리 '법원조직' 법제의 초기 형성", 법조협회, 『법조』 612호(2007.9.).

신우철, "근대 사법제도 성립사 비교연구: 일본에 있어서 '법원조직' 법제의 초기 형성", 중앙법학회, 『중앙법학』 8집 3호(2006.8.).

신우철, "근대 사법제도 성립사 비교연구: 일본에 있어서 '사법독립' 원리의 헌법적 수용", 중앙법학회, 『중앙법학』 8집 3호(2006.8.).

신우철, "근대 사법제도 성립사 비교연구: 한국에 있어서 '사법독립' 원리의 태동 수용과 전개", 서울대학교 법학연구소, 『서울대학교법학』 49권 2호(2008.6).

신우철, "입헌주의 맹아기 제 헌법문서의 사법조항 분석: 개화기 원시 헌법문서와 임시정부 헌법 준비문서를 중심으로", 중앙대학교 법학연구원, 『법학논문집』 40집 1호(2016.4.).

신우철, "해방기(1945-1948) 헌법초안의 사법조항 분석: 좌파, 우파, 중간파 및 미 군정청 헌법초안을 중심으로", 중앙대학교 법학연구원, 『법학논문집』 39집 3호(2015.12.).

심희기, "근세조선의 민사재판의 실태와 성격", 한국법사학회, 『법사학연구』 56호(2017.10.).

양건, "한국과 일본 간의 비교법문화론을 위한 서설: 함병춘과 川島武宜를 넘어서", 『저스티스』 34권 1호, 한국법학원, 2001.

양만식, "일본에서의 법조양성의 현황과 과제: 우리나라의 법조양성개혁에 주는 시사점은?", 단국대학교 법학연구소, 『법학논총』 39권 3호 (2015.9.).

유주성, "프랑스 근대검찰의 형성에 관한 연구: 검찰의 위계적 조직체계와 사법적 기능을 중심으로", 원광대학교 법학연구소, 『원광법학』 29권 3호(2013.9.).

이경열, "한국의 근대 사법제도 형성과 발전에 관한 탐구", 성균관대학교 법학연구원, 『성균관법학』 28권 4호(2016.12.).

이국운, "법률가정치 연구: 한국과 미국의 비교", 법과사회이론학회, 『법과사회』 38호(2010.6.).

이미숙, "고려시대의 율관: 법조(法曹)를 중심으로", 한국사상문화학회, 『한국 사상과 문화』 92집(2018.3.).

이유정, "여성변호사의 현황과 성차별 실태에 대한 분석", 대한변호사협회, 『인권과 정의』 394호(2009.6.).

이정훈, "明治흠정헌법의 성립과 한국개화파의 추종", 한국법철학회, 『법철학 연구』 15권 2호(2012.8.).

이춘근·김희수, "독일 법관의 공정성과 윤리성 제고 방안", 『법관의 공정성 과 윤리성 제고 방안{외국사법제도연구(17)}』, 사법정책연구원, 2015.

임상혁, "사법부에서 일제시기 관행의 잔재와 극복", 『법제연구』 제39호, 한 국법제연구원, 2010.12.

장영수, "사법혼란, 사법불신과 법치주의의 위기", 고려대학교 법학연구원, 『고려법학』 99호(2020.12.).

전병무, "일제시기 조선인 사법관료의 형성 과정: 문관고등시험 사법과 합격 자를 중심으로", 『한국근현대사연구』 46집(2008.)

정긍식, "일제의 식민정책과 식민지 조선의 법제", 『법제연구』 제14호, 한국 법제연구원, 1998.

정지혜·村岡啓一, "검사의 역할과 검사 직업윤리의 필요성: 일본의 검찰윤 리규정 비교와 연구동향 검토", 부산대학교 법학연구소, 『법학연구』 54권 4호(2013.11.).

조종현, "일본의 법관임용제도에 관한 실증적 연구", 『각국의 법관임용제도 에 관한 실증적 연구{외국사법제도연구(25)}』, 사법정책연구원, 2021.

조인, "일본의 사법제도", 『각국의 사법제도{외국사법제도연구(27)}』, 사법정 책연구원, 2021.

하민경·서용성·김성화, "일본의 정당방위", 『각국의 정당방위 판단기준과 국민의 법의식』, 사법정책연구원, 2019.

한상희, "사법개혁, 좌절과 실패의 역사: 사법개혁에 대한 평가와 과제", 민주 주의법학연구회, 『민주법학』 50호(2012.11.).

大平祐一, 김백경 역, "토쿠가와(德川) 일본의 민사재판", 한국법사학회, 『법 사학연구』 56호(2017.10.).

林真貴子, "近代法시스템 繼受期 日本의 裁判所에서의 紛爭解決實踐", 한국 법사학회, 『법사학연구』 46호(2012.10.).

王泰升, "臺灣法의 近代性과 日本 植民統治", 한국법사학회, 『법사학연구』 27 호(2003.4.).

<외국자료>

利谷信義,『日本の法を考える』, 東京大学出版会, 1994.

丁野暁春・根本松男・河本喜与之,『司法権独立運動の歴史』, 法律新聞社, 1985.

土本武司,『刑事訴訟法要義』, 有斐閣, 1991.

平野龍一,『刑事訴訟法』, 有斐閣, 1958.

美濃部達吉,『憲法講話』, 有斐閣, 1918.

田中 彰,『明治維新』, 小学館, 1976.

我妻 栄・団藤重光 他 編,『日本政治裁判史録(大正)』, 第一法規, 1969.

網野善彦,『日本社会の歴史(上)』, 岩波新書, 1997.

家永三郎,『司法権独立の歴史的考察』, 日本評論新社, 1962.

丁野暁春・根本松男・河本喜与之,『司法権独立運動の歴史』, 法律新聞社, 1985.

犬丸 巌,『新体制下の憲法解説』, 法文社, 1941.

清宮四郎,『憲法I』, 有斐閣, 1973.

市井三郎・布川清司,『伝統的革新思想論』, 平凡社, 1972.

福沢諭吉,『学問のすゝめ』, 岩波文庫, 2010.

植木枝盛, 家永三郎 編,『植木枝盛選集』, 岩波文庫, 2007.

高島俊男,『漢字と日本語』, 講談社現代新書, 2016.

岡田亥之三朗 編,『日本国憲法審議要録』, 盛文社, 1947.

永井秀夫,『自由民権(日本の歴史 第25巻)』, 小学館, 1976.

森 炎,『司法権力の内幕』, ちくま新書, 2013.

鈴木 淳,『維新の構想と展開』, 講談社, 2002.

大津 透,『道長と宮廷社会(日本の歴史06)』, 講談社学術文庫, 2001.

西野喜一,『裁判員制度の正体』, 講談社現代新書, 2008.

瀬木比呂志,『絶望の裁判所』, 講談社現代新書, 2014.

原田國男,『裁判の非情と人情』, 岩波新書, 2017.

大槻文彦,『箕作麟祥君伝』, 丸善, 1907.

滝井繁男,『最高裁判所は変わったか: 一裁判官の自己検証』, 岩波書店, 2009.

山田隆司,『最高裁の違憲判決』, 光文社新書, 2012.

櫻井庄太郎,『日本封建社會意識論』, 日光書院, 1949.

野村兼太郎,『徳川時代の社会経済思想概論』, 日本評論社, 1934.

伊藤博文,『帝国憲法皇室典範義解』, 國家學會, 1889.

宮澤俊義,『行政争訟法』, 日本評論社, 1936.

中村雄二郎,『近代日本における制度と思想』, 未来社, 1986.

清水唯一朗,『近代日本の官僚』, 中公新書, 2013.

奥平昌洪, 『日本弁護士史』, 有斐閣, 1914.

荻生徂徠, 辻 達也 校注, 『政談』, 岩波文庫, 1987.

大石 眞, 『日本憲法史(第二版)』, 有斐閣, 2005.

新井 勉・蕪山 嚴・小柳春一郎, 『近代日本司法制度史』, 信山社, 2011.

大野正男, 『弁護士から裁判官へ: 最高裁判事の生活と意見』, 岩波書店, 2000.

新藤宗幸, 『司法官僚: 裁判所の権力者たち』, 岩波新書, 2009.

安倍晴彦, 『犬になれなかった裁判官: 司法官僚統制に抗して36年』, 日本放送
　　　　出版協会, 2001.

刑部芳則, 『洋服・散髪・脱刀: 服制の明治維新』, 講談社, 2010.

野村二郎, 『最高裁長官の戦後史』, ビジネス社, 1985.

福富恭礼 編, 『徳川政府律令要略』, 広道館, 1888.

石井良助, 『日本法制史概説』, 創文社, 1983.

大木雅夫, 『日本人の法観念: 西洋的法観念との比較』, 東京大学出版会, 1983.

牧 英正・藤原明久 編, 『日本法制史』, 青林書院, 2007.

小早川欣吾, 『近世民事訴訟制度の研究』, 有斐閣, 1957.

中田 薫, 『法制史論集 <第3巻 下> 債権法及雑著』, 岩波書店, 1971.

大石 眞, 『憲法講義I(第2版)』, 有斐閣, 2011.

黒田基樹, 『百姓から見た戦国大名』, ちくま新書, 2006.

野中俊彦・中村睦男 他, 『憲法II(第4版)』, 有斐閣, 2006.

石川元也, 『吹田事件と大衆の裁判闘争』, 自由法曹団大阪支部, 1979.

川島武宜, 『日本人の法意識』, 岩波新書, 2016.

久留島典子, 『一揆と戦国大名(日本の歴史13)』, 講談社学術文庫, 2001.

五味文彦 編, 『日本の中世』, 放送大学教育振興会, 1999.

水本邦彦, 『村: 百姓たちの近世(シリーズ日本近世史 第2巻)』, 岩波新書, 2015.

田中 元, 『古代日本人の世界』, 吉川弘文館, 1972.

山本幸司, 『頼朝の天下草創(日本の歴史09)』 講談社学術文庫, 2001.

佐木隆三, 『法廷のなかの人生』, 岩波新書, 1997.

佐藤岩夫・菅原郁夫・山本和彦, 『利用者から見た民事訴訟: 司法制度改革審
　　　　議会「民事訴訟利用者調査」の2次分析』, 日本評論社, 2006.

瀧川政次郎, 『公事師・公事宿の研究』, 赤坂書院, 1984.

尾佐竹猛, 『明治警察裁判史』, 邦光堂, 1926.

尾佐竹猛, 『判事と検事と警察』, 総葉社書店, 1927.

尾佐竹猛, 三谷太一郎 校注, 『大津事件: ロシア皇太子大津遭難』, 岩波文庫,
　　　　1997.

松尾浩也, 『刑事訴訟法(上) <補正第二版>』, 弘文堂, 1988.

松尾浩也, 『刑事訴訟法(上) <新版>』, 弘文堂, 1999.

佐々木潤之介 他 編, 『概論日本歴史』, 吉川弘文館, 2000.

岸井辰雄, 『余の歩んた弁護士の道』, 岸井辰雄, 1939.

小早川欣吾, 『近世民事訴訟制度の研究』, 有斐閣, 1957.

高柳賢三・大友一郎・田中英夫 編, 『日本国憲法制定の過程I』, 有斐閣, 1972.

行政裁判所 編, 『行政裁判所五十年史』, 行政裁判所, 1941.

小早川欣吾, 『(増補)近世民事訴訟制度の研究』, 名著普及会, 1988.

広渡清吾 編, 『法曹の比較法社会学』, 東京大学出版会, 2003.

中村治朗, 『裁判の世界を生きて』, 判例時報社, 1989.

石井良助 編, 『明治文化史 2(法制)』, 原書房, 1980.

菊山正明, 『明治国家の形成と司法制度』, 御茶の水書房, 1993.

鄭鍾休, 『韓國民法典の比較法的研究』, 創文社, 1989.

染野義信, 『近代的転換における裁判制度』, 勁草書房, 1988.

松井康浩, 『日本弁護士論』, 日本評論社, 1990.

矢口洪一, 『最高裁判所とともに』, 有斐閣, 1993.

大木雅夫, 『日本人の法観念: 西洋的法観念との比較』, 東京大学出版会, 1983.

佐々木吉男, 『民事調停の研究』, 法律文化社, 1967.

千葉正士, 『法社会学: 課題を救う』, 成文堂, 1988.

藤原明久, 『日本条約改正史の研究』, 雄松堂出版, 2004.

久米邦武 編, 水澤 周 訳, 『現代語訳 特命全権大使 米欧回覧実記 第3巻 ヨーロッパ大陸編 上』, 慶應義塾大学出版会, 2008.

横田眞一, 『司法制度革新論』, 司法研究會, 1938.

棚瀬孝雄, 『現代社会と弁護士』, 日本評論社, 1987.

楠精一郎, 『明治立憲制と司法官』, 慶応通信, 1989.

兼子一・竹下守夫, 『裁判法(新版・補訂)』, 有斐閣, 1988.

橋本誠一, 『在野「法曹」と地域社会』, 法律文化社, 2005.

砂川雄峻, 『法曹紙屑籠』, 藤原喜一, 1918.

本多 潤 編訳, 『各國辯護士法: 東京兩組合代言人參考』, 東京兩組合委員會, 1890.

日本裁判官ネットワーク 編, 『希望の裁判所: 私たちはこう考える』, 弁護士会館ブックセンター出版部LABO, 2017.

日本刑法学会 編, 『改正刑事訴訟法: 解説と批判』, 有斐閣, 1953.

読売新聞社会部, 『ドキュメント検察官: 揺れ動く「正義」』, 中公新書, 2006.

日本弁護士連合会,『日本弁護士沿革史』, 日本弁護士連合会, 1959.

内閣官報局,『法令全書 明治六年』, 内閣官報局, 1887.

大阪弁護士会 編,『法・裁判・弁護士: 国民の法意識』, ミネルヴァ書房, 1977.

東京弁護士会百年史編纂刊行特別委員会 編,『東京弁護士会百年史』, 東京弁護士会, 1980.

青年法律家協会弁護士学者合同部会 編,『青法協: 憲法とともに35年』, 日本評論社, 1990.

法律經濟新報社 編,『近世法曹界逸話』, 法律經濟新報社, 1906.

法曹百年史編纂委員会 編,『法曹百年史』, 法曹公論社, 1969.

司法省 編,『司法沿革誌』, 法曹会, 1939.

朝鮮總督府法務局 編,『朝鮮の司法制度』, 朝鮮總督府法務局, 1936.

宮澤節生,『法過程のリアリティ: 法社会学フィールドノート』, 信山社, 1994.

ユベール・メティヴィエ, 井上堯裕 訳『アンシアン・レジーム: フランス絶対主義の政治と社会』, 白水社, 1965.

ルース・ベネディクト,『菊と刀: 日本文化の型』, 社会思想社, 1977.

レフ・メーチニコフ, 渡辺雅司 訳『回想の明治維新: 一ロシア人革命家の手記』, 岩波文庫, 1997.

デイビッド・T・ジョンソン, 笹倉香奈 訳,『アメリカ人のみた日本の死刑』, 岩波新書, 2019.

菊山正明,「明治初年の司法改革: 司法省創設前史」, 早稲田大学法学会,『早稲田法学』62巻 2号(1986.10.31.).

菊山正明,「江藤新平の司法改革」,『法制史研究』1989巻 39号(1990.3.30.).

菊山正明,「明治八年の司法改革」, 早稲田大学法学会,『早稲田法学』66巻 1号(1990.12.25.).

馬場健一,「裁判官選任過程と司法の民主的正当性: 法曹一元構想における市民参加の系譜から」,『法社会学』2003巻 59号(2003.9.30.).

馬場健一,「司法の位置づけと立憲主義の日本的位相: 裁判官報酬減額問題から考える」,『社会科学研究』58巻 2号(2007.2.2.).

馬場健一,「弁護士増は訴訟増をもたらすか: 司法統計からの検証」,『法社会学』, 2011巻 74号(2011年).

利谷信義,「明治前期の法思想と裁判制度」, 利谷信義 編,『法と裁判』, 学陽書房, 1972.

利谷信義,「司法修習における裁判官像」,『法社会学』1973巻 26号(1973.10.10.).

利谷信義,「戦後改革と国民の司法参加: 陪審制・参審制を中心として」, 東京大学社会科学研究所 編,『戦後 改革4 司法改革』, 東京大学出版会, 1975.

利谷信義,「近代法体系の成立」, 藤村道生 他,『岩波講座 日本歴史16 近代3』, 岩波書店, 1976.

亀山継夫,「検察の機能」, 石原一彦 ほか 編,『現代刑罰法大系(第5巻) 刑事手続1』, 日本評論社, 1983.

亀山継夫,「刑事司法システムの再構築に向けて」,『松尾浩也博士古稀祝賀論文集 下巻』, 有斐閣, 1996.

平野龍一,「刑事訴訟促進の二つの方法」, 有斐閣,『ジュリスト』227号(1961.).

平野龍一,「現行刑事訴訟の診断」, 平場安治 他 編,『団藤重光博士古稀祝賀論文集』4巻, 有斐閣, 1985.

平野龍一,「現行刑事訴訟の診断」,『団藤重光博士古稀祝賀論文集 第四巻』, 1985.

手塚 豊,「司法省法学校小史(1)」, 慶應義塾大学法学研究会,『法學研究: 法律・政治・社会』Vol.40, No.6(1967.6.).

手塚 豊,「司法省法学校小史(2)」, 慶應義塾大学法学研究会,『法學研究: 法律・政治・社会』Vol.40, No.7(1967.7.).

手塚 豊,「司法省法学校小史(3・完)」, 慶應義塾大学法学研究会,『法學研究: 法律・政治・社会』Vol.40, No.11(1967.11.).

手塚 豊,「明治初年の裁判官」, 法制史学会 第15回研究大会 報告資料(1966.10.22.).

橋本誠一,「郷宿・代人・代言人: 日本弁護士史の再検討(I)」, 静岡大学人文学部,『静岡大学法政研究』, 8巻 2号(2003.12.10.).

橋本誠一,「「三百屋」と弁護士: 日本弁護士史の再検討(II)」, 静岡大学人文学部,『静岡大学法政研究』9巻 2号(2004.8.31.).

橋本誠一,「明治前期における代理法の展開: 弁護士史研究の一環として」, 静岡大学人文学部,『静岡大学法政研究』11巻 1-4号(2007.3.1.).

橋本誠一,「大審院法廷における代言人・代人: 一八七五年～一八八〇年」, 静岡大学人文学部,『静岡大学法政研究』14巻 3・4号(2010.3.31.).

橋本誠一,「静岡裁判所の刑事司法手続: 治罪法施行以前の死罪事案を中心に」, 静岡大学人文社会科学部,『静岡大学法政研究』18巻 3・4号(2014.3.31.).

加藤康榮,「刑事司法における検察官の役割(一)」, 日本大学法学会,『日本法学』81巻 2号(2015.10.).

加藤康榮, 「刑事司法における検察官の役割(二)」, 日本大学法学会, 『日本法学』 81巻 3号(2015.12.).

加藤康榮, 「刑事司法における検察官の役割(三)」, 日本大学法学会, 『日本法学』 81巻 4号(2016.2.).

加藤康榮, 「刑事司法における検察官の役割(四・完)」, 日本大学法学会, 『日本法学』 82巻 1号(2016.6.).

水林 彪, 「日本的法意識の歴史的基礎」, 日本法社会学会 編, 『法意識の研究』 (『法社会学』 35号), 有斐閣, 1983.

水林 彪, 「近世的秩序と規範意識」, 相良 亨・尾藤正英・秋山 虔 編, 『講座日本思想3 秩序』, 東京大学出版会, 1983.

松尾浩也, 「司法と検察」, 小山 昇・中島一郎 編, 『裁判法の諸問題 (中)』, 有斐閣, 1969.

松尾浩也, 「刑事訴訟法の基礎理論」, 国家学会 編, 『国家学会百年記念 国家と市民 第三巻』, 有斐閣, 1987.

小田中聡樹, 「司法官弄花事件」, 『日本政治裁判史録 明治・後』, 第一法規出版, 1969.

小田中聡樹, 「わが国における刑事手続の史的展開」, 『法社会学』1971巻 23号 (1971.3.30.).

小田中聰樹, 「司法改革論の諸相と民主司法の理念」, 『法律時報』70巻12号(1998年).

小野博司, 「一九二〇年代における行政裁判制度改革構想の意義: 臨時法制審議会における行政裁判所の役割を手掛かりにして」, 『法制史研究』 58巻(2009.3.30.).

小野博司, 「明治30年代の行政裁判法改正事業の意義: 法典調査会作成の4法案を中心にして」, 『四天王寺大学紀要』51号(2011.3.).

小野博司, 「戦時期の行政裁判所」, 『四天王寺大学紀要』52号(2011.9.).

塩見俊隆, 「新司法官僚の形成: 学閥の問題を中心に」, 『法律時報』 39巻 6号 (1967年).

塩見俊隆, 「日本の司法制度改革」, 東京大学社会科学研究所 編, 『戦後改革4 司法改革』, 東京大学出版会, 1975.

三阪佳弘, 「明治九・一〇年の裁判所機構改革」, 『法制史研究』 1988巻 38号 (1989.3.30.).

三阪佳弘, 「昭和初期の大審院長権限拡大論について: 近代日本における司法官僚制と裁判官」, 大阪大学大学院法学研究科, 『阪大法学』42巻 2・3号(1992.11.).

三井　誠, 「「大浦事件」の投げかけた波紋: 内相の涜職と起訴猶予処分の当否」, 『神戸法学雑誌』20巻 3・4号(1971.3.).

三井　誠,「検察官の起訴猶予裁量: その歴史的および実証的研究(2)」,『法学協会雑誌』91巻 7号(1974.).

阿部泰隆, 「行政訴訟のあるべき制度, あるべき運用について」, 『法律文化』2004年2月号.

土屋孝次,「裁判官規律制度の日米比較」,『法政論叢』40巻 2号(2004.5.15.).

石田榮仁郎,「司法改革: 法曹一元制導入の是非を中心に」,『法政論叢』36巻 2号(2000.5.15).

笹倉香奈・上口達夫 他, 「裁判員制度の現状と課題」, 甲南大学法学会, 『甲南法学』55巻 1・2号(2014.11.).

加藤　高, 「明治初年, 広島県聴訟課の家事裁判: 訴状受取録の検討を通して」, 広島修道大学法学会, 『修道法学』27巻 1号(2004.9.30.).

日比野琢矢, 「「裁判官の良心」についての考察: 憲法学からのアプローチ」,『早稲田社会科学総合研究』(別冊 2016年度学生論文集 社会科学部創設50周年記念号)(2017.3.25.).

西川伸一, 「大正・昭和戦前期における幹部裁判官のキャリアパス分析: 戦前期司法行政の一断面への接近」, 『明治大学社会科学研究所紀要』50巻 2号(2012.3.30.).

山浦善樹, 「最高裁判所判事になったマチ弁の随想(講演)」, 一橋大学大学院法学研究科,『一橋法学』16巻 1号(2017.3.).

田尾桃二,「裁判官の政治運動について」, 帝京大学法学会,『帝京法学』(2011.).

横山信二, 「行政事件の裁判における 「裁判」と 「司法」の分離に関する小論」, 広島大学法学会,『広島法学』34巻 4号(2011.3.18.).

田中舘照橘, 「日本国憲法下の行政裁判法制の弱点」, 『明治大学社会科学研究所紀要』25巻 2号(1987.3.).

浅見宣義,「現職が語る裁判官の魅力」, 日本裁判官ネットワーク 編,『希望の裁判所: 私たちはこう考える』, ＬＡＢＯ, 2017.

安原　浩, 「裁判員裁判が日本の刑事裁判を変えた」, 日本裁判官ネットワーク 編,『希望の裁判所: 私たちはこう考える』, ＬＡＢＯ, 2017.

工藤涼二,「弁護士が裁判官になってみた」, 日本裁判官ネットワーク 編,『希望の裁判所: 私たちはこう考える』, ＬＡＢＯ, 2017.

小林克美,「裁判官人事制度の改革」, 日本裁判官ネットワーク 編,『希望の裁判所: 私たちはこう考える』, ＬＡＢＯ, 2017.

井垣敏生, 「ロースクールから生まれたあなたに寄り添う弁護士たち」, 日本裁判官ネットワーク 編, 『希望の裁判所: 私たちはこう考える』, ＬＡＢＯ, 2017.

福山道義, 「司法職務定制から大審院設置後までの刑事裁判制度と司法省」, 『福岡大学法学論叢』 62巻 3号(2017.12.).

中村英郎, 「近代的司法制度の成立と外国法の影響」, 早稲田大学法学会, 『早稲田法学』 42巻 1・2号(1967.3.20.).

村上一博, 「府県裁判所草創期の聴訟・断獄手続: 新治裁判所『四課略則』(二松学舎大学中洲文庫所蔵)」, 『法律論叢』 66巻 3号(1993.12.30.).

佐々木史朗, 「刑事裁判の当面する課題: 検察官よ, 法廷にかえれ」, 判例タイムズ社, 『判例タイムズ』 150号(1963.11.).

出射義夫, 「検察の実践的説得機能」, 有斐閣, 『ジュリスト』 223号(1961.).

藤永幸治, 「戦後検察制度の形成と今後の検察像」, 有斐閣, 『刑法雑誌』 36巻 第1号(1996.).

土本武司, 「刑事訴訟雑感: 国民性の視点から」, 高田卓爾博士古稀祝賀 『刑事訴訟の現代的動向』, 三省堂, 1991.

細川亀市, 「中世武家法の刑事裁判: 撿断沙汰について」, 『社会経済史学』 5巻 3号(1935.6.15.).

佐藤博史, 「わが国の刑事司法の特色と弁護の機能」, 『刑法雑誌』 44巻 3号(2005.4.10.).

豊川正明, 「刑事裁判と国民の法意識」, 『法社会学』 1984巻 36号(1984.3.30.).

大澤 裕, 「「日本型」刑事司法と 「新時代の刑事司法」」, 『刑法雑誌』 52巻 3号(2013.5.1.).

碧海純一, 「裁判における論理の機能」, 『法哲学年報』 第1971巻(1972.10.30.).

渡辺咲子, 「刑事訴訟法制定時における公訴提起に必要な嫌疑の程度」, 廣瀬健二・多田辰也 編, 『田宮裕博士追悼論集・上巻』, 信山社, 2001.

小野清一郎, 「司法制度革新論」, 『法学評論・上』, 弘文堂書房, 1936.

林 尚之, 「近代日本の思想司法: 検察権と国体をめぐって」, 『立命館大学人文科学研究所紀要』 97号(2012.3.).

本多勝一・高見澤昭治, 「'司法改革'で日本の裁判は本当によくなるのか(3)」, 『週刊金曜日』 No.351(2001.2.16.).

谷 正之, 「弁護士の誕生とその背景(1): 江戸時代の法制と公事師」, 松山大学総合研究所, 『松山大学論集』 20巻 4号(2008.10.).

出口雄一, 「検察審査会法制定の経緯」, 『法社会学』 72号(2010.).

日本弁護士連合会,「弁護士制度百年の歩み そのⅠ 現行弁護士法制定まで」,『自由と正義』1975年8月号.

梅田康夫,「前近代日本の法曹: 明法を中心に」, 法制史学会 58回総会 報告 (2006.4.22.).

梅田康宏,「労働者としての弁護士」,『日本労働研究雑誌』No.645(2014.4.).

坂上康俊,「古代の法と慣習」, 朝尾直弘 他 編,『岩波講座 日本通史 <第3巻> 古代2』, 岩波書店, 1994.

笠松宏至,「中世の法意識」, 相良 亨・尾藤正英・秋山 虔 編,『講座日本思想3 秩序』, 東京大学出版会, 1983.

世良晃志郎,「裁判官の政治的中立性」(1970.7.), 岩波書店編集部 編,『思想の 言葉: 思想 1962-1989Ⅱ』, 岩波書店, 2001.

中田 薫,「徳川時代の民事裁判実録」,『法制史論集』3巻下, 岩波書店, 1943.

今江廣道,「曹司」,『日本史大事典 4』, 平凡社, 1993.

江藤价泰,「勧解」,『日本史大事典 2』, 平凡社, 1993.

青木孝之,「刑事司法改革の現状と展望: 二〇年改革の軌跡に寄せて」, 琉球大 学法文学部,『琉大法学』75号(2006.3.).

久岡康成,「刑訴法198条と明治憲法期における被疑者の任意取調」,『香川法学』 36巻 3・4号(2017.).

熊谷開作, 「日本的法意識形成の歴史過程の一例: 自由民権運動期における民 事訴訟件数をめぐって」,『法社会学』1984巻 36号(1984.3.30.).

太田勝造,「和解と裁判」,『法社会学』1997巻 49号(1997.3.30.).

安原徹也,「明治憲法体制成立期における司法官任用制度の形成」,『史学雑誌』 120巻 8号(2011.8.20.).

牧原 出,「政治化と行政化のはざまの司法権: 最高裁判所1950~1960」,『公共 政策研究』6巻(2006.12.10.).

曽根威彦,「平野刑法学について」,『刑法雑誌』45巻 2号(2006.1.30.).

飛田清隆,「明治国家体制における行政訴訟制度の成立過程に関する体系的考察」, 『法制史研究』2007巻 57号(2007年).

小野清一郎,「司法制度革新論」,『中央公論』昭和12年 5月号.

三ヶ月章,「司法制度」, 石井紫郎 編『日本近代法史講義』, 青林書院新社, 1972.

竹下守夫,「司法制度改革と民事司法」,『日本學士院紀要』65巻 1号(2010年).

谷 勝宏,「司法制度改革審議会の政治過程」,『法社会学』2002巻 57号(2002.9.30.).

松尾邦弘,「司法制度改革と刑事司法」,『刑法雑誌』48巻 1号(2008.8.1.).

福島小夜子,「領事裁判と明治初年の日本」,『オリエント』23巻 2号(1980年).

大平祐一, 「近世の訴訟、裁判制度について」, 『法制史研究』 1991巻 41号 (1992.3.30.).

新田一郎, 「日本中世法制史研究の動向から: 「中世法」の構成を中心に」, 『法制史研究』 1986巻 36号(1987.3.30.).

神保文夫, 「江戸幕府出入筋の裁判における本公事・金公事の分化について」, 『法制史研究』 1995巻 45号(1996.3.30.).

平松義郎, 「近世法」, 『江戸の罪と罰』, 平凡社選書, 1988.

村山眞維, 「わが国における弁護士利用パターンの特徴: 法化社会における紛争処理と民事司法」, 『法社会学』 2009巻 70号(2009年).

棚瀬孝雄, 「司法改革の視点: モダン・ポストモダン」, 『法社会学』 2000巻 53号(2000.12.20.).

吉田直正, 「独立の司法とは: 現行憲法の成立時及び裁判所法制定時の議論を中心にして」, 『法政論叢』 52巻 1号(2016.2.25.).

横川敏雄, 「司法権の独立と司法権のあり方」, 『法哲学年報』 1956巻(1957.4.30.).

戒能通厚, 「法曹一元論の原点: 司法改革の法戦略論」, 『法社会学』 2000巻 53号(2000.12.20.).

飯 考行, 「司法政策決定過程における日弁連のスタンスとその特徴: 1990年以降を中心に」, 『法社会学』 2004巻 61号(2004.9.30.).

鄭肯植, 鄭鐘休, 「韓国における法史学研究現況: 韓国法制史を中心に」, 『法制史研究』 63巻(2014.3.30.).

大沢秀介, 「大きな司法と司法像」, 『法社会学』 2001巻 55号(2001.9.30.).

西田友広, 「鎌倉幕府検断体制の構造と展開」, 『史学雑誌』 111巻 8号(2002.8.20).

柳瀬 昇, 「民主的司法のディレンマと裁判員制度の意義」, 『法社会学』 2010巻 72号(2010年).

富崎 隆, 「政治・行政・司法システムの比較枠組み」, 『法政論叢』 36巻 2号(2000.5.15.).

佐藤岩夫, 「司法の<統一性>と<非統一性(Uneinheitlichkeit)>: 日独裁判所の司法観の比較と司法改革の課題」, 『法社会学』 2000巻 53号(2000.12.20.).

石田 雄, 「日本における『合法性』成立過程の一特質」, 『日本法とアジア(仁井田陞博士追悼論文集 第3巻)』, 勁草書房, 1970.

福島正男, 「明治初年における西歐法の継受と日本の法および法學」, 『日本法とアジア(仁井田陞博士追悼論文集 第3巻)』, 勁草書房, 1970.

山中永之佑, 「明治期日本の西欧法継受に関する研究」, 『法制史研究』 22号(1973.3.30.).

金澤理康, 「法制史」, 『社会経済史学』 10巻 9-10号(1941.1.31.).

最高裁判所, 「21世紀の司法制度を考える」, 『月刊司法改革』 5号, 1999.

酒巻 匡, 「裁判員制度の意義と課題」, 『法学教室』 308号(2006.5.).

三ヶ月章, 「日本における近代的司法制度の創設と展開」, 利谷信義, 『法学文献
選集 5: 法と裁判』, 学陽書房, 1972.

安原 浩, 「わが国における司法権独立の実態を考える: その歴史的評価と現状」,
『年報政治学』 69巻 1号(2018年).

萩原 淳, 「昭和初期テロ事件の司法過程と軍部・社会: 減刑嘆願運動の展開と
司法権 1930〜36年」, 『年報政治学』 69巻 1号(2018年).

岸本正司, 「最高裁判所裁判官国民審査制度の法文化論的考察」, 『法政論叢』 33
巻(1997.5.15.).

家永三郎, 「戦後日本の裁判例に現われた法思想の動向」, 『法哲学年報』 1969
巻(1970.10.10.).

西川伸一, 「最高裁における 「信頼」の文脈: 『裁判所時報』における最高裁長官
訓示・あいさつにみる」, 『年報政治学』 61巻 1号(2010年).

石部雅亮, 「法曹養成制度のドイツ型」, 『法社会学』 2000巻 53号(2000.12.20.).

下村幸雄, 「法曹一元制について」, 『法社会学』 1992巻 44号(1992.4.30.).

三枝 有, 「司法改革と法曹養成教育」, 『法政論叢』 36巻 2号(2000.5.15.).

山田八千子, 「法曹養成・法科大学院・法哲学教育」, 『法哲学年報』 2006巻
(2007.10.30.).

山本晶樹, 「弁護人の任務における課題」, 『法政論叢』 21巻(1985.5.20.).

広渡清吾, 「法曹養成と法学教育の行方: 司法改革と大学改革の視点から」, 『学
術の動向』 5巻 5号(2000.5.1.).

吉岡良治, 「弁護士偏在の現状と課題」, 『自由と正義』 45巻 7号(1994.12.).

和田仁孝, 「弁護士像の転換と法曹養成教育: 司法改革理念の意義をめぐって」,
『法社会学』 2000巻 53号(2000.12.20.).

吉田満利恵, 「大正二年司法部大改革再考」, 『史学雑誌』 126巻 4号(2017年).

深田三徳, 「イギリス近代法学教育の形成過程におけるJurisprudenceの展開」,
『法哲学年報』 1971巻(1972.10.30.).

加藤雅信, 「日本人の法意識」, 『法社会学』 1995巻 47号(1995.3.31.).

丸田 隆, 「米国における裁判官の任命制度: 裁判官選任における民主的コント
ロール」, 『法社会学』 1992巻 44号(1992.4.30.).

遠藤直哉, 「法科大学院制度の漸進的改革: 形式的合法性と実質的合法性の統
合」, 『法社会学』 2016巻 82号(2016年).

小倉慶久, 「司法制度改革とアイディアの政治(1): 司法試験制度改革を中心に」, 関西大学法学会, 『關西大學法學論集』60巻 1号(2010.6.30.).

辻村亮彦, 「「敬慎願」とは何か: 明治前期における裁判制度継受の一断面」, 『法制史研究』60巻(2011.3.30.).

香川公一, 「弁護士・弁護士会活動と国民的立場」, 『法社会学』 1978巻 30号(1978.3.30.).

納谷廣美, 「日本の法曹養成制度、とくに法科大学院の今日的課題」, 『明治大学法学部創立百三十周年記念論文集』130(2011.11.1.).

田中正弘, 「イギリスにおける法曹主体の法曹養成: 法科大学院の発展経緯に着目して」, 『筑波ロー・ジャーナル』19号(2015.11.).

種村文孝, 「専門職としての法曹養成の経緯と現代的課題: 日弁連の「市民のための法曹」への取り組みから」, 『京都大学生涯教育フィールド研究』通巻13号(2014.2.28.).

中網栄美子, 「英国の法曹養成制度」, 日本弁護士連合会, 『法曹養成対策室報』5号(2011年).

中村 武, 「これからの弁護士: 法曹養成制度改革の諸問題」, 『東洋法学』23巻 1号(1980.3.).

瀧川政次郎・小林 宏・利光三津夫, 「律令研究史」, 『法制史研究』 1965巻 15号(1965.10.10.).

松本 裕, 「取調べに過度に依存した捜査・公判の改革」, 『刑法雑誌』52巻 3号(2013.5.1.).

中村宗雄, 「裁判の理論構造」, 『法哲学年報』 1958巻(1959.4.10.).

松永寛明, 「サンクションと観衆: 明治初期における刑事裁判の公開過程を題材に」, 『法社会学』2006巻 65号(2006.9.30.).

奥村郁三, 「唐代裁判手続法」, 『法制史研究』 1960巻 10号(1960.3.30.).

木寺 元, 「ジャッジ選ばれる判事: 最高裁判所裁判官をめぐる人事システム分析」, 『公共政策研究』20号(2020.12.10.).

山田 勉, 「明治初期直轄県刑政の展開: 若松県を封象として」, 『法制史研究』1990巻 40号(1991.3.30.).

光藤景皎, 「再審から見た事実誤認」, 有斐閣, 『ジュリスト』660号(1978年).

木谷 明, 「冤罪原因としてのバイアスはどうして生まれるのか: 裁判官経験者の立場から」, 『法と心理』17巻 1号(2017年).

岡田正則，「行政訴訟制度の形成・確立過程と司法官僚制: 司法制度改革に関
　　する歴史的視点からの一考察」，早稲田大学法学会，『早稲田法學』85
　　巻 3号(2010.3.20.).

内田武吉，「弁護士制度の一側面」，早稲田大学法学会，『早稲田法学』73巻 2号
　　(1997.12.30.).

永澤　済，「近代民事判決文書の口語化: ある裁判官の先駆的試み」，東京大学
　　大学院人文社会系研究科・文学部言語学研究室，『東京大学言語学論集』，
　　vol.37, no.2(2016.9.30.).

徳田靖之，「冤罪事件と国民とのかかわり」，『九州法学会会報』1997巻(1998年).

今井弘道，「アジア的近代化の第二段階と司法(2): コメント:官僚的社会形成か
　　ら司法的社会形成へ」，北海道大学大学院法学研究科，『北大法学論集』，
　　58巻 3号(2007.9.28.).

前田智彦，「裁判官の判断過程の相互作用論的分析: 裁判官の準拠集団と様々
　　な役割パートナーの影響」，東京大学大学院法学政治学研究科，『本郷
　　法政紀要』6巻(1997年).

大野實雄，「満洲国司法制度の素描」，早稲田大学法学会，『早稲田法学』 21巻
　　(1943.2.10.).

川口由彦，「「民事司法過程の法社会学」へのコメント: 日本法制史研究者の立
　　場から」，『法社会学』2009巻 70号(2009年).

宮川光治，「あすの弁護士: その理念・人口・養成のシステム」，宮川光治 他
　　編，『変革の中の弁護士(上): その理念と実践』，有斐閣，1992.

山口亮介，「明治初期における 「司法」の形成に関する一考察: 江藤新平の司法
　　台構想とその典拠にみる議論の諸契機」，『法制史研究』59巻(2010.3.30.).

周防正行・五十嵐二葉，「対談『裁判員制度』を日本の刑事裁判を良くする方向
　　に」，『法と民主主義』435号(2009年).

小林 智，「司法の近代化と自律的法解釈の条件整備」，名古屋大学大学院文学研
　　究科，『HERSETEC』2-2(2008年).

久保田穣，「明治司法制度の形成・確立と司法官僚制」，利谷信義・吉井蒼生夫
　　・水林彪 編，『法における近代と現代』，日本評論社，1993.

イェルク-マルティン・イェーレ，葛原力三 訳，「起訴法定主義の終焉: ヨー
　　ロッパ諸国との比較におけるドイツの状況」，『刑法雑誌』 47巻 2号
　　(2008.2.10.).

Ramseyer, J. Mark and Rasmusen, Eric B., *Measuring Judicial Independence: The Political Economy of Judging in Japan*, Chicago: The University of Chicago Press, 2003.

Shapiro, Martin, *Courts: A Comparative And Political Analysis*, Chicago and London: The University of Chicago Press, 1986, 157-192.

Ginsburg, Tom, "Dismantling the 'Deveiopmental State?': Administrative Procedure Reform in Japan and Korea", *The American Journal of Comparative Law*, Volume 49(2001).

<기타 자료>
대법원 법원행정처, "각국 법관의 업무량 비교와 우리나라 법관의 과로 현황" (2021.9.23. 자료).

대법원 법원행정처, "2021 사법연감". 2021.9.27.

每日申報, 1935.6.23.자 2면.

법률신문, "재판 신속화 위해 일본사법제도 벤치마킹해야", 2020.12.21.자 1-2면.

釜山日報, "婦人辯護士の新時代が來る 修習期間は一ケ年半 議會を通過すれば明後年から", 1930.11.22.자 4면.

釜山日報, "在野法曹界を脅す女の辯護士 追々判檢事にも採用 來議會に提案されん", 1925.6.14.자 7면.

중앙신문, "法曹界에 異彩, 司法要員에 두 女性志願", 제114호(2권), 1946.2.26.자.

한국경제, "[Cover Story]거짓말 잘하는 한국인... '신뢰' 사회로 가자!", 2010.10.15.자.

最高裁判所, 「裁判所データブック2020」.

最高裁判所, 「裁判所データブック2021」.

臨時司法制度調査会, 「臨時司法制度調査会意見書」, 1964.

日本弁護士連合会, 「弁護士任官等の実績状況」, 『弁護士白書』, 2016年版.

日本弁護士連合会, 「弁護士任官等の実績状況」, 『弁護士白書』, 2018年版.

検察の在り方検討会議, 「検察の再生に向けて」, 書面提言, 2011.3.31.

我妻 榮・兼子 一 他, 「最高裁判所機構改革問題について」, 『私法』1955巻 13号(1955.4.30.).

我妻 栄 他, 「司法制度改革の基本問題(シンポジウム)」, 『私法』 1965巻 27号 (1965.10.10.).

小島武司 他, 「司法制度改革: 国民に身近で利用しやすい司法をめざして(シンポジウム)」, 『高岡法学』 13巻 1-2号(2002.3.20.).

経済同友会, 「現代日本社会の病理と処方: 個人を活かす社会の実現に向けて」 (1994.6.30.).

東京大学大学院法学政治学研究科法曹養成と法学教育に関するワーキング・グループ, 「ディスカッション・ペーパー」, 1999.

自由民主党 政務調査会 司法制度調査会, 「法曹養成制度についての中間提言」 (2013.6.18.).

官報 第2373号 1891.5.30.字, 6面.

産経新聞, 「'死刑制度'容認80%超　否定派を大幅に上回る　内閣府世論調査」, 2015.1.24.字.

新井 誠, 「ツイッター投稿における言動を理由とする裁判官の分限裁判: 最高裁大法廷平成30年10月17日決定」, Westlaw Japan(www.westlawjapan.com), 『WLJ判例コラム』 第155号(2018.12.21.).

中村真由美(富山大学経済学部), 「『弁護士の仕事と生活に関する調査』のご報告」 (www3.u-toyama.ac.jp/mnakamur/lawyer_update.pdf).

LIBRA, 「弁護士任官制度: あなたも裁判官に」, 東京弁護士会, 『LIBRA』 Vol.17 No.11(2017.11.).

LIBRA, 「ご存じですか? 裁判官の人事評価制度: 弁護士の情報が肝なのです!」, 東京弁護士会, 『LIBRA』 Vol.18 No.9(2018.9.).

ウィキペディア, 「死刑囚収容施設毎の年別死刑執行の一覧(1993年以降)」, 「日本における被死刑執行者の一覧」.

<판례>

最大判昭和45年6月24日 民集24巻6号625頁.

最大判昭和47年12月20日 刑集26巻10号631頁.

最判昭和57年1月28日 刑集36巻1号67頁.

最大判平成元年3月8日 民集43巻2号89頁.

最判平成8年3月19日 民集50巻3号615頁.

最大決平成10年12月1日 民集52巻9号1761頁.

大阪地裁平成20年10月24日平成20(わ)1710.

BVerfGE 87, 273.

장진호 ─────────────────────────────

성균관대학교 신문방송학과
고려대학교 대학원 정치외교학과
성균관대학교 대학원 정치외교학과(정치학박사)
제44회 사법시험
제34기 사법연수원
대한변협 법제연구원 연구위원
충청북도 고문변호사

저서: 《헌법재판과 한국민주주의》(2015)
　　　《일본의 헌법이념과 헌법정치》(2020)

일본형 사법과
법조의 정착

초판인쇄　2022년 8월 31일
초판발행　2022년 8월 31일

지은이　장진호
펴낸이　채종준
펴낸곳　한국학술정보㈜
주 소　경기도 파주시 회동길 230(문발동)
전 화　031) 908-3181(대표)
팩 스　031) 908-3189
홈페이지　http://ebook.kstudy.com
E-mail　출판사업부 publish@kstudy.com
등 록　제일산-115호(2000. 6. 19)

ISBN　979-11-6801-652-1　93360